조선 왕실 문화의
제도화 양상 연구
2

조선 후궁;

제도화된 지위, 감추어진 일상

본 저서는 2013년 대한민국 교육부와 한국학중앙연구원(한국학진흥사업단)의 한국학 총서(왕실문화총서) 사업의 지원을 받아 수행된 연구임(AKS−2013−KSS−1230006)

조선 후궁;
제도화된 지위, 감추어진 일상

이미선 지음

국학자료원

역사 무대에서 여성은 언제나 조연이었다. 관찬 기록인『조선왕조실록』,『승정원일기』등 방대한 조선의 기록을 살펴보면, 여성의 기록이 거의 남아있지 않기 때문이었다. 여성이 기록에 어쩌다 등장한다 하더라도 남성 중심의 유교 관념에 따라 조선 사회가 권장하는, 남성들에게 순종적인 현모양처나 열녀 아니면 그 반대로 그 당시 사회 논란의 중심에 서 있었던 부도덕한 여성들을 드러내 경각심을 심어주기 위한 목적에서 남겨진 것들뿐이다.

조선시대 후궁 역시 예외는 아니다. 일부일처제를 표방하는 유교 사회에서 후궁은 분명 국왕의 첩이다. 그러나 후궁은 왕비와의 위격이 달랐을 뿐, 엄밀히 말하면 국왕의 배우자라 할 수 있다. 동서양을 막론하고 군주정치 체제에서 후궁은 없어서는 안 될 존재였다. 그들은 국왕의 최측근 여성이나 공적인 왕실 여성이었기 때문에 궁궐이라는 정치 무대에서 국왕 및 관료들과 일정 관계를 유지하면서 때론 직접적 또는 간접적으로 정치에 개입해 영향력을 미쳤다. 또한 조선시대의 정치 주도

권의 변화마다 주요한 역할을 수행했다. 이러한 활동은 그들이 금기를 깬 잘못된 모습이 아니라 그들이 살아가는 본연의 공적 영역의 활동이었다. 따라서 그녀들의 삶을 이해하는 일이야말로 조선시대의 사회를 이해하는 하나의 방법이 될 수 있다.

이 책은 한국학중앙연구원 한국학진흥사업단에서 추진한 왕실문화 총서 발행 사업의 예산 지원을 받아 수행한 결과물이다. '조선 왕실 문화의 제도화 양상 연구'를 주제로 한 연구팀은 2013년 6월부터 2016년 5월까지 모두 3년에 걸쳐 본 과제를 수행하였다. 그 당시 집필된 원고를 여러 가지 사정으로 책상 한편에 쌓아둔 채, 오랫동안 묵혀오다가 막상 출판하려고 보니 손 볼 곳이 한두 군데가 아니었다. 그 사이 몇 편의 관련 논문이 쌓이게 되면서 한차례 대폭적인 수정이 불가피하게 되었다.

이 책은 역사의 중심에서 밀려난 후궁의 감추어진 일상 모습을 세상 밖으로 끄집어내려는 시도다. 일상은 인간의 삶뿐만 아니라 죽음도 포함한다. 인간의 삶과 죽음이 동전의 양면처럼 서로 떨어져 있는 게 아니듯 삶과 죽음은 함께 붙어 있는 존재이다. 그러므로 이 책에서 후궁의 일상을 그들의 삶뿐만 아니라 죽음도 포함하였다. 그런데 후궁들의 기록은 소략하거나 단편적일 뿐만 아니라 온전히 남아있는 것도 드물다. 그래서 그 방대한 기록들 행간과 행간에 파편으로 흩어져 있는 일상의 조각들을 모아 세상에 알리기에는 언 땅에 호미질을 하는 것처럼 매우 어렵다. 이런 사정으로 이들의 일상에 대한 연구는 매우 부족한 편이다.

제한된 자료로 여러 가지 다양한 내용을 담아내려 하니 부족한 점이 한두 가지가 아니다. 그럼에도 불구하고 후궁들이 쓰고 있는 두꺼운

베일을 벗겨내고 지금껏 알려지지 않고 숨겨졌던 그들의 적나라한 일상의 모습을 알리고자 노력했다. 그러한 일환으로 평이한 서술, 도판과 표에 대한 자세한 설명을 덧붙이며 나름 심혈을 기울였지만, 애초 설계했던 대로 만족할 만한 성과를 거두었는지 걱정이 앞선다. 그러나 이 분야에 한 발짝 나아갈 수 있는 토대가 되기를 간절히 바라는 마음에서 이 책을 세상에 내놓으려 한다. 후궁들의 일상을 통해 조선 역사의 새로운 이면이 독자들에게 조금이라도 전달되었으면 더 바랄 나위 없겠다.

필자가 공부의 재미를 알게 되고 지금껏 학문의 끈을 줄곧 이어올 수 있었던 것은 순전히 은사님들의 가르침 덕분이었다. 한신대학교 서굉일, 안병우, 유봉학, 이세영 교수님을 비롯해서 성신여자대학교 박용옥 교수님, 그리고 한국학중앙연구원 지도교수 최진옥 선생님께 진심으로 감사드린다. 이번 과제를 이끌어 주신 연구책임자 성신여자대학교 오종록 교수님을 비롯해 공동연구자 선생님들, 그리고 2003년 한국학중앙연구원에서 사업과제 연구원과 연구보조원으로 인연을 맺은 후 지금까지 다방면으로 마음 써 주신 고려대학교 한국사학과 강제훈 교수님께도 깊은 감사의 인사를 올린다. 아울러 많은 도표와 도판으로 편집에 어려움을 겪었을 국학자료원 편집부 여러분께 감사드린다. 언제나 걱정거리만 안겨드리는 딸에게 무한한 사랑을 베풀어 주신 부모님께 사랑하고 감사하다는 말씀을 드린다.

2022년 5월 문형관에서
이미선 씀

차 례

1장

머리말: 후궁을 바라보는 시각

1. 후궁은 왜 악녀로 왜곡되었는가.

조선시대 후궁이라 하면 흔히 궁중 암투를 벌이는 요녀(妖女) 또는 악녀의 이미지를 떠올린다. 게다가 외모가 예쁘고 왕의 환심을 얻은 후궁은 이를 기화로 조정을 흔들거나 국정을 농단하는 모습으로 각인되었다. 우리에게 그러한 이미지로 다가온 대표적인 후궁들이 바로 연산군의 후궁 장녹수(?~1506), 광해군의 후궁 상궁 김개시(?~1623), 인조의 후궁 조귀인(?~1651), 그리고 숙종의 후궁 희빈 장씨(1659~1701) 등이다. 이들은 정치적 권력을 손에 거머쥐고서 국왕과 정치 집권 세력 사이를 연결하며 정치적인 영향력을 행사하거나 때론 정변이나 음모에 주도적인 영향력을 행사했다는 공통점이 있다.

후궁이 악녀 이미지로 고착화된 것은 대중문화가 세간에 주목을 많이 받은 이런 사례에만 주목한 결과인 것이다. 드라마나 사극에서 후궁에 대한 관심은 다분히 흥미 위주로 이루어졌다. 드라마 '동이', '장희빈', '여인천하'나 영화 '왕의남자'와 '후궁: 제왕의 첩' 같은 대중 사극에서 흥미를 자극하는 소재로만 쓰이다 보니 후궁은 왕의 총애만을 믿고 언제나 술수를 부리는 비상식적인 여성 또는 왕의 성적 파트너로만 묘사되었다. 이런 배경 하에 흥미롭고 드라마틱한 그들의 삶을 소재로 한 사극이 무비판적으로 방영되고 있다. 이러한 역사 드라마는 구중궁궐 속 후궁의 삶에 대해 단편적 사건이나 일화를 바탕으로 대중적 호기심만을 자극해왔을 뿐만 아니라 일정 부분 후궁에 관한 관심을 높이는 역할도 해왔지만 그들에 대한 평가는 총애, 암투, 여알 등 부정적인 이미지를 더욱더 덧씌우고 있다.

사실 후궁에 대한 부정적인 인식은 조선시대 전 시기에 걸쳐 나타났다. 조선이 건국되자 집권 관료들은 고려 왕실의 멸망 원인 중에 하나로 후궁의 존재와 그녀들과 연결된 외척세력의 득세로 보고 왕의 측근에서 사사로이 권력을 행사함으로써 국정(國政)에 영향을 미칠 수 있는 가능성이 있다고 보았다. 조선 후기 실학자 이익(李瀷)도 『성호사설(星湖僿說)』에서 왕의 덕이 손상되는 원인이 환관과 궁첩에 있다고 보고, "환관은 독양(獨陽)이고 궁첩은 독음(獨陰)이니 어느 나라 말기든지 이들 무리가 많아졌다."[1]고 지적할 정도였다. 이는 당대 남성들이 바라본 가치판단에 따라 천사형 여성이나 악녀형 여성의 이분법적 구조로 이미지화했기 때문이다.

후궁에 대한 이러한 논리는 사가에서 첩에 대한 태도와 궤를 같이하는 것이다. 어쨌든 유교적 여성관에서 조금이라도 벗어난 후궁이라면 음모와 술수를 사용한 요부 혹은 악녀로 묘사되었다. 따라서 그들은 철

---

1) 李瀷, 『星湖僿說』 권10, 「人事門」 <宦官宮妾>.

저하게 유교적 여성관에 얽매어 유교 윤리적인 구속과 억압을 강요받으며 한평생을 살다 역사 속으로 사라졌다. 이렇듯 역사기록에서조차 부정적 이미지의 굴레를 쓰고 있다 보니 조선시대 후궁의 위상과 역할은 사실보다는 낮게 평가되었고 간과되어왔다.

후궁에 대한 당대 사람들의 따가운 시선은 조선 후기 후궁에 대한 인식을 바탕으로 그려진 것이며 이것이 오늘날까지도 그 영향을 남겨 준 것이다. 사실 후궁을 포함한 왕실 여성에 대한 왜곡은 그들 자체에 대한 왜곡에서 그치지 않는다. 그들이 살아 숨 쉬었던 그 시대 대해서도 부정적으로 인식하게 만든다. 이 같은 사정 때문에 이제는 후궁에 대한 학문적인 접근을 더 이상 미뤄둘 수 없게 되었다.

2. 조선 후궁은 왜 존재하는가.

그렇다면 과연 실제 역사에 존재했던 조선시대 후궁의 실체는 어땠을까? 동아시아 사회에서는 자손의 번창을 바라는 소망이 강하였고, 왕실에서는 종묘사직의 제사를 주관할 계승자를 얻는 일이 무엇보다도 중요하게 인식되었다. 그러나 유교 사회에서는 『춘추』에서 비롯된 대일통(大一統)의 명분 때문에 다처제(多妻制)가 인정되지 않았고, 정식 부인을 뜻하는 정처(正妻)로는 후비(后妃, 왕비 또는 황후) 한 명만 두게 되었다. 나머지 부인들은 모두 첩으로만 인정되었는데, 이들을 왕실에서는 후궁으로 부르게 되었다.

유교적 이념이 확립되었던 조선 왕조에서는 적서(嫡庶)의 관념에 의한 처첩제(妻妾制)의 혼인이 관행적 예법으로 정착되었고, 이는 왕실에서나 사대부 계층에서나 마찬가지로 적용되었다. 그래서 정식 혼례절차를 거친 단 한 명의 배우자만을 적처로 인정하였고, 기타의 여성들은 혼례절차 없이 첩으로 받아들여졌다. 처는 예를 갖추어 맞아들인 고유한 배우자인 반면, 첩은 일정한 혼례를 갖추지 않고 필요에 따라 함께 사는 여성이었다.[2] 이 때문에 후궁은 배우자에 대해 부부로 칭할 수 없고 주군과 신첩의 관계로 인식되었다. 그럼에도 자손의 번창을 바라는 보편적인 소망과 왕실의 종통을 이어야 하는 계사의 명분 때문에 왕실에서는 정처인 왕비 외에 후궁의 존재를 광범위하게 인정하였다.

후궁은 철저하게 왕조 시대의 산물이었다. 조선시대 왕실은 사적으로는 왕과 왕실 여성을 중심으로 하는 '가정'이면서 공적으로는 조선의 국권과 정통성을 상징하는 '국가' 그 자체였다. 왕실에서 왕은 최고 권력자였고, 왕의 부인인 왕비는 조선시대 여성 가운데 절대 권력의 중심부에 위치한 여성이었다. 후궁도 예외는 아니다. 그들은 국왕과 왕비를 모시고 궁중의 일을 맡아보는 내명부의 구성원 중 정1품부터 종4품까지의 관계(官階)를 부여받은 여성 관료인 '여관(女官)'으로 공인(公人)이었다.

후궁은 크게 간택후궁과 비간택 후궁으로 나뉜다. 간택후궁은 왕비나 세자빈을 뽑을 때처럼 가례색(嘉禮色) 또는 가례청(嘉禮廳)이라는 혼례를 관장하는 선발기구를 설치하고 정식 혼인절차를 거쳐 들어왔다. 이에 반해 비간택 후궁은 공식적인 절차 없이 승은이나 추천 또는 진헌 등 다른 샛길을 통해 궁궐에 입궐해 후궁이 되었다. 비간택 후궁의 경우 사족녀로부터 노비까지 출신이 다양했던 데 반해 일정한 절차를 거쳐 맞아들이는 간택후궁의 경우에는 명문 사대부 집안 출신으로

---

2) 『예기』, 「내칙」 12. "聘則爲妻 奔則爲妾."

한정되었다.

대체로 후궁은 직책상 내명부의 상급 품계를 차지해 품계를 초월하는 왕비를 보좌하는 역할을 담당하였다. 왕비가 위로 종묘를 받들고 아래로 후사를 보아 대통을 잇는 역할을 했다면 후궁들은 후사를 확대하는 역할을 수행했다. 이러한 사정은 광후사(廣後嗣)를 내세워 간택후궁을 뽑았던 사실에서 알 수 있다.

건국 초기인 태조, 태종, 세종대까지만 해도 정실 왕비가 아들들을 많이 두었기 때문에 후사를 넓혀야 한다는 필요성이 그토록 절실하지 않았다. 그러나 세조대부터 왕비의 아들이 적거나 심지어 일찍 죽는 일이 잦아지면서 간택후궁의 역할이 한결 커졌다. 더구나 경종 이후 고종대까지 왕비 출신의 왕통이 끊기면서 간택후궁은 왕통을 잇는데 필수적인 존재로 부각되었다.

후궁을 통해 왕실에서 얻을 수 있는 중요한 이점 가운데에 하나는 바로 왕실 세력을 확장시킨다는 점이었다. 후궁 집안과의 혼인을 통해 인척 관계를 맺음으로써 왕실 세력을 공고히 하려고 했던 것이다. 이는 고대국가가 성립된 이래 모든 지배 세력들이 자신들의 확고한 신분을 보장받고 막강한 지배력의 확장을 위해 꾸준히 취해왔던 정책이었다.

주목되는 점은 간택후궁의 가장 큰 역할이 '왕비예비자'로서의 기능이었다는 사실이다. 조선 전기 왕비예비자로서의 후궁의 역할은 합법적으로 동일한 지위의 후비를 여러 명 두었던 고려시대의 유습이 남아 있었기 때문에 가능했다.[3] 그러나 조선 조정에서는 예(禮)에는 두 명의 적처(嫡妻)가 없다는 '예무이적(禮無二嫡)'의 명분을 내세워 일반 사서

---

3) 장병인, 『조선왕실의 혼례』, 민속원, 2017, 237쪽.

인(士庶人)들의 혼인에서 첩을 처로 삼거나 처가 있으면서 다시 처를 얻는 다처 행위를 강력히 규제하였다.

조선 사회가 중후기로 갈수록 성리학적 신분질서가 안정기에 접어들면서 왕실 혼인에서도 적서의 분별을 강조하게 됨에 따라 후궁을 왕비로 승봉시키던 관례에 제동이 걸렸다. 중종대 계비로 들어온 장경왕후가 인종을 낳은 후 1515년(중종 10)에 산후병으로 죽자 후궁 가운데에서 계비로 승봉하고자 하는 중종의 견해에 대신들은 적서와 상하의 분별을 강조하며 후궁을 왕비로 올리는 것에 반대하였다. 결국 왕비예비자로서의 간택후궁의 역할은 1517년(중종 12)에 궁 밖 외부에서 왕비 문정왕후를 간택해 옴으로써 막을 내리게 되었다. 이후 왕비 유고시 더 이상 후궁의 지위에 있는 여성을 승격시키지 않고 간택 절차를 통해 외부에서 새로운 여성을 계비로 맞아들이는 관행이 정착되었다. 이로써 후궁의 역할은 후사의 확대와 왕실 세력의 확장이라는 두 가지 기능만이 남게 된 것이다.

왕비예비자로서의 후궁의 역할이 소멸되었다 하여 후궁의 왕비승봉이 법으로 금지된 것은 아니었다. 조선 초기에 간택후궁을 왕비로 승봉시키는 것이 관례였던 데 반해 중종대에 사림의 등장과 함께 처첩의 구분을 강조하는 정계의 분위기에 편승해 이를 금기시하는 분위기가 형성되었을 뿐이다. 희빈 장씨의 왕비승봉은 그런 의미에서 대단히 파격적이고 이례적인 사건이었다. 간택후궁도 아닌 비간택 후궁인 장씨가, 게다가 공석인 왕비자리에서 승봉된 것이 아니라 살아있는 인현왕후를 폐출시키면서 왕비가 되었기 때문이었다.

그러나 1701년(숙종 27)에 왕비에서 희빈으로 다시 강등된 장씨가 인현왕후를 저주해 죽게 한 일이 발각되면서 후궁의 '왕비예비자' 자격은 숙종이 희빈 장씨를 자결하도록 하고 "이제부터 후궁이 왕비의 자리에 오를 수 없도록 하라"는 후궁의 정비 승격을 금지하는 교서를 반포되면서 박탈됐다. 이에 따라 왕비예비자로서 간택후궁의 역할이 '후사 생산자'로 축소되고 후사 생산자로서의 의무만이 강해지면서 역할 축소에 대한 보상 차원에서 이들에 대한 대우에 변화가 생겼다.

게다가 왕비와 후궁의 출산율이 현격히 떨어지면서 왕실에서는 광계사(廣繼嗣)라는 당면의 목표를 위하여 후궁의 위상을 파격적으로 높여 주었다. 실제로 계비가 되지 못해도 왕의 총애를 입고 자녀까지 출산하면 정1품 빈에까지 책봉됐는데 이는 정승의 지위에 비견되는 자리였다. 게다가 선조 이후 후궁 소생 왕자가 왕위에 오르는 사례가 많아지고 철종부터 왕실 직계 자손이 단절돼 방계 자손들이 왕이 됐다는 사실만 봐도 후궁의 영향력과 역할은 작지 않았다고 하겠다.[4]

3. 후궁 연구 어떻게 이루어졌는가.

조선시대 후궁은 직책상 내명부의 상급 품계를 차지해 왕비예비자로서 왕비의 유고시에 정비로 승격되고, 그 소생 왕자들이 왕위를 계승하기도 했다. 물론 그들은 공적인 공간인 궁궐에서 생활하며 정치권력의 가장 깊은 곳에 연결되어 있었다. 이 때문에 비록 국왕의 첩이라 지칭되기는 하지만, 그들은 일반 사가에서의 첩들처럼 단순하게 이해해선 곤란하다. 후궁의 삶이야말로 왕실의 존속과 권력관계를 이해하는

---

4) 조선시대 후궁에 대한 제도사적 측면과 그들의 지위 변화에 대한 개략적인 설명은 이미선의『조선왕실의 후궁-조선조 후궁제도의 변천과 의미-』(지식산업사, 2021)가 참조된다.

일이자 군주제였던 조선시대 사회의 역사를 이해하는 데 매우 중요한 하나의 키워드가 될 수 있다.

후궁에 대한 연구의 필요성과 홍미 위주의 대중적 관심과 달리 이에 대한 학문적인 홀대는 오히려 심하다. 조선 왕조의 왕과 왕비가 주목을 받아온 것에 비해[5] 후궁들은 지금까지 학문적 연구의 대상에서 제외되거나 충분한 조명을 받지 못하고 소홀히 다루어졌다. 사실 그들을 연구 대상으로 삼기에는 무엇보다 '공식적인 기록 부족'이라는 문제가 걸림돌이었다. 이런 사정으로 이들에 대한 연구는 매우 부족한 실정이다. 그렇다고 이들에 대한 학문적인 접근을 더 이상 미뤄둘 수 없게 되었다.

---

5) 김문식·김정호,『조선의 왕세자 교육』, 김영사, 2003.
　김종성,『왕의 여자』, 역사의 아침, 2011.
　박영규,『조선의 왕실과 외척』, 김영사, 2003.
　변원림,『조선의 왕후』, 일지사, 2006.
　신명호,『조선의 왕』, 가람기획, 1998.
　신병주,『66세의 영조 15세 신부를 맞이하다』, 효형출판, 2001.
　신병주,『왕비로 산다는 것』, 매일경제신문사, 2020.
　신명호,『조선왕비실록』, 역사의 아침, 2007.
　심재우 외,『조선의 왕으로 살아가기』, 돌베개, 2011.
　심재우 외,『조선의 왕비로 살아가기』, 돌베개, 2012.
　심재우 외,『조선의 세자로 살아가기』, 돌베개, 2013.
　윤정란,『조선의 왕비』, 이가출판사, 2003.
　윤정란,『조선왕비 오백년사-왕비를 알면 조선의 역사가 보인다-』, 이가출판사, 2008.
　이수광,『조선을 뒤흔든 16인의 왕후들』, 다산초당, 2009.
　임중웅,『조선왕비열전』, 선영사, 2008.
　林惠蓮,『19세기 垂簾聽政 研究』, 숙명여자대학교 박사학위논문, 2008.
　유승환,『한권으로 읽는 조선 왕비 열전』, 글로북스, 2010.
　지두환,『조선의 왕실(태조~순종)대왕과 친인척』(시리즈), 역사문화, 1998~2008.
　최진옥 외,『장서각소장 왕실 보첩자료와 왕실 구성원』, 민속원, 2010.
　한희숙,『역사학자가 쓴 인수대비』, 솔과학, 2017.

후궁에 대해 다루고 있는 책들도 대부분 역사학자의 연구 성과라기보다는 소설류 또는 일반 대중서의 출판이 주종을 이룬다.[6] 왕실 관련 대중 출판물에서 후궁의 존재는 대개 후궁 개인의 사례와 에피소드 등을 중심으로 개괄적으로 소개되었다. 연구 성과를 보더라도 후궁에 대한 연구는 국왕의 성적 대상 또는 왕의 측근에서 정권을 농단하는 데에 초점을 맞춘 사례 분석, 왕을 낳은 후궁 등 몇몇 주제에 한정되어 있어 정확한 성격 규명이 이루어지지 않았다.

지금까지 왕실 문화에 대한 학문적 이해가 충분하지 못했음을 감안하면 당연한 결과일 수 있다. 그러나 후궁 자체의 대중적 호기심과 관심에 그치지 않고 역사적 안목에서 조선의 역사와 왕실의 주인공 가운데 후궁을 자리매김하고 그 역사상을 제대로 추적하는 별개의 작업이 필요하다. 그러기 위해서는 몇몇 후궁들의 삶과 사건에 대한 흥미 위주의 접근이 아니라 후궁이 갖는 법적 지위와 상징성, 후궁의 간택 과정과 삶, 그리고 죽음 등 그녀들의 일생을 복합적으로 고려하여 분석해야 할 것이다.

최근 우리 역사에 대한 대중들의 관심이 증가했을 뿐 아니라 역사에 대한 재조명도 활발히 이루어지고 있다. 이러한 시대적 조류에 발맞추어 왕실 여성에 대한 관심에 따른 개괄적으로 정리한 서적들이 출간되면서 후궁에 초점을 맞추어 주목한 연구 성과들이 나오기도 했다.[7] 후

---

6) 신명호, 『궁녀』, 시공사, 2004.
  최선경, 『왕을 낳은 후궁들』, 김영사, 2007.
  최선혜 외, 『장희빈, 사극의 배반』, 소나무, 2004.
  이윤우, 『최숙빈의 조선사』, 가람기획, 2010.
7) 김지영, 「조선시대 왕실 여성의 출산력-시대별 변화추이와 사회문화적 함의-」, 『정신문화연구』 권34-3호, 2011.

궁이 왕실 가족의 일원으로서 새로운 주목의 대상이 되고 있는 것은 매우 반가운 일이다. 특히 역사학자들을 중심으로 진행된 후궁 지위의 제도적 확립 과정에 대한 실증적 분석 등 다양한 주제로 연구가 확대될 전망이다. 이처럼 후궁과 관련한 개별적인 논문이 지속적으로 축적되

이근호, 「숙종~경종대 寧嬪 金氏의 정치적 역할과 위상」, 『한국학논총』 37, 2012.

이미선, 「조선초기의 後宮-태조~성종연간 後宮의 신분적 지위를 중심으로-」, 『사학연구』 93, 2009.

이미선, 「조선중기(연산군~현종) 後宮의 입궁과 사회적 위상」, 『한국사연구』 154, 한국사연구회, 2011.

이미선, 「조선시대 後宮 연구」, 한국학중앙연구원 박사학위논문, 2012.

이미선, 「조선시대 後宮의 용어와 범주에 대한 재검토」, 『조선시대사학보』 72, 2015.

이미선, 「영조 후궁 暎嬪李氏의 생애와 위상-壬午大處分을 중심으로-」, 『역사와 담론』, 2015.

이미선, 「중종 후궁 熙嬪洪氏의 생애와 행보-기묘사화를 중심으로-」, 『여성과 역사』 26, 2017.

이미선, 「현종의 후궁 慶嬪金氏의 생애와 가례-『慶嬪嘉禮時嘉禮廳謄錄』을 중심으로-」, 『지역과 역사』 44, 2019.

이미선, 「정조의 후궁 元嬪洪氏의 생애와 상장례-『淑昌宮喪草日記』를 중심으로-」, 『한국학논총』 51, 2019.

이미선, 「숙종대 왕실여성들의 정치적 행보와 역할」, 『조선시대사학보』 93, 2020.

이미선, 『조선왕실의 후궁 -조선조 후궁제도의 변천과 의미-』, 지식산업사, 2021.

이미선, 「조선시대 왕실여성의 死因 유형과 임종장소 변화」, 『한국사연구』 제195호, 2021.

이영춘, 「영조의 생모 숙빈 최씨의 상장례-≪戊戌苫次日記≫를 중심으로-」, 『조선시대사학회』 52, 2010.

이욱, 「조선후기 後宮 嘉禮의 절차와 변천-慶嬪 金氏 嘉禮를 중심으로-」, 『장서각』 19, 2008.

이현진, 「조선후기 綏嬪 朴氏의 喪葬 의례와 성격」, 『조선시대사학보』 76, 2016.

임혜련, 「정조~순조대 綏嬪 朴氏의 역할과 위상」, 『한국인물사연구』 26, 2016.

임민혁, 「조선후기 후궁의 嘉禮와 禮制」, 『역사와 담론』 64, 호서사학회, 2012a.

임민혁, 「조선시대 후궁 淑儀의 간택과 그 지위」, 『역사와 실학』 48, 역사실학회, 2012b.

한희숙, 「구한말 순헌황귀비 엄비의 생애와 활동」, 『아시아여성연구』 45, 2006.

고, 최근 들어 한국학중앙연구원 장서각에서는 『숙빈최씨자료집(淑嬪崔氏資料集)』, 『영조비빈자료집(英祖妃嬪資料集)』, 『숙종대왕자료집(肅宗大王資料集)』, 『정조대왕자료집(正祖大王資料集)』을 잇달아 간행하였는데[8] 소장 자료를 조사 수집하여 재정리하였다는 점에서 의미가 있다고 생각한다. 향후 후궁의 삶과 죽음에 대한 보다 구체적인 일반론을 이야기할 수 있는 기반이 만들어지고 있는 것은 매우 다행스러운 일이다.

그런 점에서 지금이야말로 기존의 연구 성과를 바탕으로 조선의 왕실, 궁중 문화에서 종속적 요소로 취급되었던 조선 후궁의 위상을 적절히 자리매김할 시점이라 하겠다. 아울러 후궁의 일상생활 문화에까지 시야를 확대함으로써 후궁에 대한 일반론에 머물지 않고 생동감 있는 살아 있는 실체로서의 후궁 모습을 재현하는 작업이 요구된다.

4. 후궁의 삶과 죽음, 어떻게 조명할 것인가.

이 책은 제도, 삶, 죽음이라는 세 부분으로 구분하여 연구를 진행할 것이다. 제2장 「후궁 제도의 역사와 역대 후궁」에서는 후궁의 일상 속을 들여다보기 전에 조선 후궁을 이해하는 데 알아두어야 할 기본적인 사항들, 예컨대 후궁제의 기원, 입궁 경로에 따른 후궁의 종류와 범주, 그리고 조선시대 전체 후궁의 현황과 통계로 보는 조선시대 역대 후궁 등을 개괄적으로 정리한다. 입궁 경로에 따른 후궁의 용어를 하나하나 설명하고 후궁이 되는 유형과 과정도 아울러 소개하겠다. 특히 1428년

---

8) 한국학중앙연구원 출판부, 『淑嬪崔氏資料集』, 1~5, 2009~2010; 한국학중앙연구원 출판부, 『英祖妃嬪資料集』 1~2, 2011; 한국학중앙연구원 출판부, 『肅宗大王資料集』 1~4, 2014~2015; 한국학중앙연구원 출판부, 『正祖大王資料集』 1~3, 2019.

(세종 10) 내명부의 제정과 『경국대전』 내명부 규정의 개정 및 정착되는 과정과 그 의미를 살펴보고자 한다.

제3장 「출생에서 죽기 전까지: 후궁 책봉과 궁궐 생활」에서는 후궁의 봉작 전 생활을 비롯해서 간택과 결혼식, 태교와 출산 및 궁궐 생활 그리고 봉작과 경제적 대우 등 출생에서 죽기 전까지 후궁의 삶을 시간적 흐름에 따라 고찰하고자 한다. 사대부 집안 또는 한미한 집안에서 태어난 후궁 예비 여성이 어떤 집안에서 태어나 어린 시절을 보내고 입궁하였는지를 살펴본다. 특히 간택후궁이 되는 첫 관문인 가례의 시기별 추이를 살핀 후 숙의와 빈 등 지위에 따른 결혼식의 주요 절차를 하나하나 설명할 것이다. 왕비와 마찬가지로 후궁도 한 명의 여성으로서 자녀를 출산하고 양육하는 과정이 어떠했는지를 살펴보되 왕실에서 출산의 의미, 태교, 왕실의 자녀교육법 등 조선 왕실의 출산 문화를 함께 다루겠다.

제4장 「사망에서 사후까지: 죽음의 공간과 사후 처우」에서는 왕실 여성들의 사망 원인 및 평균 수명을 분석하고 후궁의 장례식을 전체적으로 언급한 후 신분의 위격에 따라 달리하는 후궁 네 명의 죽음 의례를 자세히 살펴본다. 이로써 후궁의 죽음에서 그 이후까지 국가에서 그들을 대우하는 모습을 검토할 것이다. 특히 왕을 낳은 일곱 명의 후궁들이 사망한 이후에 국가에서 예우해 준 사당과 무덤인 궁원(宮園)과 그 외의 후궁들의 사당과 무덤인 묘묘(廟墓)를 살펴본다. 아울러 현재 남아있는 죽음의 공간인 그들 무덤의 규모, 위치 등을 조사하여 함께 싣겠다. 이로써 한평생을 궁궐에서 보낸 후궁들에 대한 제도, 삶과 죽음을 통해 과연 그 당시 사회구조에서 그들을 어떻게 이해해야 하는지 그녀들이 조선 사회에 일정한 영향력을 미쳤다면 그것은 어떻게 해명

되어야 할 것인지 등에 대한 종합적인 분석을 구명하고자 한다. 또한 후궁들에 대한 우리의 이해에 편견이나 오해는 없는지, 있다면 어떻게 바로잡아야 할 것인지 등에 대한 논의도 함께 이루어져야 할 것이다.

조선시대 왕실 여성인 후궁은 공인이자 왕족의 구성원으로, 이들의 삶은 국왕의 삶과 연결되었기에 때론 매우 정치적인 성격을 지녔다. 이 때문에 그들의 생활과 활동이, 작게는 500년 조선의 왕실 여성 역사가 되었고 크게는 500년 조선의 여성 역사 자체가 되기도 했다. 이 책은 후 궁들의 다양한 삶과 죽음을 통해 조선시대 왕실의 역사를 복원하고자 한다. 즉 그녀들의 생애를 밝혀나가는 과정은 당시 왕실의 역사를 정립 하는 하나의 과정이라 하겠다. 이것이 이 책을 쓰게 된 궁극적인 목적 이자 이유이다.

본 연구를 위해 다음과 같은 자료를 활용한다. 주된 검토 자료는 관 찬 자료, 법전집, 각종 국가전례서, 가례 흉례 관련 등록(謄錄) 등이다. 『고려사』를 비롯해『조선왕조실록』,『승정원일기』,『일성록』은 연대 기 자료로, 법전인『경국대전』,『속대전』,『대전통편』,『대전회통』과 국가 의례 자료인『국조오례의』,『국조오례서례(國朝五禮序例)』를 우 선적으로 참고하겠다. 『의례(儀禮)』,『예기(禮記)』,『주례(周禮)』,『서 경(書經)』역시 각 의절에 대한 의미에 필요한 자료이므로 필수적으로 참조할 것이다.

다음으로 참조할 자료는 관찬 자료에서 볼 수 없는 왕실 자료, 행장, 묘지문 등이다. 왕실 족보류인『선원보략(璿源譜略)』,『선원계보기략 (璿源系譜紀略)』등이 활용된다. 특히『선원계보기략』은 1679년(숙종 5)부터 1932년까지 약 114회에 걸쳐 왕과 왕실 구성원들의 정보에 변 동이 생겼을 때마다 일정하게 추기(追記) 된 자료이다.[9] 특히 문헌에 간헐적으로 남아있는 행장(行狀), 지문(誌文), 비문(碑文) 등을 참고할 뿐만 아니라10) 후궁 무덤에 남아있는 비석의 비문이나 묘지명(墓誌銘) 역시 보충 자료로 참고한다.11) 그 밖에 여러 기관에 소장된 묘표, 행장 등 관련 기록 역시 중요한 자료가 된다.12) 이 자료들은 편찬자의 주관

---

9) 이미선, 「조선왕실보첩류 활용을 위한 기록물 현황조사-장서각 소장 ≪璿源系譜紀略≫을 중심으로-」,『국학연구』13, 한국국학진흥원, 2008, 228~229쪽.

10) 金鑢, 『藫庭遺藁』권9, 「丹良稗史」<韓淑媛[保香]傳>; 金壽增, 『谷雲集』권6, 「雜文」<寧嬪金氏>; 金祖淳, 『楓皐集』권9, 「應製文」<徽慶園綏嬪朴氏誌文>; 南九萬, 『樂泉集』권14, 「應製錄」<昌嬪墓誌銘>; 宋寅, 『頤庵遺稿』권3, 「文集」 1 <熙嬪洪氏墓誌銘>; 申欽, 『象村稿』권27, 「墓誌銘」<淑儀李氏墓誌銘幷序>·<仁嬪金氏神道碑銘幷序>; 申晸, 『汾厓遺稿』권10, 「碑銘」 <昌嬪安氏神道碑銘幷序>; 李景奭, 『白軒集』권44, 「文稿」<貞嬪洪氏神道碑銘>; 李健, 『葵窓遺稿』권12, 「行狀」<眞祖母靜嬪閔氏行狀>; 李宜顯, 『陶谷集』권19 <寧嬪安東金氏墓表>; 李珥, 『栗谷全書』권18, <貴人鄭氏行狀>; 張維, 『谿谷集』권13, <仁嬪金氏神道碑銘幷書>; 鄭士龍, 『湖陰雜稿』권7, 「碑誌」<昌嬪安氏>; 崔岦, 『簡易集』권2, 「墓誌銘幷書」<貴人韓氏墓誌銘>·<貴人鄭氏墓誌銘>; 許穆, 『記言』권19, 「丘墓」3 <靜嬪閔氏>.

11) 淑儀尹氏(정종), 愼嬪金氏(세종), 貴人金氏(숙종), 貴人趙氏(영조), 慶嬪金氏(헌종), 淑儀范氏(철종), 綏嬪朴氏(정조) 등이다. 한편 정조가 쓴 昌嬪安氏의 致祭文과 告由文, 恭嬪金氏의 卒記, 蔡濟恭이 讚한 元嬪洪氏의 册文, 그리고 영조가 지은 靖嬪李氏의 祭文, 淑儀文氏墓誌銘(문종, 인천광역시 시립박물관 소장), 昭儀申氏墓誌(명종, 영남대학교 박물관 소장), 淑儀尹氏墓誌(연산군, 이화여자대학교 박물관 소장), 淑儀鄭氏墓誌銘(선조, 이화여자대학교 박물관 소장), 귀인 김씨 지문(숙종, 경희대학교 박물관 소장), 영빈이씨묘지·명기 및 석함(국립중앙박물관 소장·연세대학교 박물관 소장) 등이 있다.

12) 『淑嬪崔氏資料集』 1~5, 2010. <淑嬪崔氏墓誌>(藏 K2-3942), <淑嬪崔氏碑>(藏 K2-3943), <淑嬪崔氏神道碑銘>(藏 K2-3944), <淑嬪崔氏昭寧墓碣>, <靖嬪含城李氏墓誌>(藏 K2-3990); <暎嬪行狀>; 『御製暎嬪李氏墓誌』·『昭訓李氏祭文』(고문서 2784(한문)/고문서 2786(한글); 『昭訓李氏祭文』(고문서 2785(한문)-2787(한글); <御製宜嬪墓誌銘>(藏 K2-5102); <御製宜嬪墓表>(藏 K2-5102); <御製元嬪洪氏行狀>(藏 K2-663), <和嬪墓誌>(고려대학교 소장 만송 B12 A579);『和嬪南原尹氏言行錄』(고려대학교 소장 만송 B12 A545); <慶嬪金氏墓碑文>(藏 K2-3888)·<慶嬪金氏墓碑>(藏 K2-3889)·<慶嬪金氏墓誌文>(藏 K2-3890);『徽慶園誌文』(藏 K2-4020).

적 입장이 반영된 문제점을 안고 있지만, 후궁에 대한 기초적인 자료가 거의 없는 상황에서 우선적으로 검토하여야 할 자료임에 틀림없다.

후궁의 삶과 죽음을 추적하기 위해 등록류 등의 왕실 자료를 활용하는 일은 매우 긴요한 일이다. 그 자료는 혼례와 관련해서『숙의가례청등록(淑儀嘉禮廳謄錄)』,『경빈가례시가례청등록(慶嬪嘉禮時嘉禮廳謄錄)』,『[헌종효정왕후]가례도감의궤』,『[헌종효정후]가례등록』 등이 있고, 상장례와 관련해서『장희빈상장등록(張禧嬪喪葬謄錄)』,『무술점차일기(戊戌苫次日記)』,『인숙원빈궁예장의궤(仁淑元嬪宮禮葬儀軌)』,『숙창궁상장일기(淑昌宮喪葬日記)』,『수빈빈궁혼궁도감의궤(綏嬪殯宮魂宮都監儀軌)』 등이 활용된다. 그 외에 왕실 자료로 왕실 여성의 출산과정을 엿볼 수 있는『내의원식례(內醫院式例)』,『육전조례(六典條例)』,『대군공주어탄생(大君公主御誕生)의 제(制)』,『호산청일기(護産廳日記)』,『정유년호산청소일기(丁酉年護産廳小日記)』,『춘추일기(春秋日記)』,『산실청총규(産室廳總規)』,『임산예지법(臨産豫知法)』,『안태등록(安胎謄錄)』,『태교신기(胎敎新記)』역시 빈곤한 자료의 한계를 다소나마 극복해 줄 수 있다.

한편 조선시대 대표적인 궁중 문학인『계축일기(癸丑日記)』·『인현왕후전(仁顯王后傳)』·『한중록(閑中錄)』과 당론서인『연려실기술(燃藜室記述)』,『수문록(隨聞錄)』,『단암만록(丹巖漫錄)』,『당의통략(黨議通略)』등은 공식적인 기록 부족이라는 한계를 벗어나기 위해 적극 활용한다. 끝으로 후궁 집안의 가격(家格)을 알기 위해서는 관련 사료가 부족하기 때문에 어려움이 많다. 이 문제는 각 가문의 족보 자료를 활용하여 보완한다.

2장

후궁제도의 역사와 역대 후궁

1. 후궁제도의 기원

후궁은 임금의 첩을 가리킨다. 그러나 후궁은 원래 천자의 나라인 중국 황제가 거처하는 구중궁궐의 정전(正殿) 뒤쪽에 있는 깊숙한 공간을 뜻한다. 일명 내궁(內宮), 내정(內庭), 후정(後庭), 내조(內朝), 내전(內殿) 등과 같은 의미로도 쓴다.[1] 국왕이 궁궐에서 조정의 관료들과 함께 정사를 돌보고 의식을 행하는 영역인 외정(外庭), 외조(外朝) 등의 상대 개념으로, 이곳은 국왕의 사적인 공간이다. 그러한 점에서 이슬람 사회의 하렘과 유사하다고 하겠다.

공간적 의미에서 후궁은 국왕을 제외한 모든 남성의 출입이 금지된 곳이었다. 궁궐 내에서 왕의 집무실인 편전과 왕과 왕비의 침전이 있는 장소 뒤꼍에 있는 구역으로, 내명부 소속 궁녀들의 생활 영역 전체를

---

1) 『태종실록』권18, 태종 9년 8월 10일(기유); 『세종실록』권71, 세종 18년 2월 2일(무술); 『문종실록』권3, 문종 즉위년 8월 5일(병자); 『연산군일기』권59, 연산군 11년 9월 27일(무신).

뜻한다. 이곳에서 국왕과 더불어 위로는 왕후로부터 비빈 및 최말단의 궁녀에 이르기까지, 수많은 여성들이 생활하였기에 후비(后妃) 및 시녀(侍女)를 지칭하는 의미로 쓰이게 된 것이다. 이후로 같은 의미를 담고 있는 내전과 후궁이 분리되면서 내전을 국왕의 적처(嫡妻)로, 후궁을 국왕의 첩을 가리키는 말로 사용되었다.

중국 전통사회에서 황제는 천명(天命)을 받은 초월적 존재였기에 무소불위(無所不爲)의 권력을 행사했다. 『시경(詩經)』의 「소아(小雅)」 북산(北山)편에 나오는 '넓은 하늘 아래에 왕의 땅 아닌 곳이 없고 땅에서 해빈(海濱)까지 왕의 신하 아닌 자가 없다[博天之下 莫非王土 率土之濱 莫非王臣]'는 말은 천하의 모든 땅과 백성들이 모두 왕의 땅과 신하라는 이념을 표현하고 있다. 이러한 왕토사상(王土思想), 왕민사상(王民思想)은 전통적 군주관을 잘 엿볼 수 있다. 그만큼 왕의 통치권은 국가의 모든 사람들에게 적용되는, 거스를 수 없는 지고지상한 권력이었다. 이 때문에 황제들은 절대 권력을 이용해 황후는 물론 천하의 모든 미인들을 후궁으로 맞아들여 일신의 사욕을 채울 수 있었다.

집합명사의 의미에서 후궁은 황제의 적처인 황후 이외의 여러 부인들을 지칭하였다. 다시 말해, 후궁은 황제의 측실(側室)로서 내명부 작위를 받은 여성을 일컫는 말이다. 그들은 특별한 주어진 업무 없이 오로지 황제를 모시고 잠자는 일인 시침(侍寢)이 주임무였다. 이것을 소행(召幸), 행행(行幸), 승행(承幸)이라 불렀는데, 황제의 은총을 받게 되었다는 의미였다.[2] 그런 만큼 후궁은 중국의 정치 체제와 황제권의 성격을 잘 반영하는 존재였다.

---

2) 이근명, 「중국 황제의 연인들-후궁과 후궁제도-」, 『역사문화연구』 19, 한국외국어대학교 역사문화연구소, 2003, 141~143쪽.

유가의 삼례(三禮)에서는 남편의 사회적 계급에 따라 아내를 구별하고 있다. 천자의 비는 후(后), 제후의 아내는 부인(夫人), 대부의 아내는 유인(孺人), 선비의 아내는 부인(婦人), 그리고 서인의 아내는 처(妻)라 했다. 무엇보다 천자는 후(后), 부인(夫人), 세부(世婦), 빈(嬪), 처(妻), 첩(妾) 등을 두었다. 『백호통의(白虎通儀)』「가취(嫁娶)」에서 천자와 제후가 한 번 결혼에 아홉 명의 여자를 맞이하는 것은 나라에서 후사를 널리 잇는 것을 중시하기 때문이라고 했다.

황제의 적처인 황후는 많은 부인들 가운데에서 그 지위가 가장 높다. 이런 까닭에 황제를 '군부(君父)'로, 황후를 '국모(國母)'라 칭한다. 황후가 황제의 정처이자 일월 같은 존재 또는 천하의 어머니로서 설명된다면,[3] 후궁은 황후와 비교될 수 없는 하찮은 존재였다. 『석명(釋名)』에서 "천자의 첩에는 빈(嬪)이 있는데, 빈은 빈(賓), 즉 손님이고, 여러 첩은 빈(賓)을 공경한다. 첩은 접(接), 즉 교접함인데, 접을 천한 것으로 여겼다."[4]고 한 데서 알 수 있다. 중국의 후궁제도는 오랜 연원을 갖고 있기 때문에, 조선에서 후궁에 적용된 빈·귀인·소의·숙의 등의 명칭은 모두 중국 제도에서 그 기원과 유래를 찾을 수 있다.

하나라와 은나라의 후비제도를 유추해 볼 수 있는 문헌은 그리 많지 않다. 더구나 그 문헌의 기록이 매우 소략하여 상고하기조차 어렵다.[5] 정현(鄭玄)이 주를 단 『예기(禮記)』「단궁(檀弓)」에서는 제곡(帝嚳)에 관해 말하면서 "요임금은 4명의 비가 있었고, 순임금은 3명의 부인이

---

3) 『禮記』下,「昏義」(李相玉 譯, 明文堂, 2003, 1537쪽). "天子之與后 猶日之與月 陰之與陽 相須而後成者也 天子修男教 父道也 后修女順 母道也 故日天子與后 猶父之與母."
4) 『釋名』. "天子妾有嬪 嬪賓也 諸妾中見賓敬也 妾接也 以賤見接幸也."
5) 『後漢書』권10 上,「皇后紀序」. "夏殷以上 后妃之制 其文略矣."

있었다. 또한 하나라에는 12명, 은나라에는 39명, 주나라는 121명이 있었다."고 했고, 『통전(通典)』에서 "천자가 12명을 맞이하는 것은 하나라의 제도이고, 은나라는 그 수가 39명이다."고 했다.[6] 물론 이런 구체적인 숫자는 증명할 방법이 없다. 그러나 "천자와 제후가 한 번에 아홉 명의 여자를 맞이했다"한 사실에서 비빈의 수가 적지 않았으리라 짐작할 뿐이다.

비빈 제도의 기원을 적고 있는 자료로 가장 오래된 것은 『주례(周禮)』와 『예기』이다. 두 자료는 하나라와 상나라의 문헌에 비해 비빈에 대한 기록이 비교적 자세한 편이다. 주나라 주공(周公)이 지었다고 전해지는 『주례』에 의하면, "제왕은 오직 1명의 정처를 후(后)로 삼고, 그 외에 3부인(夫人), 9빈(嬪), 27세부(世婦), 81어처(御妻)를 둔다"고 규정하고 있다. 이것이 중국 역사상 현존하는 최초의 후비제도로 알려지고 있다.

춘추전국시대에 공자(孔子)와 그 후학들이 집필한 『예기』「곡례(曲禮)」에도 "천자에게는 후가 있고, 부인이 있으며, 세부가 있고, 빈이 있으며, 처가 있고 첩이 있다"라는 말이 나오는데,[7] 천자의 정실부인을 후라 하고, 부인 이하 첩까지는 천자를 모시는 여성들의 등급이다. 「혼의(婚義)」에는 "옛날에는 천자가 궁이 여섯, 부인이 셋, 빈이 아홉, 세부가 스물일곱에 어처가 여든하나였다"라고 기록하고 있는데[8] 자세한 내용을 살펴보면 다음과 같다.

---

6) 『通典』 권34, 「職官」 16. "春秋說云 天子娶十二女 卽夏制也 以虞夏及周制差之 則殷
人又增以三九二十七 合三十九人."
7) 『禮記』 上, 「曲禮」 下(李相玉 譯, 明文堂, 2003, 159쪽). "天子有后 有夫人 有世婦 有
嬪 有妻 有妾."
8) 『禮記』 下, 「昏義」(李相玉 譯, 明文堂, 2003, 1537쪽). "古者天子后立六宮 三夫人九嬪
二十七世婦八十一御妻 以聽天下之內治 以明章婦順."

천자의 왕후는 6궁, 3부인, 9빈, 27세부, 81어처를 세워 천하의 내치를 들음으로써 부순(婦順)을 밝힌다. 그러므로 천하가 내화(內和)하고 가정이 다스려진다.

천자는 6관, 3공, 9경, 27대부, 81원사를 세워 천하의 외치를 들음으로써 남교(男敎)를 밝힌다. 그러므로 외화(外化)하고 나라가 다스려진다.9)

『주례』와 『예기』에 등장하는 세부, 빈, 어처 등의 명칭 또한 비교적 일치하여 주대에 이미 비빈제가 있었음을 방증한다. 주대 황후는 6궁의 우두머리로 궁궐 안에서의 지위는 천자와 같았다. 세 명의 부인은 3공과 지위가 같고, 아홉 명의 빈은 9경과 같으며, 세부는 대부와 같고 어처는 사와 같았다. 그래서 『주례』에 따르면, 부인은 남편에게 아내의 예를 논하고, 9빈은 부학(婦學)의 법규를 관장하여 구어(九御)에게 부덕(婦德) 등을 가르쳐서 그 소속을 거느리며 때때로 임금의 처소에 나아가 시중들게 하였다.

세부는 제사, 빈객, 상기(喪紀)의 일을 관장하여 여관(女官)을 거느리고 제기를 닦으며 제사에 쓰는 기장을 담는 일을 하였는데, 『후한서(後漢書)』에 의하면 부(婦)는 복(服), 즉 '복종하다'는 뜻으로 27대부에 비교되었다. 여어(女御)는 임금의 연침 모시는 것을 담당하여 때마다 공사(功事)를 바쳤는데, 『후한서』에서 어(御)는 '임금에게 나아가다'는 의미로 81원사에 비교되었다. 이것은 주나라 황제의 후궁이 모두 121명이었던 것을 두고 한 말이다. 그러나 3천 분대(粉黛)라는 표현이 자주

---

9) 『周禮注疏』 권1, 「天官冢宰」(『十三經注疏』, 中華書局, 1996, 642쪽). "古者天子后立六宮 三夫人九嬪二十七世婦八十一御妻 以聽天下之內治 以明章婦順 故天下內和而家理也. 天子立六冠三公九卿二十七大夫八十一元士 以聽天下之外治 以明章天下之男敎 故外和而國治."

언급될 정도로 중국 역대 황제의 처첩은 그 수를 헤아릴 수 없을 정도로 많았다.

중국 제왕의 비빈제는 주대에 처음 나타나 진(秦)나라 때 형성되었다. 이후 각 시대에 약간의 변화가 있었을 뿐, 대체로 주나라 제도를 크게 벗어나지 않고, 거의 그대로 답습했다.

빈어가 제도화되면서 황제의 잠자리 시중을 드는 여성들의 이름과 호를 정해야 했다. 진나라가 춘추전국시대를 통일하고 천하를 제패한 이후에 진시황은 6국의 후비와 궁녀, 왕녀들을 모두 거대한 아방궁(阿房宮)으로 데려와 음탕함과 전횡을 일삼았다. 진시황은 1만 명의 후궁을 거느렸다.

이후 전한(前漢)의 빈어는 14등급, 후한(後漢)의 그것은 4등급으로 나누고 조(曹) 나라와 위(魏) 나라는 황후 아래에 12등급으로 정했다. 진(晉) 나라는 다시 부인 셋, 빈 아홉, 산역(散役), 오직(五職) 등으로 정했다. 북위(北魏)는 부인 셋, 빈 아홉, 세부 스물일곱, 여든하나의 어처가 있었다. 이후 수(隋) 나라 당(唐) 나라에 이르기까지 후비제도에 큰 변화는 없었다. 물론 명의상의 규정에 불과하였을 뿐 실제 숫자는 이 규정을 훨씬 초과하였음은 분명하다.

이 시기까지 특이한 경우로는 수 문제(隋文帝)를 들 수 있다. 문제는 천하를 통일한 이후에 부인인 황후 독고씨(獨孤氏)를 무서워하여 총애하는 여성을 두지 못하였다.[10] 역대 제왕 가운데 유일하게 일부일처를 고집하던 문제는 독고 황후(獨孤皇后)가 죽은 이후에야 비빈의 체제를 갖추었다. 즉 귀비(貴妃), 숙비(淑妃), 덕비(德妃) 3부인과 순의(順儀), 순

---

10) 『隋書』 권36, 「后妃傳」. "(文獻獨孤皇后)頗仁愛 每聞大理決囚 未嘗不流涕 然性尤 妒忌 后宮莫敢進御 隋文帝代她甚寵憚之."

용(順容), 순화(順華), 수의(修儀), 수용(修容), 수화(修華), 충의(充儀), 충용(充容), 충화(充華) 9빈, 첩여 12명과 미인, 재인 15명을 합하여 27세부, 보림과 어녀 각 24명과 채녀 37명을 합하여 81어처를 설치한 것이다. 이에 반해 그의 아들 양제(煬帝)는 수없이 많은 후궁을 두어 진 무제에 버금갈 정도였다.[11]

송대 빈어 제도는 고정된 순서 없이 최고의 직급인 비(妃)가 있었는데 귀비, 숙비, 덕비, 현비(賢妃), 신비(宸妃)가 있었다. 요(遼)는 원비(元妃), 덕비, 문비(文妃), 혜비(惠妃)가 있었다. 유목인인 여진족이 세운 금(金) 나라에는 귀비, 현비, 덕비의 세 부인을 두었다. 원(元) 나라에서만 왕후와 비, 그리고 빈의 칭호가 있었다. 다만 정원의 제한은 없었다. 명(明) 나라 때는 원나라의 제도를 계승해서 후(后)와 비(妃)의 직급만 두었는데, 비로는 귀비, 숙비, 영비(寧妃), 현비, 공비(恭妃), 신비, 강비(康妃), 장비(莊妃), 유비(裕妃) 등이 있었다. 이 비는 호(號)를 정해두지 않고 임의로 선택하여 차등을 두지 않았다. 이 가운데에 귀비를 최고로 여겼다.[12] 청대 후비들은 황후, 황귀비, 귀비, 비, 빈, 귀인, 답응(答應), 상재(常在) 여덟 등급으로 나뉘었다. 그러나 이들의 숫자는 명문 규정이 없었다.[13] 엄격하고 정교하게 비빈제도를 제도적으로 마련하여 명시

---

11) 『隋書』 권36, 「后妃傳」. "至文獻崩後 始置貴人三員 增嬪至九員 世婦二十七員 御女八十一員 貴人等關掌宮闈之務 六尚已下皆分隷焉 煬帝時 后妃嬪御 無釐婦職 唯端容麗飾 陪從醼遊而已 帝又參詳典故 自製嘉名 著之於令 貴妃淑妃德妃 是爲三夫人 品正第一 順儀順容順華修儀修容修華充儀充容充華 是爲九嬪 品正第二 婕妤一十二員 品正第三 美人才人 一十五員 品正第四 是爲世婦 寶林二十四員 品正第五 御女二十四員 品正第六 采女三十七員 品正第七 是爲女御 總一百二十 以叙於宴寢."

12) 『萬曆野獲編』 권3, 「歷朝貴妃姓氏」. "內庭嬪御 尊稱至貴妃而極."

13) 중국 역대 왕조의 비빈 제도에 대한 구체적인 내용은 이미선의 앞의 책(지식산업사, 2021, 37~56쪽)이 참조된다.

하였으나, 역대 중국 황제들은 여색에 눈이 멀어 제왕의 권위가 땅에 떨어지고 인재가 그의 곁을 떠나게 되는 일이 비일비재하였다.

흥미로운 점은 주나라 때부터 여사(女史)라는 관직까지 두어 천자와 후비의 동침 순서를 관장하도록 했다는 사실이다. 여사는 원래 고대 중국에서 왕후의 예지(醴胹), 즉 왕후를 따라다니며 그 언행을 기록하는 일종의 서기(書記)를 관장하는 여자 벼슬아치를 말한다. 이것이 훗날 황제와 잠자리할 비빈들의 차례를 정해주는 업무로 확대된 것이다. 이들은 정해진 규정대로 황제와 동침하는 비빈들에게 오른손에 각자의 신분에 걸맞은 금, 은, 동 등으로 만든 반지를 끼게 하여 황제를 모실 순서를 정했다. 동침이 끝나면 왕을 모셨던 여자들의 가락지를 왼손으로 옮겨 끼운 후에 사랑 행위를 했던 날짜와 시간을 기록했다. 아울러 그녀들이 평소 행동거지를 기록해두었다가 참고로 삼기도 했다.[14]

여사는 또한 비빈들의 건강 상태와 월경 기간 등을 황제에게 보고하는 역할을 했는데, 생리 중인 비빈들은 양쪽 볼에 붉은색을 칠하게 하여 그들의 건강 상태나 생리 현상을 나타냈다. 여사는 교접 때마다 동관(彤管)이라고 불리는 붉은 칠을 한 큰 붓으로 교접 횟수를 기록해두는 임무도 맡았다. 이 때문에 명대에 와서 동사(彤史)라는 말 역시 황제와 잠자리를 한 후비나 궁녀들을 기록하는 여관을 가리키는 말로 널리 쓰였다.

그렇다면 황제와 잠자리를 갖는 데도 특별한 규정이 있었을까? 『주례』에는 황제 또는 왕의 부부생활이나 성생활에 관한 규정이 있다. 고대 중국에서는 일의 순서를 음양과 역수(歷數)에 맞추어 결정하기를 좋

---

14) 이재운·박숙희·유동숙, 『뜻도 모르고 자주 쓰는 우리말 어원 500가지』, 예담, 2012, 55쪽.

아했다. 그래서 후비와 황제가 함께 잠자리를 행하는 순서조차도 달의 밝기와 크기에 따라 결정했다. 다음 자료는 황제가 후비들과 합방하는 방식을 규정한 내용이다.

> 여러 비빈들이 황제와 합방하는 방식은 다음과 같다. 황후나 비빈은 달의 형상을 본받는다. 그러므로 달이 점차 차듯이 비빈들이 황제와 합방하는 것은 아래 비빈이 먼저이고 위의 비빈이 뒤이다. 여어 81명은 매일 밤 9명씩 9일 밤을 황제와 합방한다. 세부 27명은 매일 밤 9명씩 3일 밤을 황제와 합방한다. 빈 9명은 9명이 1일 밤을 황제와 합방한다. 부인 3명은 3명이 1일 밤을 황제와 합방한다. 황후는 혼자서 1일 밤을 황제와 합방한다. 이렇게 하면 달이 보름 만에 다 차듯이 한 바퀴를 돌게 된다.[15]

위 글은 정현이 주석한 내용이다. 그에 따르면 중국 황제는 황후를 제외한 후궁들인 여어, 세부, 빈과는 9명씩 합방하였고, 부인과는 3명씩 합방하는 등 집단적으로 합방하였다고 한다. 초하루부터 보름까지 점점 차오르고 그 후 그믐날까지는 점점 사그라드는 달의 변화에 맞추어 초하루부터 보름까지는 지위가 낮은 여자부터 시작하여 높은 여자로 나아갔고, 다시 보름부터 그믐까지는 지위가 높은 여자에서 낮은 여자 순으로 안배되었다. 왕이 서열이 낮은 여자들과 먼저 성 행위를 한 것은 그녀들의 질 분비물을 통해서 성적 능력을 보양할 수 있다고 믿었기 때문이다. 성적 능력이 최고조에 이르렀을 때 왕비와 동침을 하면 훌륭한 2세를 수태할 수 있다고 생각한 것이다. 이러한 규정은 후비들 간의 총애 다툼을 사전에 방지하기 위한 것이기도 하다.

---

15) 『주례』, 「天官」 <九嬪>.

<그림 1>『동의보감』

1610년(광해군 2) 허준(許浚)이 편찬한 한
의학서이다. 1597년(선조 30) 선조의 명을
받아 중국과 조선의 의학서를 종합하였다.
이 책은 1613년(광해군 5) 내의원에서 목
활자로 초간된 25권 25책이다(국립중앙박
물관 소장).

　　조선시대의 왕은 중국 황제에 비해 후궁들과 집단 합방을 하지 않았
다. 물론 그들처럼 매일 밤 후궁들과 합방하지도 않았다. 조선시대 왕
의 성생활은 기본적으로 대를 이을 자녀를 생산하기 위한 것이었다.『동
의보감(東醫寶鑑)』에는 왕과 후궁의 잠자리와 관련하여 눈여겨 볼 내
용이 다음과 같이 언급하고 있다.

　　남자가 여덟 살이 되면 신장의 기운이 충실해져서 머리털이 길어지
고 영구치가 난다. 남자가 열여섯이 되면 신장의 기운이 왕성해져서
정액이 만들어지고 정기가 넘쳐나며 음양이 조화된다. 그러므로 능히
자녀를 둘 수 있다. (중략) 남자가 예순네 살이 되면 치아와 머리털이
빠진다. 오장 가운데 신장은 오행 가운데 물을 주관하며 오장육부의
정기를 받아 간직한다. 오장이 왕성해야 정액을 만들 수 있는데, 남자
나이 예순네 살이 되면 오장이 모두 쇠약해지고 뼈와 근육도 허약해
져 정액이 모조리 없어진다. 그러므로 머리털은 희어지고 몸은 구부
러지며 똑바로 걷지도 못하고 자식도 둘 수 없다.16)

---

16)『동의보감』,「內景篇」권 1, <身形>.

위 인용문에서 주목되는 사실은 남자가 여자를 만나 성관계가 가능한 나이로 최소 열여섯 살로 보고 있다는 점이다. 이러한 점을 감안해 보면 15살 이전에 가례를 치렀더라도 조선시대 왕들은 성생활을 하지 않았다고 할 수 있다. 이는 욕정을 줄이고 마음을 수양한 왕이라야만 좋은 자녀를 생산할 수 있다고 생각하였다. 이로써 본다면 중국에 비해 조선시대의 성 윤리가 매우 엄격하였고 유교적인 도덕관념이 확립되었음을 알 수 있다. 조선시대의 왕 역시 『예기』 등을 근거로 정실부인인 왕비 외에 많은 후궁을 두었는데, 다음 절에서는 조선시대 후궁제도의 운영 체제에 대해 살펴보기로 한다.

2. 후궁제도의 운영 원리와 의미

1) 1428년(세종 10) 전의 여관

조선 왕조는 일부일처제 국가였으므로 왕은 적처인 왕비 1명만을 두었고 그 나머지 배우자인 후궁들을 부인으로 인정하지 않았다. 이는 조선 건국 직후부터 "예(禮)에 두 적처(嫡妻)가 없다[禮無二嫡]"는 명분을 내세워 왕실 혼인에서 일반 사서인(士庶人)의 혼인에 이르기까지 다처(多妻) 행위를 강력히 규제하였기 때문이다.

조선시대의 후궁제도는 처음엔 고려시대의 내직(內職) 제도의 관행을 따랐다. 그러나 그것이 태조~태종대를 거쳐 조금씩 수정 보완되어 세종 대에 이르러서야 제도적으로 정비되었고, 성종 대에 이르러 『경국대전(經國大典)』의 「내명부」 조항에 법제화되었다.[17] 건국 직후부터 세

---

17) 조선시대 내명부의 정비 과정에 대해서는 김선곤의 「이조초기 妃嬪考」(『역사학보』

〈그림 2〉『경국대전』「내명부」조문
조선 초의 법전『경제육전(經濟六典)』과 그 뒤의 법령을 종합한 기본 법전이다. 1466년(세조 12) 처음 편찬되었으나 예종과 성종 때 수정을 거쳐 1485년(성종 16)에 편찬되었다(국립중앙박물관 소장).

종 이전까지는 일정한 제도에 의한 후궁 봉작이라기보다는 다분히 고려시대의 제도를 그대로 사용하고 있었다.

고려시대에는 국왕의 정처를 왕후라 불렀고, 첩을 부인이라 불렀다. 그러나 그들은 각기 귀비(貴妃), 숙비(淑妃), 덕비(德妃), 현비(賢妃) 등의 칭호로 구분되었다. 이들은 모두 정1품의 품계에 해당하였고, 원주(院主), 궁주(宮主) 혹은 옹주(翁主) 등의 칭호를 받기도 하였다. 조선시대에는 왕의 딸을 옹주라 했던 사실과 달리 고려시대에는 왕의 딸뿐 아니라 왕의 후궁, 그리고 며느리에게도 그렇게 불렸던 것이다. 이처럼 고려시대의 왕실에서 정처와 첩의 구분은 있었지만 태조 왕건 이래 일부다처제의 유풍이 남아 있었기 때문에 실제 생활에 있어서 처와 첩을 차별하는 일이 그다지 많지 않았다.

고려시대의 후궁제도는 조선 건국 후에도 약 5년간 시행되고 있었

21, 1963)와 이영숙의 「조선초기 내명부에 대하여」(『역사학보』 96, 1982), 이미선의 앞의 책(지식산업사, 2021)이 참조된다.

다. 조선 왕조의 후궁제도는 1397년(태조 6) 3월, 태조 때에 처음 만들어졌는데, 상서사 판사(尙瑞司判事) 조준(趙浚)과 정도전(鄭道傳) 등이 상소문을 올려 내관(內官)의 칭호를 세울 것을 요청한 것이다.[18] 이 당시 이들의 요청은 후궁의 품계는 물론 후궁과 궁녀의 내명부 직제를 정비하려는 최초의 노력으로서 의미가 있다. 후궁으로는 현의(賢儀, 2인, 정·종1품), 숙의(淑儀, 2인, 정·종2품), 찬덕(贊德, 3인, 정·종3품), 순성(順成, 3인, 정·종4품) 등의 직명을 두었고, 궁녀로는 상궁(尙宮, 3인, 정·종5품), 상관(尙官, 3인, 정·종6품), 가령(家令, 4인, 정·종7품), 사급(司給, 4인, 정·종8품), 사식(司飾, 4인, 정·종9품) 등 전체 아홉 개의 품계를 두었다. 이 규정은 훗날『경국대전』「이전」<내명부>와는 상당한 차이를 보이지만, 내명부 제도의 기초가 되었다는 점에서 크나큰 의미가 있다. 이때 내관이라는 명칭을 처음 사용하였으나, 내관과 궁관(宮官)을 구별하지 않았다. 다만 각 품계마다 정(正)과 종(從)의 구별을 두어 동일한 품계라도 정이 한 단계 높았다.

총인원 28명 가운데에서 후궁에 속한 품계의 명칭은 현의, 숙의, 찬덕, 순성 네 개뿐이나 품계는 여덟 단계로 세분되었다. 궁관에 속한 품계의 명칭은 상궁, 상관, 가령, 사급, 사식 다섯 개로 18명이다. 후궁과 관련된 명칭, 예컨대 찬덕이나 순성은 여성의 덕스러움이나 순종, 어짊, 착함의 뜻을 담고 있어 내관의 칭호로 추정된다. 품계마다 정원을 규정했지만, 이것은 형식에 불과했다. 당시 후궁이나 궁녀나 꼭 이대로 수를 채운 것은 아니었기 때문이다.

내명부 직제가 1397년(태조 6)에 만들어졌지만 이때의 내관 칭호가

---

18)『태조실록』권11, 태조 6년 3월 15일(무진).

곧바로 후궁들에게 적용된 것은 아니었다. 이성계는 잠저 시절에 첩이었던 칠점선(七點仙)과 류준(柳濬)의 딸을 1398년(태조 7)에 화의옹주(和義翁主)와 정경옹주(貞慶翁主)에 봉작하였고, 태종은 정종의 후궁 류씨(柳氏)를 가의옹주(嘉懿翁主) 또는 가의궁주(嘉懿宮主)로 봉작하였다.[19] 1397년(태조 6) 제도가 마련된 이후에도 태조와 정종의 후궁들은 고려시대의 유습이 남아 있었기 때문에 옹주 또는 궁주 등에 봉작된 것이다. 이는 시행 초기의 상황으로 후궁제도 자체가 미진한 탓에 나타난 결과였다.

후궁제도가 제대로 적용되지 않은 상태에서 태종은 조준과 정도전의 노력에 뒤이어 후궁제도를 정비하고자 했다. 그 계기는 바로 원경왕후 민씨와의 갈등 때문이었다. 당시 태종은 원경왕후 처소의 본방나인을 가까이하다가 발각되어 원경왕후으로부터 심한 추궁을 당했다.『태종실록』에 따르면, "원경왕후 민씨가 임금이 궁인을 가까이하므로 분개하고 노하여 가까이한 궁인을 책망하니 임금이 노하여 내쳤다."[20]고 한다. 이때 쫓겨난 중궁전 소속 궁인이 훗날 경녕군(敬寧君)의 모친인 효빈 김씨(孝嬪金氏)이다. 태종은 원경왕후 민씨와의 가정불화를 극복하기 위해[21] 후궁제도를 공식화 한 것이다. 그래서 태종은 예조와 영춘추관사(領春秋館事) 하윤(河崙)과 지춘추관사(知春秋館事) 권근(權近) 등에게 고대 중국의 제후와 고려의 국왕들이 거느린 비빈의 수를 파악하도록 명하였다. 그리고 마침내 후궁제도를 공포하기에 이른다. 이러

---

19) 『태조실록』권15, 태조 7년 11월 7일(기묘);『태종실록』권18, 태종 9년 10월 27일 (을축).
20) 『태종실록』권1, 태종 1년 6월 18일(을해).
21) 金成俊,「태종의 外戚除去에 대하여」,『역사학보』17, 1962, 573~581쪽.

〈그림 3〉 효빈 김씨 무덤(경기도 구리시 교문동 소재)

효빈 김씨는 태종의 후궁이자 경녕군(敬寧君) 이비(李裶)의 어머니이다. 효빈 김씨의 무덤 아래에는 손자 오성군(梧城君)과 부인 정씨의 무덤이 쌍분으로 조성되어 있다.

한 저간의 사정이 『태종실록』에 적혀 있다.

　　예조와 영춘추관사 하윤·지춘추관사 권근 등에게 명하여, 삼대 이하 역대 임금의 비빈의 수와 전조 역대의 비빈, 시녀의 수를 상고하여 아뢰게 하였다.

　　예조에서 아뢰기를, "신 등이 삼가 「혼의」를 상고하건대, '제후는 한번 장가드는 데 9녀를 얻고, 한 나라에 장가들면 다른 두 나라에서 잉첩을 보내니, 모두 조카나 동생으로 따라가게 하며, 경대부는 1처 2첩이며, 선비는 1처 1첩이니, 이것은 후계(後繼)의 자손을 넓히고 음란함을 막기 위한 까닭이다.'라고 하였습니다. 전조(前朝)의 제도에는 혼례가 밝지 못하여 적과 첩의 제한이 없었으므로 많을 때는 정원수보다 많아 참람함에 이르렀고, 적을 때는 정원수에 미달하여 후사가 끊기는 상황에 이르렀습니다. 이와 같이 선왕의 법을 따르지 아니함으로써 대륜을 어지럽게 하는 것은 작은 연고가 아닙니다. 우리나라가 모든 일을 시행함에 반드시 성헌(成憲)을 따라서 하는데, 혼인의 예절은 아직도 예전의 폐단을 따르니, 처음을 올바르게 하는 것이 아닙니다. 전하께서는 한결같이 선왕의 제도에 의거하여 궁곤(宮壼)의 법을 갖추시고, 경대부와 선비에 이르러서도 선왕의 법에 따라 제도를 정하시어 후손이 끊어지지 않게 하시되, 정원을 넘지 못하게 하여 인륜의 근본을 바르게 하소서. 만약 이를 어기는 자가 있으면, 헌사(憲司)로 하여금 규찰하게 하소서." 하였다.

이에 임금께서 이를 윤허하였다. 이때 임금이 즉위한 지 얼마 되지 못하여 빈첩이 미비 되어, 평시의 시녀만이 있을 뿐이었다. 원경왕후 민씨는 천성이 투기가 심해 사랑이 아래로 이르지 못하여, 임금이 빈첩을 갖추고자 하였다.[22]

후궁제도를 공식화한 이후에 태종은 정종과 조정 대신들, 그리고 원경왕후의 반대에도 불구하고[23] 공개적으로 후궁을 들이기 시작하였다. 이때 간택되어 입궁하게 된 후궁이 바로 전 성균관 악정 권홍(權弘)의 딸이었다. 더구나 태종은 태조의 이어 후궁제도를 더욱 정비하려 하였다. 태종 조에 후궁과 관련된 여관(女官) 제도는 1405년(태종 5)에 처음 보인다. 당시 이들의 이름을 조금 고치고 수를 조정하였다. 그것에 따르면, 여관에는 왕비 아래에 현의(1인), 숙의(2인), 찬덕(1인), 순성(2인), 사의(司儀, 2인), 사침(司寢, 1인), 봉의(奉衣, 2인), 봉선(奉膳, 2인) 등이 있었다.[24]

여기서 주목되는 점은 태조 때의 여관 명칭에 변동이 있다는 사실이다. 현의, 숙의, 찬덕의 명칭은 변함이 없으나, 그 이하는 다르다. 즉 순성, 사의, 사침, 봉의, 봉선 대신 순덕, 상궁, 상관, 가령, 사급, 사식으로

---

22) 『태종실록』 권3, 태종 2년 1월 8일(신묘).
23) 『태종실록』 권3, 태종 2년 2월 11일(갑자).
24) 『태종실록』 권9, 태종 5년 1월 15일(임자).

<그림 4> 의빈 권씨 무덤(경기도 연천군 장남면 소재)
의빈 권씨는 태종의 후궁으로 정혜옹주의 어머니이다. 영가군 권홍의 딸로 1401년(태종 1)에 궁에 들어왔다. 이 무덤은 연천군 내 스토리사격장 안에 있다.

바뀌었다. 이때의 여관제도에 나타나는 여덟 가지는 후궁과 궁녀를 명확하게 구분하지 않았다. 후궁의 품계에 속한 현의와 숙의의 인원수는 2명에서 1명으로, 찬덕과 순덕의 인원수는 3명에서 2명으로 감원되었다. 이 규정은 등급과 정·종의 품계가 명확하게 구별되지 않고, 태조의 내관 28명에 비해 적은 규모이다. 그러나 여전히 고려시대의 관행, 조선 건국 직후 후궁제도의 관행을 따르고 있었다. 예컨대, 태종은 1407년(태종 7)에 후령군(厚寧君)의 어머니 이씨를 후궁으로 들였다. 이씨에 대한 후궁 봉작명은 옹주였다. 그녀는 덕숙옹주(德淑翁主)에 봉작되었다.[25] 태조의 후궁 정경옹주 류씨는 정경궁주(貞慶宮主)로 승봉되었다. 여전히 후궁들에게 궁주와 옹주의 칭호를 사용하였음을 엿볼 수 있다.

후궁제도가 제대로 정비되지 않은 상태에서 태종이 후궁제도 마련에 고심하자 한때 신진사대부 사이에서는 후궁제도와 관련된 여관제도를 폐지할 것을 요구하고 나섰다. 그들이 주장했던 내용의 요지는, 첫째 여관은 한나라 때에 설치되었으나 훌륭한 제도가 아니라는 점이

---

25) 『태종실록』 권14, 태종 7년 11월 2일(임자).

고, 둘째 태조 때는 여총이 성하여 즉위 이후 여관제도를 설치하였는
데, 비천한 자가 그 품급을 받아 국록을 받게 되어 식자(識者)는 통심(痛
心)하다는 것이며, 셋째 태종 자신이 즉위하여 제일 먼저 여관의 폐단
을 혁파하였는데, 또다시 설치함은 올바른 처사가 아니라는 것, 넷째는
한·당시대에 여관을 설치하여 여총으로 화를 입은 것을 경계하여야 한
다는 의견이었다.26) 태종은 이들의 건의를 표면상 수용하였으나, 실제
로 이 제도를 존속시켰다.

　　태종은 1411년(태종 11)에 『예기』와 『춘추』에서 "제후 부인은 3궁
을 세운다[諸侯夫人爲三宮]"는 제도를 따라 '1빈 2잉'을 시행하도록 하
였다. 이 규정은 빈 1명, 잉 2명을 두도록 법제화한 것으로 세 명의 간택
후궁을 둘 수 있도록 명한 것이다. 당시 태종은 계속되는 원경왕후 민
씨와의 갈등을 극복하기 위해 후궁제도를 공식화해 버린 것이다.

　　예조에서 비빈의 제도를 올리었다. 글은 이러하였다. "생각건대, 가
　례는 내치를 바르게 해서 위로는 종묘를 받들고 아래로는 후사를 잇자
　는 것이니, 신중히 하여 예를 갖추지 않을 수 없는 것입니다. 삼가 상고
　하건대, 『예기』「곡례」에 말하기를, '공후는 부인이 있고, 세부가 있고,
　처가 있고 첩이 있다.' 하고, 그 수는 말하지 않았습니다. 「혼의」에 이
　르기를, '천자의 후는 6궁, 3부인, 9빈 27세부, 81어처를 세워 천하의
　내치를 듣고, 천자는 6관, 3공, 9경, 27대부, 81원사를 세워 천하의 외
　치를 듣는다.'고 하였으니, 내치의 수가 외치의 수와 같은 것입니다.
　　왕제에 이르기를, '대국은 3경, 하대부 5인, 상사(上士) 27인이라.'
　하였고, 『예기』「제의(祭義)」에 '제후 부인은 3궁을 세우면 대국의 부
　인은 3궁, 3세부, 5처, 27첩을 세우는 것이라.' 하였습니다. 또 『춘추호

---

26) 『태종실록』권9, 태종 5년 3월 16일(신해).

씨전』을 상고하면, '제후는 한 번에 아홉 여자에게 장가드는데, 적부
인(嫡夫人)이 행하면 질제(姪娣)가 따른다. 그런즉, 부인이 1이고 잉이
2이고 질제가 6이라.' 하였습니다. 생각건대, 한나라 이래로 천자의 후
를 황후라 하였고, 제후의 부인을 비라 하였는데, 지금 우리 국가는 이
미 적비가 있어 중궁에 정위하였으나, 예전 제도에는 갖추지 못한 것
이 있습니다. 바라건대, 예전 제도에 의하여 훈(勳)·현(賢)·충(忠)·의
(義)의 후예를 선택하여 3세부, 5처의 수를 갖추고, 그 칭호는 세부를
빈으로 하고 처를 잉으로 하여, 후세에 법을 삼으면 거의 여망에 합할
것입니다." 1빈 2잉으로 제도를 삼도록 명하였다.[27]

이런 상황에서 태종은 이 제도를 발표한 지 한 달 뒤에 공개적으로
후궁을 들이기 시작하였다. '1빈 2잉'의 원칙에 따라 판통례문사(判通
禮門事) 김구덕(金九德)의 딸을 빈으로, 전 제학(前提學) 노구산(盧龜山)
과 전 지성주사(前知成州事) 김점(金漸)의 딸을 후궁으로 맞아들였다.
그들은 각기 명빈(明嬪), 소혜궁주(昭惠宮主), 숙공궁주(淑恭宮主)로 봉
작되었다.[28]

자신의 빈잉을 들인 태종은 1418년(세종 즉위) 11월에 유정현(柳廷
顯)과 박은(朴訔) 등에게 계사(繼嗣)와 내치의 중요성을 설명하면서 세
종의 빈잉을 간택하도록 명하였다.

> (상왕) "임금의 계사는 많이 두지 않으면 안 될 것이므로, 내가 지난
> 해에 예관의 청으로 인하여, 3, 4명의 빈과 잉첩을 들였으니, 그들의
> 아버지인 권홍·김구덕·노구산·김점 등의 왕실로 향하는 마음이 반드

27) 『태종실록』 권22, 태종 11년 9월 19일(정축).
28) 『태종실록』 권22, 태종 11년 10월 27일(을묘); 『태종실록』 권22, 태종 11년 11월 20일(정축).

시 다른 신하와는 달랐다. 한편으론 계사를 많이 두고, 한편으론 여러 사람의 도움을 얻게 되며, 또 옛날의 한 번 혼인에 아홉 여자를 취한다는 뜻에도 맞는다. 지금 주상이 정궁에 세 아들이 있지마는, 그러나 더 많으면 더욱 좋을 것이다." 하니, 유정현이 대답하기를, "예로부터 제왕은 자손이 번성한 것을 귀하게 여겼으니, 빈과 잉첩 2, 3명을 들이기를 청합니다."라고 하였다. 상왕이 말하기를, "이 일은 주상이 알 바가 아니니, 내가 마땅히 주장할 것이다."[29]

　　종사대계를 위한 상왕 태종의 전교와 양반 관료들의 주청이 있었으나, 이 당시 세종은 빈잉을 간택하지 않았다.[30] 오히려 6년이 지난 1424년(세종 6) 9월에 비로소 최사의(崔仕儀)의 딸과 박강생(朴剛生)의 딸 등을 후궁으로 맞아들였다.[31] 6년 동안 지체된 이유는 1420년(세종 2) 어머니 원경왕후 민씨가 승하한 데 이어 1422년(세종 4)에는 세종의 후궁 간택을 주관해오던 태종 역시 승하하였기 때문이었다. 국상 중이거나 선왕의 부묘 이전에는 국혼을 치르지 않은 것이 관례였기에 국상을 마친 이후에 후궁을 들였던 것이다. 이들에 대한 후궁 봉작명 역시 궁주였다. 즉 최사의의 딸은 명의궁주(明懿宮主)에, 박강생의 딸은 장의궁주(莊懿宮主)에 봉해졌다.[32] 이처럼 1405년(태종 5) 후궁의 품계와 관련된 여관제도를 마련했지만 여덟 가지의 품계가 있었음에도 궁주, 옹주의 칭호를 여전히 사용하였고, 1빈 2잉제를 별도로 마련하였지만, 한시적이었다. 이는 여전히 후궁제도가 정비되지 않았기 때문에 나타

---

29) 『세종실록』 권2, 세종 즉위년 11월 29일(을해).

30) 『세종실록』 권25, 세종 6년 9월 21일(계사). "惟我太宗再命攸司 爲殿下欲備壹儀而未就 以至于今日."

31) 『세종실록』 권26, 세종 6년 10월 26일(정묘).

32) 『세종실록』 권26, 세종 6년 10월 27일(무진).

난 결과였다. 이때까지 내관과 궁관이 뚜렷하게 구분되지 않았고 담당 업무가 명시되지 않았다.

내관과 궁관이 뚜렷하게 구분되고 업무 규정을 만든 시점은 1428년 (세종 10) 3월에 이르러서였는데, 이때 비로소 후궁제도가 실효를 거두게 된 것이다. 이때 이조에서는 내관과 궁관의 제도를 아뢰었는데, 후궁을 내관이라 하였고, 궁녀를 궁관이라 하였다. 이조에서 제안한 후궁의 직제인 내관은 다음과 같다.

> 이조에서 아뢰기를, "건국 초기에 옛날의 제도를 모방하여 비로소 내관을 두었으나, 그 제도가 미진하였습니다. 태종 때에 이르러 훈척의 후손으로 잘 골라 뽑아 3세부 5처의 수효를 갖추었으나, 호칭은 아직 갖추지 못했습니다. 궁주는 왕녀의 호칭이 아닌데도 왕녀를 일컬어 궁녀라 하고, 옹주는 궁인의 호칭이 아닌데도 옹주라 일컬으니, 이것은 실로 고려조의 관행을 그대로 따라 개혁하지 못했던 것입니다. 또 궁관이 없어 복어(服御)를 맡은 궁위의 직책에 통섭(統攝)이 없는 것 같습니다. 역대 내관과 궁관의 제도를 상고해 보니, 오직 당나라가 가장 상세히 갖추어졌으므로, 삼가 당나라의 제도에 의거하고 역대의 연혁을 참고해서 상정하여 아룁니다.
> 　내관은 다음과 같습니다. 빈(嬪)과 귀인(貴人)은 정1품으로서 비의 보좌를 맡고 부례(婦禮)를 의논합니다. 소의(昭儀)와 숙의(淑儀)는 각각 1명이고 정2품으로서 비례(妃禮)의 찬도(贊導)를 맡습니다. 소용(昭容)과 숙용(淑容)은 각각 1명이고, 정3품으로서 제사와 빈객의 일을 맡습니다. 소원(昭媛)과 숙원(淑媛)은 각각 1명이고, 정4품으로서 연침(燕寢)을 베풀고, 사시(絲枲)를 다스려서 해마다 헌공(獻功)하게 합니다.[33]

---

33) 『세종실록』권39, 세종 10년 3월 8일(경인).

위의 개정안에서 주목되는 점은 내관이 궁관과 명확하게 구별되고 왕비를 보필하는 직무를 담당하고 있다는 점이다. 또한 정2품 소의에서 정4품 숙의까지는 정원이 명시되어 있었던데 반해 빈과 귀인은 정원이 명시되어 있지 않다. 빈과 귀인의 인원수를 규정하지 않은 것은 빈이나 귀인에 책봉될 수 있는 가능성이 폭넓게 열려 있는 것이라 짐작된다. 한편 이조에서 제안한 궁녀의 직제 궁관은 아래와 같이 정비되었다.

궁관은 다음과 같습니다. 상궁인은 정5품으로서 중궁의 인도를 맡으며, 사기(司記)와 전언(典言)을 통솔합니다. 사기는 1명이고, 정6품으로서 궁내의 문부(文簿)와 출입을 맡습니다. 전언은 1명이고, 정7품으로서 선전(宣傳)과 계품(啓稟)을 맡습니다. 상의(尙儀)는 1명이고, 정5품으로서 예의(禮儀)와 기거(起居)를 맡으며, 사빈(司賓)과 전찬(典贊)을 통솔합니다. 사빈은 1명이고 정6품으로서 빈객·조현·연회·상사(賞賜)를 맡습니다. 전찬은 1명이고, 정7품으로서 빈객·조현·연식(宴食)·찬상(贊相)·도전(導前)을 맡습니다. 상복(尙服)은 1명이고, 정5품으로서 복용(服用)·채장(采章)의 수량의 공급을 맡으며, 사의(司衣)와 전식(典飾)을 통솔합니다. 사의는 1명이고, 정6품으로서 의복과 수식(首飾)을 맡습니다. 전식은 1명이고, 정7품으로서 고목(膏沐)과 건즐(巾櫛)을 맡습니다. 상식(尙食)은 1명이고, 정5품으로서 선수(膳羞)와 품제(品齊)의 공급을 맡으며, 사선(司膳)과 전약(典藥)을 통솔합니다. 사선은 1명이고, 정6품으로서 제팽(制烹)과 전화(煎和)를 맡습니다. 전약은 1명이고, 정7품으로서 방약(方藥)을 맡습니다. 상침(尙寢)은 1명이고, 정5품으로서 연현(燕見)과 진어(進御)의 차서(次序)를 맡으며, 사설(司設)과 전등(典燈)을 통솔합니다. 사설은 1명이고, 정6품으로서 위장(幃帳)·인석(茵席)·쇄소(灑掃)·장설(張設)을 맡습니다. 전등은 1명이고, 정7품으로서 등촉(燈燭)을 맡습니다. 상공(尙功)은 1명이고, 정5품으로서 여공(女功)의 과정(課程)을 맡으며, 사제(司製)와 전채(典綵)를 통솔합니다. 사제는 1명이고, 정6품으로서 의복과 재봉(裁縫)을 맡습니다. 전채는 1명이고, 정7품으로서 겸백(縑帛)과 사시(絲枲)를 맡습니다. 궁정(宮正)은 1명이고 정5품이며, 전정(典正)은 1명이고, 정7품으로서 궁정은 계령(戒令)·규금(糾禁)·적벌(謫罰)의 일을 맡고, 전정은 이를 보좌합니다." 하였다.[34]

위의 내용을 살펴보면 눈에 띄는 점은 품계명이다. 이들의 명칭은 여성의 부덕을 상징하는 내관의 봉작명과는 다르게 실질적인 업무와 관련된 명칭들로 구성되어 있다. 예컨대 문서 수발과 계품을 받드는 사기와 전언, 의례에 관련된 것들을 제공하고 받들었을 상의·사빈·전찬, 의·식·주에 관한 시중을 드는 의미를 갖는 사의·상식·사선·전약·상침 등이 그러하다. 세종 때에 정해진 위와 같은 제도 정비는 조선 왕조 건국 이래로 후궁과 궁녀의 구별이 분명하지 않았던 내명부의 계층을 확정시킨 것이다. 위의 제도가 『경국대전』 내명부에 그대로 수록된 것은 아니나 조선시대 후궁제도와 궁녀제도의 모체가 되었다는 점에서 주목된다.

2) 1428년(세종 10) 후의 내명부

1428년에 국왕의 후궁에 대한 제도는 마련되었지만 왕세자의 잉첩과 궁관제도에 대한 논의는 없었다. 국왕의 후궁제도와 궁관제도에 대한 조치가 일단락되자, 2년 뒤인 1430년(세종 12) 12월 14일에 왕세자의 잉첩과 궁관제도가 처음 만들어졌다. 그 계기는 훗날 문종이 될 세자 이향(李珦)이 18세가 되도록 후사가 없었기 때문이었다. 1427년(세

---

34)『세종실록』권39, 세종 10년 3월 8일(경인).

종 9)에 간택된 첫 번째 세자빈 휘빈 김씨(徽嬪金氏)가 세자의 사랑을 얻으려 방술을 이용하다가 발각되어 입궐한 지 2년 3개월 만에 폐출되었고[35] 두 번째 세자빈 순빈 봉씨(順嬪奉氏)마저도 재혼한 지 2년이 지나도록 원자를 출산하지 못한 상황이었다. 『세종실록』에 따르면, 문종과 순빈 봉씨 사이의 부부금슬에 대해 "침실의 일까지야 비록 부모일지라도 어찌 자식에게 다 가르칠 수 있겠는가?"[36]라는 세종의 푸념이 있을 정도로 부부관계가 썩 좋지 않았다. 원손이 생길 가능성이 거의 없다고 판단한 세종은 세자의 잉첩제도를 공식화함으로써 계사에 대한 시름을 극복하고자 했다. 예조에서 동궁을 위한 납잉의 예를 아래와 같이 논의하게 된 것이다.

> (예조) "『의례경전통해(儀禮經傳通解)』에, '천자와 제후는 아홉 여자에게 장가들 수 있다. 어째서 그러냐 하면, 나라의 근본을 소중히 여기며, 자손이 널리 퍼지게 하기 위함이라.' 하였습니다. 또 이르기를, '천자와 제후의 세자는 모두 제후의 예법대로 장가들되, 임금과 같이 하는 것은 재취(再娶)하는 일이 없음을 밝힌 것이라.' 하였습니다. (중략) 지금 동궁의 잉첩의 수는 『경제예전(經濟禮典)』에 의거하여 좋은 집안에서 뽑아 들여 그 수를 갖추고, 그 칭호와 품질은 지금의 내관의 제도 및 당제의 태자내관의 조항에 의거하여, 양제(良娣) 2명으로 정3품, 양원(良媛) 6명으로 정4품, 승휘(承徽) 10명으로서 정5품으로 하시고, 이 제도를 참작하시어 신하와 백성의 기대에 맞게 하소서." 하니, 그대로 따랐다.[37]

---

35) 『세종실록』 권45, 세종 11년 7월 19일(계해).
36) 『세종실록』 권75, 세종 18년 10월 26일(무자).
37) 『세종실록』 권50, 세종 12년 12월 14일(경진).

예조에서 건의한 왕세자 내관의 칭호에는 정3품 양제(良娣, 2명)에서부터 정4품 양원(良媛, 6명), 정5품 승휘(承徽, 10명)까지 세 종류가 있었다. 예조의 건의는 왕세자 잉첩제도를 정비하려는 최초의 노력이라는 데 의미가 있다고 하겠다.

한 달 뒤인 윤 12월에 세종은 동궁의 품위를 1등으로 정하고 그에 따라 여관 역시 2품으로 상향 조정하였다.[38] 그로부터 4일 뒤에 예조의 건의에 이어 이조에서 왕세자의 내관과 궁관제도를 확정지었다. 왕세자의 잉첩제도는 아래와 같다.

> 이조에서 아뢰기를, "이제 동궁 내관의 관제·칭호·품질에 대하여 옛 제도를 참고하여, 내관은 양제 정2품, 양원 정3품, 승휘 정4품, 소훈 정5품이요, 궁관은 사규(司閨) 한 사람이 빈(嬪)을 인도하는 일을 맡고, 장정(掌正)과 장서(掌書)를 총괄합니다. 사칙(司則) 한 사람이 예의(禮義)와 참견(參見)하는 사무를 맡고, 장봉(掌縫)과 장장(掌藏)을 총괄합니다. 사찬(司饌) 한 사람이 식사를 올리며 먼저 맛보는 일을 맡으며, 장식(掌食)과 장의(掌醫)를 총괄합니다. 모두 종6품입니다. 장정 한 사람이 문서의 출납과 자물쇠와 규찰(糾察)과 벌을 주는 일을 맡습니다. 장서 한 사람이 경적(經籍)과 교학(敎學)을 전하는 일을 맡습니다. 장봉 한 사람이 재봉과 길쌈을 맡습니다. 장장 한 사람이 재산과 피륙을 맡습니다. 장식 한 사람이 음식·술·단술·등불·촛불·땔나무·숯·그릇을 맡습니다. 장의 한 사람이 처방한 약을 맡습니다. 이상은 모두 종8품으로 정하였습니다." 하니, 그대로 따랐다.[39]

상기 내용을 살펴보면, 동궁의 여관은 국왕의 여관보다 전체적으로

---

38) 『세종실록』 권50, 세종 12년 윤12월 12일(무신).
39) 『세종실록』 권50, 세종 12년 윤12월 16일(임자).

등급이 낮고 그 규모도 적었다. 그러나 맡은 임무는 국왕의 여관과 거의 유사하였다. 여관에서 세자빈 아래에 최고의 내관은 종2품 양제였다. 이 양제에서 종5품 소훈까지는 왕세자의 잉첩이며, 종6품 사규부터 종8품 장의까지는 동궁의 궁녀였다. 내관으로 호칭된 왕세자의 잉첩은 정원과 업무가 모두 명시되지 않았던 데 반해 궁관으로 호칭된 왕세자의 궁녀는 정원과 업무가 명시되어 있다. 잉첩의 정원을 정하지 않은 것은 왕세자가 국왕에 즉위할 경우 자연적으로 국왕의 후궁으로 승봉되거나 나중에 후궁들을 맞이하게 되기 때문이고, 업무를 정하지 않은 것은 왕손을 생산하는데 그 목적이 있었기 때문일 것이다.

왕세자의 잉첩제도를 마련한 이상 세종은 더 이상 지체할 수 없었다. 그로부터 3달 뒤에 세종은 세자[문종]가 18세가 되도록 후사가 없는 것을 걱정하면서 공개적으로 잉첩을 들이기 시작하였다. 예컨대, 세종은 1431년(세종 13) 3월 15일에 지가산군사(知嘉山郡事) 권전(權專)의 딸은 물론, 직예문관(直藝文館) 정갑손(鄭甲孫)과 장흥고 직장(長興庫直長) 홍심(洪深)의 딸 세 명을 왕세자 이향의 후궁으로 들었다.40) 이들에 대한 봉작명은 종4품 승휘였다. 아직 왕손이 태어나지 않은 것을 우려해 한꺼번에 세 명의 후궁을 선발하였다. 조선 건국 직후부터 정비된 이후에도 제대로 시행되지 않았던 후궁제도는 1428년(세종 10)이 되어서야 비로소 규정대로 시행되었음을 알 수 있다.

세종은 그 이후에도 왕세자의 잉첩들을 맞아들였다. 1438년(세종 20) 5월 8일에 사직 유상영(柳尙榮)의 딸을 뽑아 승휘에 봉했고, 1441년(세종 23) 12월 7일에 판서운관사(判書雲觀事) 문민(文敏)과 예빈 직

---

40) 『세종실록』 권51, 세종 13년 1월 19일(갑신); 『세종실록』 권51, 세종 13년 3월 15일(기묘).

장(禮賓直長) 권격(權格)의 딸을 맞이하였으며, 1448년(세종 30)에는 직장 윤희(尹熺)의 딸을 종5품 소훈으로 봉하였다.[41]

위와 같이 왕과 왕세자의 여관제도가 정비되었다. 1428년(세종 10)에 정한 내명부의 직제는 훗날『경국대전』내명부에 그대로 반영됨으로써 조선시대 후궁제도의 기본 골격을 이루게 되었다. 이로써 조선시대 후궁제도와 궁녀제도가 나뉘어 확립되었다. 우선『경국대전』에는 대전, 즉 왕의 후궁이 내명부 조항에 세자궁의 잉첩이 세자궁 조항에 나뉘어 규정되어 있다.

성종 때 완성된『경국대전』의 내명부 조항은 주지했듯이 1428년(세종 10)의 규정을 기본으로 하고 있다. 품계와 정원에서 약간의 변화가 있을 뿐, 봉작 명칭은 동일하다.『경국대전』내명부 조항에서는 빈(정1품), 귀인(종1품), 소의(정2품), 숙의(종2품), 소용(정3품), 숙용(종3품), 소원(정4품), 숙원(종4품)의 네 단계로 조정된 뒤에 이를 정품과 종품으로 세분화되었다. 이는 적첩 간의 분별이 어느 정도 사회 저변에 정착되기 시작하면서 이들의 품계를 더욱 세분화하여 서열화한 것이다. 아울러 후궁의 정원을 고정하지 않았고 직무도 밝히지 않았다. 그럼에도 태조~태종 때 정한 인원수보다 거의 2배가 되었는데, 조선의 국가 체제가 정비되고 발전하면서 궁중의 업무도 그만큼 많아지고 세분화되었기 때문이다.

1430년(세종 12) 12월에 제정된 세자궁의 내관도 약간의 차이가 있을 뿐, 성종대『경국대전』세자궁 조항에 그대로 수록되었다. 이 법전에 개정된 잉첩의 품계는 거의 대동소이하나, 품계만이 정품에서 종품

---

41)『세종실록』권81, 세종 20년 5월 19일(임인);『세종실록』권94, 세종 23년 12월 7일(기해);『세종실록』권120, 세종 30년 5월 4일(무자).

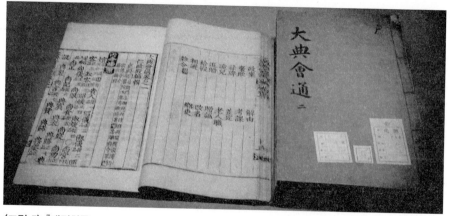

〈그림 5〉『대전회통』

1865년(고종 2) 영의정 조두순(趙斗淳), 좌의정 김병학(金炳學) 등이 편찬한 조선 왕조 최후의 육전 체제 통일 법전이다. 기존 법전의 중복을 피하고 현실에 맞게 보완한 것으로『대전통편』이후 교명, 규칙, 격식 등을 증보하였다(한국학중앙연구원 장서각 소장 K2 – 2071).

으로 하향 조정되었을 뿐이다. 이것은 그 이전보다 국왕의 후궁에 비해 지위가 낮게 된 것이다. 그리고 국왕의 내관제도와 마찬가지로 각 직책의 정원에 대한 규정은 없으나, 명칭과 품계는 변동되었다.

그런데『경국대전』에서 입궁, 승진, 업무 등에 관해서는 아무런 규정이 없다. 정원이 몇 명인지도 밝히지 않았다. 어떻게 선발한다는 원칙도 없다. 요컨대 대원칙만 세워 놓았을 뿐 구체적인 운영에 대해서는 아무런 언급이 없는 셈이다.

조선시대 헌법인『경국대전』에는 후궁 조직이 매우 질서정연하게 규정되어 있다.『경국대전』을 신뢰한다면 당연히 조선시대 후궁의 조직과 서열, 또는 명칭이 법전의 규정대로 시행되었으리라 믿고 싶을 것이다. 그러나 실제에 있어서 반드시 그대로 시행된 것은 아니었다. 국왕에 따라 후궁을 더 많이 두기도 하고 적게 두기도 하였다. 또 궁녀들도 규정에 비해 훨씬 많이 두어지는 것이 보통이었다.

이상 개국 이래로 후궁제도는 몇 차례의 변화를 거쳐『경국대전』내 명부조에 제정되었다. 이로써 조선시대 후궁과 궁녀와 관계되는 내명부조는 사적인 관계에 있는 국왕 또는 왕세자의 여성을 공적인 체계에 둔 것이다. 『경국대전』이후 『속대전(續大典)』·『대전통편(大典通編)』·『대전회통(大典會通)』등 몇 차례의 법 개정이 이루어졌음에도 내명부조는 조선 왕조 말기까지 크나큰 변동 없이 유지되었다. 지금까지의 국왕의 여관제도와 왕세자의 여관제도의 내용을 이해하기 쉽게 정리하면 아래 【표 1】과 【표 2】와 같다.

【표 1】 국왕의 여관제도 개정안

1397년(태조 6) 명칭	품계	인원	1405년(태종 5) 명칭	인원	구분	1428년(세종 10) 명칭	품계	인원	『경국대전』 명칭	품계	구분	『대전회통』 명칭	품계
현의	1 (정1·종1)	2			내관	빈	정	없음	빈	정1	내관	빈*	정1
						귀인	종	없음	귀인	종1		귀인	종1
숙의	2 (정1·종1)	2				소의	정2	1	소의	정2		소의	정2
						숙의	종2	1	숙의	종2		숙의	종2
찬덕	3 (정1·종2)	3				소용	정3	1	소용	정3		소용	정3
						숙용	종3	1	숙용	종3		숙용	종3
순성	4 (정2·종1)	3				소원	정4	1	소원	정4		소원	정4
						숙원	종4	1	숙원	종4		숙원	종4
상궁	5 (정1·종2)	3	현의	1명	궁관	상궁	정5	1	상궁	정5	궁인직**	상궁	정5
			숙의	1명		상의	정5	1	상의	정5		상의	정5
			찬덕	1명		상복	정5	1	상복	종5		상복	종5
			순덕	2명		상식	정5	1	상식	종5		상식	종5
			사의	2명		상침	정5	1	상침	정6		상침	정6
			사침	1명		상공	정5	1	상공	정6		상공	정6
			봉의	2명		궁정	정5	1	상정	종6		상정	종6
상관	6 (정1·종2)	3	봉선	2명		사기	정6	1	상기	종6		상기	종6
						사빈	정6	1	전빈	정7		전빈	정7
						사의	정6	1	전의	정7		전의	정7
						사선	정6	1	전선	종7		전선	종7
						사설	정6	1					
						사제	정6	1					
가령	7 (정2·종2)	4				전언	정7	1					
						전찬	정7	1					
						전식	정7	1					
						전락	정7	1					

품계		인원		명칭	인원	명칭	품계	명칭	품계
				전등	1	전설	종	전설	종
				전채	1	전제		전제	
				전정	1	선언		전언	
사급 8	정 2	4				전찬	정	전찬	정
						전식		전식	
						전약		전약	
						전등	8	전등	8
	종 2					전채	종	전채	종
						전정		전정	
						주궁	정	주궁	정
						주상		주상	
						주각		주각	
						주변징	9	주변징	9
						주징		주징	
						주우	종	주우	종
						주변궁		주변궁	

* 有敎命則無階『大典會通』
** 尙宮以下係宮人職『大典通編』

【표 2】 왕세자의 여관제도 개정안

1430년(세종 12) 12월			1430년(세종 12) 윤12월				『경국대전』		『대전회통』		
품계	명칭	인원	구분	품계	명칭	인원	명칭	품계	구분	명칭	품계
정 3	양제	2	내관	정 2	양제	없음	양제	종 2		양제	종 2
정 4	양원	6		정 3	양원	없음	양원	종 3		양원	종 3
정 5	승휘	10		정 4	승휘	없음	승휘	종 4		승휘	종 4
				정 5	소훈	없음	소훈	종 5		소훈	종 5
			궁관	종 6	사규	1	수규	종 6		*수규	종 6
					사칙	1	수칙			수칙	
					사찬	1	장찬	종 7		장찬	종 7
					장정	1	장정			장정	
				종 8	장서	1	장서	종 8		장서	종 8
					장봉	1	장봉			장봉	
					장장	1	장장	종 9		장장	종 9
					장식	1	장식			장식	
					장의	1	장의			장의	
총인원수	18명		총인원수		13명 이상		제한 없음				

* 守閨以下係宮人職『大典通編』

3) 『경국대전』 내명부조의 의미

조선시대에는 한 남자가 여러 명의 여성을 처첩으로 거느릴 수 있는 일부일처 다첩제 사회였다. 이는 다름 아닌 첩의 제도화가 빚어낸 결과이다. 본처는 한 명만 거느릴 수 있었기 때문에 나머지는 전부 첩으로 불리었다. 그러나 건국 이래 조선 사회는 동일한 지위의 부인을 여러 명 두었던 고려시대의 유풍이 남아 있었기 때문에 적첩의 구분이 불분명했고 적서의 관계도 모호하였다. 처첩들이 낳은 아들들 간에 적서의 구분이 없다면 아버지의 지위와 유산을 계승하는 문제에 혼란을 초래할 수 있었다. 이런 혼란을 사전에 방지하고 해결하기 위해 종법을 중시하여 그들의 신분을 엄격히 구분하고자 했다.

왕실에서도 예외는 아니었다. 유교적 신분질서를 추구해오던 국왕과 집권 관료들은 일반 사대부가에서 적첩을 구분하는 것과 마찬가지로 적처인 왕비와 첩인 후궁의 구분을 명확하게 하고자 하였다. 이를 위해 마련된 제도가 바로 『경국대전』 내명부 조항이었다. 이 제도는 왕비와 후궁들을 서열화하고 법적인 효력을 지니게 함으로써 일사불란한 위계질서를 확립하고 첩의 위치에 있는 후궁들의 위상을 국왕의 개인적인 차원에 머물게 하지 않고 법제상으로 뒷받침 해주었다. 이로써 후궁은 단순히 국왕의 첩이 아니라, 왕비 아래에서 상하관계를 이루며, 그들의 품계에 따라 그 입장과 지위에 맞은 대우를 보장받을 수 있게 된 것이다.

왕실에서 국왕과 왕비는 품계를 초월한 존재였다. 이들의 지위가 낮아서라기보다는 법적으로 제한할 수 없을 정도로 그 위상이 높았음을 의미한다. 유교적 통치 이념 하에서 그들은 군주로서 관념상 초월적인 권력을 지닌 존재였던 것이다. 유교적 통치이념을 표방하는 조선은 군주에게 형정(刑政)보다는 어진 덕을 요구하였다. 군주인 왕이 국가를 다스리는 일을 왕업(王業) 또는 조업(祖業)이라 하였는데, 왕업은 외치(外治)와 내치(內治)를 함께 수행하는 것이다. 이는 가업(家業)이 부부가 함께 이루어 나가는 것으로 여겼던 것과 같은 맥락이다.

왕실에서 왕비와 함께 후궁 역시 가업의 한 축을 맡고 있었다. 이렇다 보니 후궁들에게도 왕비와 마찬가지로 내치를 강조하여 조선 초의 비빈제도를 정할 때에 그 전거로서 논의되고 있었다. 실제로 성종의 계비 폐비 윤씨의 전문 내용과 세조의 비 정희왕후 윤씨를 책봉하는 다음 교서 내용을 살펴보면, 왕업이 외치와 내치가 함께 이루어져야 함을 강조하고 있는 데에서도 알 수 있다.

중궁이 전문(箋文)을 올려 사은하였는데, (중략) 하늘[乾元]은 반드시 땅[坤元]에 힘입는 것이므로, 이에 시작을 엄정(嚴正)히 해야 하고, 외치는 내치로 말미암는 것이므로, 이에 인륜의 시초를 삼가는 것입니다. 그런데 마침내 저같이 잔약(屝弱)한 자질로 하여금 특수한 은혜를 입게 하셨습니다. 삼가 마땅히 규예(嬀汭)에서 순(舜) 임금의 비가 되었듯이, 비록 덕행은 우리나라의 여영(女英)에 부끄러우나, 위사(渭涘)에서 문왕의 배필이 되었듯이, 주나라 태사(太姒)를 사음(嗣音)하도록 하겠습니다." 하였다.[42]

책문은 이러하였다. "천지가 그 위치를 정하니 만물이 생겨났고, 인군과 후비가 덕을 합하니 모든 교화가 비로소 이루어졌다. 원비를 세우는 것은 내치를 돕고 음교(陰敎)를 베풀기 위한 것이다. 아! 그대 윤씨는 명가 세족으로 그 아름다운 덕으로 나의 빈이 되어, 부지런하고 검소하며 예법을 좇고 허물을 짓지 않아서 내가 처음 잠저로부터 오늘

---

42) 『성종실록』 권70, 성종 7년 8월 9일(기묘).

에 이르기까지 효성스럽고 화순한 자취는 온 나라 사람이 다 아는 바이므로, 마땅히 위호를 바르게 하여 중곤(中壼)의 예의를 표시하려고 이에 영의정 정인지(鄭麟趾)·중추원사(中樞院使) 박중림(朴仲林)을 보내어 그대에게 책(册)·보(寶)를 수여하고 왕비로 세우는 바이다."[43]

국왕이 나라를 다스림에 있어서 밖[조정의 신하]의 도움뿐만 아니라 안[궁정]의 역할도 크게 작용했음을 알 수 있다. 내조의 문제는 천하가 태평하거나 어지러워지는 원인이 되었으며 국가의 흥성과 쇠약함에도 관련되어 있었다. 『주역』에서 "가정의 도가 바르게 되면 천하가 안정된다."라고 했는데 법령과 제도는 안으로부터 밖으로 미치는 것으로 보았기 때문이다. 『춘추』에서 예를 관장하는 종인(宗人)의 말에 "첩을 부인이라고 삼은 예제는 없다"고 했던 것도 같은 맥락이다.

내치의 중요성은 제도적으로 외치와 내치의 수를 동일하게 한 데에서도 알 수 있다. 숫자상으로만 보더라도 천하를 다스릴 때에 후(后)는 6궁, 3부인, 9빈 27세부, 81어처를, 천자는 6관, 3공, 9경, 27대부, 81원사를 두어 내치의 수와 외치의 수를 일치시켰다. 이는 내명부가 양반 관료의 조직에 대응하고 있다는 사실에서도 알 수 있다. 조선시대 양반 관료조직이 크게 5품에서 9품까지의 사(士)와 1품에서 4품까지의 대부(大夫)로 구분되었는데 내명부의 조직도 5품에서 9품에 이르는 궁녀와 1품에서 4품에 이르는 후궁으로 양분되었던 것이다. 그래서 사와 대부가 합쳐진 사대부는 남자 관료라 말하고, 후궁과 궁녀가 합쳐진 내명부는 여자 관료 즉 여관이라 한 것이다.

더구나 내치가 외치에 앞서 기록되고 있다는 점이다. 조선왕조에서

---

43) 『세조실록』 권1, 세조 1년 7월 20일(계사).

최고 권위를 갖는 법전인『경국대전』에서 시작하여『속대전』·『대전통편』·『대전회통』의 내명부가「이전」첫 조항에 위치하고 있다는 사실과 무관하지 않다.『고려사』「열전」에서 후비들의 열전이 앞에 서술된 사실과도 일맥상통되는 부분인데, 그 내용을 보면 아래와 같다.

> 대체로 부부란 인륜의 기본으로 나라가 잘 되고 못 되는 것이 모두 이로부터 기인되지 않음이 없으니 어찌 조심하지 않을 수 있겠는가? 그런 까닭에 후비전(后妃傳)을 짓고 빈(嬪), 장(嬙), 부인들의 전기도 각각 그 다음에 첨부한다.44)

위 인용문에서『고려사』의 찬자는 후비전을 짓는 이유가 국가의 치란이 부부로부터 비롯되고 있음을 강조하고 있다.45) 이처럼 조선시대에 왕업은 내치와 외치로 이루어지고, 왕업을 수행하는 데에 있어서 왕비를 포함하여 내관에 속한 후궁의 역할도 상당히 중시되었다.46) 주지했듯이 왕비는 품계를 초월한 지존의 지위에 있었기 때문에 내명부 안

---

44)『고려사』권88,「列傳」1, <后妃> 1.

45)『고려사』후비전의 서문은 그 내용으로 보아 李齊賢의 <諸妃傳序>를 참고하여 서술한 것으로 보인다. 서문에 의하면, '부부가 있은 뒤에 부자가 있고, 부자가 있은 뒤에 군신 상하가 있게 된다. 예의가 여기에서 시행되는 것이니, 부부는 인륜의 근본이므로 국가의 치란이 이에 말미암지 않음이 없다.…諸妃傳을 기술하되, 그 중에 아들이 없거나 크게 잘한 일, 또는 크게 잘못한 일이 없는 자는 생략한다(李齊賢,『益齋亂稿』권9,「史傳」<諸妃傳序>).'하고 한 데에서 알 수 있다(변태섭,『<고려사>의 연구』, 삼영사, 1987, 100쪽).

46)『세종실록』권25, 세종 6년 9월 21일(계사). "禮曹判書申商等啓 臣等謹按 三宮嬪媵之制 備載古典 所以正內治 廣繼嗣 不可不重 本曹於永樂十九年狀申受敎 實爲宗社萬世之計也 惟我太宗再命攸司 爲殿下欲備壼儀而未就 以至于今日 竊惟宗社之計 不可緩也 太宗之命 不可違也 乞依古制 妙選仁賢忠孝之裔 以成嬪媵之禮 以副臣民之望 從之."

에는 왕비의 품계가 없다. 이는 고종 대에 편찬된 『대전회통』에서 정1품인 빈(嬪)의 경우에도 "교명이 있으면 품계가 없다."고 규정하고 있듯이 왕비와 마찬가지로 왕명이 있는 빈은 품계가 없었다. 왕명이 있다는 것은 빈의 지위에 있는 후궁의 품계를 없이 하도록 하였다는 뜻이다. 품계가 없다는 말은 내명부에서 품계를 초월하였다는 뜻이며 거의 왕비에 버금가는 위상을 갖게 되었다는 의미이다.

왕비는 국왕의 정실 배우자로서 국왕을 내조하며, 위로는 종묘의 제사를 받들고, 위 전(殿)인 대왕대비, 왕대비를 모시며, 아래로는 왕자, 왕손을 양육하여 대통을 잇게 하는 등의 매우 중대한 임무를 담당하였다. 이로써 왕비는 내명부 위에 군림(君臨)하며 이들을 다스리는 권한을 갖고 있었다. 반면 후궁들은 왕과의 개인적 관계에 머물지 않고 왕비를 보좌하는 직무를 맡았는데, 정1품 빈과 종1품 귀인은 왕비를 도와 부인의 예를 의논하며, 정2품 소의와 종2품 숙의는 왕비의 예를 돕고 의논했다. 정3품 소용과 종4품 숙용은 제사를 지내는 일과 손님을 접대하는 일을 맡으며, 정4품 소원과 종4품 숙원은 왕이 평상시에 한가롭게 거처하는 전각을 관장하고 명주와 모시를 길쌈해 해마다 바쳤다.

내명부는 제왕의 잠자리를 위해서뿐만 아니라 궁중의 제반 사무를 분장하기 위하여 설치되었기 때문에 어느 정도의 인원수는 필요했던 것으로 보인다. 천자나 제후가 일정 정도의 후궁을 두는 것은 제왕의 권위를 유지하는 의전적(儀典的) 조건이 되었다. 그러나 후대에는 갈수록 후궁의 수가 많아져 그것이 곧 제왕의 권력을 과시하는 도구처럼 간주되기도 하였다. 후궁들은 천하 내치를 주관하는 왕비의 조력자이자 왕비와 함께 내치를 수행할 일종의 '왕실여성군(王室女性群)'이었다. 이로써 볼 때 왕비의 측근에서 보좌하는 왕의 후궁들과 다양한 실무를 맡는 궁관들의 여성 집단인 내명부는 '여성소조정(女性小朝廷)'의 성격을 지녔다고 하겠다.

3. 후궁유형에 따른 용어와 후궁 현황

1) 간택후궁과 비간택 후궁 구분

이 절에서는 본고에서 사용된 간택후궁(揀擇後宮)과 비간택 후궁(非揀擇後宮)에 대한 용어를 언급하기로 한다. 간택후궁과 비간택 후궁은 합법적인 간택 절차의 유무(有無)에 따라 구분한 용어이다.[47] 주지했듯이 후궁이 되는 데에는 크게 두 가지 방법이 있었다. 하나는 명문대가의 규수가 공식적인 간택 절차를 거쳐 입궁하는 경우였고, 다른 하나는 간택의 절차 없이 후궁이 된 경우였다. 간택은 10세 전후 처녀들 중에서 금혼령을 거쳐 적임자를 잘 살펴 선택한다는 말이다. 세 차례에 걸쳐 행했으므로 '삼간택'이라고 하는데, 아래의 사료는 이를 잘 보여준다.

> 가순궁(嘉順宮)은 다른 빈궁(嬪宮)의 경우와는 자별하다. 우리 조정의 양반 중에 빈으로 들어온 자도 많이 있는데, 모두 일찍이 예를 갖추지 않았다. 가순궁에 있어서는 다만 친영(親迎)을 하지 않았을 뿐이지 육례(六禮)를 모두 갖추었으니, 나인[內人] 중에서 은혜를 받은 부류와 어찌 크게 다르지 않겠는가?[48]

---

47) 이미선, 「조선 초기의 後宮-신분적 지위를 중심으로-」, 『사학연구』 96, 2009, 51~52쪽; 「조선 중기(연산군~현종) 後宮의 입궁과 사회적 위상」, 『한국사연구』 154, 한국사연구회, 2011, 104쪽; 「조선시대 後宮 연구」, 한국학중앙연구원 한국학대학원 박사학위논문, 2012, 32~35쪽, 이미선, 앞의 책, 2021, 82~97쪽.
48) 『순조실록』 권4, 순조 2년 11월 17일(갑신).

〈그림 6〉 수빈 박씨 책봉 교명과 추상시호 금인(아래)

책봉 교명은 1787년(정조 11) 2월 11일에 주부 박준원(朴準源)의 딸을 수빈(綏嬪)으로 책봉할 때 내린 것으로 대제학 김종수(金鍾秀)가 지었다(국립중앙박물관 소장). 수빈은 정조의 후궁이자 순조의 생모이다. 금인(金印)은 1901년(광무 5) 10월 11일 수빈 박씨를 수비(綏妃)로 높여 올리면서 제작한 금인이다(국립고궁박물관 소장). 인면에 현목수비지인(顯穆綏妃之印)이라고 새겨져 있다. 그녀는 1822년(순조 22) 12월 26일에 사망하고 3일 후 현목이라는 시호를 받았다.

가순궁은 순조의 모친이자 박준원(朴準源)의 딸인 수빈 박씨(綏嬪朴氏)이다. 그녀는 1786년(정조 10) 간택에서 뽑혀 이듬해에 정조의 후궁이 된 여성이다. 간택과 육례 절차의 일부를 거행했던 후궁 가례는 예조에서 주관하는 국가 의례로서, 이를 통해 이들은 공적 영역 내로 수용되었다. 공식적인 삼간택 절차를 거쳐 후궁이 된 경우를 간택후궁이라 불리는 것은 무방할 것이다. 오늘날 필자가 처음 제시한 '간택후궁'은 대체로 별다른 이견을 보이지 않는다.

그렇다면 공식적인 절차를 거치지 않은 후궁은 어떻게 명명해야 될까? 간택후궁의 상대적 의미[對稱]로써 '비간택 후궁'이란 용어를 사용하고자 한다.[49] 지금껏 이러한 부류의 여성을 '승은후궁'이라 명시하고 있다. 오늘날 사용되고 있는 승은후궁이란 용어는 기존 연구자(김선곤,

---

49) 필자가 명한 '간택후궁'과 '비간택 후궁'은 당시에 사용되었던 역사 용어는 아니다. 다만 필자는 이들 용어를 당시의 시대 상황을 반영하여 현재의 시각에서 개념을 적용시켜 역사적 성격을 부여하고자 했다. 정식후궁과 승은후궁, 간택후궁과 승은후궁의 개념 사용은 그 기준 개념이 일치하지 않고, 비교 범주도 다르다. 즉, '정식 또는 '간택'은 제도의 문제이고, '승은'은 행위의 문제이다.

김용숙, 이영숙)의 논고를[50] 그대로 답습한 것이다.[51]

승은이란 '왕의 눈에 들어 하룻밤이라도 같이 지는 깃', '왕의 손이 닿은 것', '나인이 하룻밤이라도 왕의 침석(寢席)에 나아가는 것', '시침(侍寢)했다' 등을 뜻하는 궁중용어이다.[52] 이러한 의미에서 보면 승은은 전적으로 왕의 개인적인 행위, 즉 성관계를 말한다. 따라서 승은후궁은 공인된 여성을 가리키는 용어가 아니라 왕의 사적인 여자에 국한된 개념인 것이다. 다시 말해 승은후궁은 법률적 승인이 결핍된 범주라는 데 주목해야 한다. 왜냐하면 국왕의 승은을 입었다고 해서 모두 후궁이 되는 것은 아니기 때문이다.[53] 여기서 법률적 승인은 내명부 봉작을 말한다.

사실 내관과 궁관을 규정하고 있는 『경국대전』 내명부는 법조항이다. 그런 만큼 내명부는 원칙상 후궁제도, 궁관제도와 밀접한 관계가 있으므로, 그들은 제도적 장치인 내명부에 속한 여성들이어야 한다. 이는 내명부에서 밝힌 내관의 역할을 설명한 데에서도 알 수 있다.[54] 내명부가 왕의 사적인 여성들을 봉작 과정을 통해 공적인 관계로 전환시킨 제도라는 점을 감안한다면, 법률적·제도적 승인이 배제된 승은후궁은 공

---

50) 김선곤, 「이조초기 비빈고」, 『역사학보』 96, 1963; 金容淑, 「李朝後期 內人生活研究」, 『아세아여성연구』 3, 숙명여자대학교 아세아여성문제연구소, 1964; 李英淑, 「朝鮮初期 內命婦에 대하여」, 『역사학보』 96, 1982.

51) 이욱, 「조선후기 後宮 嘉禮의 절차와 변천-慶嬪 金氏 嘉禮를 중심으로-」, 『장서각』 19, 2008, 50쪽; 김지영, 「조선 왕실의 출산문화 연구: 역사인류학적 접근」, 한국학중앙연구원 한국학대학원, 2010; 「조선시대 왕실 여성의 출산력-시기별 변화추이와 사회문화적 함의-」, 『정신문화연구』 통권 124, 2011, 274쪽; 임민혁, 「조선시대 후궁 淑儀의 간택과 그 지위」, 『역사와 실학』 48, 2012b, 143쪽.

52) 金用淑, 앞의 논문, 1964, 157쪽; 김용숙, 『朝鮮朝宮中風俗研究』, 일지사, 2000, 12~13쪽; 185쪽.

53) 김용숙, 위의 책, 2000, 186쪽.

54) 본서 2장 2절의 2) 참조.

적 존재인 후궁의 지위를 적절히 표현해 주지 못한 용어라고 하겠다.

또한 승은은 '은총을 받는다.' 또는 '은혜를 입다.'는 뜻으로, 궁인과 왕의 관계를 나타낼 뿐만 아니라 '신하가 임금에게 관직 등의 특별한 은혜를 받는다.'는 의미를 내포하기도 한다. 다시 말해 승은은 왕권 하에서 왕으로부터 은혜 또는 총애를 입는다는 보편적이고 포괄적인 개념이었다.

다음은 판중추부사 이황(李滉)이 병을 이유로 귀향하는 자리에서 명사(名士) 기대승(奇大升)과 박순(朴淳)의 시에 화답하고 여러 사람과 작별을 하면서 지은 시이다. 그 시의 내용을 살펴보면, "가련하다. 여러 성조에 은총을 받은[承恩] 몸이 부질없이 일곱 차례나 조정을 오갔네."[55]라 한 것처럼 승은의 의미가 후자의 개념으로 사용되고 있음을 알 수 있다. 후궁의 입장에서 보더라도 비간택 후궁은 물론, 간택후궁도 왕과 관계[承恩]를 이루었다. 다만 그 차이는 작첩을 내린 후에 승은을 입었는지[간택후궁], 작첩을 내리기 전에 승은을 입었는지[비간택 후궁] 승은과 작첩에 따른 선후(先後)의 문제인 것이다. 후궁 전체로 보면, 대체적으로 승은을 받지 못한 여성은 없었다.

무엇보다 주목되는 점은 비간택 후궁 가운데에는 승은 외에 다른 방법을 통해서 국왕의 후궁이 될 수 있었다는 사실이다. 비간택 후궁은 권력자들의 추천 또는 진헌을 통해 후궁이 되거나, 왕실 어른의 후원으로 후궁이 되기도 했으며, 잠저 시절의 비첩들이 내명부 체제로 편입되면서 자연스럽게 후궁이 될 수 있었다. 이처럼 승은 외에 상납, 추천, 후원 그리고 승봉에 의한 지위 변화에 따라 비간택 후궁이 되기도 했다.

---

55)『선조수정실록』권3, 선조 2년 3월 1일(을사). "可憐 異代承恩渥 空作區區七往還."

공식적인 간택 절차와 비공식적인 승은 이외의 다른 경로를 통해 후궁이 된 여성들의 사례를 살펴보면 다음 도표와 같다.

【표 3】 태조~순종조 비간택 후궁의 이력과 신분

국왕	봉작명/본명	생몰년	입궁 경로	입궁/승은나이	추천자	부친	신분
태조	화의옹주 김씨/칠점선	?~1428	잠저				김해 관기
	찬덕 주씨	?~1436(*)	잠저				천인
정종	성빈 지씨		잠저			지윤	양반규수
	숙의 지씨		잠저			지윤	양반규수
	숙의 기씨/자재	?~1457	잠저			기면	공안부 비
	가의궁주 류씨		잠저			유분	인덕전 궁인/반복해의 아내
	기매		잠저				시비
	숙의 문씨		★				
	숙의 윤씨	1368~1417	★			윤방언	양반규수
	시의 이씨	?~1443					궁인
태종	효빈 김씨	?~1454	잠저				민씨 가비/중궁전 비
	신빈 신씨	?~1435	잠저			신영귀	중궁전 비
	선빈 안씨	?~1468				안의	궁인
	정빈 고씨	?~1426					궁인
	숙의 최씨						궁인
	후궁 김씨						궁인
	덕숙옹주 이씨	?~1433					궁인
	후궁 이씨						궁인
	순혜옹주 장씨	?~1423	잠저			장사길	기첩녀
	혜선옹주 홍씨/가희아			15~16/16~17			보천 기생
	파독						정숙택주 가비
	서경옹주/금영		잠저				
세종	영빈 강씨	?~1483					궁인
	신빈 김씨	1406~1464		13/21		김원	내자시 비
	혜빈 양씨	?~1455	★			양경	양반규수
	상침 송씨	1396~1463					궁인
	숙원 이씨		★				

왕	후궁	생몰년				아버지	신분
문종	사기 차씨	?~1444					연생전 궁인
	숙의 조씨		★				궁인
	사칙 양씨						궁인
	후궁 장씨						궁인
세조	근빈 박씨	1425~?	잠저			박팽년	서녀
	소용 박씨	?~1465	잠저				첩
	숙원 신씨		★			신숙주	서녀
예종	상궁 기씨	?~1489					궁인
성종	명빈 김씨		★			김작	
	귀인 정씨/정금이	?~1504	★			정인석	첩녀
	귀인 엄씨/엄은소사	?~1504	★			엄산수	양반규수
	숙의 하씨		★				궁인
	숙의 홍씨	1457~1510	★			홍일동	서녀
	숙용 심씨		★			심말동	첩녀
	숙용 권씨		★				
	숙원 윤씨	?~1533	★				
	숙의 권씨		★				
연산군	숙의 이씨/이정이		추천	11/?	소혜왕후 봉보부인 백씨	이공	서녀
	숙원 최씨/최보비		추천		구수영		황윤헌의 첩
	숙원 장씨/장녹수	?~1506	추천	?/30	제안대군	장한필	내수사 관노비
중종	경빈 박씨	?~1533	추천		박원종	박수림	
	창빈 안씨	1499~1549	후원	9/20	정현왕후	안탄대	정식궁인
	귀인 한씨	1500~1574	후원	15/19	안순왕후	한순	서녀
	숙의 이씨	?~1524				이형신	중인
	숙원 이씨	?~1520				이백선	무관의 딸/ 정식궁인
명종	숙의 이씨	1541~1595	후원	16/18	문정왕후	이첨정	무관의 서녀
선조	공빈 김씨	1533~1577		?/18		김희철	소주방나인
	인빈 김씨	1555~1613	후원	?/14	숙의 이씨 인순왕후	김한우	서녀/궁인
	순빈 김씨	?~1635	진헌			김복장	중인
	온빈 한씨	1581~1664		12/17~18		한사형	무관의 서녀/ 정식궁인
	김상궁/김응희						궁인

왕	이름	생몰년	입궁	숫자	추천인	부	신분
광해군	소용 임씨/임애영	1598~?	진헌	13/16	임취정	임몽정	첩녀
	소용 정씨	?~1623				정상헌	서녀
	숙원 신씨		후원		인빈 김씨	신경	서녀
	후궁 조씨					조의	무관의 딸
	상궁 김씨/김개시						노비/동궁전 궁녀
인조	귀인 조씨	?~1651	진헌		정백창	조기	서녀
효종	안빈 안씨	1622~1693	잠저			이응헌	대군 궁인
숙종	희빈 장씨/장옥정	1659~1701	추천	8/22	장렬왕후 장현	장형	중인/궁인
	숙빈 최씨	1670~1718	추천	7/20	김춘택 봉보부인	최효원	중궁전 궁인
	명빈 박씨	1672~1703		9/17	장렬왕후		궁인
영조	정빈 이씨	1694~1721		8/25		이후철	양인/동궁전 궁인
	영빈 이씨	1696~1764	후원	6/31	인원왕후	이유번	양인/정식궁인
	귀인 조씨	1707~1780		10/29		조태징	정식궁인
	숙의 문씨	?~1776					궁인
장조	숙빈 임씨/임유혜	?~1773				임지번	궁인
	경빈 박씨/박빙애	?~1761					인원왕후전 침방나인
정조	의빈 성씨	1753~1786		?/30		성윤우	정식궁인
순조	숙의 박씨	?~1854					궁인
헌종	숙의 김씨	1813~1895				김학성	궁인
철종	귀인 박씨	1827~1889				박순대	궁인
	귀인 조씨	1842~1865				조학현	궁인
	숙의 방씨	?~1878					궁인
	숙의 김씨	1833~?				김치욱	궁인
	숙의 범씨	1838~1883		?/21		범원식	궁인
	궁인 이씨						궁인
	궁인 박씨						궁인
고종	귀비 엄씨/엄선영	1854~1911		5/32		엄진삼	정식궁인
	귀인 이씨/이순아	1843~1928				이원태	정식궁인
	귀인 이씨	1847~1914		?/22			궁인
	귀인 장씨						궁인

귀인 양씨/양춘기	1882~1929		?/30		양언환	소주방 궁인
귀인 이씨/이완흥	1885~1967		13/29	고모		중인 세수간 궁인
김씨/김옥기	1889~1970		13/?	친척		세수간 궁인
귀인 정씨	1882~1946		?/33			궁인
상궁 염씨						궁인
상궁 서씨						궁인
상궁 김씨/김충연						궁인
정화당 김씨						양반/간택후궁

(★) 추정　★ 입궁경로 미확인

우선 건국 초기 잠저 시절의 비첩들이 후궁이 된 것은 남편[大君]이 왕위에 등극하면서 내명부 체제에 승봉된 경우였다. 이것은 왕위 계승과 관련된 특수한 정치적 상황에서 나타난 현상이지만 그 사례가 적지 않다. 그들은 적장자 상속의 원칙에 위배된 국왕의 후궁들로서, 대군의 사적인 첩이었던 지위에서 봉작된 이후에 공적인 지위를 획득하였다. 태조의 후궁 칠점선은 김해 관청의 기생 출신이었다. 숙신옹주(淑愼翁主)를 낳은 그녀는 1398년(태조 7)에 화의옹주로 봉작되어 태조의 후궁이 되었다. 42세에 왕이 된 정종은 즉위하기 전에 공안부(恭安府) 소속 여종 자재(自在)를 총애하였다. 비록 그녀는 1409년(태종 9)에 양인으로 방면(放免)되는 데에 그쳤지만, 5남 3녀를 낳은 이후 숙의에 봉작되었고 『선원계보기략(璿源系譜紀略)』에 등재되었다. 이는 후궁으로 인정을 받은 셈이다. 그 외에 정종 대의 성빈 지씨, 숙의 지씨, 가의궁주 류씨와 태종 대의 효빈 김씨, 순혜옹주(順惠翁主), 서경옹주, 신빈 신씨, 그리고 세조 대의 근빈 박씨(謹嬪朴氏), 소용 박씨(昭容朴氏) 등도 잠저 시절에 첩이었다가 봉작을 통해 후궁이 된 여성들이었다. 한편 정빈 이씨(靖嬪李氏)는 영조의 후궁인데, 1719년(숙종 45)에 그녀의 소생 경의

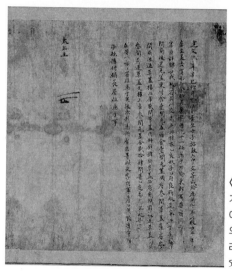

〈그림 7〉「숙신옹주가대사급성문」
가대사급성문(家垈賜給成文)은 1401년(태종 1) 왕위
에서 물러나 태상왕으로 있던 태조 이성계가 후궁 화
의옹주에게서 얻은 딸 숙신옹주에게 가옥과 토지를 내
려주는 문서이다(국립중앙박물관 소장). 현재 보물 제
515호로 지정되었다.

군(敬義君, 훗날 효장세자)이 태어난 점을 미루어보면 연잉군(延礽君)
잠저 시절에 첩이었다.[56]

비간택 후궁 가운데에는 권력가들이 미모가 뛰어난 여성을 국왕에
게 진헌, 상납 또는 추천함으로써 후궁이 된 사례가 종종 보인다. 권력
자들은 오로지 국왕의 총애를 바라고 왕명에 상관없이 그들을 바쳤다.
그 예로 구수영(具壽永)이 연산군에게 상납한 사랑(思郎)과 보배(寶杯)
를 들 수 있다. 아첨꾼 구수영은 사돈 임사홍(任士洪)과 함께 전국의 미
녀를 연산군에게 바쳐 당시 연산군의 두터운 신임을 얻고 있었다. 아래
인용문은 연산군에게 사랑과 보배를 바쳤던 구수영의 부정적인 행각
을 잘 말해준다.

---

56) 한국학중앙연구원 소장 고문서 2784(한문); 고문서 2786(한글). "몸이 소실[첩]에
있을 때에 근신하고 마음으로 조심조심하여 아침저녁으로 공경하고 삼가이 하여
내가 허물이 있으면 문득 반드시 規諫하였고, 내가 일찍이 뉘우쳐 그것[허물]을 고
쳤는데 이것이 어찌 사랑에 이끌려 그런 것이겠는가(至於身居小室 翼翼小心 夙宵
敬謹 余有過焉 輒必窺諫 余嘗悔悟而改之者 是豈引愛而然哉/디어 신거쇼실 익익쇼
심 숙쇼경근 여유과언 첩필규간 여샹회오이기지쟈 시긔 인이이연지)."

대간이 합사하여 아뢰기를, "구수영이 폐주 때에 궐내에서 비밀 교지를 받은 일은 신 등이 알지 못하나, 다만 이것은 채홍·채청의 예와 같지 않습니다. 수영이 바친 미녀 사랑을 추문하니, '우리 이웃집 잔치에 수영도 손님으로 와서 참석하였다가 나를 보고 이름을 묻더니, 이튿날 노마(奴馬)를 보내 그의 집에 초치(招致)한 다음에 즉시 궐내로 들어가게 되었습니다. 그리고 같이 궁궐로 들어간 피리를 부는 계집[吹笛女] 보배도 수영이 바친 바입니다.'라고 하였습니다. 이를 본다면, 수영이 임금의 명령을 기다리지 않고 자기 사의로 계집을 바쳐 은총을 바란 것을 알 만합니다."[57]

사랑과 보배는 내명부 직제에 봉작되지 못했기 때문에 후궁의 범주에 포함되지 않지만, 권력자들에 의해 추천되어 국왕과 관계를 맺었다는 사실은 명백하다. 이 경우에는 생원 황윤헌(黃允獻)의 첩이었던 최보비(崔寶非)에서도 찾아볼 수 있는데,[58] 그녀는 구수영이 연산군에게 상납한 여성 가운데에 후궁이 된 성공적인 사례였다. 보비는 절세미인인데다가 음악적 재능이 있어 가야금을 잘 연주했기 때문에 구수영의 눈에 띄었다. 이후 그녀는 연산군의 후궁이 되었지만, 전 남편 황윤헌을 잊지 못할 정도로 남편과 금슬이 매우 좋았다. 구수영이 이런 둘 사이를 갈라놓고 연산군에게 어떻게 그녀를 선보였는지는 알 수 없다. 다만 그가 세종의 8남 영응대군(永應大君) 이염(李琰)의 사위이자 연산군의 1녀 휘순공주(徽順公主)의 시아버지였다는 점에서 세력을 믿고 그녀를 강제로 빼앗아 연산군에게 바쳤을 것이라 추측할 뿐이다.

이와 같이 권력자들은 미색과 재능을 겸비한 여성들을 국왕에게 상

---

57) 『중종실록』 권1, 중종 1년 11월 4일(기묘).
58) 『연산군일기』 권60, 연산군 11년 10월 6일(정사).

납하면서 최측근 세력이 되어 자신의 세력을 공고히 하고자 했다.59) 실제로 인조 때에 행 부호군 이명준(李命俊)은 조기(趙琦)의 딸과 김두남(金斗南)의 딸이 공정한 간선[간택]이 아닌 부정한 방법으로 입궁하게 된 폐단을 신랄하게 비판하였다.60) 숙종 때에 인평대군(麟坪大君) 이요(李㴭)의 처남이자 이정(李楨)과 이남(李枏)의 외삼촌이었던 오정창(吳挺昌)도 숙종에게 자신의 딸을 진헌하려고 계획했다가 실패한 적이 있다.61)

이외에 순빈 김씨(順嬪金氏)는 1580년(선조 13)에 선조의 백형 하원군(河原君) 이정(李鋥)의 주선을 통해 선조의 후궁이 되었고,62) 귀인 조씨는 1629년(인조 8)에 정백창(鄭百昌)의 주선으로 인조의 후궁이 되었으며,63) 이조판서 임국로(任國老)의 서손녀인 소용 임씨는64) 16살쯤에 숙부 임취정(任就正)의 추천으로 광해군의 후궁이 되었다.65) 임취정은 1617년(광해군 9)에 대북파로서 폐모론을 주장했을 뿐만 아니라, 광해군의 복위를 모의하여 사사될 만큼 광해군과는 밀접한 관계에 있던 인물이었다.

후궁이 되는 길에는 국왕의 사적인 선택인 승은과 권력자들의 진헌뿐만 아니라 왕실 여성들이 자신의 친척이나 측근 궁녀들을 총애하여 국왕의 후궁으로 추천하는 경우도 있었다. 특히 숙원 이씨, 인빈 김씨,

---

59) 『인조실록』 권23, 인조 8년 7월 13일(경인).
60) 『인조실록』 권23, 인조 8년 7월 2일(기묘).
61) 『숙종실록』 권10, 숙종 6년 윤8월 4일(경인).
62) 『선조수정실록』 권14, 선조 13년 2월 1일(신미).
63) 『인조실록』 권23, 인조 8년 7월 2일(기묘).
64) 풍천임씨중앙종친회 편, 『풍천임씨세보(1797년, 정조 丁巳譜)』, 풍천임씨중앙종친회, 1994, 3~4쪽.
65) 『광해군일기』 권70, 광해군 5년 9월 25일(경진).

숙의 신씨 3대는 어렸을 때부터 궁중에서 자라서 왕실 여성의 후원을 받아 후궁이 되었고, 이후 자신도 친정 조카나 여동생을 궁중에 데려다가 후궁으로 추천하였다.

숙원 이씨는 이첨정(李添貞)의 서녀로 태어나 어려서 부모를 일찍 여의고 조모 나씨[羅世績의 딸]의 슬하에서 자랐다. 조모가 어떠한 이유로 이씨를 궁녀로 입궐시켰는지는 정확히 알 수 없지만, 1556년(명종 11) 그녀는 나이 16살에 중종의 비 문정왕후 윤씨의 지밀나인이 되었다. 이후 문정왕후의 추천을 받아 1558년(명종 13) 18세에 명종의 후궁이 되었다.[66] 인빈 김씨는 어렸을 때부터 14살 많은 외사촌 언니 숙의 이씨 덕분에 궁중에서 생활하였다.[67] 1568년(선조 1) 인빈의 나이 14살 되던 해에 명종의 비 인순왕후 심씨가 그녀를 선조의 후궁으로 추천하였다.[68] 이후 인빈 김씨는 친언니의 딸 숙원 신씨를 광해군의 잉첩으로 추천하였다. 그녀의 추천은 질녀 숙원 신씨가 미모와 지혜를 겸비한 여성이었기에 가능하였다. 이로써 숙원 신씨에 대한 광해군의 총애 덕분에 인빈 김씨는 왕실 내에서의 영향력을 높일 수 있었고, 자신은 물론 자손에 이르기까지 환란을 겪지 않았다.[69]

그 밖에 창빈 안씨(昌嬪安氏)는 1507년(중종 2) 9살에 정식 궁녀로 뽑혀서 성종의 계비 정현왕후 윤씨 소속 궁녀가 되었다가 왕후의 추천을

---

66) 申欽, 『象村稿』 권24, 「墓誌銘」 <淑儀李氏墓誌銘幷序>(『한국문집총간』 권72, 1991, 30쪽).

67) 張維, 『谿谷集』 권13, 「碑銘」 <仁嬪金氏神道碑銘幷序>(『한국문집총간』 권92, 1988, 207~209쪽); 申欽, 『象村稿』 권28, 「神道碑銘」 <仁嬪金氏神道碑銘幷序>(『한국문집총간』 권72, 1991, 104~105쪽).

68) 張維, 위의 책, 1988, 207~209쪽; 申欽, 위의 책, 1991, 104~105쪽.

69) 申欽, 위의 책, 1991, 104~105쪽.

받아 1518년(중종 13)에 중종의 후궁이 되었고,[70] 귀인 한씨는 명문가의 서녀로서 고모 안순왕후 한씨의 후원에 힘입어 중종의 후궁이 되었다. 이와 같이 이들의 존재는 승은후궁의 개념 안에 포함시킬 수 없다. 이를 보면 비간택 후궁은 승은후궁을 포함하는 상위의 개념인 것이다. 이처럼 다양한 입궁 경로와 출신성분을 배제한 승은후궁이란 용어는 실제 사례에서 나타난 조선시대 다양한 후궁의 존재 양상을 충분히 설명해 주지 못한다.

2) 후궁의 범주

조선시대의 후궁은 그 범위를 어디까지로 보아야 할까? 이때 국왕의 승은만을 입은 여성은 곧장 후궁으로 인정받을 수 있을까라는 의문이 생긴다. 국왕과 왕세자는 표면상 계사(繼嗣)의 확충이라는 명분으로 간택후궁을 두고 있지만, 비간택 후궁일 경우에는 궁녀로 입궐하였다가 국왕의 개인적인 취향 또는 자유 의지에 따라 얼마든지 선택되었다.

전술했듯이 『대전회통』에 의하면 후궁은 국왕의 부실(副室)로 정1품 빈에서 종4품 숙원까지의 내관직을 말한다. 궁중에는 왕비 이외에 여성들이 많아 이들을 총괄하여 내명부라 말하지만 사실상 정5품 상궁에서 종9품 주변궁까지의 여성들은 품계에 명시된 직분에 따라 왕실 안에서 일하는 전문직 여성으로서 일정한 직분과 계급이 있는 까닭에 후궁의 범주에서는 제외된다.

동궁의 경우에도 대전보다 규모가 작고 등급이 낮을 뿐 마찬가지이

---

70) 南九萬, 『樂泉集』 권14, 「應製錄」 <昌嬪墓誌銘>(『한국문집총간』 권132, 1994, 165~166).

〈그림 8〉 연산군·군부인 신씨 무덤(서울특별시 도봉구 소재)과 금표비(경기도 고양시 대자동 소재, 오른쪽)
연산군과 거창군부인 신씨의 무덤이다. 이 무덤은 1506년(중종 1) 9월, 강화군 교동(喬桐)에서 연산군이 죽어 강화에 장사지냈다가 1512년(중종 7) 12월에 폐비 신씨의 진언으로 그 이듬해 이곳에 천장되었다(사적 제362호). 금표비(禁標碑)는 연산군이 자신의 유흥지에 일반인의 출입을 금하기 위해 세운 비로, 금표 안으로 침범하는 자는 왕명을 어긴 것으로 간주하여 참형에 처한다는 내용이 적혀있다(경기도 지방문화재 제88호).

다. 종6품 수규 이하는 제외되고 정2품 양제에서 종5품 소훈까지의 여성들은 동궁의 잉첩에 속한다. 이는 성종 때에 간행된 『경국대전』에 의한 것으로 영조 때 이루어진 『속대전』이나 정조 때에 편찬된 『대전통편』에 수정과 보충이 없이 일관된 제도였다. 이와 같이 내명부에는 왕의 후궁들과 궁인들을 구별하고 있는 듯 보이는데, 사실은 반드시 그렇지 않다. 1785년(정조 9)에 편찬된 『대전통편』에서 "상궁 이하는 궁인직에 해당한다[尙宮以下 係宮人職]"와 "수규 이하는 궁인직에 해당한다[守閨以下 係宮人職]"라는 조항이 새롭게 첨가한 것은 상대적으로 내관과 궁관을 뚜렷하게 구별하지 않았음을 짐작하게 한다.

궁궐 안에는 왕비를 비롯하여 국왕의 부실인 후궁, 궁중 일을 담당하는 궁인, 그리고 잡역 궁인 등이 존재하였다. 궁관 중에도 국왕의 승은을 입은 여성들이 있었다. 궁인 이하 가운데에는 공개되지 않은 채 국왕의 승은을 입었어도 내관 또는 궁관에 봉작되지 않은 여성이 있었다.

연산군에게 승은을 받은 여성들이 그 대표적인 사례이다. 연산군은 호색가이며 음란한 폭군이었다. 그는 전국에 미녀를 '흥청(興淸)'이라는 이름으로 선발하였는데, 천과흥청악(天科興淸樂)에 소속된 인원수만도 군자창, 풍저창, 광흥창이 빌 정도로 많았었다.[71] 더구나 양반, 유부녀, 큰어머니인 제안대군의 부인은 물론[72] 성종의 후궁 숙의 남씨와도 성관계를 맺을 정도로[73] 주색에 빠졌다.

국왕의 승은을 받은 여성은 후궁이 될 수 있는 최소한의 기본적인 자격을 얻은 셈이다. 승은은 후궁이 되는 데에 필요한 요건 중에 하나이지만, 그보다 더 중요한 자격 조건은 봉작이었다. 따라서 궁인 중에는 왕의 개인적인 취향 또는 의지에 따라 승은을 입은 여성들이 많았지만 승은을 입었다고 해서 후궁이 되는 것은 아니었기 때문에 후궁의 범주를 명확히 규정할 필요가 있다. 이 절에서는 조선시대 후궁의 범위를 어디까지 포함시켜야 할 것인지를 살펴보고자 한다.

먼저 후궁의 범주를 설정하기 위한 자격 조건을 제시할 필요가 있을 것이다. 후궁이 되는 요건이란 여성이 국왕의 후궁으로 인정받기 위해 갖추어야 할 필요조건을 말한다. 후궁이 되는 필요조건은 봉작과 국왕과의 일정한 관계인 승은이다. 그 조건들을 몇 가지 살펴보면, 첫째 내관 봉작이고, 둘째는 승은+궁관 봉작 또는 왕자녀 출산+궁관 봉작이며, 셋째는 승은+사회적 공인[대우] 등 3가지이다. 이 조건들 중에 하나라도 충족된 여성이라야만 후궁으로 인정되는 것이다. 단 이러한 조건이 충족된 여성이더라도 그 지위가 지속적이지 않으면 후궁으로 인정받을 수 없다.

---

71) 『연산군일기』 권60, 연산군 11년 11월 3일(갑신).
72) 『연산군일기』 권57, 연산군 11년 4월 12일(정묘).
73) 『연산군일기』 권63, 연산군 12년 8월 5일(임자).

우선 내관 봉작은 내관(정1품~종4품)에 봉작된 모든 여성을 말한다. 간택후궁은 왕비나 세자빈과 마찬가지로 금혼령과 간택 절차를 거쳐 내명부의 작위를 받은 여성들이다. 이들은 왕자녀의 유무에 관계없이 승은 전에 내명부[내관]의 관등 체제 안에 봉작되었다. 간택후궁이 봉작을 받고 난 이후에 승은을 입었던 데 비해, 비간택 후궁은 보통 승은을 받은 후에 내명부[내관]에 봉작되었다.

원래 봉작 제도는 왕실을 안정시키기 위한 일환이며 핵심 세력을 예우 또는 포섭하려는 목적에서 만들어진 제도였다. 이 때문에 이들에게 수여된 작위는 남다른 지위를 사회적으로 용인 받게 되고 품계별로 지위에 따른 신분을 보장받게 되었다. 따라서 이들은 공식적인 봉작 과정을 치르게 되면서 사회적으로 그 신분적 지위를 공인받게 된 것이다. 이 때문에 이들은 모두 후궁의 범주에 포함된다.

그러나 작위를 받은 이후에 왕비로 승격되었거나, 신분이 박탈되어 후궁의 지위가 지속적으로 이루어지지 않은 경우가 있다. 그 대표적인 사례가 바로 후궁에서 왕비의 지위를 얻게 된 여성들이다. 예를 들면, 문종비 현덕왕후 권씨(顯德王后 權氏), 예종비 안순왕후 한씨(安順王后 韓氏), 성종비 폐비 윤씨(廢妃尹氏)와 정현왕후 윤씨(貞顯王后 尹氏), 중종비 장경왕후 윤씨(章敬王后 尹氏)이다. 이들은 국왕의 후궁 또는 동궁의 잉첩이었다가 왕비로 승격되거나 추존되었기 때문에 이들은 처음에는 후궁의 신분으로 입궐하였으나, 왕비의 지위를 획득하였기 때문에 후궁이 아니다.

간택된 여성이더라도 후궁에 봉작되지 못했음은 물론 왕과의 지속적인 관계가 이루어지지 않은 여성들도 있다. 사헌부 감찰 이의생(李義生)의 첩녀는 예종의 잉첩으로 간택되었다.[74] 그러나 이후에 그녀의 행방을 알 수 없고 봉작된 기록도 없으므로 후궁으로 인정받을 수 없다. 연산군 때에 간택된 장석조(張碩祖)의 딸도 간택되었지만[75] 연산군이 폐위되는 바람에 그녀의 종적을 더 이상 확인할 길이 없다. 이들 역시 간택후궁이 되었더라도 내관에 봉작되지 못했음은 물론 왕과의 지속적 관계가 이루어지지 않았기 때문에 공식적인 지위를 보장받지 못했다는 점에서 이들을 후궁이라 인정할 수 없는 것이다.

다음 승은+궁관 봉작의 경우는 왕의 승은을 입었지만 내관이 아닌 궁관에 봉작된 여성을 말하고, 왕자녀 출산+궁관 봉작은 궁관에 머물러 있지만 승은을 입고서 왕자녀를 출산한 여성을 말한다. 이들은 비간택 후궁들로 모두 후궁의 범주에 포함된다. 『경국대전』 내명부 조항에서 후궁의 범위는 정1품 빈에서 종4품 숙원까지에 해당하는 작위를 받은 여성들이다.

그러나 1505년(연산군 11) 2월, 전교 가운데에 작위를 받지 못한 후궁을 대우하는 기사 내용이 나와 주목된다. 그 내용은 아래와 같다.

> 숙의·숙용·숙원 등도 그 작차(爵次)의 높고 낮음에 따라 그 부모가 살았으면 벼슬을 주고, 죽었으며 추증하여야 마땅하다. (중략) 후궁은 작질이 없더라도 그 부모가 죽으면 역시 부의를 보내야 한다. 그리고 자신이 죽은 자에 대하여서는 상장의 모든 일을 근인(謹人)의 상장을 예대로 하되, 위로 등차하여 올라가서 숙원·숙용·숙의에 이르도록 그 작차에 따라 그 등차를 정하라.[76]

---

74) 『세조실록』 권31, 세조 9년 12월 21일(을사).
75) 『연산군일기』 권63, 연산군 12년 8월 25일(임신).
76) 『연산군일기』 권57, 연산군 11년 2월 28일(갑신).

위 인용문을 살펴보면 작질이 없는 후궁, 즉 무작후궁(無爵後宮)의 존재가 보인다. 작위후궁이 4품 이상의 내관에 봉작된 후궁이라면, 무작후궁은 후궁의 작위를 받지 못한 여성일 것이다.

후궁의 작위를 받지 못한 여성의 존재가 봉작제자법(封爵諸子法)을 논의하는 과정에서도 확인된다. 1414년(태종 14) 정월에 "군주의 적비의 여러 아들을 대군으로 봉작하고, 빈잉의 아들을 군으로 봉작하며, 궁인의 아들을 원윤(元尹)으로 봉작한다."[77]고 규정하였다가 1417년(태종 17) 9월에 태종은 "즉위한 임금의 빈잉 및 궁인의 아들을 봉작하는 것과 친자 및 친형제의 적서 자손은 한결같이 예전 제도에 의하여 그 품직을 제한하지 말고"[78]라 하여 빈, 잉, 궁인의 아들 즉, 왕의 서자들의 작위를 한정할 필요가 없음을 주장하였다. 이로써 볼 때 정5품 상궁 이하가 비록 공식적인 후궁의 작위는 아니지만, 국왕의 승은을 받고 궁관에 봉작된 여성들까지 후궁으로 공인하고 있음을 보여준 것이라 하겠다.

승은을 입고 궁관에 봉작된 여성이 후궁으로 인정받았던 사례가 종종 확인된다. 실제로 "선조조의 박상궁이란 여성이 선조의 승은후궁이다"[79]거나 예종의 상궁 기씨의 경우에도 "선왕의 후궁"[80]이라고 칭하고 있는 것으로 보아 당시 궁관에 봉작된 이들을 후궁으로 공식 인정하고 있었음을 알 수 있다. 그들은 사실상 승은상궁의 위치에 있었다.

승은상궁은 왕의 승은을 입고도 정5품 상궁의 지위에 머물러 있으면

---

77) 『태종실록』 권27, 태종 14년 1월 16일(신묘).
78) 『태종실록』 권34, 태종 17년 9월 2일(갑인).
79) 『현종실록』 권4, 현종 2년 1월 5일(을묘).
80) 『성종실록』 권226, 성종 20년 3월 16일(갑술).

서 일정한 후궁의 작첩을 받지 못하고 오직 왕의 곁에서 다른 후궁들과 같이 시침을 드는 여성이다. 이를 '특별상궁'이라고도 한다.[81] 실제로 중종의 후궁 귀인 한씨는 1518년(중종 13)에 중종의 승은을 받고 후궁으로 인정받은 1520년(중종 15)에 처음으로 정7품 전빈(典賓)의 작첩을 받았다. 계속적인 왕과의 관계가 이루어졌으나, 그녀는 1529년(중종 24)에 상궁의 직첩을 받는 데에 그쳤고, 3년 뒤인 1532년(중종 27)에야 비로소 내관직인 종4품 숙원에 승봉되었다.[82] 이와 같이 승은을 입은 이후에 궁관의 작첩을 초작으로 받았던 것으로 보아, 이들 여성이 궁관에 속해 있을 때에도 후궁으로 인정받은 것으로 보인다.

1623년(인조 1) 반정 이후에 인조와 대신들이 폐조 광해군의 후궁들을 처리하는 문제를 논의하는 과정에서 상궁 김개시를 후궁으로 인정하고 있었다는 사실은 매우 흥미로운 대목이다.[83] 숙종의 후궁 명빈 박씨의 경우에도 숙종의 비망기에 "상궁 박씨가 빈어(嬪御)의 자리에 함께 있는 지 거의 10년이 되었다."[84]라고 한 사실에서도 승은 받은 궁인직 여성을 후궁의 범주에 포함시킬 수 있는 부분이다. 그 사례를 『계축일기』에 자신의 억울한 처지를 '왕이 가까이한 여자들'이 알아야 한다고 강조한 상궁 김응희(金應希)의 경우에서도 찾아볼 수 있다.

그 중 김상궁은 열네 살에 호종(扈從)하야 촌시도 떠나지 아니하고
환조(還朝)하오시니, 난고(難苦)히 시위한 일오는 대공신(大功臣)을 하

81) 김용숙, 앞의 책, 2000, 12~13쪽.
82) 崔岦, 『簡易集』 권2, 「墓誌銘幷序」 <貴人韓氏墓誌銘>(『한국문집총간』 권49, 1990, 241쪽).
83) 『인조실록』 권3, 인조 1년 9월 14일(신축).
84) 『숙종실록』 권32, 숙종 24년 11월 4일(을축).

렸마는 내인인 전차로 반공신(半功臣)도 못하나 결제 위장(閱制衛將) 하이오시고 궁인 중에도 위대하오시더니 이적의 머리 지어 잡아내니 그 사람이 나가는 서문 안에 앉아서 하되, "아모 나라힌들 아비 첩을 나장의 손에 잡아내 임군도 사오납거니와 신하도 하나도 사람이 없도 다. 이덕형, 이항복 머리 지어 예 앉았더니 임진 호종신(扈從臣)은 내 이름 모르시리 없아리이다.[85]

위 인용문은 영창대군(永昌大君)의 무옥 사건(誣獄事件)으로 잡혀 들 어갈 때의 김상궁의 넋두리이다. 김상궁은 어린 시절 궁에 들어와 일찍 부터 선조를 시위하는 일을 맡았던 상궁이었다. 특히 임진왜란 당시 잠 시도 선조 곁을 떠나지 않고 모셨던 여성인데, 선조가 죽은 후에는 인 목대비전에서 일을 했다. 본래 김상궁의 역할은 왕의 곁에 있으면서 불 편이 없도록 모든 시종을 드는 지밀상궁이었을 것이라 추측된다. 그러 나 김상궁은 직무상의 상궁 역할만이 아니라 선조와 잠자리를 했던 것 으로 보인다. 이는 그녀가 광해군에 대해 자신을 '아비의 첩'이라고 칭 하고 『광해군일기』에도 스스로 선왕의 총애를 입었다고 주장하는 아 래의 사료가 이를 뒷받침해 준다.

"이 궁인들은 의인왕후(懿仁王后)의 능에 저주하는 못된 짓을 대대 적으로 자행했으니 그 죄악이 넘쳐흐른다 하겠다. 그리고 역적이 격 서(檄書) 속에서 나를 극악한 이름으로 지칭한 것도 모두 이 자들의 소 행 때문이니 이치상 당연히 엄하게 국문하여 사실을 밝혀내야 할 것 이다. 그런데 응희가 스스로 죄가 중하다는 것을 알고는 일찍이 선왕 의 총애를 받았노라고 핑계 대고 있다. 참으로 가까이 총애를 받아 후 궁이 된 사람들은 내가 어찌 모르고 있겠는가마는, 그래도 혹 한두 번

---

85) 정은임 교주, 『계축일기』, 이회문화사, 2005, 63~64쪽.

총애를 받았는지에 대해서는 역시 단정하기가 어려운데, 그럴 경우 그대로 국문한다면 의리에 손상됨이 어찌 없겠는가. 미안한 점이 있으니 이 죄목으로 사사하는 것이 좋겠는데, 경들은 십분 의논해 아뢰라." 하였는데, 대신이 그렇게 하는 것이 온당하다고 하여 마침내 사사하였다.86)

위 인용문에서 광해군은 김상궁을 처벌하는 과정에서 결국 그녀를 선조의 승은을 받은 상궁으로 대우하여 최소한 국문하지 않고 죽였다. 이 사료에서 "그래도 혹 한두 번 승은을 받았는지에 대해서는 역시 단정하기 어려운데"라고 한 광해군의 말에서 한두 번의 왕과의 관계로 승은 궁녀가 후궁으로 인정받지 못했다는 사실도 알 수 있었다.

현존하는 궁중 발기에서도 『계축일기』의 김상궁과 같은 처지의 여성들이 보인다. 고종의 후궁은 영보당(永保堂) 귀인 이씨, 귀인 장씨[의친왕 생모], 복녕당(福寧堂) 귀인 양씨[덕혜옹주 생모], 광화당(光華堂) 귀인 이씨[李堉 생모], 보현당(寶賢堂) 귀인 정씨[李堣 생모], 내안당(內安堂) 귀인 이씨[왕녀 조졸], 삼축당(三祝堂) 김씨, 정화당(貞和堂) 김씨 8명이었다.87) 상궁 김옥기(金玉基)의 경우, "부왕이 총애하시던 후궁"이라 하여 순종은 '삼축당'의 당호를 내렸는데, 고종의 후궁으로 인정한 것이다. 그로 인해 그녀는 다른 후궁들과 마찬가지로 경제적인 대우를 받았다.88) 비록 그녀는 왕자녀를 출산하지 못하여 고종 당시에 당호

---

86) 『광해군일기』 권66, 광해군 5년 5월 24일(신사).
87) 김용숙, 앞의 책, 2000, 187쪽.
88) 1926년 3월 순종이 퇴출 궁인들에게 지급한 급여 명세서를 보면, 김옥기(115원)는 귀인 복녕당(580원), 귀인 광화당(480원), 귀인 정화당(280원), 귀인 보현당(280원), 귀인 영보당(200원), 귀인 내안당(200원)과 함께 일정한 급여를 받고 있었다(김용숙, 앞의 책, 2000, 85쪽, 자료 재인용). 또한 『궁중발기』의 衣次件記[옷감 下賜한

〈그림 9〉 귀인 양씨 사진과 덕혜옹주 사진(오른쪽)

귀인 양씨는 고종의 후궁이자 덕혜옹주(德惠翁主)의 모친이다. 이 사진은 뒤에 있는 병풍이 1917년 『매일신보』
에 실린 고종 사진의 배경과 동일한 점에 비추어 1917년 이전에 촬영된 사진으로 보인다(국립고궁박물관 소장).
덕혜옹주는 귀인 양씨와 고종의 딸로 조선의 마지막 옹주이다. 덕혜옹주의 사진은 1921년에 입학한 경성일출
공립심상소학교(京城日出公立尋常小學校) 시절의 모습이다(한국학중앙연구원 장서각 소장 375.20911 k27k).

를 받지 못했지만, 순종으로부터 고종의 후궁으로 인정받았고 사회적으
로도 공인을 받았다. 정화당 김씨의 경우에도 예외는 아니어서 삼축당보
다 더욱 특이한 경우이다. 명성왕후 시해 사건 이후 그녀는 왕비의 내정
자였지만, 48세의 나이가 돼서야 고종의 후궁에 봉작되었다. 이럴 경우
그들의 신분은 상궁에 있었지만 왕의 후궁이라고 할 수 있다.[89]

文書]에서도 "년년 각 당(各堂) 설비음 저고리차(次) 나리오신 불긔."라고 하여 복
녕당, 광화당, 보현당과 함께 웃감을 받았던 사실이 확인된다(김용숙, 앞의 책,
2000, 13쪽, 재인용).

89) 김용숙, 앞의 논문, 1964, 157쪽. 김용숙은 국문학자로서, 조선말 궁녀들의 인터뷰
를 통해 궁중 풍속을 연구하였다. 특히 이 글은 당시 83세였던 趙尙宮[趙霞棲]과의
10차례의 접촉 끝에 궁중 생활 모습을 사실적으로 다룬 보고서로서, 조선말에 특
별 상궁을 후궁으로 인정하였음을 알 수 있다.

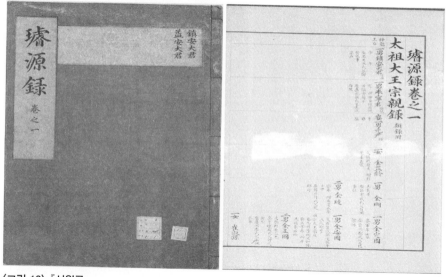

〈그림 10〉『선원록』

『선원록』은 식년마다 왕의 친족들을 파악하여 수록한 조선시대 왕실보첩이다(한국학중앙연구원 장서각 소장 K2－1047). 1412년(태종 12)에 종부시에서 처음『선원록』을 간행하였다. 태종이 체제를 마련한『선원록』은 1428년(세종 10)부터는 10년에 한 번씩 중수하고 3년마다 수정되었다. 그러나 임진왜란 이후 대부분 소실되면서 숙종대에 종실 낭원군(朗原君) 이간(李偘)의 건의에 따라 1681년(숙종 7)에 50권이 간인되었다.

지금까지 조선시대 내명부 법규와 실제 운영상의 사례들을 통해 후궁이 되는 조건 내지 기준을 설정하였다. 후궁이 되는 범주는 내관에 봉작된 여성들은 물론 왕자녀 출산 여부에 관계없이 승은을 입고 궁관에 봉작된 여성들이다. 단 이때 이들은 그 지위의 지속성 내지 왕과의 지속적 관계 또는 후왕과의 항구적인 유대 관계가 이루어져야 하며, 사회적으로 공인되어야 한다. 따라서 후궁의 범주를 협의의 개념인 정1품에서 종4품까지의 내관직 여성으로 한정할 것이 아니라 승은을 받고 사회적으로 공인된 궁관직 여성까지 포괄하는 광의의 개념으로 확대시켜야 할 것이다.

3) 통계로 보는 조선시대 후궁

조선 왕조 500년 동안 후궁을 통계적으로 정확하게 파악한 방법은

〈그림 11〉 상침 송씨 무덤(충청남도 온양시 도고면 소재)과 묘비 탁본(오른쪽)
상침 송씨는 세종의 후궁이자 정현옹주의 어머니이다. 세종 사후에 사위 윤사로의 집에서 지냈다가 1463년(세조 9) 8월에 천식으로 68세의 나이로 사망하였다. 이에 대한 기록이 묘비명에 전해지고 온양문화원에서 탁본을 떴다.

현재 없다고 해도 과언이 아니다. 무엇보다도 그럴만한 자료가 없다. 임금의 후궁은 자녀를 낳은 경우에만『선원계보기략』등 왕실 족보에 기재된다.『조선왕조실록』을 비롯한 연대기 자료에는 후궁이 죄를 짓거나 정치적 사건에 연루되어 무슨 문제가 있을 때만 기사에 오른다. 그런 자료에서 나온 기록조차 후궁들에 대한 상세한 정보를 제공해 주지 않는다. 그러므로 실제 임금의 후궁으로 누가 있었으며, 그들이 어떤 사람들인지를 종합적으로 파악하기 쉽지 않다. 그럼에도 불구하고 조선왕조의 후궁들이 어느 정도였는지 대략적인 추세를 가늠해 보고자 한다.

후궁에 관한 전체적 이미지를 그릴 수 있도록 하기 위해 관련 통계를 먼저 살펴보기로 한다. 상술했듯이 후궁의 범주는 첫째 내관직[정1~종4]에 봉작된 간택, 또는 비간택으로 선발된 모든 여성, 둘째 국왕의 승은을 입은 후에 궁인직[정5품 이하]에 봉작된 여성, 셋째 왕자녀를 출산하고 궁인직[정5품 이하]에 봉작된 여성, 넷째 국왕의 승은을 입고 작위를 받지 못했지만, 사회적으로 공인된 여성 등이 포함된다. 따라서 내관의 작위를 받지 못한 승은상궁은 물론 후궁 책봉을 받지 못했어도 왕의 자녀를 낳은 여성은 이 글에서 말하는 후궁에 포함된다. 무작후궁의 존재를 배제할 수 없고, 왕자녀를 출산한 여성을 왕의 후궁으로 인정하지 않는다면 논리상 그 자녀를 왕의 자녀로 인정하지 않는 것이기 때문이다. 이는 왕의 아들은 어미의 귀천에 상관없이 봉작되는 데에서도 알 수 있다.[90] 예를 들면, 왕자녀를 생산했지만 후궁 책봉을 받지 못한 세종의 후궁 상침 송씨, 사기 차씨, 후궁 김씨와 후궁 이씨를 말한다. 또 덕종과 장조의 잉첩처럼 추존된 임금의 여성이라도 세자 시절에 간택된 잉첩이기에 이 글에서 후궁에 포함시켰다.

역대 후궁의 총 인원수

조선시대 국왕은 태조에서 순종 대까지 즉위한 왕 27명과 추존된 덕종(德宗, 1438~1457), 원종(元宗, 1580~1619), 진종(眞宗, 1719~1728), 장조(莊祖, 1735~1762), 익종(翼宗, 1809~1830)을 합치면 모두 32명이다. 국왕 27명이 맞이한 왕비는 모두 41명인데, 추존된 왕비 소혜왕후 한씨, 인헌왕후 구씨, 효순왕후 조씨, 헌경왕후 홍씨, 신정왕후 조씨 5명을 포함하면 46명이 된다. 성종, 중종, 숙종은 3명의 왕비를 맞이하였고, 태조, 예종, 선조, 인조, 경종, 영조, 헌종, 순종은 2명의 왕비를 맞이하였으며 그 외의 16명의 국왕은 1명의 왕비를 맞이하였다. 2명 이상인 경우는 첫 왕비[元妃]가 승하하였거나 폐비되어 계비를 맞아들인 경우였다.

이에 비해 태조부터 순종까지 왕의 후궁은 전체 175명 정도로 추산된다. 175명의 후궁 가운데 5명은 나중에 '왕비예비자'로서 왕비의 지위에 올랐다. 추존된 왕 다섯 명을 제외하면 국왕 1명당 평균 6.48명의

---

90) 『태종실록』 권17, 태종 17년 7월 10일(계해).

후궁을 맞아들인 셈이다.

전체 후궁 175명 가운데 태조부터 성종까지 왕의 후궁은 42.8퍼센트인 75명이고 연산군부터 숙종까지 왕의 후궁은 35.4퍼센트인 62명이며 영조 이후 왕의 후궁은 21.7퍼센트를 차지하는 38명이다. 조선 초기에는 1명의 왕이 평균 7.5명의 후궁을 두었고 조선 중기에는 1명의 왕이 평균 6.8명의 후궁을 두었으며 조선 후기에는 1명의 왕이 평균 4명의 후궁을 두었다고 볼 수 있다. 일찍 죽거나 왕위에서 물러난 왕들을 제외하면 왕 개인별 평균 후궁 수는 더욱 늘어난다. 이처럼 조선 후기로 갈수록 전체 후궁 수가 격감되고 있음을 보여준다.

후궁을 가장 많이 둔 국왕

즉위한 27명의 왕 가운데에서 가장 많은 후궁을 둔 임금은 열아홉 명의 후궁을 둔 태종이다. 그 뒤를 이어 광해군은 열네 명, 성종은 열세명, 고종은 열두 명, 연산군과 중종은 열한 명, 정종은 여덟 명의 후궁을 두었다. 성종의 후궁 두 명은 후에 왕후가 되었다. 중종의 경우에도 후궁 가운데 한 명이 훗날 왕후가 되었다.

후궁을 많이 둔 제2대 정종, 제3대 태종, 제9대 성종, 제11대 중종, 제15대 광해군의 공통점은 왕위 계승 후보자가 아니었다는 사실이다. 정종과 태종은 반란을 통해 아버지인 태조 이성계를 몰아내고 왕위에 올랐다. 태종은 반란 주동자의 오명을 쓰기 싫어 일시적으로 정종에게 왕위를 넘겨주어 그 정통성을 확보하고자 했다. 성종은 숙부 예종이 1469년(예종 1) 11월에 세상을 떠나자, 13세의 어린 나이에 왕위에 올랐다. 당시 서열상 왕위 계승 1순위는 예종의 큰아들 제안대군(齊安大君) 이현(李琄)이었고 친형 월산군(月山君) 이정(李婷)도 살아있었다. 하지만 대왕대비 정희왕후와 신숙주, 한명회 등 훈구 대신의 정치적 결탁에 따라 성종은 두 형들을 제치고 하루아침에 왕위에 올랐다. 당시 네 살 밖에 되지 않은 제안대군이 제외된 것은 그런대로 타당성이 있었지만 16세였던 월산대군이 배제된 것은 명분상 납득할 수 없는 조처였다. 월산군은 명실상부 세조의 장손이었기 때문이다.

중종 역시 왕위 계승의 정통성에 문제가 있었다. 정현왕후 윤씨의 아들인 진성대군(晉城大君)은 성종의 두 번째 아들이었다. 정상적인 경우라면 진성대군은 왕의 자리에 오를 수 없었지만 폭정을 자행한 이복형 연산군을 몰아낸 반정공신 세력의 추대로 왕이 되었다. 공빈 김씨(恭嬪金氏)의 아들인 광해군은 적장자 영창대군이 뒤늦게 태어난 데다가 선조의 서장자이자 친형 임해군(臨海君)이 살아있었다. 애초부터 왕위에 오를 수 없는 서차자여서 선조의 뒤를 이을 수 없었지만 1592년(선조 25)에 발생한 임진왜란과 대북파의 지원 속에서 왕위에 올랐다. 이들의 경우에 왕통의 정통성 문제를 극복하는 데 혼인을 통한 세력 확대가 일정 정도 도움이 되었을 것이다.

후궁을 가장 적게 둔 국왕

가장 적은 후궁을 둔 임금은 한 명의 후궁을 맞이한 순조였다. 그 뒤를 이어 단종과 현종은 2명, 인종과 효종은 3명, 인조와 영조 그리고 정조는 4명의 후궁을 두었다. 왕비 외에 단 한 명의 후궁도 맞아들이지 않은 왕도 있었는데, 바로 제18대 현종과 제20대 경종, 그리고 제27대 순종이다. 이들의 공통점은 젊은 나이에 일찍 죽거나 재위 기간이 비교적 짧았다는 점이다. 현종은 재위 기간(1659~1674) 동안 질병에 시달리다 재위 15년 만인 서른네 살에 사망하였고[91] 경종은 재위 4년(1720~

1724)만인 서른일곱 살에 세상을 떠났다.[92] 순종은 1926년 53세에 숨을 거두었으나, 즉위 3년(1907~1910)만인 1910년 대한제국의 주권을 일제에게 빼앗기면서 서른일곱 살에 왕위에서 물러났다.

---

91) 현종은 재위 기간 동안 질병에 시달리고 있었다. 현종 즉위년에 이미 위장병이 있었고(『현종실록』 권1, 현종 즉위년, 8월 5일(계사), 고질적인 눈병으로 고생하였으며(『현종실록』 권2, 현종 1년, 2월 8일(계사); 『현종실록』 권10, 현종 6년 3월 14일(경자) 부스럼이나 종기로 고생하였다(『현종실록』 권1, 현종 즉위년 5월 9일(기사). "건강이 좋지 않아 자주 침을 맞으니, 여러 신하들이 걱정하였다."라는 기사에서 보이듯이 현종은 병약하여 신하들의 근심거리였고(『현종실록』 권10, 현종 6년 2월 1일(무술), 군주로서의 업무 수행이 어려울 정도였다(『현종실록』 권11, 현종 6년 12월 11일(임술). 이로써 보면, 현종의 건강 때문에 후궁을 간택할 수 없었을 것이라 생각된다.

92) 李聞政이 영조 초년에 지은 『隨聞錄』에는 생모 희빈 장씨가 세자로 하여금 대를 잇지 못하게 하려고 危害를 가해 성불구자로 만들었다고 한다(이문정 편·김용흠 외 역주, 『수문록』, 혜안, 2021, 94쪽). 이 글이 西人에 의해 조작되거나 과장된 이야기라 치부해 버려도 허약한 체질임을 알 수 있다. 노론 측 대변인인 閔鎭遠은 『丹巖漫錄』에서 "하체의 기운이 마비되고 약해서 남녀의 일을 알지 못하므로 나이 30살에도 여색을 가까이할 수 없었고 비록 궁녀들과 애들처럼 장난을 하긴 했지만 여색을 가까이할 뜻이 없었다."라고 하여 세자 시절 경종의 병증인 陰痿症을 묘사하였다(민진원 지음·이희환 옮김, 『단암만록』, 민창문화사, 1993, 95쪽). 노론 측 기록인 『경종실록』에서도 "근심과 두려움이 쌓여 병을 이루었고 깊어갈수록 더욱 고질화해서, 즉위한 이래로 政事를 다스리는 데 게을리 하였고 조회에 임하여는 침묵으로 일관하였으며 정사를 여러 신하들에게 맡겼다"고 한 사실에서 확인된다(『경종실록』 권15, 경종 4년 8월 25일(을미). 이에 반해 소론 측의 기록은 이와 다르다. 즉 "대리청정 당시 죄인을 소결할 때 하나의 착오도 없이 훌륭하게 처리하였다."고 하였다(『숙종보궐정오실록』 권61, 숙종 44년 6월 1일(무인). 이와 같이 경종의 병증에 대해 노론 측과 소론 측의 기록은 서로 다르나 노론과 소론 측의 모든 기록에서 세자의 병을 부정하지 않았다는 사실은 주목된다. 경종의 질병을 대수롭지 않게 여겼던 소론 측에서도 우려하고 있었는데, 소론 측의 기록인 『경종실록』에서 "항상 병을 앓고 있어 경연도 오랫동안 폐지하였으며 신료들의 인접도 적었지만 淵默이 지나쳐 酬酢이 매우 드물고 조정사의 찬반이 분명치 않았다고 했다(『경종실록』 권3, 경종 1년 4월 20일(경술).

왕후로 승격한 후궁

조선시대 즉위한 스물일곱 명의 임금이 맞이한 왕비는 모두 폐비 윤씨를 포함하여 41명이다. 제9대 성종, 제11대 중종, 19대 숙종은 3명씩이고, 제1대 태조, 제8대 예종, 제14대 선조, 제16대 인조, 제20대 경종, 제21대 영조, 제24대 헌종, 제27대 순종은 각각 2명씩이며 나머지 16명의 국왕은 1명씩의 왕비를 맞아들였다.

조선시대에 왕의 적처는 1명이었다. 정비가 있는 상태에서는 어떤 명문 사대부가의 딸을 선발하여 궁궐에 들인다거나 왕자녀를 둔 여성이 있더라도 왕비가 되지 못했다. 2명 이상인 경우 첫 왕비[元妃]가 승하하였거나 폐비되었을 때에 국왕이 공석(空席)이 된 왕비의 지위를 계승할 새로운 왕비를 맞이하게 되었다. 이러한 왕비를 조선시대에는 '계비(繼妃)'라고 칭하였다. 예컨대, 태조의 신덕왕후(神德王后) 강씨(康氏)는 개국 초의 특별한 경우였지만, 경처였다가 왕비로 책봉되었고, 예종의 안순왕후 한씨는 원비 장순왕후(章順王后) 한씨(韓氏)가 세자빈에 있다가 즉위 전에 승하함으로써 왕비에 승봉되었다. 숙종의 계비 인현왕후 민씨는 인경왕후 김씨가 세상을 떠나자 계비가 되었고 인원왕후(仁元王后) 김씨(金氏)는 인현왕후 승하 이후에 계비로 책봉되었다.

175명의 후궁 가운데에 왕비의 지위를 얻은 여성은 여섯 명이다. 훗날 왕비가 될 세자빈의 신분을 획득한 최초의 후궁은 문종의 잉첩이자 단종의 어머니인 현덕왕후 권씨다. 1431년(세종 13) 세자 잉첩에 오른 권씨는 첫 번째 세자빈 김오문(金五文)의 딸인 휘빈(徽嬪)과 두 번째 세자빈 봉려(奉礪)의 딸인 순빈(純嬪)이 부도덕한 처신으로 연거푸 폐위되면서 1436년(세종 16) 12월 28일에 세자빈에 책봉되었다.[93] 권씨는 1433년(세종 15) 당시 종3품 양원의 지위에 있었다. 오랫동안 금기시돼

〈그림 12〉 창릉(경기도 고양시 덕양구 소재)과 안순왕후 상시호 금보(오른쪽)

창릉(昌陵)은 예종과 계비 안순왕후 한씨의 무덤으로 왕과 왕비의 능을 서로 다른 언덕 위에 따로 조성한 동원이 강릉(同原異岡陵) 형식이다(사적 제198호). 이 금보는 1499년(연산군 5)에 안순왕후 한씨에게 '안순(安順)'이란 시호와 '소휘제숙(昭徽齊淑)'이란 휘호를 올리면서 제작한 금보이다(국립고궁박물관 소장).

왔던 첩이 처가 되지 못한다는 불문율을 깨고 조선이 건국한 지 44년 만에 잉첩 출신의 세자빈이 탄생하는 최초의 순간이었다. 세자빈 권씨는 5년 만인 1441년(세종 23) 7월 23일 훗날 단종이 되는 원손(元孫)을 출산하였지만 하루 뒤에 산후병으로 사망하게 된다.[94] 양원 권씨는 생전에 왕비의 자리에 오르지는 못했어도 문종이 왕위에 오른 뒤에 현덕왕후로 추존되었다.

문종의 잉첩 출신 양원 권씨가 세자빈[현덕왕후]이 된 이후 계비를 후궁 중에서 선정하는 것이 선례가 되었다. 후궁으로 입궁한 여성 가운데에서 적합한 자를 정비로 올리는 것이 합리적이라고 생각했기 때문이다. 현덕왕후 권씨에 이어 후궁 출신으로 왕후가 된 여성은 예종의 두 번째 왕후인 안순왕후 한씨였다. 현덕왕후가 세자의 잉첩에서 세자빈이 된 후 사후에 왕비로 추숭되었던데에 비해 안순왕후는 세자의 잉첩에서 살아생전에 첫 왕비가 된 여성이었다. 1463년(세조 9) 윤7월, 정5품 소훈에 책봉되어 후궁 반열에 오른 한씨는 예종의 첫 번째 세자빈

---

93) 『세종실록』 권75, 세종 18년 12월 28일(기축).
94) 『세종실록』 권93, 세종 23년 7월 24일(무오).

〈그림 13〉 가봉태실비(경상북도 예천군 용문면 소재)와 성종비 폐비 윤씨 태지석 및 태항아리 일습(오른쪽)

1478년(성종 9)에 조성된 성종의 비이자 연산군의 생모인 폐비 윤씨의 태실로, 윤씨가 왕비가 된 지 2년 뒤에 가봉(加封)되었다. 거북 모양의 기단 위에 비신이 놓인 형태의 가봉태실비는 용문사 경내에서 오른쪽 편으로 300m 정도 떨어진 산 중턱에 있다(경상북도 기념물 제174호). 폐비 윤씨의 태지석, 내항아리(몸체, 뚜껑), 외항아리(몸체, 뚜껑)이다(국립고궁박물관 소장). 본래 폐비 윤씨의 태실은 경상북도 예천군 용문면 내지리 용문사에 있었는데, 일제강점기인 1930년 서삼릉 경내로 이봉되었다. 1996년 3월 국립문화재연구소의 서삼릉 태실 발굴 조사에 의해 출토된 것이다.

장순왕후 한씨가 1461년(세조 7) 11월에 인성대군(仁城大君)을 낳고[95] 해산한 지 5일 만에 세상을 떠나자[96] 1468년 9월 8일에 두 번째 왕비로 책봉되었다.[97] 장순왕후는 예종이 즉위한 지 1년 만에 승하함으로써 왕비의 지위를 겨우 1년 정도 밖에 유지할 수 없었다.

성종의 계비 폐비 윤씨와 정현왕후 윤씨 역시 후궁 출신으로 왕후가 된 세 번째와 네 번째 여성들이다. 두 여성이 후궁 출신으로 왕후가 된 것은 전 시대에 시행된 계비 제도의 전범에 따른 것이다. 성종의 후궁이자 연산군의 어머니인 폐비 윤씨는 1467년(세조 13)에 혼인한 성종의 첫 번째 왕후인 공혜왕후(恭惠王后) 한씨(韓氏)가 혼례를 치른 지 5~6년이 지났는데도 원자를 생산하지 못하자 1473년(성종 4) 3월, 종

95) 『세조실록』 권26, 세조 7년 11월 30일(병인).
96) 『세조실록』 권26, 세조 7년 12월 5일(신미).
97) 『예종실록』 권1, 예종 즉위년 9월 8일(갑자).

<그림 14> 정현왕후 상존호 금인
1497년(연산군 3)에 성종 계비 정현왕후에게 '자순(慈順)'이란 존호를 올리면서 제작한 금보이다(국립고궁박물관 소장).

2품 숙의에 책봉되어 후궁 반열에 올랐다.[98] 병세가 위독했던 공혜왕후 한씨가 끝내 1474년(성종 5) 4월 15일 19세의 나이로 요절하자[99] 2년 뒤인 1476년(성종 7) 8월, 왕비에 책봉되었다.[100] 그러나 후궁들 문제로 남편인 성종과 시어머니 인수대비와 갈등을 빚고 성종의 용안에 상처를 낸 처신이 원인이 되어 그녀는 3년 만인 1479년(성종 10) 왕비에서 폐위된 데 이어[101] 다시 3년 뒤인 1482년(성종 13) 8월에 사약을 받아 사사되고 만다. 이 사건은 연산군 즉위 후에 피비린내 나는 정치 보복의 씨앗으로 번져 훗날 무오사화(戊午士禍)와 갑자사화(甲子士禍)의 도화선이 되었다. 폐비 윤씨는 아들 연산군에 의해 제헌왕후(齊獻王后)로 추존되었으나 중종반정 이후 연산군이 폐위되자 다시 삭탈되었다. 그녀의 삶은 비운 그 자체였다.

성종의 세 번째 왕후인 정현왕후 윤씨는 폐비 윤씨에 이어 왕후가 된 여성이다. 윤씨는 우의정 윤호(尹壕)의 딸로 폐비 윤씨보다 3개월 뒤인 1473년(성종 4) 6월 14일에 12세의 나이로 종2품 숙의가 되었다.[102] 정

98) 『성종실록』 권28, 성종 4년 3월 19일(기유).
99) 『성종실록』 권41, 성종 5년 4월 15일(기사).
100) 『성종실록』 권70, 성종 7년 8월 9일(기묘).
101) 『성종실록』 권105, 성종 10년 6월 2일(정해).

현왕후 윤씨는 폐비 윤씨가 쫓겨난 이듬해인 1480년(성종 11) 11월 8일 성종의 왕후가 되었다.[103] 그녀는 폐비 윤씨의 전철을 밟지 않고 1530년(중종 25) 8월 22일 경복궁에서 숨을 거두었다.[104]

후궁 출신으로 왕후가 된 다섯 번째 여성은 중종의 두 번째 왕후인 장경왕후 윤씨다. 중종의 조강지처는 1499년(연산군 5) 13살의 나이에 결혼한 단경왕후 신씨였다. 익산부원군(益昌府院君) 신수근(愼守勤)의 딸인 신씨는 연산군의 처조카인 데다가 친정이 반정에 가담하지 않은 관계로 중종반정 직후 공신들에 의해 7일 만에 쫓겨났다.[105]

종사대계(宗社大計)의 명분을 내세워 신씨를 쫓아낸 반정 공신들은 자신들의 확고한 신분을 보장받고 막강한 권력을 유지하기 위해 정략적인 의도에 따라 자신들의 측근 여성을 왕비로 세우고자 했다. 일등 공신인 박원종(朴元宗)과 홍경주(洪景舟)는 각기 조카딸[장경왕후 윤씨]과 딸[희빈 홍씨]을 왕비의 자리에 앉히려고 했다. 당시 왕실에는 신씨가 폐출되어 왕비가 없었고, 후궁을 선발하지 않았기 때문에 중종은 사실상 한 명의 배우자도 없었다. 그로 인해 단종의 왕비 간택이후로 중종의 계비를 공개적으로 외부에서 간택해야 할 상황이 발생하였다. 왕후 자리가 공석인 상태에서 1506년(중종 1) 홍경주, 나숙담(羅叔聃)의 딸과 함께 숙의로 책봉된 윤씨는 그 다음해인 1507년(중종 2) 왕후의 자리에 올랐다.[106] 그러나 장경왕후 윤씨는 1515년(중종 10) 먼 훗날 인종이 될 원자를 낳은 지 7일 만에 산후가 좋지 못하여 병사했다.[107]

---

102) 『성종실록』권31, 성종 4년 6월 14일(계유).
103) 『성종실록』권123, 성종 11년 11월 8일(갑신).
104) 『성종실록』권69, 중종 25년 8월 22일(기묘).
105) 『중종실록』권1, 중종 1년 9월 9일(을유).
106) 『중종실록』권3, 중종 2년 6월 17일(기축).

장경왕후의 사망은 왕비의 자리가 공석이 되는 상황을 야기하면서 계비를 선발해야 하는 문제를 또다시 발생시켰다. 장경왕후의 뒤를 이어 장경왕후의 7촌 조카뻘인 문정왕후(文定王后) 윤씨(尹氏)가 중종의 세 번째 왕후에 책봉되었다.[108] 윤씨는 조선 역사상 처음으로 외부 간택에 의해 선발된 계비가 되었다. 이것은 외부에서 계비를 선발한 최초의 사례로, 후궁 출신의 계비를 선발했던 기존의 방식을 탈피하였다는 점에서 주목된다. 문정왕후의 등장은 인종의 외삼촌 윤임(尹任)을 중심으로 하는 대윤(大尹)과 명종의 외삼촌 윤원형(尹元衡)을 중심으로 하는 소윤(小尹)의 정치적 분열과 대립을 반영한다. 대윤과 소윤의 권력 투쟁 속에서 몸이 약한 인종이 즉위한 지 8개월 만에 서른한 살에 단명하고 명종이 즉위하는 우여곡절이 발생하였다. 문정왕후 때부터 조선왕조에서는 왕비가 죽으면 후궁 가운데에 왕비로 승격시키기보다는 외부에서 계비를 들이는 것이 상례(常禮)가 되었고, 후궁에서 왕비로 승격시키는 일은 중지되었다.

그리고 170여 년이 지난 1689년(숙종 15)에 희빈 장씨가 장경왕후 윤씨에 이어 후궁의 지위에서 왕후가 되었다. 희빈 장씨가 훗날 경종이 될 아들을 출산하자 숙종은 인현왕후를 폐출하고 장씨를 왕비로 승격시켰다.[109] 그러나 5년이 지난 후인 1694년(숙종 20) 갑술환국(甲戌換局)이 일어나고 인현왕후가 복위되자 희빈은 다시 후궁으로 강등된 데 이어 다시 7년 후인 1701년(숙종 27) 10월에 자진의 명을 받고 죽었다.[110] 장희빈은 후궁 출신으로 왕후가 된 여섯 번째 여성이자 마지막

---

107) 『중종실록』 권21, 중종 10년 3월 2일(기미).
108) 『중종실록』 권32, 중종 13년 4월 21일(기축).
109) 『숙종실록』 권21, 숙종 15년 5월 6일(신축).

여성이다.

　이 사건을 겪으면서 숙종은 장희빈이 죽기 전날인 1701년(숙종 27) 10월 7일, "이제부터 나라의 법전을 명백하게 정하여 후궁이 왕비의 자리에 오를 수 없도록 하라."[111)]는 비망기를 내려 후궁이 왕후가 될 수 있는 길을 원천적으로 봉쇄했다. 즉 후궁은 영원히 후궁이어야 한다는 논리였다. 이는 후궁을 높여서 정비의 지위로 올리는 것이 정통을 어지럽히고 명분을 문란 시키는 것이라 여겼기 때문이다. "첩을 올려 처로 삼지 말라."라는 『춘추』의 대의를 어기는 것이 돼 명분이 바르지 못하게 된다는 이유에서였다. 『예기』에도 "임금의 어머니라도 부인이 아니면 신하들은 복(服)이 없다."라고 한 것은 종통을 중하게 하고 명분을 엄하게 한 것이어서 후(后)가 둘이 되는 혐의와 근본을 둘로 하지 않기 위해서라고 한 것과 일맥상통한다고 하겠다. 이로써 장희빈은 후궁 출신의 마지막 왕후가 되었다. 그래서 숙빈 최씨(淑嬪崔氏), 수빈 박씨와 같이 후궁이 낳은 왕자가 왕위를 계승하더라도 국왕의 사친인 이들은 왕비로 승격되지 못할 뿐만 아니라 사후에도 왕후로 추존되지 못하였다. 그 대신 궁원(宮園)을 조성하여 왕후에 준하는 대우를 하도록 하였다.

왕자녀를 많이 둔 국왕

　조선시대 왕대별 후궁 소생 자녀수를 나타내는 【표 4】를 살펴보면[112)]

---

110) 『숙종실록』 권35, 숙종 27년 10월 10일(계해).

111) 『숙종실록』 권35, 숙종 27년 10월 7일(경신).

112) 지두환의 『조선의 왕실(태조~순종) 대왕과 친인척』(역사문화, 1998~2008)을 주로 활용하였다. 이를 위해서 후궁이 낳은 왕자녀의 성별을 구분하여 도표화했으며, 역대 왕별 후궁 소생 총 자녀수를 수치화하였다. 이때 이름을 확인할 수 없는 조졸한 왕자녀는 포함시키지 않았다. 예컨대 철종의 후궁 6명은 10명의 왕자녀를

왕대별 자녀수가 선조 이전과 선조 이후로 확연히 구분되는 것을 알 수 있다. 선조 이전에 해당하는 정종, 태종, 세종, 성종, 중종, 선조 등의 왕은 자녀수가 적게는 1명에서 많게는 26명에 이르렀다. 그러나 선조 이후에는 왕대별 자녀수가 현격하게 줄어들어 적게는 1명, 많을 때는 10명 수준으로 줄어드는 변화를 보였다. 선조 이전에는 각 왕들의 평균 자녀수가 9.28명이었다면 선조 이후에는 2.5명으로 줄어드는 변화를 나타냈다. 더구나 선조 이후로는 그전에 비해 혼인할 때까지 성장한 자녀수는 현격하게 줄어들고, '조졸(早卒)'이라 해서 일찍 죽는 사례가 많이 나타나는 경향을 보인다. 이를 통해 볼 때 왕실의 출산력이 현저하게 저하되는 반면, 자녀들의 사망률은 높아지면서 왕실의 생존 자녀수가 급격하게 줄어들게 되었다.[113]

【표 4】 조선시대 왕대별 왕자녀 현황

왕대	태조	정종	태종	세종	문종	단종	세조	예종	성종	연산군	중종	인종	명종	선조	합계
대군/군	9/0	0/15	4/8	8/10	1/0	0/0	2/2	2/0	2/14	2/1	2/7	0/0	1/0	1/13	34/70
공주/옹주	3/2	0/8	4/13	2/2	1/1	0/0	1/0	2/0	2/12	1/5	5/7	0/0	0/0	1/10	22/60
합계	12/2	0/23	8/21	10/12	2/1	0/0	3/2	4/0	4/26	3/6	7/14	0/0	1/0	2/23	56/130

왕대	광해군	인조	효종	현종	숙종	경종	영조	장조	정조	순조	현종	철종	고종	순종	합계
대군/군	1/0	4/2	1/0	1/0	0/5	0/0	0/2	2/3	0/2	1/0	0/0	0/0	1/5	0/0	11/19
공주/옹주	0/1	0/1	6/1	3/0	0/0	0/0	0/8	2/1	0/1	3/1	0/0	0/1	0/1	0/0	14/16
합계	1/1	4/3	7/1	4/0	0/5	0/0	0/10	4/4	0/3	4/1	0/0	0/1	1/6	0/0	25/35

선조 이전인 조선 전기에는 정종의 후궁 8명이 총 23명의 자녀를 출산하였고, 태종의 후궁 19명이 총 21명의 자녀를 출산하였다. 세종의

출산하였으나, 이름을 알 수 있는 옹주 1명을 제외하고 모두 일찍 죽었기 때문에 수치에서 제외했다. 단, 왕비의 왕자녀를 별도로 함께 제시하였다.

113) 김지영, 「조선시대 왕실 여성의 출산력: 시기별 변화추이와 사회문화적 함의」, 『정신문화연구』 통권 124호, 2011, 267쪽.

후궁 9명은 12명의 자녀를 출산하였고, 성종의 후궁 13명은 26명의 자녀를 출산하였으며, 중종의 후궁 11명은 14명, 선조의 후궁 9명은 23명의 자녀를 출산하였다. 그러나 선조 이후에는 숙종의 후궁 6명이 5명의 자녀를 출산하였고, 영조의 후궁 4명이 10명의 자녀를 출산하였으며, 정조의 후궁 4명이 3명의 자녀를 출산하였다. 여기에서 흥미로운 점은 왕의 자녀를 출산한 후궁의 수가 조선 후기에 줄어들면서 후궁이 출산한 자녀수 또한 큰 차이로 감소하고 있음을 알 수 있다. 그 외에 예종, 인종, 명종의 후궁들은 단 한 명도 출산하지 못했던 데 비해 현종, 경종, 순종 등은 후궁을 한 명도 맞아들이지 않았기 때문에 왕자녀 역시 한 명도 없다.

최초 및 최후의 후궁

처음 후궁에 입궁한 여성은 전 판사(前判事) 김원호(金原浩)의 딸이었다. 김씨가 궁에 들어간 시점은 신덕왕후가 죽고 태조의 나이 60세 이후인 1397년(태조 6) 3월 5일이었다. 『태조실록』에서는 "전 판사 김원호의 딸로 궁인을 삼았다."[114]라고 하여 김씨가 궁녀로 입궁한 것인지 후궁으로 입궁한 것인지 명시하지 않았다. 그러나 김원호가 전직 판사였음을 고려해 볼 때 김씨가 후궁으로 입궁했다고 추측된다. 종1품 벼슬직에 해당하는 관료의 딸을 일반 궁녀로 입궁시킬 리는 없기 때문이다. 후대의 궁인은 궁녀, 나인[內人]과 함께 왕이나 왕비의 곁에서 일상생활에 필요한 모든 심부름 등 궁궐 안에서 일을 하는 여자들을 칭하지만, 초기에는 후궁을 가리키기도 하였다. 그러나 어찌 되었던 일인지

---

114) 『태조실록』 권11, 태조 6년 3월 5일(무오).

이후에 그녀가 봉작되었다는 기록이 보이지 않는다. 따라서 김씨는 조선 최초로 봉작된 후궁은 아니다.

조선 최초로 봉작된 후궁은 전 밀직부사 류준의 딸인 정경옹주 류씨가 될 것이다. 부친 류준은 궁인에게 청탁해 자기 딸을 태조에게 보여주고 후궁으로 만드는 데 성공했다. 류씨가 궁에 들어간 시점은 김씨가 뽑힌 지 5개월 뒤인 1397년(태조 6) 8월이었다. 다만 『태조실록』에서 "전 밀직 류준의 딸을 받아들였다."[115]고만 명시하여 류씨가 후궁으로 입궁하였는지를 알 수 없다. 그러나 4달 뒤인 12월 10일에 류준이 특진 보국숭록대부 고흥백(高興伯)이라는 귀족 작위를 받은 점을 볼 때 류씨가 후궁으로 입궁했을 것이라 생각된다. 딸을 일반 궁녀로 입궁시킨 사람에게 백이라는 귀족 지위를 수여할 리는 없기 때문이다. 이렇게 후궁이 된 류씨는 1398년(태조 7) 1월에 정경옹주에 책봉되었다. 후대의 옹주는 후궁의 딸을 가리키지만, 당시에는 구체적인 칭호 또는 제도가 체계적으로 마련되지 못해 류씨는 옹주라는 칭호를 받게 되었다.

최후의 후궁은 덕혜옹주를 낳은 귀인 양씨이다. 귀인 양씨는 임오군란이 발발한 1882년(고종 19)에 출생해서 궁녀가 된 뒤에 상궁의 신분으로 고종의 승은을 입고서 후궁이 되었다. 대한제국이 멸망한 뒤인 1912년에 덕혜옹주를 낳아 종1품 귀인으로 승격되었다.

4. 후궁의 선발 유형: 후궁이 되는 세 가지 방법

후궁이 되는 길은 크게 보아 간택후궁과 비간택 후궁의 두 가지로 나

---

115) 『태조실록』 권12, 태조 6년 8월 26일(을사).

누는데 이를 정식선정, 내부승봉, 자동승봉의 세 가지 유형으로 더 나눌 수 있다. 정식선정은 왕비처럼 정식 간택 절차를 거쳐 가례를 치르고 후궁이 되는 경우고, 내부승봉은 내명부 정5품 이하의 궁관이 국왕이나 세자의 승은을 입고 후궁 또는 잉첩의 반열에 오르는 경우다. 자동승봉은 원래 왕위 계승자가 아니었던 남자의 첩으로 살다가 남자가 왕이 되는 바람에 자동적으로 후궁의 지위를 획득한 경우였다. 정식선정으로 간택후궁이 되었고 내부승봉과 자동승봉으로 비간택 후궁이 되었다. 각각의 유형에 속하는 후궁들을 살펴보면 【표 5】와 같다.

【표 5】 조선시대 후궁 현황[116)

국왕	간택후궁			비간택 후궁		기타	간	비	미	합
	정식선정			자동승봉	내부승봉					
	후궁	잉첩	왕비승격							
태조	정경궁주유씨 성비원씨 김원호 녀			화의옹주김씨 찬덕주씨			3	2	0	5
정종				성빈지씨 숙의지씨 숙의기씨 가의궁주유씨 기매	시의이씨	숙의문씨 숙의윤씨	0	6	2	8
태종	의빈권씨 명빈김씨 소빈노씨 숙공궁주김씨 의정궁주조씨 신순궁주이씨 혜순궁주이씨			효빈김씨 신빈신씨 순혜옹주장씨 서경옹주	선빈안씨 정빈고씨 숙의최씨 덕숙옹주이씨 혜선옹주홍씨 후궁김씨 후궁이씨 파독		7	12	0	19
세종	장의궁주박씨 명의궁주최씨				신빈김씨 숙의조씨 **숙의이씨** 상침송씨 사기차씨	혜빈양씨 영빈강씨 숙원이씨	2	4	3	9
문종		승휘정씨	[현덕왕후권씨]		사칙양씨		7	2	0	9

	숙빈홍씨 승휘유씨 숙의문씨 소용권씨 소훈윤씨			궁인장씨					
단종	숙의김씨 숙의권씨					2	0	0	2
세조				근빈박씨 소용박씨	숙원신씨	0	2	1	3
덕종	숙의신씨 귀인권씨 숙의윤씨					3	0	0	3
예종	숙의최씨 후궁이씨		[안순왕후한씨]	상궁기씨		3	1	0	4
성종	귀인권씨 귀인남씨		[폐비윤씨] [정현왕후윤씨]	명빈김씨 귀인정씨 귀인엄씨 숙의하씨 숙의홍씨 숙용심씨 숙용권씨 숙원윤씨 숙의권씨		4	0	9	13
연산군	숙의윤씨 숙의권씨 숙의민씨 [장석조의 딸]	숙의곽씨		숙의이씨 숙원최씨 숙원장씨 숙원김씨 숙원전씨 **후궁정씨**	숙원정씨	5	5	1	11
중종	희빈홍씨 숙의나씨		[장경왕후윤씨]	경빈박씨 창빈안씨 귀인한씨 숙원이씨	숙원이씨 숙원홍씨 숙의윤씨 숙의김씨	3	4	4	11
인종		귀인정씨 숙빈윤씨 혜빈정씨				3	0	0	3
명종	숙의신씨 숙의정씨 숙의정씨 숙의신씨			숙의이씨	숙의한씨 순빈	4	1	2	7
선조	귀인정씨			공빈김씨		4	5	0	9

	정빈민씨 정빈홍씨 숙의정씨					인빈김씨 순빈김씨 온빈한씨 상궁박씨					
광해군	숙의원씨 숙의허씨 소의홍씨 소의윤씨 숙의권씨					소용임씨 소용정씨 숙원신씨 상궁김씨 상궁이씨 상궁최씨 상궁변씨 후궁조씨	숙원한씨	5	8	1	14
인조	귀인장씨					귀인조씨 상궁이씨	숙의나씨	1	2	1	4
효종					안빈이씨		숙원정씨 숙원김씨	0	1	2	3
현종								0	0	0	0
숙종	영빈김씨					희빈장씨 숙빈최씨 명빈박씨 소의류씨 귀인김씨		1	5	0	6
경종								0	0	0	0
영조					정빈이씨	영빈이씨 귀인조씨 숙의문씨		0	4	0	4
장조					숙빈임씨 경빈박씨			0	2	0	2
정조	원빈홍씨 화빈윤씨 수빈박씨					의빈성씨		3	1	0	4
순조						숙의박씨		0	1	0	1
헌종	경빈김씨					숙의김씨		1	1	0	2
철종						귀인박씨 귀인조씨 숙의방씨 숙의김씨 숙의범씨 궁인이씨 궁인박씨		0	7	0	7
고종						귀비엄씨		0	12	0	12

					귀인이씨 귀인이씨 귀인장씨 귀인양씨 귀인이씨 귀인정씨 상궁염씨 상궁서씨 상궁김충연 정화당김씨 삼축당김옥기					
순종								0	0	0	0
인원수	41	15	3	2	17	71	26	61	88	26	175
백분율 (%)	23.4	8.57	1.71	1.14	9.71	40.57	14.85	34.85	50.28	14.85	100

[ ]: 후궁 요건의 기준에서 보면 그 범주에서 제외되나, 왕대별 총 후궁 수에 포함시켰다.

【표 5】에서 기타로 분류된 미확인 후궁 26명은 입궁 과정이 불분명한 여성들이지만, 비간택 후궁이었을 것이라는 추정은 가능하다. 신분이 높은 집안의 여성들은 주로 간택 과정을 통해 후궁이 되는데 비해 신분이 낮은 여성들은 궁궐에서 일하는 궁녀로 있다가 여러 가지 변수 등을 통해 후궁이 되었을 가능성이 매우 높기 때문이다. 추정은 되지만 입궁 경로가 불투명하고 기록도 충분하지 않아 26명을 별도로 분류해 놓았다.

정식선정은 궁궐 밖의 여성을 간택[禮]이라는 공개된 절차를 통해 후궁을 선출하는 방법이다. 이 경우에 남편의 신분이 왕이냐 왕세자이냐에 따라 그녀들의 지위도 왕의 후궁 또는 왕세자의 잉첩으로 달라진다.

---

116) 이 표는 『조선왕실의 후궁』(지식산업사, 2021, 143~145쪽)을 재인용한 것이다. 세종의 후궁 숙의 이씨(『선조수정실록』권25, 선조 24년 5월 1일(을축)와 연산군의 후궁 정씨(『중종실록』권29, 중종 12년 9월 1일(갑술)를 추가하였으나, 기존 연구 대상 175명에 포함시키지 않았다.

물론 왕세자의 잉첩으로 들어온 여성들은 왕세자가 왕위에 오르면 자연히 왕의 후궁의 지위에 걸맞은 작위를 승봉 받아 국왕의 후궁으로 승격된다.

정식선정이 된 여성들 중에는 왕의 후궁으로 간선 되었다가 왕비로 발탁된 경우와 동궁의 잉첩에 간택되었다가 세자빈에 발탁된 이후에 왕비로 승격되거나 사후에 추존되어 왕비의 반열에 오른 여성들이 생겼다. 왕비 생전에 후궁으로 입궐했다가 왕비가 세상을 떠난 후에 계비로 승격된 성종의 후궁 폐비 윤씨와 정현왕후 윤씨의 경우가 있고 세자빈 또는 왕비가 세상을 떠난 이후에 간택 규수가 후궁으로 입궐하였다가 궁궐 생활을 한 뒤에 계비로 승격된 안순왕후와 장경왕후의 경우가 있다. 다만 현덕왕후 권씨는 세자 문종의 잉첩에서 세자빈이 된 뒤 사후에 왕비로 추존되었고 안순왕후 한씨는 세자 예종의 잉첩에서 살아 생전에 첫 왕비가 되었다. 이러한 내용은 상술했으므로 여기서는 별도로 다루지 않기로 한다.

간택후궁은 조선 후기보다 조선 초기에 훨씬 많았다. 전체 175명의 후궁 가운데 34.85퍼센트인 61명을 차지하였다. 태조에서 성종까지는 50.8퍼센트인 31명이고, 연산군에서 숙종까지는 42.6퍼센트인 26명이며, 이에 견주어 영조 이후에는 6.55퍼센트인 4명에 불과하였다. 엄밀히 따지면 선조 이전에는 50명, 선조 이후에는 약 5배가 적은 11명으로 매우 큰 차이를 보였다. 이처럼 조선 전기에 비해 조선 후기에는 왕의 간택후궁의 비율이 줄어들고 있는데, 왕의 전체 후궁에도 선조 이전과 선조 이후로 유의미한 변화가 나타났다.

태조부터 선조까지 왕의 후궁은 전체 116명으로 추산되는데, 입궁 경로가 불분명한 22명의 후궁을 제외하고 간택후궁과 비간택 후궁의 수는 각기 50명과 44명으로 간택후궁의 비율이 높았다. 이에 비해 광해군에서 순종까지 왕의 후궁은 전체 59명으로, 입궁 경로가 불분명한 4명을 제외하면 그들의 수가 각기 11명과 44명이었다. 이로써 간택후궁의 수는 조선 전기에 비해 급감하고 있고 승은후궁의 수는 증가하고 있다. 이러한 간택후궁의 감소와 비간택 후궁의 증가 현상은 전체적으로 후궁들의 사회적 지위 변화와 깊은 관련이 있다고 하겠다. 조선 전기 유사시 왕비예비자로서의 지위에 올랐던 간택후궁은 유교적 종법 질서로 인한 처첩의 구분이 심화됨에 따라 조선 후기로 갈수록 후궁이 첩이라는 사회적 인식에 맞부딪치며 더 이상 왕비의 지위에 오를 수 없게 되었다. 그런 만큼 조선 전기 후궁의 사회적 지위가 조선 후기에 그것과는 눈에 띄게 높았다고 하겠다.

정식선정에 이어 후궁이 되는 두 번째 유형은 자동승봉이다. 전체 후궁 가운데에 이 유형에 속한 여성은 9.71퍼센트인 17명이었는데 4명을 제외한 13명은 거의 건국 직후에만 존재했다. 이 유형은 본래 왕이 아니었던 남자의 첩으로 살다가 남편이 왕으로 즉위함에 따라 후궁의 지위를 얻은 여성이다. 정종 때의 성빈 지씨(誠嬪池氏) 외 4명과 태종 때의 효빈 김씨 외 3명, 세조 때의 근빈 박씨와 소용 박씨, 효종 때의 안빈 이씨(安嬪李氏), 영조 때의 정빈 이씨가 바로 그들이다. 정종과 태종의 후궁은 남편이 대군 시절에 첩이었다가 왕자의 난 이후에 후궁으로 편입되었고, 세조의 후궁은 변란 이후에 후궁에 봉작되었으며, 안빈 이씨는 봉림대군의 측근 잉첩이었고, 정빈 이씨는 연잉군의 첩이었다가 후궁이 된 경우였다.

이와 같이 세조, 효종, 영조의 공통점은 왕위계승자가 아닌 신분이었다가 변란이나 예기치 못한 상황에서 왕위를 이어받은 왕들이었다는 점이다. 보통 왕위계승자는 국왕의 적장자로 왕비의 몸에서 태어나 일정 시기에 원자로 불리고, 8살 전후로 해서 세자에 책봉되었으며 부왕(父王)이 죽으면 즉시 왕위에 올랐다. 하지만 세조는 조카인 단종이 살아있는 상황에서 어린 국왕을 압박하여 왕위를 찬탈하다시피 했고, 효종은 인조의 적장자이자 친형 소현세자가 갑자기 죽는 바람에 왕위에 올랐으며, 영조는 이복형 경종이 아들을 두지 못하고 일찍 세상을 떠나면서 왕위에 올랐다. 따라서 이들은 오랫동안 적장자의 신분이 아닌 대군 또는 군의 신분에서 왕위를 승계하였다.

자동승봉에 이어 또 다른 유형은 바로 궁녀의 신분에서 후궁이 된 내부승봉이다. 정식선정과 자동승봉이 조선 초기에 많았던 데 비해 내부승봉은 조선 후기에 많았다. 이 유형의 여성들은 태조에서 순종 때까지 전체 175명 가운데에서 71명(40.57%)을 차지하였다. 이 유형에 속한 71명의 여성 중에 태조~성종조까지는 16명(22.53%)이었고, 연산군~숙종조까지는 30명(42.25%)이었으며, 영조 이후의 후궁은 25명(35.21%)이었다. 전제 후궁 가운데 후궁의 절반 이상이 궁녀 출신이었던 사실에서 보면, 이 유형은 조선시대 전시기를 걸쳐 보편적인 추세였다고 하겠다. 이러한 사실은 【표 5】에서 육안으로도 쉽게 확인할 수 있다.

미천한 신분적 결함을 극복하고 국왕의 지근거리에 있는 여성들로 봉작 여부를 떠나 이런 여성이야말로 하루아침에 신데렐라가 된 모양새다. 대표적인 인물로는 선조의 할머니인 창빈 안씨(중종 후궁), 광해군의 어머니인 공빈 김씨(선조 후궁), 경종의 어머니인 희빈 장씨, 영조의 어머니인 숙빈 최씨 등이다. 특히 희빈 장씨는 훗날 사사되었지만 궁녀로서는 유일하게 왕비의 자리에 올랐던 최초이자 마지막 여성이었다.

후궁이 되는 세 가지 경로, 즉 간택과 비간택이 차지하는 비율은 약 85%였다. 그 외에 입궁 경로를 확인할 수 없는 후궁도 26명(14.85%)으로 조사되었다. 후궁들은 대부분 두 가지 중에 한 가지 방법을 통해 후궁이 되었다. 이로써 유추해 본다면, 입궁 경로가 불확실한 26명 여성 중에 양반가 출신의 적녀인 여성은 간택을 통해, 그 이외의 서녀(庶女) 또는 양가(良家) 이하의 여성은 추천이나 승은을 통해 후궁이 되었을 것이라고 추정된다. 이들의 존재를 배제할 수 없기 때문에【표 5】의 수치는 유동적이다.

3장

출생에서 죽기 전까지: 후궁 책봉과 궁궐 생활

인간의 삶은 탄생에서 시작해 성인, 결혼, 죽음 등의 과정을 거친다. 이러한 과정에서 사회 내에서의 신분 변화와 새로운 역할을 획득하는 데, 이때 인간의 성장과정과 함께 행하여지는 의례를 '통과의례(通過儀禮)'라 한다. 프랑스 민속학자인 아놀드 반 겐넵(Arnold Van Gennep, 1873~1957)에 따르면, 인간이 한평생을 살아가며 겪은 위기 상황을 "인생 고비(life crisis)"라 하고는 개인의 인생 고비에 수반되는 의식을 통과의례라 불렀다. 그러면서 그는 개인 삶의 과정에 초점을 맞추어, 태어나 어른이 되고, 결혼하고 자녀를 낳고 죽음을 맞이하는 과정(生−冠−婚−葬)을 고려하여 삶을 설명하였다. 즉, 그는 인간의 삶이 인생 발달 주기 상의 통과의례와 떼려야 뗄 수 없는 불가분의 관계임을 강조하였다. 그래서 그는 이러한 통과의례에 출생, 성인식, 약혼식, 회갑연, 그리고 장례식 등이 포함되며, 이것들을 통해서 그 사회의 구성원들이 가진 세계관과 사회 구조 등을 이해할 수 있다고 주장하였다.[1]

이 장에서는 조선 사회를 살았던 후궁의 생애 가운데 치러지는 중요한 통과의례를 중심으로 그들의 생활 세계가 이떠한 의례 과정을 거쳐 형성되고, 변화되는지, 그리고 그들이 향유했던 삶의 방식의 특징은 무엇인지를 살펴보고자 한다. 후궁의 삶이란 탄생, 간택후궁의 가례, 후궁의 봉작 및 승진, 출산 및 양육 그리고 생활 공간과 법적 대우 등 일련의 과정이었다. 이것은 동시대를 살았던 다른 신분 여성의 삶과 구별되는 후궁만이 가질 수 있는 고유한 생애과정(life course)이다.

1. 후궁 봉작 전 생활

1) 간택후궁의 출생과 가문

(1) 간택후궁의 출생과 교육

조선시대 간택후궁은 명문 대가의 딸이다. 이들은 간택과 가례 등 정식 혼인 절차를 거쳐 어린 나이로 후궁에 봉작되어 궁궐에 들어왔다. 즉 이들은 왕비와 세자빈과 마찬가지로 세 차례의 간택 절차를 통해 혼례를 치른 여성들이다. 기본적으로 간택후궁의 신분은 비간택 후궁과는 달리 양반이었다. 따라서 간택후궁의 혼인 전 생활은 대체로 보통 양반 집안의 어린 여자아이의 생활 규범과 직결되었다.

여기서 잠깐, 사대부 여성교육에 대해 알아보자. 조선시대 양반의 일상생활에 큰 영향을 준 것은 성리학인 유학이었다. 본래 유학에서 만물의 생성은 양(陽)인 하늘의 원리와 음(陰)인 땅의 원리 즉, 여성적 원리

---

1) A. 반 겐넵 지음·전경수 옮김, 『통과의례』, 을유문화사, 1992.

〈그림 15〉『여사서』와 『곤범』(아래)

1736년(영조 12)에 왕명에 따라 이덕수(李德壽, 1673~1744)가 언해하여 간행한『여사서언해(女四書諺解)』4권 3책 가운데 권3까지의 언해 부분을 필사한 것이다(한국학중앙연구원 장서각 소장 K3 - 100).『곤범(壼範)』은 궁중여성의 교양에 필요한 고전의 중요 대목을 한글로 풀어 엮은 필사본이다(한국학중앙연구원 장서각 소장 K3 - 9). 경서(經書)와 심경(心經) 등 유학의 고전 가운데 부도에 교훈이 되는 구절을 뽑아 원문의 독음과 구절을 한글로 붙인 뒤 원문의 이해에 필요한 한문 주석을 번역하였다.

와 남성적 원리의 관계 맺음에 의해 생성된다고 보았다. 이러한 논리는 남녀의 정해진 위치와 역할을 가져오게 되는데, "여자는 안에 위치하고 남자는 밖에 위치한다"라는 생각이 바로 그것이다.

유교사상을 지배이념으로 삼고 있는 조선조 사회는 오륜(五倫)과 함께 부계(父系)를 중심으로 한 가족주의적 사고와 가치관에 지배적이었다. 이 때문에『주자가례』,『소학』등에 규정된 여성 생활 규범이 간택 후궁의 혼인 전 생활에 큰 영향을 끼쳤다. 조선사회가 더욱더 유교화될수록 여성 생활 규범은 더 큰 영향을 끼쳐 당시 사대부의 여자아이들은『주자가례』,『소학』등에 규정된 여성 생활 규범을 유아기부터 익히도록 교육받았다.『소학』은 혼인 전 어린아이의 생활 또는 교육에 관한 지침만을 뽑아 서술한 것인데, 그 내용은 아래와 같다.

- 자식이 밥을 먹을 수 있게 되어서는 오른손으로 먹게 가르친다.
- 말을 시작하면, 남자아이는 빨리 대답하게 가르치고, 여자아이는

천천히 대답하게 가르친다.

- 남자아이는 띠를 가죽 띠로 하고 여자아이는 띠를 실띠로 해야 한다.
- 자식이 여섯 살이 되면 셈하는 것과 방위의 이름을 가르친다.
- 일곱 살이 되면 남자아이와 여자아이가 같은 자리를 해서는 안 되고, 같은 그릇으로 함께 밥을 먹어서도 안 된다.
- 여덟 살이 되면 문을 출입함과 자리에 앉고, 음식을 먹음에 반드시 어른보다 나중에 먹게 하여 비로소 사양하는 것을 가르쳐야 한다.
- 아홉 살이 되면 날짜 세는 것을 가르쳐야 한다.
- 여자아이는 열 살이 되거든 항상 집안에 있어 밖에 나가지 아니하며, 여자 선생이 유순한 말씨와 온화한 얼굴빛을 가지는 것과 남의 말을 정성껏 듣고 크게 순종하는 것을 가르치며, 삼베와 모시 길쌈을 하며, 누에를 쳐서 실을 뽑으며, 비단과 명주를 직조하고 실을 땋아서 여자의 일을 배움으로써 의복을 제공하며, 제사에 참관하여, 술과 초와 대나무 제기와 나무 제기와 침제와 육장을 올려서, 어른을 도와 제례를 올리는 것을 돕게 할 것이다.
- 열다섯 살이 되면 비녀를 꽂고 즉 성인 예식을 거행할 것이며, 스무 살이 되거든 시집보낼 것이다.
- 부모의 상을 당하였으면, 스물세 살에 시집보낼 것이다.
- 시집갈 때 빙례를 갖추면 본처가 되고, 빙례를 갖추지 않고 그냥 가면 첩이 되는 것이다.[2]

위 『소학』에서 살펴보았듯이, 양반 집안에서 태어난 간택후궁은 혼인 전에 『소학』에 근거하여 기본적인 교양을 배웠다. 즉 그들은 태어난 후 유모 또는 보모를 통해 여자아이로서의 유교적 교양 예컨대 식사 때에는 오른손을 사용하고, 말을 배우기 시작하면서 대답할 때는 천천히 말하도록 하며, 띠는 실띠를 매고, 여섯 살이 되어서는 셈하는 법과 방

---

2) 『소학』, 「立敎」.

위의 이름을 익히도록 하는 등의 소양을 쌓아나갔다. 이후 열 살 때부터는 다양한 가사 노동을 습득하였다.

"여자아이 열 살이면 나가지 않고"라는 가르침에 따라 여자는 사회 활동보다는 집안에 위치함이 바르고, '남녀칠세부동석(男女七歲不同席)'이라는 가르침에 따라 남자아이와 여자아이가 7세가 되면 자리를 같이하지 않는다. 또 "남자는 밖에 거하여 안의 일을 말하지 말고 여자는 안에 거하여 바깥일을 말하지 않는다"는 내외법과 오륜 중 부부유별의 윤리에 의해 남녀는 역할과 책임을 달리하고 있다고 믿어 어려서부터 다르게 자라왔다. 뚜렷한 남녀의 역할 구분을 강조한 사대부 교육은 유아기 때부터 여성교육과 남성교육의 성격을 각각 달리하였다. 남성교육이 수신제가 치국평천하(修身齊家治國平天下)에 교육의 목표를 두고 성인군자를 이상적인 남성상으로 하는데 반해 여성교육은 수신제가에 그 목표를 두고 현모양처를 이상적인 여성상으로 그리고 있었다.

실제로도 『규중요람(閨中要覽)』과 『사소절(士小節)』에 의하면, "부녀자는 『시경』, 『서경』, 『사기』, 『소학』, 『논어』, 『예기』의 「내칙」을 읽고 역대의 국호와 선대의 이름을 알면 되며, 문장이 공교하여 시사(詩詞)에 능란함은 오히려 사대부의 부녀자가 할 바가 아니다"[3]고 규정하고 있다. 이때 어렸을 때의 사대부 여자아이는 『소학』을 읽어 학문과 수신의 요체를 익히고 「내칙」을 읽어 부녀자의 몸가짐을 배우도록 했던 것이다. 따라서 간택후궁들은 어렸을 때에 일반적인 사대부의 여자아이와 같이 가정에서 내훈서를 중심으로 유교정신에 입각한 가내 규범과 문자를 배우고 가사 기술을 배우도록 하는 것이 전부였다.

---

3) 李德懋, 『青莊館全書』 권30, 「士小節」 하, <婦儀>(서울대학교, 『青莊館全書』 中卷, 1966), 399~416쪽.

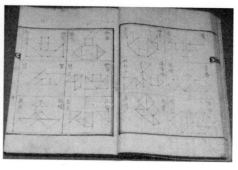

〈그림 16〉『어제내훈』과『칠교해』(오른쪽)

소혜왕후 한씨가 여성의 부덕을 함양시키고자 편찬한 교훈서이다(한국학중앙연구원 장서각 소장 K3 - 69).
『칠교해(七巧解)』는 칠교놀이의 방법을 그림으로 풀어놓은 책이다(한국학중앙연구원 장서각 소장 K3 - 594). '칠교'란 7개의 조각판을 뜻하는 칠교판(七巧板) 또는 칠교도(七巧圖)에서 나왔다. 칠교놀이는 이 판으로 인물, 동물, 식물, 기물, 건축물, 지형 등 다양한 모양을 만들어내는 심심풀이 놀이였다.

　　양반가에서 태어난 간택후궁도 어렸을 때부터『소학』,『내훈』등의
여성 교육서를 읽으면서 아녀자로서 갖추어야 할 기본적인 교양을 습
득해 나갔다. 실제로 1501년(연산군 7) 연산군의 후궁 숙의 윤씨는 어
머니를 일찍 여의고 언니[참봉 중 이조판서 任明弼의 처]에게 자랐는
데,『여훈(女訓)』을 익혀 스스로 그 예절을 실천하였다.4) 인종의 후궁
귀인 정씨도 9세 때에 어버이를 섬기는 도를 알아서 매일 아침마다 부
모보다 먼저 일어나고 맛있는 음식을 반드시 먼저 맛보았으며, 부모가
병환이 들었을 때에는, 음식을 먹지 않은 채 부모의 곁을 잠시도 떠나
지 않았다. 또한 12~13세가 되어서는 행동거지가 어른스러워 제철 옷
을 부모님께 마련해 드렸고, 형제와 우애롭게 지냈으며, 친족과 화목하
게 지냈다.5)

　　선조의 후궁 귀인 정씨 역시 어려서 몸가짐이 단정하여 여자가 지켜
야 할 법도를 배웠다. 그녀는 용모가 아름답고 영리하였다. 자라서 어

---

4)『淑儀尹氏墓誌』(이화여자대학교 박물관 소장).
5) 李珥,『栗谷全書』권18,「行狀」<貴人鄭氏行狀>(『한국문집총간』권44, 민족문화
　　추진회, 1989, 417~418쪽).

버이를 공경해야 됨을 깨닫고서 날씨에 따라 의복과 잠자리를 마련해 드리고, 보살펴드렸다.6) 이처럼 간택후궁이 어린 시절부터 조기교육에 따른 몸에 밴 예의범절과 유교 소양은 사대부 여성에서 왕실 여성으로 신분의 수직적 지위변화가 이루어지면서 왕실의 법도나 예절을 체득하여 궁중에서의 역할을 충실히 하는 데에 도움이 되었을 것이다.

그런데 『소학』에서 여성의 혼인 연령은 스무 살로 명시되어 있다. 하지만, 실제 왕비와 후궁의 혼인 연령은 그보다 더 어리다. 그 이유는 광계사를 중요시하였던 왕실 혼례에서 왕비는 세자빈의 지위에서 처음 시작하였는데, 세자의 혼인 연령이 여덟 살 전후였기에 자연 세자빈의 혼인 연령 역시 세자 나이에 어울리는 여덟 살 전후에 혼인할 수밖에 없었다. 이에 견주어 후궁은 국왕 재위 기간 중에 혼례를 치렀으므로 국왕의 나이에 상관없이 스무 살 전의 여성이 간택되었다.

10살 전후에 입궐하게 된 왕비는 친정집에서 배우는 가정교육 기간이 매우 짧아 유교 교양은 제한적일 수밖에 없었다. 20살 이전에 혼인하지 않은 간택후궁의 경우라면, 왕비의 가정교육 기간보다는 조금 더 길었다고 할 수 있겠지만, 여덟 살 전후 또는 10대 초반, 그리고 20대 미만에 세자빈이나 왕비, 그리고 간택후궁으로 선발된 사대부 여성은 그 지위에 필요한 기초 소양을 별도로 받을 수밖에 없었다. 어찌 되었든 어린 나이에 간택되어 입궐하였기 때문에 간택후궁들은 전 생애를 궁중에서 생활하였고 입궐 전 친정에서 지낸 횟수는 고작 15여 년 정도에 불과하다. 그런 이유에서 가례의 과정 속에서 최종 선발된 간택처자가 친정집으로 나가지 않고 별궁(別宮)에서 필요한 기초 소양과 궁중

---

6) 崔岦, 『簡易集』 권2, 「墓誌銘竝書」 <貴人鄭氏墓誌銘>(『한국문집총간』 권49, 민족문화추진회, 1990, 242쪽).

법도를 교육받게 되는 것은 이러한 사정을 잘 보여준다.[7]

궁중 예법과 기초교양을 습득하기 위한 그들의 부단한 노력은 이 시기에만 그치지 않고 현왕의 후궁의 지위에 있을 때에나, 선왕의 후궁의 위상에 있을 때에도 이루어졌던 것으로 보인다. 실제로 귀인 정씨는 어렸을 때 읽었던 『소학』, 『대학』, 『중용』을 읽었고, 정빈 민씨는 『내훈』, 『소학』 등의 책을 읽었으며, 명종의 후궁 소의 신씨 역시 평소 책을 가까이하였고, 역사에 관심이 많았다.[8] 그런 만큼 낯선 궁궐 세계에 발을 디딘 간택후궁들은 끊임없이 필독서를 통해 기본적인 소양과 궁궐 법도를 읽히며 올바른 처신을 감행했다. 『내훈』에서도 밝혔듯이 임금과 최고 왕실 여성들에 대한 순종과 인내라는 유교적 덕목은 사대부 여성이 왕실 여성의 일원이 되는 순간부터 아이를 낳고 기르며 여생을 마치는 날까지 종신토록 지켜야 하는 신조였기 때문이다.

간택후궁은 남다른 태몽을 갖고 태어났고, 어린 시절부터 비범한 모습을 보였다. 정조의 후궁이자 순조의 생모인 수빈 박씨의 태몽은 어머니 원주 원씨가 꾸었다. 원씨가 수빈 박씨를 임신했을 때 꿈속에 한 노인이 나타나 무릎을 꿇고 원주 원씨에게 큰 구슬을 바치자 구슬 광채가 온 집안을 가득 채웠다. 또 지문에는 그녀의 비범함을 보여주는 일화가 전해진다. 박씨가 어릴 때 두 언니와 함께 놀고 있을 때였다. 갑자기 마당으로 뛰어 들어온 호랑이를 보고도 어린 박씨는 놀라기는커녕, 땅에

---

7) 경종비 단의왕후는 『소학』을 애독했고(『숙종실록』 권61, 숙종 44년 2월 24일(계묘), 인경왕후는 부친 金萬基에게 『소학』과 『내훈』을 배웠으며(『숙종실록』 권11, 숙종 7년 2월 22일(병오). <仁敬王后誌文>), 혜경궁 홍씨는 부친 洪鳳漢으로부터 『소학』, 『내훈』, 『어제훈서』 등을 배웠다(『순조실록』 권19, 순조 16년 1월 21일(신축). <惠慶宮誌文>).

8) 『昭儀申氏墓誌銘』(영남대학교 박물관 소장).

엎드려 울고 있는 언니들과는 다르게 조용히 걸어서 방 안으로 들어간 일이 있었다. 성종의 계비이자 중종의 생모인 정현왕후의 태몽 역시 어머니 전씨(田氏)가 꾸었는데, 하늘 위에 비단 구름이 떠 있고, 그 속에서 천녀(天女)가 내려와 전씨의 가슴속으로 들어오는 꿈이었다.[9]

정조의 후궁이 된 원빈 홍씨의 태몽과 어린 시절을 들여다보자. 원빈 홍씨의 태몽은 마찬가지로 어머니 우봉 이씨가 꾸었다. 이씨가 서호(西湖) 사제(私第)에서 잠을 자고 있는데, 꿈속에서 어떤 사람이 "해 속에 두꺼비가 떨어졌다."라고 말하면서 큰 진주 한 알을 이씨에게 주었고, 이씨가 그것을 먹었는데, 꿈을 꾼 지 몇 년 후에 원빈을 임신하였다는 것이다. 또 서호 사제의 누각으로 하늘에서 내려준 붉은 비단을 부인이 양손으로 받은 꿈을 꾼 적도 있었다. 원빈 홍씨를 출산하였을 때에는 기이한 향기가 방안을 가득 채웠다고 한다.[10]

남다른 태몽을 갖고 태어난 그녀는 품행이 예의 바르고, 몸가짐이 단정한 아이였다. 세 살 때는 어른이 무엇을 주면 반드시 꿇어앉아 두 손으로 받았고, 네 살 때 외가 집에 따라갔을 때는 사촌들이 곁에 있으면 의복을 벗은 적이 없었다. 여러 아이들이 그녀를 좋아해서 따라다닐 경우, 피부를 드러내 보이게 될까 봐 변소에 가려고 하지 않아 혹시라도 병을 앓을까 염려한 모친이 서둘러 귀가했을 정도였다. 스스로 수식(首飾)을 착용하고 치마를 입을 때는 반드시 꼭 동여매서 옷차림이 반듯하

---

9) 김일환, 「신창에서 태어난 왕비, 정현왕후 이야기」, 『아산시대』 제8호, 순천향대 아산학연구소, 2015, 57쪽.

10) 『御製元嬪洪氏行狀』(藏 K2-663), 1쪽. "嬪之未生也 母夫人嘗夢于西湖之第 人謂 日中蟾蜍墜下 奉而授夫人 夫人受而視之 即一顆大珠也 納之口而吞之 後數年而有娠 夢輒見瑞氣 又夢駕臨西湖第內樓 上以紅錦緞 自樓門卷而下之 夫人立以兩手受之 臨 娩 異香滿室 久而不散."

였다. 모친이 자주 아팠는데 어린 나이에도 침식을 폐한 채 애를 태우며 근심하였고, 모친이 잠깐 나가기라도 할 때는 의복을 때맞추어 손질해서 드렸다.[11] 이것은 모두 10살 이전의 일로, 어린 시절 원빈 홍씨는 작은 어른 같았다.

간택후궁은 이처럼 양반집의 딸이었다. 조선시대의 양반이나 왕실에서 태어나는 아이들은 비슷한 유아시절을 보냈다. 부모 이외에는 유모와 보모 또는 몸종들이 그녀들을 길렀다. 태어난 지 한 달쯤 되면 유모의 젖을 먹고 자라고, 양육에 필요한 각종 노동은 보모나 몸종들이 대신해 주었다. 그래서 유모와 보모 또는 몸종은 제2의 어머니처럼 친근하면서도 흉허물이 없는 존재였다. 이런 까닭에서 간택후궁은 으레 유모와 또래의 몸종과 함께 입궁하기도 했다.

(2) 간택후궁의 가문

간택후궁들은 비간택 후궁과 달리 왕비와 마찬가지로 명문 대가의 규수였다. 이는 조선 초기에 원비 유고시 간택후궁 가운데에서 계비의 지위로 승격시키거나 조선 후기에 왕비로부터 후사를 얻지 못한 국왕들의 경우, 왕위를 계승할 후사를 얻기 위해 간택후궁을 들이는 사례가 많았다는 사실에서 알 수 있다. 그런 만큼 간택후궁 선발은 정치적 역학 관계와 무관하지 않았다. 당시 왕실혼이 왕실의 세력 기반을 확보하는 데 중요한 요소로 작용되었기 때문에 조정에서는 그들 가문의 정치적, 사회적 지위를 고려한 것이다. 후술하겠지만, 후궁을 간택하는 과정에서 출신 가문이 중요하게 고려되었던 모습에서 확인된다.[12] 따라

---

11) 『御製元嬪洪氏行狀』(藏 K2-663), 2쪽.

서 간택후궁들이 어떠한 가문에서 배출되었는지를 살펴봄으로써 이들 집안의 가격(家格)을 알아보고자 한다. 다음 【표 6】은 조선시대 간택후궁의 가문을 작성한 것이다.

【표 6】 조선시대 간택후궁의 가문

국왕	후궁	생몰년	본관	부친명	최고경력	출생지
태조	정경궁주 류씨	?	고흥	류준	이부상서	
	성비 원씨	?~1449	원주	원상	판중추	
정종	숙의 윤씨*	1368~1417	해평	윤방언	대사헌	
태종	의빈 권씨	1384~?	안동	권홍	부사	
	명빈 김씨	?~1479	안동	김구덕	부사	
	소빈 노씨	?~1479	장연	노귀산	이판	
	숙공궁주 김씨	?	청도	김점	지돈령	
	의정궁주 조씨	?~1454	한양	조뢰	지돈령	
	신순궁주 이씨	1390~?	성주	이직	영의정	
	혜순궁주 이씨	?~1438	고성	이운로	박사	
세종	혜빈 양씨*	?~1455	청주	양경	없음	
	장의궁주 박씨	?	밀양	박강생	부제학	
	명의궁주 최씨	?	전주	최사의	판사	
문종	(현덕왕후 권씨)	1418~1441	안동	권전	예관	홍주 합덕현
	승휘 정씨	?	동래	정갑손	좌찬성	
	숙빈 홍씨	?	남양	홍심	부윤	
	숙의 류씨	?	문화	류상영	감찰	
	숙의 문씨	1426~1508	남평	문민	첨지사	
	소용 권씨	?	안동	권격	지돈녕	
	소훈 윤씨	?	파평	윤희	직장	
단종	숙의 김씨	1440~1525	상산	김사우	동지사	
	숙의 권씨	?	안동	권완	판관	
덕종	숙의 신씨	?~1476	거창	신선경	동중추참	
	귀인 권씨	?~1494	안동	권치명	지군사	
	숙의 윤씨	?	파평	윤기	현령	

12) 본서 3장 2)절의 2) 참조.

예종	(안순왕후 한씨)	?~1498	청주	한백륜	우의정	
	숙의 최씨	?	전주	최도일	판관	
성종	(폐비 윤씨)	1455~1482	함안	윤기무	판사	
	(정현왕후 윤씨)	1462~1530	파평	윤호	우의정	아산시 신창
	명빈 김씨*	?	안동	김작	형판	
	귀인 권씨	1471~1500	안동	권수	현령	
	귀인 엄씨*	?~1504	영월	엄산수	사직	
	숙의 홍씨*	1457~1510	남양	홍일동	지중추사	
	후궁 남씨	?	의령	남흔	우승지	
연산군	숙의 윤씨	1481~1568	해평	윤훤	첨정	
	숙의 곽씨	?	현풍	곽린	없음	
	숙의 권씨	?	안동	권령	참의	
	숙의 민씨	?	여흥	민효손	참의	
중종	(장경왕후 윤씨)	1491~1515	파평	윤여필	영돈녕	한성 호현방
	희빈 홍씨	1494~1581	남양	홍경주	이판	
	숙의 나씨	1501~1518	나주	나숙담	군수	
인종	숙빈 윤씨	1520~1566	파평	윤원량	도정	
	귀인 정씨	1520~1566	연일	정유침	판관	해양 삼곡리
	혜빈 정씨	?	경주	정온	령	
명종	숙의 신씨	1533~1565	평산	신언숙	현령	
	숙의 정씨	?	온양	정귀붕	첨정	
	숙의 정씨	?	동래	정수	정	
	숙의 신씨	1547~?	거창	신홍제	현감	
선조	귀인 정씨	1557~1579	연일	정황	부정	
	정빈 민씨	1567~1626	여흥	민사준	부사	
	정빈 홍씨	1563~1638	남양	홍여겸	현감	
	숙의 정씨	1564~1580	동래	정순희	판관	
광해군	숙의 원씨	?	원주	원수신	훈련대장	
	숙의 허씨	?~1623	양천	허경	지평	
	숙의 홍씨	?	풍산	홍매	부사	
	숙의 윤씨	?~1623	파평	윤홍업	현령	
	숙의 권씨	?	안동	권여경	병사	
인조	귀인 장씨	?~1671	풍덕	장류	부직장	
숙종	영빈 김씨	1690~1735	안동	김창국	부사	

정조	수빈 박씨	1770~1822	반남	박준원	판돈령부사	
	원빈 홍씨	1766~1779	풍산	홍낙춘	공조판서	한성 강서방
	화빈 윤씨	1765~1824	남원	윤창윤		
헌종	경빈 김씨	1832~1907	광산	김재청	황해감사	한사누동 유연당

【표 6】에서 간택후궁은 61명이었다. 주지했듯이 문종비 현덕왕후 권씨, 예종비 안순왕후 한씨, 성종비 폐비윤씨와 정현왕후 윤씨, 중종비 장경왕후 윤씨는 간택후궁이었다가 계비가 되었다. * 표시의 후궁들은 정황상으로 간택후궁으로 짐작되나, 입궁 경로를 파악할 수 없어 제외했다.

간택후궁은 선조 때를 기준으로 46명과 15명이 선발되어 인원수에서 확실한 차이를 보인다. 조선 초에는 왕세자의 잉첩 또는 국왕의 후궁이 계비로 승격될 수 있었는데, 이는 그들의 가문과 무관하지 않다. 태종이 빈잉을 두려는 목적을 왕실 세력의 확충뿐만 아니라 왕실 인척으로 맺어진 관료 세력들과의 화합 내지 융화라는 측면을 강조한 사실에서도 알 수 있다.

간택후궁의 가문은 선조(先祖)가 과거 급제는 물론 과거를 통하지 않고서도 관직에 나아갈 수 있을 정도로 정치적·사회적으로 우위를 점했다. 특히 조선 초기의 가문들은 고려 말에서 조선 초에 있었던 정치적인 사건 속에서 주도권을 장악한 공신(功臣) 세력이 주류를 이루고 있었다.[13] 정경궁주 류씨는 좌명공신 류준의 딸이며, 백부 좌의정 류탁(柳濯)은 호종1등, 정난1등 공신이었고, 그의 사촌 류습(柳濕) 역시 좌

---

13) 태조부터 성종 때까지 커다란 정치적인 사건 이후에 8차례에 이르는 공신 책봉이 이루어졌다. 이는 개국공신을 위시하여 定社(1398년), 佐命(1400년), 靖難(1453년), 佐翼(1455년), 敵愾(1467년), 翊戴(1468년), 佐理(1471년) 공신 책봉을 이른다.

〈그림 17〉 홍경주 정국공신 화상

홍경주 화상(畫像)은 1506년(중종 1) 중종반정의 공으로
정국공신 1등에 녹훈된 홍경주의 공신화상으로, 18세기
이후에 다시 그린 이모본으로 추정된다(남양 홍씨 도열
공 종택 소장).

명공신이었다. 부친 류준은 오랫동안 태조의 측근에서 종군하였음은
물론, 태조가 즉위한 이후에도 원종공신이 되었다. 딸이 후궁이 될 수
있었던 것은 부친에 대한 태조의 두터운 신망 때문이었다.

공신을 많이 배출하는 가문일수록 왕실과 혼인 관계를 맺은 빈도수
가 많았다. 공신들은 왕실혼과 밀접한 관련이 있는데, 혼인이 가계 집
단과 인척 관계를 확립하는 데 있어서 중요한 수단이었기 때문이다. 한
예로, 중종반정을 이끈 윤여필과 박원종, 그리고 홍경주가 그 대표적일
것이다.

윤여필은 장경왕후의 부친으로서 중종반정에 참여하여 정국3등 공
신에 녹훈되었다. 그는 박중손의 사위였기 때문에 월산대군과 제안대
군은 동서간으로 숙의 윤씨에게는 이모부들이었다. 외삼촌 박원종은
중종반정을 성공시킨 정국1등 공신이기도 했다. 희빈 홍씨의 부친 홍
경주 역시 중종반정에 일등 공신이었다. 그는 중종반정 때에 사복시(司
僕寺) 첨정(僉正)에 있으면서 군대 동원의 책임을 맡아 정국1등 공신에

올랐던 것이다. 희빈 홍씨의 외증조는 정인지였는데, 친가와 외가 모두 당대 명문 집안이었다. 인종의 후궁 귀인 정씨는 송강 정철(鄭澈)의 누나이고 숙종의 후궁 영빈 김씨는 안동 김씨로, 김수증(金壽增)의 종손녀였으며, 순조의 후궁 수빈 박씨는 반남 박씨로 모두 당대 대표적인 명문 사대부가 출신이었다.

특히 숙종의 후궁 영빈 김씨와 정조의 후궁 원빈 홍씨, 화빈 윤씨, 수빈 박씨, 그리고 헌종의 후궁 경빈 김씨의 경우에는 계사가 목적이었는데, 당시 집권 세력들 간의 알력과 국왕과의 친소관계, 정치적 상황변화에 따라 상당한 영향을 받았다. 숙종조 때에 간택된 영의정 김수항의 종손녀 영빈 김씨는 노론계 집안의 딸이었다. 정조 대에는 홍국영(洪國榮)의 누이동생 원빈과 소론계와 인척 관계에 있던 화빈, 그리고 노론의 집안이었던 수빈이 간택되었다. 헌종대에 이루어진 경빈 간택은 순원왕후의 수렴청정하에 풍양 조씨가 관여한 것이다. 간택후궁은 이처럼 정치적인 고려에 의해 영향을 크게 받았다. 이는 핵심 정치 세력을 왕실의 척족으로 포섭하여 왕실의 권력 기반을 확충하고자 했던 것으로 왕비의 간택과 동일하게 후궁 간택 역시 당시 집권 세력과 정치적 역학관계에 좌우되었음을 확인할 수 있다.[14]

2) 비간택 후궁의 출생과 신분

(1) 비간택 후궁의 출생과 궁녀의 삶

비간택 후궁은 간택 절차를 거쳐 가례를 치른 간택후궁과 달리, 이러

---

14) 조선시대 간택후궁 가문에 대한 자세한 내용은 이미선의 앞의 책(지식산업사, 2021, 180~200쪽; 273~289쪽; 363~394쪽)이 참조된다.

한 절차 없이 잠저 시절의 비첩들이 내명부가 마련된 이후에 자동적으로 봉작되었거나, 사대부가의 서녀 또는 미천한 여성들이 권력 세력들의 진헌과 상납 등으로 후궁이 되었는가 하면, 때로는 대비 등 왕실 여성들의 후원을 받아 후궁이 되었다. 이처럼 이들은 여러 가지 샛길을 통해 입궁하여 지명된 여성들이었다. 물론 궁궐 내부에서 궁녀로 있는 동안 국왕이나 세자의 눈에 들어 승은을 입고 후궁이 된 궁녀 출신들이 대부분이었다. 간택후궁이 대개 양반 고관들의 딸로 출신 배경이 좋았던 데 비해 비간택 후궁은 궁녀뿐만 아니라 남의 첩이었거나 기생, 관노비, 서녀 등 출신이 미천한 신분이었다. 그래서 이들의 구체적인 정보 사항을 파악하기가 쉽지 않다. 여기에서는 단편적으로 흩어져 있는 정보 사실을 토대로 이들이 어떤 과정을 거쳐 입궐하게 되었는가를 짐작해 보기로 한다.

비간택 후궁의 대부분은 궁녀 출신이었다. 이들 가운데에는 공노비인 까닭에 궁녀의 인원에 충원되거나 양인 이하의 여자아이가 생계를 이유로 어린 나이에 정식 궁녀로 선발되거나, 때로는 권력 세력가에 의해 미모와 재주를 겸비한 여성이 지명되어 입궁하는 등 다양한 루트로 후궁이 된 경우였다. 따라서 정식궁녀 출신인 후궁의 이전 삶은 어린 시절에 궁궐에서 허드렛일을 하며 지내는 고난의 삶이었고, 사대부의 서녀 또는 첩녀 출신인 후궁은 좋은 가문에서 태어났지만, 가문의 결정으로 대궐에 입궁하였다. 어쨌든 비간택 후궁의 공통점은 자신이 원해서 궁궐에 들어온 것이 아니라, 그들의 의지와는 무관하게 생계를 위해서 또는 권력자들에 의해서 입궁하게 되었다는 점이다.

비간택 후궁이 입궁한 나이는 다양했다. 특히 정식궁녀로 선발되어 입궁한 나이는 10세 안팎의 어린 나이였다. 중종의 후궁 창빈 안씨는

1507년(중종 2) 9살에 입궁하여 1518년(중종 13) 20세에 승은을 입었고,[15] 선조의 후궁 온빈 한씨(溫嬪韓氏)는 12세가 되는 1592년(선조 25)에 정식궁녀로 뽑혔다.[16] 숙종의 후궁 숙빈 최씨는 여경방(餘慶坊) 사제(私第)에서 태어나 1676년(숙종 2) 7세에 입궁하였고,[17] 영조의 후궁 정빈 이씨는 8살에 입궁하였다.[18] 영친왕의 어머니 귀인 엄씨는 한성부 서소문방(西小門坊)에서 태어나 1861년(철종 12) 8세에 궁녀로 입궁하여 서른두 살에 명성황후의 지밀상궁이 되었다.

사도세자의 어머니 영빈 이씨의 어린 시절과 궁녀 생활을 잠깐 살펴보자. 이씨는 1696년(숙종 22) 7월 18일에 서울 관광방(觀光坊)에서 태어났다.[19] 본관은 전의(全義)로, 이정립(李正立)의 증손녀이고, 통훈(通訓) 이영임(李英任)의 손녀이다. 아버지는 증 찬성(贈贊成) 이유번(李楡蕃)이고, 어머니는 본관이 한양인 김우종(金佑宗)의 딸이다.

증조부 이정립과 외조부 김우종이 유학이었다면 이씨는 양인가의 여식이었는데 어찌 된 일인지 1701년(숙종 27) 나이 여섯 살에 궁녀로 입궁하였다. 관련 자료가 없어 단정할 수 없지만 아마도 이씨는 대대로 한미하고 쇠락한 양인 이상의 집안에서 태어나고 부모를 일찍 여읜 후에 생계를 위해 어린 나이에 궁중에 투탁 된 것으로 보인다.

이씨는 경제적인 이유 등으로 자신의 의지와는 상관없이 아기나인

---

15) 申晸, 『汾厓遺稿』 권10, 「碑銘」 <昌嬪安氏神道碑銘幷序>(『한국문집총간』 권129, 1994, 519~520쪽); 南九萬, 『藥泉集』 권14, 「應製錄」 <昌嬪墓誌銘>(『한국문집총간』 권132, 1994, 165~166쪽).

16) 「溫嬪韓氏墓表」(경기도 양주시 백석면 복지리 소재).

17) 한국학중앙연구원 장서각 편, 「淑嬪崔氏神道碑」, 『淑嬪崔氏資料集』 4, 한국학중앙연구원 출판부, 2010, 34쪽.

18) 「靖嬪李氏墓碑」(경기도 파주시 광탄면 영장리 소재).

19) 「暎嬪李氏墓誌」(국립중앙박물관 소장; 연세대학교 박물관 소장).

[內人]이 되어 힘겨운 궁궐 생활을 하게 되었다. 그러나 다행히도 인원 왕후 김씨 처소에 소속되었다. 아기나인은 견습 나인으로 '생각시'라고 도 불렀는데, 보통 4~6세에 입궁한 여자아이를 말한다. 중궁전의 아기 나인으로 입궁한 이씨는 어려서부터 어른스러웠고 품행이 남달랐다. 평소 그녀를 눈여겨 본 숙종은 "높은 벼슬하는 집안의 여자들도 이러한 나이에는 오히려 어린아이의 습관을 면하기 어렵거늘, 평민의 여자가 조숙하기가 이와 같을 수 있는가!"라고 칭찬할 정도였다.

그녀는 스무 살쯤에 대전의 정식나인이 되었을 것이다. 보통 아기나 인으로 입궁한 후 15년이 지난 스무 살 안팎에 계례를 올리고 정식나인 이 되었기 때문이다.[20] 어렸을 때부터 이씨는 타고난 총기와 특별한 자 질로 왕실 웃어른으로부터 상당한 능력을 인정받은 듯 보인다. 이러한 사실이 정조가 직접 쓴 영빈 이씨의 행장을 통해 엿볼 수 있다.

> 정유년[1717년(숙종 43)]에 숙종이 온천에 거동하셨다. 무릇 행재 소(行在所)에는 궁인이 배종(陪從)하여 가는 전례가 없었으나, 이때 숙 종이 정섭(靜攝)하시는 터라 의대(衣襨)를 입히고 찬선(饌膳)을 올리 는 의절(儀節)들은 궁인이 아니면 제대로 할 수 없었기에 궁인 중에 똑 똑하고 신중한 사람을 특별히 뽑아서 따르도록 했는데 빈이 여기에 들었으니, 아마도 또한 인원왕후의 의중에서 나왔을 것이다.[21]

---

20) 순종의 지밀 나인이었던 윤명헌 상궁과 고봉운 상궁의 증언에 따르면, 지밀 여관 또는 지밀 나인의 경우 네 살부터 열 살 사이에 입궁하여 그 후 경축에 因하여 시녀 의 교지를 받고 입궁한 지 15년에 관례하고 25년에 상궁의 직첩을 받는다고 하였 다(『女官制度沿革』藏 K2−2032).
21) 한국학중앙연구원 장서각 편, 「영빈행장」, 『英祖妃嬪資料集』 2, 한국학중앙연구 원출판부, 2011, 78~83쪽.

1717년(숙종 43) 그녀는 숙종의 온천 행행에서 배종하는 궁관에 뽑혔다. 이때 그녀는 숙종 곁에서 시중은 물론 의식주에 관련된 일을 위해서 임시적으로 파견된 셈이다. 그녀가 국왕의 거둥에 시종할 수 있었던 것은 믿고 맡길 정도로 유능한 궁관이기도 했지만 인원왕후의 적극적인 추천이 있었기 때문이었다.

연잉군이 왕위를 오르면서 영빈에게도 큰 기회가 찾아왔다. 그녀의 총혜(聰慧)와 견식(見識)을 매번 칭송해왔던 인원왕후가 영조에게 그녀를 대전의 지밀상궁으로 추천한 것이다. 영빈의 나이 29살이었다. 두 살 연상인 영조는 자신의 곁에서 보좌를 잘하고 똑똑한 그녀에게 점점 마음을 빼앗기기 시작하였다. 더구나 1721년(경종 1) 11월에 정빈 이씨가 병사한 이후에 더욱 영빈 이씨를 총애하였다. 이로부터 1727년(영조 3) 4월에 첫아이가 태어났다. 늦어도 1년 전에 사랑을 나누었으니, 영조의 나이 33살이고, 영빈 이씨의 나이 31살이었다.

영빈에 대한 영조의 총애와 신임은 대단하였다. 실제로도 그녀가 승은을 받았던 1726년(영조 2)부터 시작하여 영빈의 나이 43살이 되던 1738년(영조 14)까지 12년 동안 영조와 영빈 이씨 사이에 1~2년 터울로 연이어 아들 하나와 딸 여섯이 태어났다. 12년 동안 아이를 여섯이나 낳았으니 영빈 이씨는 임신과 출산을 반복했던 셈이다. 영조와 영빈의 금실이 얼마나 좋았는지 쉽게 짐작할 수 있다.

한편 왕비나 세자빈 등 왕실 여성들은 궁궐로 들어올 때 어려서부터 집에서 부리던 여종들을 궁녀로 데리고 들어왔다. 이들을 따라 입궁하게 된 여성을 본방나인이라고 한다. 본방나인은 다른 궁녀들과 성격이 달랐다. 궁녀는 기본적으로 내수사나 각사 소속의 공노비를 선발하여 궁중에 들인 여자 종들이다. 그러나 본방나인은 공노비가 아닌 사노비였다. 즉 본방나인은 왕비를 비롯하여 세자빈, 후궁, 대비 등이 친정에서 데리고 들어온 나인으로,[22] 개인적으로 소유한 궁녀였다.

후궁이 된 가운데에는 왕비의 본방나인으로 왕의 승은을 입어 후궁이 된 경우가 있었다. 태종의 비인 원경왕후의 몸종 김씨이다. 김씨는 원경왕후 집안의 여종인 가비(家婢)였다. 그녀는 얼굴도 곱상하고 성격도 고분고분해서 원경왕후의 총애를 받았다.

그런데 김씨가 태종의 승은을 입고 임신하여 출산을 하게 되자, 남편 태종과의 부부 갈등을 가져온 것은 물론 김씨와의 관계도 파경을 맞게 되었다. 김씨의 임신 사실을 안 원경왕후는 그녀를 친정으로 출궁시켜 친정집 행랑방에 가두었고, 출산할 즈음 한겨울에 행랑 문밖에 그녀를 두게 하여 얼어 죽게 하였다. 김씨와 갓난아이가 겨우 살아남았지만, 태종은 훗날 이 일을 두고 원경왕후의 비정함을 폭로하였는데, 회고한 내용은 아래와 같다.

임오년 여름 5월에 민씨의 가비로서 본래부터 궁에 들어온 자가 임신하여 3개월이 된 뒤에 나가서 밖에 살고 있었는데, 민씨가 행랑방에 두고 그 계집종 삼덕(三德)과 함께 있게 하였다. 그 해 12월에 이르러 산달이 되어 이 달 13일 아침에 태동(胎動)하여 배가 아프기 시작하였다. 삼덕이 민씨에게 고하자, 민씨가 문 바깥 다듬잇돌 옆에 내다 두게 하였으니, 죽게 하고자 한 것이다. 그 형으로 이름이 화상(和尙)이라는 자가 불쌍히 여기어, 담에 서까래 두어 개를 걸치고 거적으로 덮어서 겨우 바람과 해를 가렸다. 진시(辰時, 오전 7~9시)에 아들을 낳았는데 지금의 원윤(元尹) 이비(李裶)이다.

그날 민씨가 그 계집종 소장(小庄)·금대(金臺) 등을 시켜 부축하여

---

22) 신명호, 『궁녀』, 시공사, 2005, 110쪽.

끌고 아이를 안고 숭교리(崇教里) 궁노(宮奴)인 벌개(伐介)의 집 앞 토담집에 옮겨 두고, 또 사람을 시켜 화상이 가져온 금침·요 자리를 빼앗았다. 종 한상좌(韓上佐)란 자가 있어 그 추위를 무릅쓰는 것을 애석하게 여겨 마의(馬衣)를 주어서 7일이 지나도 죽지 않았다. 민씨가 또 그 아비와 화상으로 하여금 데려다 소에 실어 교하(交河)의 집으로 보냈다. 바람과 추위의 핍박과 옮겨 다니는 괴로움으로 인하여 병을 얻고 또 유종이 났으니, 그 모자가 함께 산 것이 특별한 천행이었다. 내가 그때에 알지 못하였다. 지금 내가 늙었는데 가만히 생각하면 참으로 측은하다. 핏덩어리[赤子]가 기어 다니는 것을 사람이 모두 불쌍히 여기는데, 여러 민(閔)가가 음참(陰慘)하고 교활하여 여러 방법으로 꾀를 내어 반드시 사지(死地)에 두고자 하였으니, 대개 그 종지(宗支)를 제거하기를 꾀하는 생각이 마음에 쌓인 것이 오래되었으므로, 그 핏덩어리에게 하는 짓이 또한 이와 같이 극악하였다. 그러나 천도가 밝고 어그러지지 않아서, 비록 핏덩어리가 미약함에도 보존하고 도와서 온전하고 편안하게 한 것이 지극하였다. 어찌 간사하고 음흉한 무리로 하여금 그 악한 짓을 이루게 하겠느냐? 이것이 실로 여러 민가의 음흉한 일이다. 내가 만일 말하지 않는다면 사필(史筆)을 잡은 자가 어찌 능히 알겠는가? 참으로 마땅히 사책(史冊)에 상세히 써서 후세에 밝게 보여 외척으로 하여금 경계할 바를 알게 하라.23)

그때의 가비가 바로 훗날 효빈 김씨이고 태어난 아이가 원윤 이비 경녕군이다. 원경왕후 민씨 가문의 몸종이었던 김씨가 태종의 승은을 입고 아이를 낳아 후궁이 된 것이다.

사대부 집안의 여종이 왕실 여성을 따라 궁궐로 들어와 본방나인이 되기도 했지만, 왕실 여성이 자기 피붙이를 궁궐로 데려와 자신의 적적함을 달래기도 했다. 명종의 후궁 숙의 이씨는 사촌 동생인 인빈 김씨

---

23) 『태종실록』 권30, 태종 15년 12월 15일(무인).

를 궁중으로 데려와 오랫동안 키웠다. 어린 시절 인빈은 유순하고 침착해 소꿉놀이를 하더라도 부녀의 규범을 어기지 않을 정도로 궁궐 생활에 잘 적응한 듯 보인다. 결국 인빈의 이러한 품성을 오랫동안 눈여겨본 명종비 인순왕후는 그녀를 선조의 후궁으로 추천하였다. 인빈의 나이 14살이 되던 해였다.

비간택 후궁 가운데에 양인 이상의 여성들은 간택후궁과 마찬가지로 어렸을 때에 아녀자가 지녀야 할 유교적 소양을 학습했을 것이라 짐작된다. 중종의 후궁 귀인 한씨는 서녀였지만, 어렸을 때부터 온유하고 영리하며 행동거지가 예법에 맞았다. 그래서 그녀의 어머니 이씨[李登 仝의 딸]는 매번 보통 여자아이와 다르다고 어린 한씨를 칭찬할 정도였다. 이런 연유로 한씨는 어린 나이에 궁중에 들어가 고모이자 예종 비 안순왕후의 곁에서 각별한 은총을 받기도 했다.

후궁 가운데에는 공노비에서 빈의 지위까지 오른 전대미문의 여성이 있는데, 그녀가 바로 세종의 후궁 신빈 김씨(愼嬪金氏)이다. 그녀의 생애를 자세히 알 수 없으나, 세종에게 각별히 총애를 받은 저간의 사정이 『세종실록』에 기록되어 흥미롭다. 아래는 그 기사 내용이다.

"소의는 본래 내자시(內資寺) 여종이었다. 무술년[1418]에 내가 처음으로 즉위하자 모후께서 중궁 안으로 뽑아 들이셨는데, 그때 나이 13세였다. 천성이 부드럽고 아름다워 양궁[대비와 왕비]을 섬기는 데 오직 근신하였다. 그런 까닭으로 중궁이 매사를 위임하고 막내아들을 기르게 하였는데, 성품이 근신하지 않았다면 중궁이 하필 소생 아들을 기르게 하였겠느냐. 소의가 6남 2녀를 낳았으나, 딸은 다 죽고 아들은 모두 살아있다. 점쟁이들의 말을 비록 믿을 수는 없지만, 모두가 말하기를, '여섯 아들이 다 장수할 것이다.'고 하였다. 내가 정궁에 아들이 많으니 소의의 자식을 자랑할 것은 없지만, 그러나 여섯 아들이 다

〈그림 18〉 신빈 김씨 무덤(경기도 화성시 남양읍 소재)과 묘갈(오른쪽)

신빈 김씨는 세종의 후궁이자 계양군(桂陽君)의 어머니이다. 1404년(태종 4)에 태어나 1464년(세조 10)에 세상을 떠났다. 묘 주위에는 1465년(세조 11)에 세운 묘갈을 비롯해 묘비, 장명등, 문인석 1쌍, 상석이 있다(경기도 기념물 제153호).

오래 산다는 것은 사람으로는 할 수 없는 것이요, 실로 하늘이 시키는 것이니 또한 소의의 명(命)은 귀한 것이다.

고금에 궁인의 세계(世系)는 본래 귀천이 없었다. 노래하는 아이로 입궁하는 사람도 있었고 일찍이 남을 섬기다가 궁중에 들어온 자도 있었다. 이제 소의의 계보는 비록 천하지만 나이 겨우 13세에 궁중에 들어왔으니 일신의 부덕은 바른 것이었다. 그 양가(良家)의 여자가 계보는 비록 귀하지만, 여자의 행실을 잃은 자와는 함께 말할 수 없는 것이다. 내가 빈이나 귀인으로 승격시키고자 하니 어떠하겠는가."[24]

신빈 김씨는 원래 내자시의 여종이었다. 그녀는 세종이 즉위할 즈음에 나이 13살로, 정식궁녀로 선발되었다. 그녀가 배속된 곳은 소헌왕후(昭憲王后)의 처소였다. 그녀의 성품은 태어날 때부터 부드럽고 온순하였고, 궁녀의 직분을 다했던 것 같다. 신빈을 향한 세종과 소헌왕후의 애정과 신뢰는 각별했다. 세종과 그녀는 금슬이 너무 좋아 12년 동안 8남매를 두었고, 소헌왕후 역시 1434년(세종 16)에 영응대군(永膺大君)

---

24) 『세종실록』 권84, 세종 21년 1월 27일(병오).

을 출산하고서 양육을 부탁할 정도로 의가 좋았던 사이였다.

정식 절차를 거쳐 입궁하여 궁녀가 된 여성이 있는 반면, 특채로 입궁하여 궁녀가 된 여성이 있었다. 숙종의 후궁 희빈 장씨가 그 예이다. 희빈 장씨, 장옥정(張玉貞)은 중인 집안 장형(張炯)의 딸이었다. 그녀의 집안인 인동 장씨(仁同張氏)는 조선 대대로 역관으로 알려진 가문이었다. 아버지 장형이 일찍 죽는 바람에 장옥정은 엄마와 단둘이 어렵게 살아야 했다. 다행히 그의 숙부 장현(張炫)이 그의 모녀를 경제적으로 도와주었을 것이다. 장현은 효종의 동생 인평대군이 청나라 사신으로 갈 때 그를 모시면서 왕실과 인연을 맺었고, 사무역을 통해 '국중의 거부(巨富)'라 할 정도로 막대한 돈을 벌었다. 원래 어머니 윤씨는 조사석(趙師錫)의 처가에 있던 여종이었는데, 이러한 조사석과의 인연으로 장옥정이 자의대비전의 나인으로 들어갈 수 있었다.

왕실 여성의 인맥 또는 본방나인으로 입궁하거나 때로는 생계를 위해서 어린 나이에 정식궁녀로 입궁한 여성들은 엄격한 궁중생활을 몸에 익히며 배웠다. 예컨대, 창빈 안씨는 궁녀로 뽑힌 이후에 중종 비 정현왕후[대비]의 곁에서 궁중 예법을 배웠으며, 특히 서사(書史)를 읽었다.[25] 9살에 궁녀가 된 숙종의 후궁 귀인 김씨의 경우에도 어린 나이에 거동하는 법도가 단정하여 나이든 궁녀들로부터 칭찬을 들었다.[26] 이 때문에 사대부 출신 간택후궁에 비해 이들은 궁궐의 법도와 생활상에 익숙하였다고 볼 수 있겠다. 이처럼 생각시 때부터 궁중 법도를 꿰뚫고 있었던 이들은 후궁이 된 이후에 궁중 생활의 모든 일들을 빈틈없이 마무리하며, 국왕의 내조자 역할을 톡톡히 하였다. 어렸을 때의 궁중 생

---

25) 「昌嬪安氏神道碑」(서울특별시 동작구 사당동 소재).
26) 「貴人金氏墓表」(경기도 고양시 덕양구 원당동 소재).

활 경험이 후궁으로서 몸가짐을 바르게 하는 데에 도움이 되었다. 아기 나인 때부터 입궁했던 궁녀 출신 후궁은 승은을 입어 후궁이 된 이후 궁궐의 법도와 궁중 생활이 전혀 낯설지 않았을 것이라 짐작된다.

(2) 비간택 후궁의 신분

비간택 후궁은 한미한 출신으로 궁녀로 있다가 국왕의 사적인 승은을 입어 후궁이 된 경우가 대부분이었다. 그러나 다양한 신분의 여성이 다양한 방법을 통해 후궁이 되었다.[27]

앞에서 살펴보았듯이 조선시대 비간택 후궁들의 신분은 궁인 출신이었다. 그리고 국왕의 승은이 후궁이 되는 중요한 요건이었다. 그러나 비간택 후궁들의 신분을 좀 더 살펴보면, 관기(官妓), 시비(侍婢), 관비(官婢), 사비(私婢) 등의 노비 출신과 사대부 집안의 과부 및 첩녀 등 다양한 출신의 여성들이었다. 권력자들이 뛰어난 미모나 기예(技藝)를 가진 여성을 진납하거나, 왕실 여성들의 추천, 그리고 태조~성종조에는 잠저 시절의 비첩들이 국왕의 즉위와 함께 내관의 직제에 편입되어 후궁이 된 경우도 있었다. 이것은 조선 건국 이후 왕위 계승과 관련된 변란 등 특수한 정치적 상황에 기인한 것이다. 예컨대 태조의 후궁 칠점선은 김해 관기 출신이었다. 이성계의 잠저 시절의 첩이었던 그녀는 이성계의 즉위 이후에 화의옹주(和義翁主)로 봉작되었다.

어렸을 때 궁중에서 자라 왕실 여성들의 후원을 받고 후궁이 되거나 국왕의 측근 세력들의 추천을 받아 후궁이 된 여성도 있었다. 왕실 여성이 자신의 친정 조카나 여동생을 궁중에 데려왔다가 국왕에게 추천

---

27) 본서 2장 3절의 1) 【표 3】 참조.

하였는데, 양반가의 서녀 출신이나 중인 신분층의 여성이었다.

예컨대, 선조의 후궁 인빈 김씨는 14살 많은 외사촌 언니인 명종의 후궁 숙의 이씨 덕분에 어렸을 때부터 궁중에서 생활하였다. 그녀 나이 14살 되던 해에 인순왕후 심씨가 그녀를 선조의 후궁으로 추천하였는데, 인빈은 김한우(金漢佑)의 서녀였다. 이후 인빈은 동복 언니의 딸인 숙원 신씨를 광해군의 잉첩으로 추천하였는데, 신씨 역시 서녀였다. 한편 중종의 후궁 귀인 한씨(貴人韓氏)의 부계는 양반이었으나, 서녀 출신으로서 고모가 바로 안순왕후이다.

무관과 역관 등 중인 신분의 딸도 나타났다. 숙원 이씨의 경우는 어떤 경로로 입궁하였는지 알 수 없지만 부친 이백선(李白先)이 병절교위(秉節校尉, 종6품 서반) 중하급 무관이었다.[28] 덕양군(德陽君)의 모친 숙의 이씨 역시 검률(檢律) 이형신(李亨臣)의 딸로[29] 중인 신분이었음을 알 수 있다. 선조의 후궁 온빈 한씨는 전형적인 무관 집안의 딸이었다. 그녀가 어떠한 이유로 입궁하였는지는 알 수 없으나, 12세가 되는 1592년(선조 25)에 뽑혀 입궁한 정식 궁녀였다.[30]

2. 후궁 가례와 후궁 맞이 실제

조선 전 기간을 통하여 61명의 간택후궁을 맞이하였고 후궁을 맞이

---

28) 李珥, 『栗谷全書』 권18, 「墓誌銘」 <貞順翁主墓誌銘>(『한국문집총간』 권44, 1989, 402~403쪽).
29) 『중종실록』 권48, 중종 18년 7월 3일(신미).
30) 조선시대 비간택 후궁 신분에 대한 자세한 내용은 이미선의 앞의 책(지식산업사, 2021, 200~215쪽; 302~320쪽; 399~416쪽)이 참조된다.

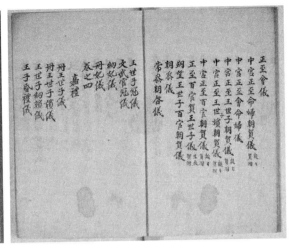

〈그림 19〉『국조오례의』
1475년(성종 6)에 왕명으로 신숙주 등이 국가 의례를 오례(五禮), 곧 길례·가례·빈례·군례·흉례로 나누어 그 의주(儀註)를 제정하여 편찬한 국가 전례서이다(한국학중앙연구원 장서각 소장).

하는 혼례 역시 여러 차례 시행되었으리라 추측된다. 하지만 후궁을 위한 혼례는 성종대 편찬된『국조오례의』, 영조대 이를 추가 보완한『국조속오례의』, 정조대에 편찬된『춘관통고』등 국가전례서 어느 곳에서도 그 규정이 실려 있지 않다.

그나마 후궁의 혼례 절차에 대해 어느 정도 구체적인 윤곽을 파악할 수 있는 것은 숙종대 숙의 김씨를 맞이하면서 치른 혼인과 헌종대 경빈 김씨를 맞이하면서 치른 혼인이다. 숙종은 숙의 김씨의 혼례를 진행하면서 독뢰연(獨牢宴)과 조현례(朝見禮)의 절차에 의한 종2품 숙의 가례 절차의 기본적 틀을 마련하였고 헌종은 경빈 김씨의 혼례를 진행하면서 동뢰연(同牢宴)을 포함한 납채(納采), 납폐(納幣), 선교명(宣敎命) 등의 절차에 의한 정1품 빈 가례 절차를 제도적 차원에서 공식화하고 명문화하였다. 현재 남아 있는『숙의가례청등록』과『경빈가례시가례청등록』등의 존재로 후궁을 맞이하기 위한 가례 절차를 좀 더 상세히 복원하는 일이 가능하게 되었다.[31] 숙의와 빈을 맞이하는 일은 예법에 따

라 그 내용을 달리하기 때문에 각각의 예법에 따른 후궁 혼례의 실상을
함께 검토해 보고자 한다.

1) 후궁 가례의 시기별 추이

(1) 조선 전기의 후궁 숙의 간택 시행

혼례 절차를 거쳐 맞이한 내관은 간택후궁이다. 주지했듯이 간택후
궁은 왕비를 선발하는 방식과 동일하게 가문, 부덕, 자색을 겸비한 양
반가의 딸 가운데 공식적인 간택 절차를 거쳐 후궁의 반열에 오른 여성
들이다. 이들은 한때 첫 번째 왕비 사후에 그 지위를 계승할 왕비예비
자를 선발하려는 의도에서 뽑혔다. 그러나 내명부의 후궁 제도가 왕실
의 후손을 많이 얻기 위한 실질적인 방안으로 마련된 제도적 장치인만
큼 명분은 궁극적으로 왕실의 자손을 번창시키기 위함이었다. 이러한
이유로 종4품 숙원에서부터 시작된 비간택 후궁과는 달리 간택후궁의
품계는 종2품 숙의에서부터 시작되었다.

간택후궁으로 선발된 양반 사대부가의 처녀는 일정한 의례 절차를
거치게 된다. 이는 축첩이 허용된 양반 사대부가의 첩을 맞아들이면서
일정한 예를 갖추지 않은 것과 다른 왕조례만의 특징인 것이다. 조선
건국 이후 후궁을 맞이하기 위한 의례 절차가 시행되었지만 그 절차라
는 것이 왕비를 맞이할 때와 비교해 보면 매우 소략했다. 이뿐만이 아
니라『세종실록』「오례」나『국조오례의』등 왕실의 혼례를 다룬 곳에

---

31)『淑儀嘉禮廳謄錄』(藏 K2-2653)과『慶嬪嘉禮時嘉禮廳謄錄』(藏 K2-2615)을 통
해 숙의 가례와 빈 가례의 절차를 자세히 살펴볼 수 있다. 이 자료는 한국학중앙연
구원 장서각 유일본이다.

서도 간택후궁의 혼례는 명시되지 않았다.

　조선시대 최초 간택후궁으로 들어온 여성은 태조대에 입궁한 전 판서 김원호의 딸이었다.[32] 가례색 설치 및 간택 등 가례 절차에 의한 기록을 확인할 수 없지만 고위 관료의 딸이라는 점을 감안한다면 일정한 절차를 거쳐 입궁한 간택후궁이었을 것이라 생각된다. 다만 1398년(태조 7) 2월에 합문인진사(閤門引進使) 원상(元庠)의 딸이 남복(男服)을 입고 거가(車駕)를 뒤따라 입궁한 것과[33] 유사할 것이라 추측될 뿐이다.

　일정한 간택 과정과 가례색을 거쳐 후궁으로 맞이한 때는 태종대이다. 태종은 1402년(태종 2) 1월, 가례색 제조를 뽑은 후에 전 성균관 악정(前成均官樂正) 권홍(權弘)의 딸을 절차에 따라 간택후궁으로 맞아들이려고 하였다. 이미 한 달 전에 단자(緞子) 9필, 비단 20필, 베 250필, 쌀과 콩 각각 100석을 혼수 물품으로 보냈다.[34] 가례를 담당하던 임시 부서인 가례색 설치와 간택 처자에게 혼수 물품을 주는 것은 이로부터 하나의 관례가 된 듯 보인다. 이는 세종이 상왕인 태종의 후궁을 선발하기 위해 가례색을 설치하고 이때 뽑힌 조뢰(趙賚)의 딸에게 필단(匹段)과 견자(絹子)를 보낸 사실에서 알 수 있다.[35] 비록 원경왕후의 적극적인 반대로 정식 절차가 무산되었지만, 후궁을 맞아들이기 위해 정식 혼례 의식을 갖추었다는데 크나큰 의미를 지닌다.

　내명부의 체제가 미약하나마 갖추어진 이후에 후궁을 맞이하는 절차는 후궁 간택을 별도로 시행하지 않고 왕비를 맞이하면서 동시에 진

---

32) 『태조실록』 권11, 태조 6년 3월 5일(무오).
33) 『태조실록』 권13, 태조 7년 2월 29일(병오).
34) 『태종실록』 권3, 태종 2년 1월 21일(갑진).
35) 『세종실록』 권15, 세종 4년 2월 12일(기해); 『세종실록』 권15, 세종 4년 2월 28일(을묘).

행하였고 숙의를 대상으로 하였다. 단종은 1454년(단종 2) 1월 8일, 태종대에 제정된 1빈 2잉의 제도에 따라36) 금혼령과 간택 과정을 거친 후,37) 도합 3명의 후보자를 선발한 후 그 가운데 왕비후보자인 풍저창부사(豊儲倉副使) 송현수(宋玹壽)의 딸을 먼저 1순위로 선택하고 그 나머지 예원군사(預原郡事) 김사우(金師禹)와 전 사정(前司正) 권완(權完)의 딸을 후궁으로 책봉하기로 결정 내렸다.38) 숙의 김씨와 숙의 권씨를 맞아들일 때 별도로 빙재(聘財)와 관교(官敎)를 내려주는 절차가 있었다.39) 관교를 통해 숙의 관작을 내려주는 절차는 경복궁 근정전에서 왕비의 책비의가 끝난 후 같은 장소에서 진행되었고 숙의 관작을 받는 절차는 예비 숙의의 집에서 진행되었다.40) 송현수의 딸인 정순왕후 간택은 조선 왕조 역사상 최초의 왕비 간택이자 왕비 간택과 후궁 간택이 1빈 2잉의 원칙을 적용하여 동시에 시행된 간택이었다.

성종 연간에는 세 차례에 걸쳐 세 명을 숙의로 뽑았다.41) 이때 삼간

---

36) 『태종실록』 권22, 태종 11년 9월 19일(정축).

37) 몇 차례의 간택 과정(11월 21일, 12월 19일, 12월 26일)에서 수양대군은 효령대군과 우의정 한확과 더불어 창덕궁에서 왕비를 간택하는데 우승지 박팽년을 동참시켰다. 이는 단종이 박팽년을 혜빈 양씨의 소생 永豊君의 장인이라 왕실의 인척이 된다는 명분으로 참석시켰지만 문종의 상중에 단종의 혼례를 치르는 것에 대한 집현전의 반대에 대비하려는 수양대군의 의도로 보인다. 그러나 이러한 간택 과정에서 혜빈 양씨는 세종과 문종의 생각을 내세워 금성대군의 처조카 최도일의 딸과 금성대군의 양모 懿嬪의 친척인 朴文規의 딸을 왕비로 내세웠다(『세조실록』 권1, 세조 1년 윤6월 11일(을묘).

38) 『단종실록』 권10, 단종 2년 1월 8일(경신);『단종실록』 권10, 단종 2년 1월 10일(임술).

39) 장병인,『조선왕실의 婚禮』, 민속원, 2017, 202쪽; 242쪽.

40) 『단종실록』 권10, 단종 2년 1월 22일(갑술).

41) 『성종실록』 권28, 성종 4년 3월 19일(기유);『성종실록』 권31, 성종 4년 6월 14일(계유);『성종실록』 권108, 성종 10년 9월 28일(신유).

택과 가례 절차를 거쳤는지는 알 수 없다. 그러나 숙의 간택 때 금혼령을 내린 사실은 분명하다. 중종 초에 숙의 간택을 위해 금혼령을 내린 사실이 보이는데, 반정 직후인 1506년(중종 1) 9월에 중종은 14~22세까지 나이에 해당하는 처자의 금혼령을 내렸고, 1548년(명종 3)의 금혼령 때에는 모든 처녀를 대상으로 삼아서 논란이 되기도 했다.42) 이처럼 조선 전기에 후궁의 간택과 가례 절차의 모습은 분명하게 보이지 않는다.

(2) 조선 후기의 후궁 숙의 간택 정착

후궁 숙의 간택과 가례 과정의 윤곽이 조금씩 드러나기 시작한 시기는 선조·인조대를 거쳐 숙종 때이다.43) 이 시기에 삼간택을 통해 각각 간택후궁을 맞아들였다. 흥미로운 점은 왕비나 세자빈과 마찬가지로 삼간택 직후에 선발된 처자를 즉시 별궁을 정해 옮기게 하는 조처가 취해졌다는 사실이다. 선조대인 1580년(선조 13)에 "후궁이 된 사람이 여염에 있을 수 없다"며 이때 선발된 정씨를 어의동(於義洞)으로, 홍씨를 봉상시동(奉常寺洞)으로, 민씨를 수진방(壽進坊) 등으로 보냈던 것이 처음으로 확인된다.44)

이후에도 인조대 숙의 장씨와 숙종대 숙의 김씨 혼례 모두 삼간택이 끝나는 즉시 곧 신부를 별궁으로 옮기도록 하였는데, 인조대의 이현본궁(梨峴本宮), 숙종대의 명안공주궁(明安公主宮) 및 정조대의 정명공주방(貞明公主房) 등에서 확인된다. 별궁에 머물게 한 기간은 한 달 정도였다.45) 인조대 숙의 장씨와 숙종대 숙의 김씨를 제외하면 4일에서 일

---

42) 『명종실록』 권7, 명종 3년 3월 18일(계사).
43) 장병인, 앞의 책, 2017, 242~246쪽.
44) 『선조실록』 권14, 선조 13년 5월 26일(갑오).

주일 정도의 기간이었다. 왕비의 경우 40일 전후로 별궁에 머물렀던 것을 비교해 본다면, 대단히 짧은 기간이었던 것을 알 수 있다.

숙종대에는 숙의 김씨를 맞이하면서 가례청을 설치하여 도청과 낭청을 차출하고[46] 이전의 숙의 혼례절차 및 공주·옹주의 가례사목을 참작하여 보다 정비된 혼례를 진행하고자 한 노력이 엿보이는데, 납채부터 납징, 고기, 책비, 친영까지의 육례 절차가 생략되는 대신 독뢰연를 거행하였다.

별궁에서 홀로 독뢰연의 의식이 치러지면 신부는 궁궐로 들어가 <숙의대전조현례(淑儀大殿朝見禮)>에 이어<숙의조현례(淑儀朝見禮)> 의식을 거행하게 되었다. 독뢰연은 입궐하기 직전에 국왕이 참석하지 않고 숙의 홀로 별궁에서 술잔을 받아 제주(祭酒)하는 의식이고, 조현례는 국왕 및 대왕대비, 중궁전을 찾아뵙고 인사드리는 의식이다. 독뢰연은 1635년(인조 13) 인조가 귀인 장씨를 맞이할 때에 처음 마련되었다. 훗날 숙종은 영빈 김씨를 맞이할 때에 이 규정을 따랐다.[47]

조현례는 영빈 김씨 가례 당시 명시된 문헌이 없었다. 그래서 숙종은 "숙의가 곧 내명부의 하나이므로 입궐할 때 조현을 드리는 예가 없을 수 없다"는 대신들의 의견을 좇아 『국조오례의』에서 정월 초하루와 동지(冬至), 탄일(誕日)에 내·외명부가 거행하는 조하의(朝賀儀)를 근거로 마련하여 거행한 것이다.[48] 이 의식은 영빈 김씨 가례에서 처음 거론되어 마련된 규정으로 훗날 헌종과 경빈 가례 때까지 변동 없이 유지되었

---

45) 『숙종실록』 권17, 숙종 12년 2월 27일(신해).
46) 『숙종실록』 권17, 숙종 12년 3월 25일(기묘).
47) 『승정원일기』 16책, 숙종 12년 3월 11일(을축); 『淑儀嘉禮廳謄錄』 병인 3월 초10일[內上謄錄啓請].
48) 『승정원일기』 16책, 숙종 12년 3월 11일(을축); 『淑儀嘉禮廳謄錄』 병인 4월 초1일.

다. 이처럼 숙종대까지의 후궁 혼례는 남녀 결합의 상징으로서 함께 음식을 먹는 절차인 동뢰연을 독뢰연의 의식이 대신하였다. 그 결과물로 남게 된 것이 『숙의가례청등록』이다.

이 당시 최종 시행되지는 못했지만 입궐 전에 숙의에게 예물을 보내는 송례지사(送禮之事) 문제가 중요한 현안이 되어 논의되었다. 1686년 (숙종 12) 4월 10일 예조에서는 숙종에게 숙의를 최종 간택한 후 예물을 보내는 예절이 있어야 하지만, 예문에는 실려 있지 않고, 귀인 장씨의 가례에 근거할 전례도 없어 의논하여 처리하지 못하고 있다면서 숙종의 결정을 요청하였다. 이때 김수항은 진나라 무제 때의 전례를 통해서 황후와 구별하기 위해 후궁에게 예물을 주는 제도가 없지만 책봉하는 의식을 행하였다며 모방할 의사를 밝혔다. 반면 남구만은 송례지사와 책례에 대해 예문에 실려 있지 않고, 근거할 만한 전례가 없다는 이유를 들어 반대하였다. 결국 숙종은 남구만의 의견을 받아들여 숙의에게 예물을 보내는 의식과 책봉하는 의식을 만들지 않았다.[49]

숙종대 후궁 가례는 1749년(영조 25)에 영조의 명을 받은 박문수가 편찬한 『국혼정례(國婚定例)』에 영향을 주었다. 『국혼정례』은 혼례 할 때에 사용되는 각종 물품들을 규정하여 수록한 것인데, 눈여겨봐야 할 점은 이 책을 편찬할 때 「숙의가례」편이 별도로 마련되었다는 사실이다. 『국혼정례』에 정2품 숙의를 위한 가례가 수록된 것은 후궁의 혼례식을 최초로 국혼의 하나로 규정한 것이라 할 수 있다. 이는 당시 영조가 후궁을 들이는 의식을 국혼에 포함시켜 '가례(嘉禮)'라고 부르는 것에 대해 잘못된 것 같다고 스스로 고민하였다가 끝내 최종적으로 그 칭

---

49) 『숙종실록』 권17, 숙종 12년 4월 9일(계사); 『승정원일기』 16책, 숙종 12년 4월 10일(갑오); 『淑儀嘉禮廳謄錄』 병인 4월 10일.

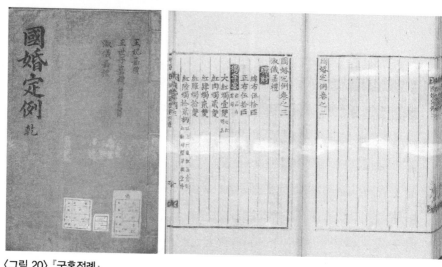

〈그림 20〉『국혼정례』

1749년(영조 25)에 영조의 명으로 박문수(朴文秀) 등이 편찬한 국혼에 관한 정식을 수록한 책이다(한국학중앙연구원 장서각 소장 K2 – 2622). 건책(乾册) 권1~3은 왕비, 왕세자, 숙의 등의 가례이고, 곤책(坤册) 권4~7은 대군, 왕자, 공주, 옹주 등의 가례이다.

호를 바꾸지 않았다는 점에서 알 수 있다.[50] 무엇보다 영조는 『국혼정례』에 숙의 가례를 포함시키는 것이 적첩의 구분을 무너뜨려 서로 참람해지는 폐단을 열어놓지 않을까를 염려하였고 후왕이 이를 거행하지 않을까 두려워한 나머지 「숙의가례」편 아래에만 특별히 어제를 지어 붙였다.[51]

『국혼정례』의 「숙의가례」에 수록된 항목은 <빙재>, <독뢰연>, <조현례>, <의복>, <말을 타는 여종 6인이 입을 옷[騎婢陸人所着]>, <보행하는 여종 2인이 입을 옷[步婢二人所着]>, <기명(器皿)>, <독뢰연에 쓸 물건[獨牢宴所用]>, <별궁기명>, <가례 때 수송하는 물품[嘉禮時輸送]>, <내수사에서 수송하는 물품[內需司輸送]>, <독뢰연

---

50) 『승정원일기』 57책, 영조 25년 11월 23일(무진). "上曰 淑儀則以嘉禮爲號似非矣 出閣爲稱者尤異矣 文秀曰 然則何以爲號乎 上曰 有號似非矣."

51) 『영조실록』 권70, 영조 25년 11월 23일(무진); 이욱, 앞의 논문, 2008, 45~48쪽.

에서 배설할 물품[獨牢宴排設]> 등이다.52) 이로써 보면, 이 「숙의가례」 편은 영빈 김씨 가례가 그 원형이 되며, 이때 이르러서 간택후궁인 종2 품 숙의의 가례를 제도적으로 규정하여 명시한 것이다.53)

후궁의 혼례는 정조대를 기점으로 대폭적인 변화가 있게 된다. 정조 대에 들어와 중간 단계의 승급 없이 처음부터 간택후궁의 초임 관품을 정1품으로 하면서 혼례 의식도 이전과 질적으로 달라졌다. 후기로 갈수록 후궁의 수는 감소하고 그 원인으로 왕자녀의 수도 격감되면서 왕실에서는 그 무엇보다도 계사의 필요성이 절실하고도 절박했다. 정조가 수빈을 책봉하는 교명문에서 광저사를 강조한 것은 당시에 왕실의 큰 과제였음을 보여준다.54) 이 때문에 국가에서는 간택후궁에게 높은 지위를 주고 그에 걸맞은 왕실 안에서의 지위를 보장해 주고자 한 것이다.

정조는 효의왕후가 원자를 낳지 못하자 재임 기간 중에 원빈 홍씨, 화빈 윤씨, 수빈 박씨 등 3명의 간택후궁을 맞이하였다. 정조는 1778년 (정조 2)에 처음 원빈 홍씨를 맞이하면서55) 납채, 납폐, 선교명 등의 의식 절차를 새롭게 추가 마련하여 왕비나 세자빈의 혼례와 유사한 절차를 밟도록 변화되었다. 납채, 납폐, 책빈 등의 절차는 궁궐에서 납채 또는 납폐한다는 교서를 수교서관(受校書館)이 받는 절차와 이를 가지고 후궁의 집에 가서 후궁의 아버지에게 전하고 답문을 받아오는 절차의 두 단계에 걸쳐 진행된다. 책빈까지의 절차가 끝나면 후궁은 홀로 궁궐

52) 국립문화재연구소, 『국역 국혼정례』, 2007, 103~114쪽.

53) 이미선, 「헌종의 후궁 경빈 김씨의 생애와가례-『慶嬪嘉禮時嘉禮廳謄錄』을 중심으로-」, 『지역과 역사』 44, 2019, 53쪽.

54) 『정조실록』 권23, 정조 11년 2월 11일(기유). "定嬪號曰綏嬪 册嬪敎命文 王若曰 予惟周立三夫人 九嬪之制 以廣儲嗣 聖人之深意也."

55) 『정조실록』 권5, 정조 2년 6월 21일(기유);『일성록』 정조 2년(1778) 6월 21일(기유).

로 들어오게 된다. 이러한 변화는 간택후궁에 뽑힌 여성을 종2품 숙의
가 아닌 정1품 빈에 봉작하였기 때문이다.

　실제로 정조는 "이번 가례는 여태까지 근거로 삼을 만한 전례가 없어
서 일을 간편하게 처리하기 어렵다. 경이 고례(古例)를 기준으로 하되
신식(新式)을 참작하여 정식(定例)으로 만든다면 좋겠다."56)고 말한 바
있다. 그래서 정조는 처음 추가된 의식 조항에 대해 공주의 사례를 따
르고자 했다가 대신들의 의견을 따라 세자빈을 책봉할 때의 교문과 전
문의 예를 적용하였다.57) 원빈 홍씨의 혼례는 예제상 세자빈의 격식과
의식에 맞추어 시행된 것이다.58) 이 규정은 훗날 헌종과 경빈 김씨 가
례와는 다소 차이를 보이지만 제도적으로 정1품 빈 가례의 기틀을 마
련했다는 점에서 그 의의를 갖는다.

　2년 뒤인 1780년(정조 4)에 맞이한 화빈 윤씨의 혼례는 성례 절차가
더욱 구체적이다. 이제까지의 독뢰연 대신 동뢰연을 거행토록 한 것이
다. 동뢰연은 후궁이 국왕과 함께 음식을 먹고 한 표주박을 잘라 두 개
로 만든 술잔에 술을 따라 함께 술을 마시며 한 몸이 되는 상징적 의식
이다. 3월 12일에 동뢰연을 마친 후궁은 다음날 왕실 여성을 뵙는 조현
례를 치렀다.59) 이때에도 경빈 김씨 가례와 비교해 보면, 여전히 완전
한 체제와 형식을 갖추지 못했다.

　수빈 박씨의 가례는 1786년(정조 10) 삼간택과 납채, 교명내입내출,

---

56) 『일성록』정조 2년(1778) 5월 24일(계미).
57) 『일성록』정조 2년(1778) 5월 22일(신사).
58) 1779년(정조 3) 5월에 졸서한 원빈 홍씨의 상장례를 孝純賢嬪과 懿昭世孫의 상장
　　의례에 준용해서 치렀다.
59) 『승정원일기』80책, 정조 4년 3월 4일(기축);『일성록』정조 4년(1780) 3월 10일
　　(기축).

납폐와 선교명의, 조현례를 거행하였다.[60] 무엇보다 빈이 별궁에서 혼자 궁궐로 입궁하여 국왕을 알현해서 네 번 절하는 조현대전(朝見大殿) 의식은 화빈 윤씨 가례 때에는 보이지 않는다. 이러한 절차는 헌종의 후궁 경빈 김씨의 가례와 거의 유사하므로 빈 가례는 수빈 박씨의 가례를 통하여 확정되었다고 하겠다. 실제로 경빈 김씨의 가례는 정미년, 1787년(정조 11)의 가례를 기본적으로 참조하여 준용하였다.[61] 수빈 박씨에 대해 정순왕후가 "가순궁(嘉順宮)은 다른 빈궁의 경우와는 자별하다. 우리 조정의 양반 중에 빈으로서 들어온 자가 많이 있었는데, 모두 일찍이 예를 갖춘 경우가 없었다. 가순궁에 있어서는 친영만을 하지 않았을 뿐이지 육례를 모두 갖추었으니 나인 중에서 은혜를 받은 사람과는 어찌 크게 다르지 않겠는가?"[62]라고 했던 사실에서도 알 수 있다. 정조대의 원빈 홍씨, 화빈 윤씨, 수빈 박씨 및 헌종대에 경빈 김씨 등을 맞아들이면서 구체적으로 마련된 혼례의주가 『경빈가례시가례청등록』에 상세히 기록되어 있다.

이렇게 후궁을 맞이하는 절차가 왕비를 맞이하는 절차에 버금가는 형식을 갖추게 된다는 것은 정조대에 들어와 간택후궁의 초임 관품을 정1품으로 하면서 그에 걸맞은 혼인절차를 마련하게 되었기 때문으로 보인다. 후궁 가례의 절차를 나타내면 【표 7】과 같다.

---

60) 『승정원일기』 86책, 정조 11년 2월 3일(신축); 『일성록』 정조 11년(1787) 2월 3일 (신축).

61) 『慶嬪嘉禮時嘉禮廳謄錄』을 살펴보면 여러 곳에서 발견된다.
『慶嬪嘉禮時嘉禮廳謄錄』 정미 7월 18일; 『慶嬪嘉禮時嘉禮廳謄錄』 정미 7월 25일.

62) 『순조실록』 권4, 순조 2년 11월 17일(갑신); 『승정원일기』 98책, 순조 2년 11월 17일(갑신); 『일성록』 순조 2년(1802) 11월 17일(갑신).

【표 7】 숙종~헌종대 간택후궁의 가례 상황

신분	왕비	후궁				
왕대	헌종	숙종	정조			헌종
대상	효정왕후	영빈 김씨	원빈 홍씨	화빈 윤씨	수빈 박씨	경빈 김씨
가례연도 서기(왕명)	1844년 (헌종 10)	1686년 (숙종 12)	1778년 (정조 2)	1780년 (정조 4)	1787년 (정조 11)	1847년 (헌종 13)
금혼연령	13~17세	16~21세	13~16세	15~19세	15~20세	14~19세
혼인나이 국왕(후궁)	18(14)	26(18)	25(13)	27(16)	34(18)	21(16)
간택일시 (시간)	4.22(午) 4.26(巽) 9.10(巽)	3.19(辰) 3.22(巽) 3.28(乙)	6.13 6.15 6.21(卯)	2.28 2.30 3.10	10.20 1.7 2.8(卯)	8.4(巽) 9.3(午) 10.18(午)
간택장소	경복궁 자경전 / 경회궁 장락전	창경궁 숭문당	?	?	?	창경궁 통명전
별궁	어의궁	전석동 명안공주 옛궁	정명공주방	?	본가 근처 집	장동 조득림 사가
가례장소	경회궁 숭정전	별궁	창덕궁 선정전	경복궁 자경전	창덕궁 인정전	창경궁 인정전
가례일시 (시간) 〈납채〉	납채 10.6(巽)	명복내출 / 4.22(辰)	납채 6.21(申)	3.10	2.8(申)	납채 10.19(巽)
〈납징〉	납징 10.9(巽)	×	납폐 6.24(卯)	3.11	2.11(午)	납폐 10.20(巽)
〈고기〉	고기 10.15(巽)	×	×	×	×	×
〈책비〉	책비 10.18(巽)	×	책빈 6.24(午)	3.12	2.11(隨時)	선교명 10.20(隨時)
〈친영〉	친영 10.21(巽)	×	×	×	2.12(未)	조현대전 10.21(未)
〈동뢰〉	동뢰 10.21(未)	독뢰연 / 4.26(巳)	×	3.12	2.12(申)	동뢰 10.21(未)
〈조현〉	조현 10.22(午); 왕대비 10.23(巽); 대왕대비	조현 (隨時)	조현 6.27(卯)	3.13	2.13(隨時)	조현 10.22(隨時)
계례일시 (시간)	10.25(午)	×	?	3.15(午)	2.18(申)	10.29(巽)
동뢰연 장소	경회궁 광명전	×	?	경복궁 자경전	?	창경궁 통명전
조현 대상자	중궁전 / 가례당사자	중궁전	인현왕후 민씨	효의왕후		중궁전 / 효정왕후 홍씨

	왕대비	신정왕후 조씨	왕대비	×	자궁	혜경궁	왕대비	신정왕후 조씨
	대왕대비	순원왕후 김씨	대왕대비	장렬왕후 조씨	왕대비	정순왕후	대왕대비	순원왕후 김씨
가례담당 기관 장소	예조·중추부·이조	예조		?	?	?	관상감	

2) 후궁 간택과 가례 절차

간택후궁은 왕비와 세자빈과 마찬가지로 왕실의 일원이 되기 위해서 가례를 치러야만 했다.[63] 그러나 무엇보다도 이 절차에 앞서 반드시 간택을 실시하였다. 간택은 예조에 내린 금혼령을 시작으로 처자단자를 수합한 후에 세 차례의 간택 절차를 거쳐 적임자를 최종 선발하는 과정이었다.

궁궐에서 왕실 어른이 직접 보고 간택후보자를 간선하는 규정이 언제부터 시행되었는지 정확히 알 수 없다. 국초에는 궁궐에 후보자들을 모아놓고 간택하는 방법이 아니었다.[64] 적어도 왕실 혼인에서 간택을 통해 비빈을 선발하는 방식은 태종 때부터 실시되었다.[65] 태종 이전에 이루어진 간택방식은 처자단자를 받아서 선발하는 방식이 아니라 중매 형식을 통해 간선하는 방법이었다.[66] 태종은 양녕대군(讓寧大君)의

---

63) 후궁의 가례는 국가 전례서인 『국조오례의』·『국조속오례의』·『춘관통고』에서 찾아볼 수 없다. 그러나 영조대 편찬된 『국혼정례』「숙의가례」조를 통하여 후궁의 혼례를 추정할 수 있다. 이에 후궁 가례의 절차에 대한 논문으로는 이욱의 「조선후기 후궁 가례의 절차와 변천-경빈 김씨 가례를 중심으로-」(『장서각』19, 2008)가 있다.

64) 『현종개수실록』권22, 현종 11년 2월 14일(임신); 이익, 「국혼간택」, 『국역 성호사설』Ⅳ, 민족문화추진위원회, 1982, 90~91쪽.

65) 『태종실록』권34, 태종 17년 11월 5일(병진).

〈그림 21〉「홍우석가초간택기」와 「홍우순가하사발기」(오른쪽)

「홍우석가초간택기」(洪祐奭家初揀擇記)」는 1882년(고종 19) 왕세자 순종의 세자빈을 뽑는 초간택에 참여한 홍우석 처자의 집에 하사된 물품의 목록이다(한국학중앙연구원 장서각 소장 RD01757). 「홍우순가하사발기(洪祐純家下賜記)」는 1891년(고종 28)에 의친왕의 혼례를 위해 삼간택까지 참여했던 홍우순의 집에 하사된 물품의 한문 목록이다(한국학중앙연구원 장서각 소장 RD01755). 품목은 도류문단 치마감, 저고리감, 명주, 세목(細木), 풀솜, 얼레빗, 참빗, 빗솔, 가위, 자, 후추, 단목(丹木), 수저이다.

부인, 며느리를 간선할 때에 의안대군(宜安大君) 이화(李和)와 황희(黃喜)를 보내어 김한로(金漢老)의 딸을 간택하도록 했다. 즉 왕이 사자(使者)를 보내 적합한 처자를 물색하여 예선을 거친 뒤 궁궐에 모아놓고 간택하는 방법이었다. 그러나 세종조에 이르러서 왕실 어른들이 직접 후보자들을 간선하는 방식으로 전환되었다.67) 광해군이 자신의 후궁을 간택할 때에 후보자들에게 걸어보게 하거나 눈동자를 돌려보게 하였던 경우처럼 국왕이 직접 후궁을 선발하기도 했다.68)

후궁의 간택 절차를 살펴보면, 예조에서 전국에 금혼령(禁婚令)을 선포하였다. 금혼령은 왕실 구성원들의 혼처를 구하기 위해 적령기에 있는 사대부가 규수들의 혼인을 금지하는 명령이다. 물론 이 절차는 좋은

---

66) 『태종실록』 권14, 태종 7년 7월 13일(갑자).
67) 『세종실록』 권27, 세종 7년 1월 5일(병자); 『세종실록』 권45, 11년 8월 4일(무인); 『세조실록』 권17, 5년 8월 10일(기미).
68) 『광해군일기』 권36, 광해군 2년 12월 19일(경인).

후보자감을 확보하기 위한 조치였다. 금혼령을 내릴 때에는 모든 처자를 대상으로 하는 것이 아니라 세가 대족의 처자만을 금혼케 하였다.[69] 이때 구체적인 허혼 범위의 나이와 처자단자를 받는 기한을 정하여 서울과 지방에 반포하였다.[70]

그러나 당시 양반 가문들은 금혼령에 대해서 상당한 거부 반응을 보였다. 처자단자를 숨기고 올리려고 하지 않았다. 일반적으로 간택과 금혼령은 시대가 지날수록 형식상의 절차였을 뿐, 대비와 왕, 대상 가문의 의중에 따라 간택후보자가 미리 내정되어 있었다. 이런 이유로 해서 단자 신고가 강제성을 띠었지만, 고의로 단자를 내지 않거나 숨기는 경우가 생겨나서 당사자 집안은 물론 관할 수령 또는 한성부도 처벌을 받았다.[71] 광해군은 자신의 후궁을 선발하려고 11~20세의 해당 처자를 금혼시키려 명하였지만, 모집된 후보자는 20명에 그쳤다. 이에 모집기한을 늦추어 서울은 다음 해 2월, 지방은 3월까지 기한을 연장하기도 하였다.[72] 심지어 처자단자를 숨기는 1품 재신의 경우에 무거운 형벌을 적용하여 영원히 서용하지 않도록 법률적 조치를 취하였다.[73] 【표 8】은 조선 초기에서부터 조선 후기까지 간택후궁에 입궁할 때의 금혼 연령과 최종적으로 간선된 후궁의 나이를 작성한 것이다.

---

69) 『명종실록』 권8, 명종 3년 5월 1일(을해).

70) 『명종실록』 권7, 명종 3년 3월 18일(계사).

71) 『광해군일기』 권40, 광해군 3년 4월 11일(경진); 『광해군일기』 권93, 광해군 7년 8월 1일(을해).

72) 『광해군일기』 권36, 광해군 2년 12월 19일(경인).

73) 『광해군일기』 권128, 광해군 10년 5월 13일(경자).

【표 8】 숙의 금혼령과 선발 대상자

시기	혼인 대상자/최종 선발자(나이)	국왕나이	금혼나이
1422년(세종 4) 4월 17일 이전	세종/없음	26	16세 이하
1453년(단종 1) 11월 9일	단종/정순왕후·김사우·권완의 딸	13	8~16
1456년(세조 2) 5월 5일	덕종/윤기·신선경·권치명의 딸	19	14~20
1479년(성종 10) 6월 21일	성종/권수의 딸	23	10~26
1504년(연산군 10) 2월 18일/2월21일	연산군/없음	29	15~30
1506년(연산군 12) 8월 9일	연산군/장석조의 딸	31	20~30
1610년(광해군 2) 6월 7일	광해군/없음	36	15~20→11~20세
1610년(광해군 2) 12월 19일	광해군/없음	36	11~20
1613년(광해군 5) 12월 30일	광해군/허경의 딸	37	11~20
1615년(광해군 7) 3월 16일	광해군/홍매·윤홍업의 딸	41	11~18
1616년(광해군 10) 5월 13일	폐세자 이질/허균의 딸	19	11~19
1635년(인조 13) 3월 11일	인조/장류의 딸	41	15~20
1686년(숙종 12) 3월 28일	숙종/김창국의 딸(18)	26	16~21
1778년(정조 2) 5월 2일	정조/홍낙춘의 딸(13)	27	13~16
1780년(정조 4) 2월 21일	정조/윤창윤의 딸(16)	29	15~19
1786년(정조 10) 10월 1일	정조/박준원의 딸(17)	35	16~20
1847년(헌종 13) 7월 18일	헌종/김재청의 딸(16)	21	14~19

* 『조선왕조실록』에 근거함.

　【표 8】에서 간택후궁 대상이 되는 처자들의 금혼연령은 8세에서부터 30세까지로 나타났다. 위【표 8】에 나타난 처자들의 금혼연령이 조선 초기에서 후기까지 어떤 특별한 추세가 있다고 보기 어렵다. 후궁의 간택 조건에 대해서 뒤에 상술하겠지만 후보자들의 생년월일이 세자 또는 국왕의 사주와 맞아야 했다. 이는 세종조 동궁의 배필을 택하기 위하여 예조판서 신상(申商)이 논의한 내용이나,[74] 연산군이 19명의 간택 처자들의 오주(五柱)를 관상감 제조에게 내려 추택했던 기록[75]에서

---

74)『세종실록』권33, 세종 8년 7월 8일(기해).

알 수 있다. 오주는 사주의 간지(干支)와 잉태일(孕胎日)의 간지를 말한다. 예컨대 광해군 때의 금혼 범위가 15~20세였는데, 당시 광해군의 나이 36세였다. 연산군이 29세였을 때 숙의로 들이기 위한 금혼연령은 15세에서 30세였다. 따라서 【표 8】에서 금혼령의 나이가 폭넓은 이유는 현왕과 생년월일을 맞추기 위한 것이라 생각된다. 이와 같은 금혼령의 나이 제한이 간택후궁을 맞아들이는 데에 있어서 실제로 얼마나 반영되었는지 알아보기로 한다. 실제로 조선 역대 국왕과 간택후궁의 가례시 연령을 살펴보면 아래 표와 같다.

【표 9】 조선조 국왕과 간택후궁의 연령

국왕	후궁	출생년도(국왕/후궁)	가례일(서기/왕년)	가례시 연령(국왕/후궁)
태종	의빈 권씨	1367/1384	1402년(태종 2)	36/19
태종	신순궁주 이씨	1367/1390	1422년(세종 4)	56/33
문종	승휘권씨(현덕왕후 권씨)	1414/1418	1431년(세종 13)	18/14
문종	숙의 문씨	1414/1426	1442년(세종 24)	29/17
단종	숙의 김씨	1441/1440	1454년(단종 2)	14/15
성종	숙의 윤씨(정현왕후 윤씨)	1457/1462	1473년(성종 4)	17/12
성종	귀인 권씨	1457/1471	1479년(성종 10)	23/9
연산군	숙의 윤씨	1476/1481	1501년(연산군 7)	26/21
연산군	장석조의 딸	1476/?	1506년(연산군 12)	31/(20~30범위)
중종	숙의 윤씨(장경왕후 윤씨)	1488/1491	1506년(중종 1)	19/16
중종	희빈 홍씨	1488/1494	1506년(중종 1)	19/13
인종	귀인 정씨	1515/1520	1533년(중종 28)	19/14
명종	소의 신씨	1534/1533	1549년(명종 4)	16/17
선조	귀인 정씨	1552/1557	1571년(선조 4)	20/15
선조	정빈 민씨	1552/1567	1580년(선조 13)	29/14
선조	숙의 정씨	1552/1564	1580년(선조 13)	29/17

75) 『연산군일기』 권59, 연산군 11년 8월 18일(경오).

선조	정빈 홍씨	1552/1563	1580년(선조 13)	29/18
인조	귀인 장씨	1595/?	1635년(인조 13)	41/(15~20범위)
숙종	영빈 김씨	1660/1669	1686년(숙종 12)	27/18
정조	원빈 홍씨	1752/1766	1778년(정조 2)	27/13
정조	화빈 윤씨	1752/1765	1780년(정조 4)	29/16
정조	수빈 박씨	1752/1770	1787년(정조 11)	36/18
헌종	경빈 김씨	1827/1832	1847년(헌종 13)	21/16

*『조선왕조실록』과 비문 등에 근거함.

간택후궁의 평균연령은 신순궁주(愼順宮主) 이씨(李氏)와 추정 불가
능한 2명을 제외하면, 범위가 9~21세로 평균 나이 약 16세였다. 신순
궁주 이씨는 세종이 부왕 태종을 위하여 간택한 여성인데, 태종의 나이
56세에 입궁하였다. 평균적으로 국왕이 13세 전후, 왕비가 12세 전후
로 가례를 치렀던 것에 비하면,76) 비교적 많은 나이였다. 이는 왕과 왕
비의 가례가 미성년 때인 세자와 세자빈 시절에 이루어지는 초혼인데
비해, 계사를 목적으로 입궁한 간택후궁은 특성상 나타나는 연령의 상
승으로 보인다.

조선의 역대 국왕들은 유교의 일부일처제의 원칙에 따라 1명의 왕비
만 둘 수 있었고, 세자 시절을 거쳐 즉위하는 과정이 원칙이었으므로
왕위 재위 기간에 왕비와 혼례를 치르는 사례는 드물다. 보통 세자로서
빈을 맞아들였다가 즉위 이후에 빈을 비로 책봉하는 것이 일반적이다.
계사를 목적으로 입궁한 간택후궁은 대부분 왕세자 또는 왕의 재위 기
간 중에 광계사를 명분으로 맞아들였기 때문에 국왕과의 나이 차이가
크다. 그럼에도 불구하고 폐비 윤씨가 왕비의 지위에 오를 때에 "여관

---

76) 성봉현, 「조선시대 비빈의 간택과 왕비가문」, 『장서각 소장 왕실보첩자료와 왕실
구성원』, 일조각, 2010, 131쪽.

〈그림 22〉「임오가례간택단자」
1881년(고종 18) 왕세자였던 순종의 가례 때, 왕세자빈 후보자 32명의 명단을 한문으로 작성한 초간택
단자이다(한국학중앙연구원 장서각 소장 K2 – 2611).

간택은 나이가 젊을 적에 해야 한다"는 정희왕후의 언급에서 나타나듯
이 어린 나이를 선호했던 것으로 보인다. 이는 나이가 어리면 왕실의
예법과 생활을 쉽게 습득하고 적응할 수 있기 때문이었다.[77]

금혼령이 전국에 내려지면 해당 연령의 자식을 둔 사대부 집안에서
는 조정에 처자단자를 올려야 했다. 이 시기에는 양반은 물론 일반 서
민들까지 결혼할 수 없었다. 그러나 왕실과 일정 범위의 친인척 가운데
에서 금혼령의 대상이 될 수 없는 경우가 있었다. 예컨대 서얼과 천인,
종실의 딸, 성이 이씨인 사람의 딸, 과부의 딸 및 금혼령을 내리기 전에
이미 납폐한 자는 단자를 올리지 못했다.[78]

고려시대와 달리 조선에서는 동성동본 간의 혼인이 금지되었고, 왕
실에서는 설사 본관이 다른 이씨라 하여도 비빈으로 간택된 사례는 없
다. 즉 왕실에서는 동성동본은 물론 동성이본과도 혼인하지 못했다. 세
종이 세자빈을 간택할 때에 이씨 성을 가진 처자를 간택에 참여할 수
없게 하였다거나[79] 세조 역시 종실의 성씨를 제외한 처자들의 혼인을
금하고 간택에 대비하도록 명하였다는 사실에서 확인된다.[80]

77)『중종실록』권69, 중종 25년 9월 7일(계사).
78)『선조실록』권143, 선조 34년 11월 12일(병오).
79)『세종실록』권33, 세종 8년 7월 8일(기해).
80)『세조실록』권32, 세조 10년 1월 8일(신유).

그러나 비간택 후궁의 경우에는 동성이본의 여성이 후궁이 될 수 있었다. 대부분 이들은 궁인 출신으로 궁궐 내에서 국왕의 승은을 입었기 때문에 가능하다고 추측된다. 다음 【표 10】은 『실록』 또는 『선원계보기략』에서 이씨 성을 가진 역대 국왕의 후궁들을 표로 작성한 것이다.

【표 10】 조선시대 이씨 성을 가진 후궁

국왕	후궁	본관	소생	근거
정종	시의 이씨	?	진남군	1443년(세종 25) 10월 2일(계미)
태종	덕숙옹주 이씨	?	후령군	1433년(세종 15) 윤8월 6일(병진)
태종	신순궁주 이씨*	성주	없음	1422년(세종 4) 2월 4일(신묘)
태종	혜순궁주 이씨*	고성	없음	1438년(세종 20) 3월 5일(기축)
세종	숙원 이씨	?	정안옹주	1490년(성종 21) 6월 7일(무자)
예종	후궁 이씨*	?	없음	1461년(세조 7) 12월 21일(을사)
연산군	숙의 이씨	양성	양평군	1506년(연산군 12) 8월 10일(정사)
중종	숙의 이씨	경주	덕양군	1545년(인종 1) 1월 24일(무오)
중종	숙원 이씨	대원	정순옹주·효정옹주	1545년(인종 1) 1월 24일(무오)
명종	숙의 이씨	성산	없음	숙의이씨 묘지명(신흠, 『상촌고』)
광해군	상궁 이씨	?	없음	1613년(광해군 5) 12월 30일(계축)
인조	후궁 이씨	?	없음	1643년(인조 21) 4월 17일(경진)
효종	안빈 이씨	경주	숙령옹주	묘표(남양주시 진건면 송릉리 소재)
영조	정빈 이씨	함양	진종, 화순옹주	묘비(파주시 광탄면 영장리 소재)
영조	영빈 이씨	전의	장조·화평옹주·화협옹주·화완옹주	묘지(연세대학교 박물관 소장)
철종	궁인 이씨	?	1남 조졸 1녀 조졸	『선원계보기략』
고종	영보당 귀인 이씨	?	1녀 조졸	1906년(고종 43) 5월 27일(양력)
고종	내안당 소의 이씨	?	완왕	1906년(고종 43) 5월 27일(양력)
고종	광화당 귀인 이씨	?	이육	1914년(순종 7) 7월 3일(양력)

* 표시는 간택후궁임.

위 【표 10】은 조선의 역대 후궁들 가운데에서 이씨 성을 가진 후궁들을 나타낸 것이다. 정종에서 고종까지 13명의 국왕이 19명의 이씨를 후궁으로 두었다. 그 가운데에 10명은 본관을 확인할 수 없으며, 대체로 비간택 후궁들이었다. 다만 1422년(세종 4)에 세종이 태종을 위하여 뽑은 이직(李稷)의 딸 신순궁주와 이운로(李云老)의 딸 혜순궁주(惠順宮主)는 본관이 각기 성주(星州)와 고성(固城)으로, 간택후궁이었다.

본관을 확인할 수 있는 후궁의 성관을 살펴보면, 경주 이씨 2명을 제외하고 성주 이씨, 고성 이씨, 양성 이씨, 대원 이씨, 성산 이씨, 함양 이씨, 전의 이씨 각 1명씩 모두 9명이었다. 이들은 이씨 성이었으나, 본관은 왕족인 전주가 아니었다. 조선의 동성혼 금지 규정에 비추어보면 본관을 알 수 없는 후궁들의 본관도 종성 즉 전주 이씨라고 생각하기 어렵다. 이처럼 동성 간에 혼인을 하지 않는 까닭은 금수에 가까울까 혐의스러움을 멀리하기 때문이었다.[81]

금혼령 후에 올라온 처자단자를 기반으로 삼간택이 이루어졌다. 삼간택이란 초간택에 약간 명을 뽑고 재간택에서 3명을 선발한 다음, 삼간택에서 1명을 선발하는 방식으로 정종 대부터 시행되었다.[82] 광해군은 1613년(광해군 5) 12월 삼간택을 치른 후에[83] 허경(許儆)의 딸을 최종 선발하였고,[84] 인조는 장유(張留), 신탈(申梲), 허장(許蔣)의 딸 3명을 재간택하였다가[85] 삼간택에서 장류의 딸을 최종 선발하였다.[86] 이때 최종 간택된 처자는 삼간택 이후에 본가로 돌아가지 않고 국가에서

---

81) 『선조수정실록』 권125, 선조 24년 5월 1일(을축).

82) 李肯翊, 『(국역)연려실기술』 X, 민족문화추진회, 1982, 497쪽.

83) 『광해군일기』 권73, 광해군 5년 12월 13일(병신).

84) 『광해군일기』 권73, 광해군 5년 12월 30일(계축).

85) 『승정원일기』 49책, 인조 13년 7월 21일. 『凝川日錄』에 따르면, 1635년(인조 13) 5월 18일 趙休, 許㖣, 成汝寬, 兪汝諧, 金塒, 許蔣, 閔重騫, 辛慶英, 申梲, 鄭世規, 張留의 딸 11명의 처자들이 이미 초간택 되었다.

86) 『인조실록』 권31, 인조 13년 8월 16일(계사).

제공한 별궁에 거처하였다가 한 달 뒤에 입궐하였다.[87] 선조의 후궁에 선발된 정순희(鄭純禧), 홍여겸(洪汝謙), 민사준(閔士俊)의 딸은 당일부터 각자 어의동·봉상시동·수진방 소재의 별궁에 머물렀다.[88] 삼간택을 거치는 동안에 간택되지 않은 처자들은 모두 자신의 집안에 걸맞은 가문으로 시집을 갔을 것이라 생각된다.[89]

왕실의 혼인 간택에서 고려되었던 조건은 족성(族姓), 여덕(女德), 융례(隆禮), 박의(博議)였다.[90] 족성은 문벌이 있는 가문을 말하며 여덕은 부녀자의 덕성이다. 융례는 가례가 융숭한 예이기 때문에 신중해야 한다는 것이고 박의는 조정 대신들이 널리 의논하여 가장 적합한 여성을 맞아들여야 한다는 것이다. 이 가운데에서 가장 중요하게 고려되었던 것은 족성, 즉 가문이었다. 부친은 적어도 음관, 생원, 진사, 유학 이상인[91] 사족이어야 했다.[92] 실제로 명문 대가에서 간택후궁을 뽑은 것은 임금을 모시는 것을 중히 여기고 내정의 일을 엄하게 하기 위함이었다.[93]

이와 같이 왕실에서는 후궁을 간택할 때 명문 집안 출신을 선호하였다. 이때 가문의 법도 역시 후궁을 간택할 때 고려해야 할 사항이었다. 훗날 외척의 우환을 막기 위해서라도 정치적·사회적으로 그 집안에 허물이 없어야 했다. 중종은 인종의 잉첩 선택에서 윤원량(尹元亮)의 딸[숙빈 윤씨]과 윤개(尹漑)의 딸을 동궁의 잉첩으로 간택하였다.[94] 그러

---

87) 『숙종실록』 권17, 숙종 12년 2월 27일(신해).
88) 『선조실록』 권14, 선조 13년 5월 26일(갑오).
89) 이미선은 「1681년(숙종 7) 국왕 嘉禮시 揀擇處子 연구」(『정신문화연구』 30, 2007)에서 탈락된 처자의 허혼 문제를 다루었다.
90) 『중종실록』 권27, 중종 12년 1월 19일(을미).
91) 『숙종실록』 권17, 숙종 12년 2월 27일(신해).
92) 『중종실록』 권21, 중종 10년 1월 3일(신유).
93) 『인조실록』 권22, 인조 8년 6월 21일(기사).

나 윤개의 딸은 작서(灼鼠)의 변에 가담한 영춘군(永春君)의 아내 박씨의 외손녀라는 이유 때문에 간택에서 취소되었다.[95] 간택 후보자 윤씨는 부친 윤개가 당시 당상의 반열에 있는 문벌 가문 출신이었지만 허물이 있는 집안으로 최종 선발되지 못했던 것이다.

왕세자였던 연산군의 후궁 숙의 곽씨의 경우에도 가법이 간택 조건에 중요한 사항이었음을 보여준다. 본래 곽씨의 집은 좋지 못한 행실로 유명하였다. 부친 곽인(郭璘)은 술을 좋아하고 행동이 경박한 사람이었다. 외할머니이자 곽인의 모친 역시 풍류를 좋아하여 여종에게 가곡을 가르치고 춤을 추게 하는 등 절개가 없었다.[96] 이 때문에 당시 대신들은 이 집안의 평판이 좋지 않음을 들어 부왕인 성종과 한동안 논쟁을 벌였다. 이외에 그 후보자의 현부(賢否)를 살펴보았는데,[97] 이들의 의무가 왕후의 덕을 돕고 후사를 넓혀야 하기 때문이었다.

간택은 이처럼 왕실에서 혼례를 치르기 위해 후보자들을 궐내에 모아놓고 선발하는 절차로, 왕과 왕세자에 한하여 행해졌다. 실제 1446년(세종 28) 효령대군이 며느릿감을 구하기 위해 최윤용(崔尤庸)과 조서강(趙瑞康)의 딸을 자기 집으로 오게 하여 조서강의 딸을 며느릿감으로 간택한 일을 두고 신하들의 반발을 사 사간원이 처벌을 요구하는 일이 발생하였다.[98] 그런 만큼 간택 절차를 통해 간택후궁이 사대부 여성에서 왕실 여성으로 신분적 지위 변화를 이루게 한 것이라 하겠다.

---

94) 『중종실록』 권81, 중종 31년 5월 15일(기사).
95) 『중종실록』 권81, 중종 31년 5월 20일(갑술).
96) 『성종실록』 권259, 성종 22년 11월 4일(병자).
97) 『중종실록』 권81, 중종 31년 2월 6일(신묘).
98) 『세종실록』 권111, 세종 28년 2월 12일(경술).

<그림 23> 『숙의가례청등록』
1686년(숙종 12) 영빈 김씨가 숙종의 후궁으로 간택되었을 때
치렀던 가례 관련 내용을 기록한 책이다(한국학중앙연구원
장서각 소장 K2 - 2653). 그녀는 성천 부사 김창국의 딸이자
공조참판 김수증의 손녀로 당대 최고의 안동 김씨 권세가 출
신이었다.

3) 후궁 맞이

(1) 1686년(숙종 12) 숙의 맞이

ㄱ. 혼례의 준비: 공개구혼

숙종이 후궁을 맞이한 때는 1686년(숙종 12) 3월이었다. 1680년(숙
종 6) 10월에 인경왕후가 천연두를 앓다가 자식 없이 사망하고 인현왕
후가 그 뒤를 이어 왕비가 되었지만, 그녀 역시 왕자녀를 생산하지 못
하고 있었다. 오랫동안 저사를 두지 못하는 우려스러운 상황이 벌어지
면서 숙종은 인현왕후를 통해 원자를 얻을 수 없다고 판단하여, 후궁을
간택하도록 지시를 내렸다. 이때 조정의 대신들은 숙의 간택을 경계하
면서도 원자는 물론 왕자녀가 없는 현실을 우려하여 이번에 내린 숙종
의 하교에 대해 적극적으로 호응하였다. 그런 만큼 이번 후궁 간택은
후사를 두지 못한 시급한 현실이 반영된 일이었다.

이 가례는 1686년(숙종 12) 2월 27일 숙종의 발언에서부터 시작되었
다. 숙종은 "내간(內間)에 있는 고사를 가져다 보니 조종조에서 숙의를

간택할 때의 처자단자는 음관(蔭官) 및 생원·진사·유학에게만 받들게 하였고, 인조 때의 궁인에게 물었더니, 삼간택한 날에 별궁에 나가 있게 하였다가, 한 달이 된 뒤에 입궐시켰다고 한다. 모든 것을 이에 의거하여 거행하도록 하라."고 발표했다.[99] 이때 숙종은 숙의 간택의 대상이 양반 신분이어야 함을 강조하였고, 아울러 새삼스레 숙의의 선발기준을 언급하였다. 지금껏 후보자의 취사(取舍)는 용모의 아름다움과 추악함을 보는 데에 불과할 뿐이었으므로 이이가 일찍이 차자(箚子)를 올려 지적한 대로 가법(家法)을 가려서 정해야 한다는 것이었다.[100] 또 덕선(德選)하는 도리에 따라 "용모나 말하는 사이에 그 덕기(德器)와 복상(福相)을 알 수 있다"고 한 바대로 취사하라는 건의가 있기도 했다.[101]

1686년(숙종 12) 3월 3일에 나이 16세에서 21세에 해당하는 처녀의 혼인을 금하는 금혼령이 내려졌다. 10일 기간 안에 한성부에 사는 음관 및 생진과 유학 집안의 처자단자만을 받도록 하였다.[102] 이날 간택단자의 규식이 발표되었다. 금혼 대상자가 신고하는 간택단자에는 일정한 형식이 있었는데, 그 단자 규식은 왕비 가례 때 간택단자의 형식과 같았다.[103] 장단자(長單子)의 첫 첩에 '모부(某部) 모방(某坊) 단자(單子)'라 쓰고 첫째 줄에 처자의 성씨와 사주(四柱, 생년월일시) 및 본관을 쓰며, 다음 줄에 사조(四祖, 父·祖·曾祖·外祖)의 이름을 나란히 쓰고 크게 쓴 연호(年號) 하단에 가장(家長)의 직함과 성명을 기입하고 착압했

99)『숙종실록』권17, 숙종 12년 2월 27일(신해).
100)『숙종실록』권17, 숙종 12년 3월 9일(계해).
101)『숙종실록』권17, 숙종 12년 3월 13일(정묘).
102)『淑儀嘉禮廳謄錄』병인 3월 3일. 이후에 언급하는『淑儀嘉禮廳謄錄』(藏 K2－2653)의 서지정보를 생략한다.
103)『[숙종·인현후]가례등록』5~6쪽;『[헌종·효정황후]가례등록』3~4쪽.

다. 이때 응모자가 서울에 거주하면 ○부(部) ○방(坊) ○계(契)를, 지방에 거주하면 ○도(道) ○읍(邑)을 기재했다. 간택단자에서 중요한 내용은 간택인의 성명과 사주 그리고 사조였다. 만약 대상 처자가 없는 집안이라면 첫 첩에 "예조 낭관 모든 존위께서 삼가 살펴봐주시기 바람. ○부(部) ○방(坊) ○직(職) 아무개에게는 딸이 없습니다."라고 써서 그 사실을 신고했다.

간택단자는 3월 초4일부터 한성부에 한정하여 접수되었다. 금혼령 이후 간택단자가 3월 7일까지 접수된 4일 동안 모두 35장이었는데, 국척(國戚)에 속한 집안에서 제출한 5장과 과붓집에서 제출한 1장을 제외하면 29장뿐이었다. 한성부에서 거두어들인 단자의 수가 적다고 판단한 숙종은 인심이 맑지 못하여 숨기고 꺼린다고 비판하고는 기강이 해이해져 인심이 법을 두려워하지 않는다고 추궁하면서 5부 관원에게 책임을 물어 종중추고(從重推考) 하였다.[104]

그러자 한성부에서는 서울에 적을 두고 있는 사대부가 외방으로 옮겨 살거나 외임되어 기한 내에 단자를 내기가 어렵다고 하소연을 했다. 이에 숙종은 해당되는 자에 대해 재간택 때에 참여하도록 허용해 주었다.[105] 이틀 뒤인 초9일에 13장이 추가로 수합되었다. 그러나 이마저도 6장이 과붓집 단자였다. 6장을 제외한 나머지 7장 가운데 4장은 8촌 범위 밖에 있는 국척에 해당되는 처자의 집안이었다.[106] 이처럼 처녀단자의 수량은 실상 적었는데, 다른 국혼처럼 이들은 간택에 참여하지 않은 것으로 보인다.

---

104) 『淑儀嘉禮廳謄錄』 병인 3월 7일; 『승정원일기』 16책, 숙종 12년 3월 8일(임술).
105) 『승정원일기』 16책, 숙종 12년 3월 10일(갑자).
106) 『淑儀嘉禮廳謄錄』 병인 3월 10일.

초간택은 3월 19일 진시(辰時, 오전 7~9시)에 진행되었다.107) 이날 단자를 올린 처자 18명이 정해진 순서를 따라 선인문(宣人門)을 거쳐 창경궁 숭문당(崇文堂)으로 들어갔다. 초간택에서 통덕랑 강보상(姜普相)의 딸과 주부 송이석(宋彛錫)의 딸 2명만이 재간택에 선발되었고 나머지 16명에게는 허혼하게 하였다.

재간택은 3월 22일 손시(巽時, 오전 8시 30분~9시 30분)에 진행되었다. 초간택에서 뽑힌 2명과 불참했던 1명을 포함하여 모두 3명의 처자가 정해진 순서에 따라 선인문을 지나 숭문당으로 예궐하였다.108) 초간택 날에 불참해 추가된 처자는 청양 현감(靑陽縣監) 김창국(金昌國)의 딸이었다. 부친의 임소에 있었던 그녀가 간택 당일까지 한성에 도착하지 못했기 때문이다. 사실 숙종은 초간택에 참석하지 못한 홍천현령(洪川縣令) 홍석보(洪錫普)의 딸과 내시교관(內侍敎官) 김홍(金泓)의 딸과는 달리 김창국의 딸에 대한 관심이 높았다. 김창국의 본가에 그녀의 상경 여부를 탐문하였음은 물론, 심지어 재간택날 처자가 제때 당도할 수 없을 것을 염려하여 그 기일을 21일에서 22일로 하루 연기하였다.109)

삼간택은 일주일 뒤인 3월 28일 을시(乙時, 오전 6시 30분~7시 30분)에 진행되었다.110) 이때 초간택에서 뽑힌 2명의 처자와 김창국의 딸 모두 3명이 예궐하였고, 김창국의 딸이 숙의로 확정되었다.111) 숙종이

---

107) 『淑儀嘉禮廳謄錄』 병인 3월 17일.
108) 초간택 당일날에 재간택에 참여하는 처자가 초간택의 3명과 당일 추가된 1장을 합해 모두 4명이 참석하도록 하였으나, 재간택 예궐질에는 3명이었다.
109) 『淑儀嘉禮廳謄錄』 병인 3월 20일.
110) 『승정원일기』 16책, 숙종 12년 3월 26일(경진).
111) 『淑儀嘉禮廳謄錄』 병인 3월 28일; 『승정원일기』 16책, 숙종 12년 3월 28일(임오).

초간택에 참석하지 못한 그녀의 상경 일정에 맞춘 것을 보면, 사전에 숙의로 내정되어 있었던 것으로 추정된다. 실제로 그녀의 종조부 영의정 김수항(金壽恒)이 "들리는 말에 장차 청양 현감 김창국의 딸로 정하려 하는데, 김창국은 곧 형의 아들입니다."[112]라고 한 사실에서도 엿볼 수 있다.

김씨의 집안은 당대 대표적인 노론 명문가 김상헌(金尙憲) 가문이었다.[113] 그녀의 고조인 김상헌은 척화의리의 화신이자 서인 청서파(清西派)의 영수로, 숭명배청(崇明排清)의 신념을 실천해 절개와 지조로 상징되는 인물이다. 조부 김수증(金壽增)은 공조참판을 지냈고, 종조부 김수흥(金壽興)과 김수항은 모두 영의정을 지냈다. 또한 종조부 김수항의 아들이 후일 영의정을 역임한 노론의 상신 김창집(金昌集)이다. 김창집을 비롯해 김창협(金昌協)·김창흡(金昌翕) 등 육창(六昌) 형제는 세상에 명성을 떨친 인물들로 김씨는 육창에게 5촌 질녀가 된다.

숙종은 김씨가 인현왕후와 가까운 인척으로 왕비의 강력한 추천을 받았다는 점, 절의의 상징인 그녀의 고조 청음 김상헌의 위상을 정치적으로 활용하는 데 유리할 것이라는 판단하에 그녀를 직접 최종 선발한 것이다. 당일 숙종은 숙의가 된 김씨에게 노비 150명을 하사하였고, 부친 김창국을 사도시 주부에 제수하였다.[114]

숙의 삼간택이 끝난 직후 오시(午時, 오전 11~오후 1)에 김씨는 인조 때의 귀인 장씨의 전례에 따라서 창덕궁 단봉문(丹鳳門) 동쪽 협문을

---

112) 『숙종실록』 권17, 숙종 12년 3월 23일(정축).
113) 이근호, 「숙종~경종대 寧嬪 金氏의 정치적 역할과 위상」, 『한국학논총』 37, 2012, 242쪽.
114) 『숙종실록』 권17, 숙종 12년 3월 28일(임오).

〈그림 24〉 영친왕비 홍원삼과 순헌황귀비 엄씨 사진(오른쪽)

영친왕비가 착용했던 동절기용 원삼이다(국립고궁박물관 소장). 대홍색 비단 겉감에 금실을 사용하여 구름과 봉황 무늬를 직조했고, 가슴과 등, 양 어깨에는 용무늬 보(補)를 부착했다. 소매 끝에는 황색, 남색의 색동과 한삼(汗衫)을 달아 장식했는데, 커다란 모란과 보상화(寶相華) 무늬가 금실로 직조되어 있다. 원삼의 안감으로 원형의 수(壽)자 무늬 둘레에 박쥐 문양이 직조된 황색 수복문단(壽福紋緞)이 사용되었다(중요민속문화재 제265호). 순헌황귀비 엄씨 사진이다(국립고궁박물관 소장).

경유해서 별궁으로 옮겼다. 당시 숙종은 숙의 가례에 대해 고증할 만한 것이 없다고 판단하고는 인조 때의 궁인에게 물어보았는데, 삼간택한 날에 별궁으로 나가 있게 했다가 한 달 뒤에 입궐시켰다고 하여 그대로 거행하도록 했다.[115]

　머리에 장식을 하고 무늬가 있는 흑색 원삼[有紋黑色圓衫]을 입은 숙의 김씨는 위의(衛儀)의 예에 따라 앞에서 인도하는 시위 의장[前導衛儀], 함·보·지게 및 건복을 갖춘 짐을 지고 갈 제원[函褓支機負持諸員], 오장 차비를 담당할 충찬위(忠贊衛) 8명, 인로 군사, 가마꾼[轎軍] 등의 호위를 받으며 별궁으로 갔다. 별궁은 대궐과 사가(私家)의 중간 장소로 혼례 때에 사용될 임시 거처였다. 숙의 김씨의 경우는 어의궁 별궁 동쪽 행랑과 전석동(磚石洞) 소재 명안공주(明安公主)의 옛 궁이 물망에 올랐지만 행랑이 구간(苟簡)하다고 하여 전석동 구궁으로 최종 정했

---

115) 『승정원일기』 16책, 숙종 12년 3월 4일(무오).

다.[116) 그녀는 이곳에서 4월 26일까지 약 한 달 동안 생활하였다.

재간택이 끝난 후에 예조에서는 가례청의 설치를 건의했다. 그리고 가례청의 행사 실무자인 도청(都廳)과 낭청(郎廳)을 차출하였다.[117) 당시 정태화의 개인 일기에 가례청의 도청이 숙의 장씨를 본가에서 이현궁으로 모시고 나아갔다는 것에 근거해서 가례청이 설치된 것이다. 또한 이전 가례에 관한 문서를 전란에 잃어버려 근거할 만한 출처가 없었으므로, 왕자와 공주, 옹주 가례 때의 사목을 참작하여 마련하도록 했다.[118)

숙의가 결정된 이후에 가례청 당상은 예조 삼당상, 도청은 예조정랑 1명과 각사 4품 이상 중 1명, 낭청은 예조좌랑 1명, 그 외에 서리 5인과 사령 5인, 고직 1명을 차출하였다.[119) 가례청은 임시로 예조에 설치되었다. 이를 보면 가례청 관리 다수가 예조 소속으로 나타나는데, 숙의의 가례가 예조에서 주관했음이 주목된다.

ㄴ. 혼례절차 시행

숙의가 결정된 이후 18일 만인 3월 30일에 예조에서는 입궐하는 날을 4월 29일 사시(巳時, 오전 9~11시)로 정하였고, 이어 독뢰연의 길일을 같은 날 적당한 때로 결정되었음을 통보하였다.[120) 그러나 풍정을 위한 첫 번째 내습의와 잇달아 거행되는 조현례 등이 혼잡될 우려 때문에 4월 26일 사시로 앞당겼다.[121) 숙의 가례는 납채(納采)－납징(納徵)

---

116)『淑儀嘉禮廳謄錄』병인 3월 12일;『승정원일기』16책, 숙종 12년 3월 12일(병인).

117)『승정원일기』16책, 숙종 12년 3월 26일(경진).

118)『淑儀嘉禮廳謄錄』병인 3월 26일.

119)『승정원일기』16책, 숙종 12년 3월 26일(경진);『淑儀嘉禮廳謄錄』병인 3월 26일
[嘉禮廳設局啓辭].

120)『淑儀嘉禮廳謄錄』병인 3월 30일.

-고기(告期)-책비(冊妃)-친영(親迎)-동뢰(同牢) 등 육례(六禮)를 기준으로 볼 때, 별궁에서 행하는 납채에서 친영까지의 의식절차가 없다. 숙의가 입궐하기 직전에 거행하는 명복내출(命服內出)과 독뢰연, 그리고 조현례가 있을 뿐이다.

명복내출은 4월 22일 진시(오전 7~9시)에 거행되었다.[122] 내시가 명복함(命服函)을 받들어 내어 오면 상의원(尙衣院) 관원이 전달받아서 흑단령을 입은 가례청 관리와 함께 별궁에 가서 숙의에게 전달하는 행사였다.[123] 이 명복은 상의원에서 제작하여 내전(內殿)에 들었는데, 공주 가례 때 명복내출의 예에 의거하여 내출하도록 했다. 명복은 친영 날에 입는 옷으로 그 전에 궁궐에서 내려보냈다. 친영례가 없는 숙의 가례에서는 독뢰연과 삼전(三殿)의 조현례를 올려야 하므로 이때 입을 명복을 독뢰연보다 먼저 거행된 것이다. 명복함이 별궁으로 이동할 때의 반차는 건복을 갖춘 인로군사(引路軍士, 10명)→인도부장(引導部長, 2원)→명복함(命服函, 1)→차비관(差備官, 2원, 상의관원)→예모관(禮貌官, 2원)→감역(監役, 2원)→낭청→도청의 순서였다.[124] 이 행사는 국왕에게 보고되지 않았다.

독뢰연은 4월 26일 사시에 별궁에서 거행되었다. 이 절차는 국왕이 참석하지 않은 채 숙의만이 홀로 별궁에서 행하는 의식으로, 종2품 숙의 가례에서만 보인다. 독뢰연이 처음 시행된 때를 확인할 수 없다. 하지만 1635년(인조 13) 인조 때 귀인 장씨의 가례 때에 거행하였음이 확

---

121) 『淑儀嘉禮廳謄錄』 병인 4월 17일.
122) 『淑儀嘉禮廳謄錄』 병인 4월 초4일.
123) 『淑儀嘉禮廳謄錄』 병인 4월 초3일.
124) 『淑儀嘉禮廳謄錄』 병인 4월 22일.

인된다. 숙의 김씨는 머리에 수식(首飾)을 얹고 명복인 흑색 원삼을 입고서 이 의식을 거행하였다. 이 행차에서 숙의 김씨는 함·보·지게 및 건복을 착용하고 화자(靴子)를 신은 부지제원(負持諸員) 4인, 상마대(上馬臺) 2쌍, 하마대(下馬臺) 2쌍, 오장충찬위(烏杖忠贊衛) 10인, 건복을 입은 교자군(轎子軍, 교자꾼) 16명, 지로적(指路赤, 지로치) 4명, 건복을 입은 봉거군사(捧炬軍士) 30명과 인로군사 20명의 호위를 받으며 나아갔다.125)

[독뢰연―4월 29일 적당한 때] 별궁에서의 독뢰연 절차는 숙의 홀로 별궁에서 술잔을 받아 제주(祭酒)하는 의식 절차이다. 당일에 여집사(女執事)가 독뢰연의 자리를 정청(庭廳)에다 북향하여 설치하고 절하는 자리는 자리 동쪽에 북향하여 설치하며, 주탁(酒卓)은 청(廳) 안에 조금 동쪽으로 하고 그 상위에 잔(盞)을 둔다. 여집사가 무릎을 꿇고 때가 되었음을 아뢰면, 숙의가 명복을 입고 수식을 얹고 나온다. 여집사가 앞으로 나아가 절하는 자리로 인도하고 여집사가 '사배(四拜)'라고 창하면 숙의는 사배한다. 마치면 여집사가 숙의를 인도하여 자리로 나아간다. 종자가 찬탁을 들고 들어와 숙의 앞에 설치한다. 여집사가 잔을 가져다 술을 따르고 무릎을 꿇고 숙의에게 올린다. 숙의가 잔을 받아 제주를 마신다. 마치면 여집사가 나아가 빈 잔을 받아 주탁에 도로 놓는다. 여집사가 탕(湯)과 식(食)을 올리면 여집사가 또 잔을 가져다 두 번째 잔을 드린다. 숙의가 잔을 받고 도로 주탁에 놓는다. 여집사가 탕과 식을 올리면 세 번째 잔은 두 번째 잔을 드리는 예와 같이한다. 마치면 여집사가 찬탁을 걷어치운다. 무릎을 꿇고 일어나기를 찬청하면 숙의가 일어난다. 여집사가 앞에서 인도하여 궐내로 들어간다.126)

---

125) 『淑儀嘉禮廳謄錄』 병인 4월 19일.
126) 『淑儀嘉禮廳謄錄』 병인 4월 26일 <淑儀別宮獨牢宴儀>.

독뢰연이 끝나자마자 별궁에서는 내선온(內宣醞)이 거행되었다. 이 의식은 중사(中使)가 국왕이 내린 선온을 숙의 가례에 참여한 여러 관원에게 베푸는 의식이다. 이 자리에 예조의 당상 이하가 참석했다.

[내선온-같은 날 적당한 때] 숙의가 입궐할 시간에 앞서 별궁에 내선온 주정(酒亭)을 정북쪽에다 남향하여 설치한다. 중사가 들어가 주정의 동쪽에 서향하여 선다. 가례청 소속 당상과 도청·낭청·감역 이하는 홍단령(紅團領)을 입고 자리를 달리해서 겹줄로 북향하여 사배한다. 마치면 중사는 동쪽 벽에 서고 당상 이하는 서쪽 벽에 서며, 도청 이하는 남쪽으로 가서, 각기 자리로 나아간다. 상을 들기를 마치면 중사가 주정(酒亭)의 동쪽으로 나아가 서향하여 서서 잔을 든다. 당상 이하는 차례로 주정 앞에 나아가 절을 하고 무릎을 꿇고 잔을 받아 마신다. 마치면 절을 하고 다시 원래 자리로 돌아간다. 술이 한 바퀴를 돌면 반열의 우두머리가 주정의 서쪽으로 나아가 동향하여 서서 잔을 든다. 중사가 주정 앞으로 나아가 절을 하고 무릎을 꿇고 잔을 받아 마신다. 마치면 절을 하고 본래 자리로 물러간다. 다음으로 묘배례(卯盃禮)를 행하고 마치면 다시 흑단령으로 바꿔 입는다.[127]

독뢰연과 내선온을 거행한 김씨는 마침내 숙의가 되었다. 내선온이 끝나자마자 창덕궁 단봉문을 거쳐 대궐로 입궐하였다. 이 행차에는 인로군사(좌우 10명)→지로치(좌우 2명)→봉거군[봉거꾼](좌우 15명)→상마대(좌우 1쌍)→하마대(좌우 1쌍)→오장충찬위(좌우 10명)→인도부장(좌우 2원)→안보(鞍褓, 좌우 1쌍)→시배별감(侍陪別監)→함보부지제원→보비(步婢, 좌우 1쌍)→교자→내시→예모관(禮貌官, 좌우 1원)→양당상(兩堂上, 左右)→수당상(首堂上) 등의 순서였다.[128]

---

127) 『淑儀嘉禮廳謄錄』 병인 4월 26일 <別宮內宣醞笏記>.

ㄷ. 식후 의식

숙의 김씨가 입궐하자 조현례가 거행되었다. 조현례는 숙의가 대전을 비롯해서 대비전과 중궁전을 찾아뵙고 인사를 드리는 의식이다. 당시 의거할 문서가 없었지만, 『국조오례의』에서 정월 초하루와 동지, 탄일에 내·외명부가 행하는 조하의를 근거로 "숙의가 곧 내명부의 하나이므로 입궐할 때 조현의 예가 없을 수 없다"는 영의정 김수항 등 신하들의 주장에 따라 숙종이 결정하였다.[129) 숙의는 좌우로 홍양선(紅陽繖, 1), 수정장(水晶杖, 1), 소금월부(小金鉞斧, 1), 일산(日傘, 1), 청선(青扇, 2)을 배경으로 마련된 행사장으로 갔다.[130)

[대전 조현례-같은 날 적당한 때] 하루 전에 상침(尚寢)은 그 소속 관원을 거느리고 어좌를 내전의 북벽에 남향하여 설치하고 향안 2개는 전 바깥 좌우에 설치한다. 그날 전찬(典贊)은 숙의의 배위를 계단 아래에 북향하여 설치하고 사찬(司贊)과 전빈(典賓)의 자리를 동쪽 계단 아래 가까이 서향하여 설치하였는데 북쪽이 윗자리가 되게 한다. 전찬은 남쪽으로 조금 물러난다. 전빈이 나올 것을 찬청(贊請)하면, 숙의가 명복을 입고 수식을 얹고 나온다. 전빈이 숙의를 인도하여 합(閤) 문에 나아간다. 상의(尚儀)가 부복하고 무릎을 꿇고 중엄(中嚴)을 계청하면 사찬과 전찬이 함께 자리로 나아간다. 전빈이 숙의를 인도하여 나아가 서쪽 행랑에서 동향하여 선다. 상의가 부복하고 무릎을 꿇고 외판(外辦)을 아뢰면 전하가 익선관과 곤룡포를 갖추고서 어좌에 오른다. 산선(繖扇)과 시위(侍衛)는 평상시의 의식과 같다. 전빈이 숙의를 인도하고 들어와 절하는 자리로 나아간다. 사찬이 '사배'하면 전찬

---

128) 『淑儀嘉禮廳謄錄』 병인 4월 26일 사시 <淑儀入闕時前導衛儀班次>.
129) 『淑儀嘉禮廳謄錄』 병인 4월 초1일.
130) 『淑儀嘉禮廳謄錄』 병인 4월 26일 <淑儀大殿朝見禮時儀物>.

이 '사배'라고 창한다.<무릇 전찬이 외치는 것은 모두 사찬의 말을 받아서 한다.> 숙의가 사배한다. 마치면 전빈이 인도하여 나간다. 상의가 마땅히 어좌 앞으로 나아가 부복하고 꿇어앉아 예를 마쳤음을 아뢰고 부복했다가 일어나 물러난다. 전하는 어좌에서 내려와 다시 내전으로 돌아가는데, 시위는 평상시 의식과 같다. 전빈이 숙의를 인도하여 막차로 돌아간다.131)

숙의가 국왕에게 인사를 마치면, 다음 날인 4월 27일에 적의를 입은 대왕대비 장렬왕후(莊烈王后)와 중궁 인현왕후를 찾아뵙고 인사를 드리는데, 대전의 조현례 의식과 같다. 조현례를 마지막으로 숙종과 숙의 김씨의 가례 절차는 끝이 났다. 당시 숙의를 맞이하면서 거행하였던 의식은 <명복내출(命服內出)>, <숙의별궁독뢰연의(淑儀別宮獨牢宴儀)>, <숙의대전조현례의(淑儀大殿朝見禮儀)>, <숙의조현례의(淑儀朝見禮儀)> 등의 절차였다. 이 의식은 사대부 집안의 여성에게 종2품 내명부의 지위를 부여해 줌으로써 공적인 여성으로 인정해 준 것이다.

(2) 1847년(헌종 13) 빈 맞이

ㄱ. 혼례의 준비: 금혼령과 간택

헌종이 후궁을 맞이한 때는 1847년(헌종 13) 7월이었다. 1843년(헌종 9) 8월에 첫 번째 왕비 효현왕후(孝顯王后) 김씨가 16살에 일찍 죽고, 1844년(헌종 10)에 효정왕후(孝定王后) 홍씨가 계비로 들어온 지 3년이 지났지만, 왕실은 여전히 후사를 두지 못했다. 헌종이 재위한 지 13년이 되었고 헌종의 나이 21살 되던 때였다. 이에 1847년(헌종 13) 7

---

131) 『淑儀嘉禮廳謄錄』 <大殿朝見禮時儀註>.

월 18일에 왕대비 순원왕후가 빈청에 아래와 같은 언문 교서를 내림으
로 후궁 간택을 논의하기 시작했다.

    오백 년 종사(宗社)를 위임받은 사람이 오직 주상 한 몸에 달렸는
데, 춘추가 점차 왕성하시나 자손을 보는 경사는 아직까지 늦어지고
있다. 게다가 불행하게도 중전[효정왕후 홍씨]에게 병이 있는데, 약 처
방으로 낫기를 바랄 수 없다. 이 일은 미망인과 왕대비전이 답답하게
여기는 심정일뿐만 아니라, 온 나라의 백성들이 우러러 바라는 마음
이 똑같은 바이다. 오르내리시는 조종의 신령께서도 바라고 기대하시
는 바가 더욱 어떠하겠는가?

    오늘날의 큰일은 널리 저사(儲嗣)를 구하는 것이 급한데, 우물쭈물
하다가 말하지 않고 헛되이 세월을 보낸다면 아무런 조치할 수 없게
되어서 어떤 지경에 이르게 될지 알지 못할까 그것을 우려하는 것이
다. 삼가 국조의 전례를 따라 사족의 집안에서 처자를 잘 가려 빈어(嬪
御)로 둔다면 저사를 널리 구하는 도리가 오로지 여기에 있을 것이다.
그리하여 이번에 조정에 언문교서를 내리니 마음에 편치 않지만, 이
일은 우리나라의 큰 계책이다. 그러므로 부득이하게 이와 같이 긴 말
을 늘어놓았으니 경들은 모름지기 종사의 큰 경사가 있도록 할 방도
를 생각해야만 한다.132)

<그림 26> 『뎡미가례시일긔』

1847년(헌종 13), 헌종과 경빈 김씨와의 혼례에 관하여 기록한 책이다(한국학중앙연구원 장서각 소장 K2－2708). 삼간택 날짜, 육례 날짜, 절차에 따른 예복 품목, 행사를 도운 궁인 명단, 신부에게 내리는 의복, 패물, 가구 목록 등이 적혀 있다.

위 인용문에서 순원왕후는 효정왕후에게 회임할 기미가 보이지 않자 중전의 질병이 약 처방으로 치유할 수 없다고 판단하고서 저사를 널리 구하는 것이 시급하다며 사족 가운데의 처자를 서둘러 선발하여 빈어에 두는 일을 서두르라고 종용하였다. 이렇듯 효정왕후가 계비가 된 지 3년 만에 후궁 간택을 진행하게 된 것은 헌종에게 후사가 없었기 때문이다.

곧바로 이날 헌종은 전국에 14세에서 19세까지의 처자들의 혼인을 제한하고, 8월 15일까지 서울과 지방의 처자단자를 작성하여 올리도록 했다. 이로써 양반은 물론이고 일반 서민까지 결혼할 수 없었다. 그러나 금혼 대상자 중에 ① 관향(貫鄕)이 같지 않은 이씨 성을 가진 자 ② 왕족으로서 임금의 8촌 친척, ③ 내전(內殿)의 동성(同姓)으로서 7촌 친척 ④ 이성(異姓)의 6촌 친척 ⑤ 부모가 다 생존해 있지 않은 자의 경우에는 제외되었다. 그러나 이씨 성인 처자와 왕족의 근친이 아니라면 전

---

132) 『헌종실록』 권14, 헌종 13년 7월 18일(을미); 『慶嬪嘉禮時嘉禮廳謄錄』 <傳敎> 정미 7월 18일; 『憲廟丁未嘉禮節次』 정미 7월 18일(을미). 이후에 언급하는 『慶嬪嘉禮時嘉禮廳謄錄』(藏 K2－2615)과 『憲廟丁未嘉禮節次』(藏 K2－5019)의 서지 정보를 생략한다.

례대로 구애하지 말도록 했다.[133]

한편 예조에서의 건의에 따라 초간택 전에 가례청이 관상감에 설치되었다. 가례청은 혼례 사무를 총괄하고 혼례 진행을 원활히 뒷받침하기 위해 설치되었던 임시기구였다. 보통 가례청은 초간택이나 재간택 이후에 설치하는 것이 상례였다. 국왕, 왕세자, 왕세손 등의 혼례 때에 임시 기구로 설치된 가례도감(嘉禮都監)과는 달리 이번 경빈 혼례의 최고 책임자인 당상(堂上)은 판서, 참판, 참의 등 예조의 삼당상이 겸임하였다. 또한 호조와 상의원의 당상과 낭관 각 1명씩을 판서급에서 임명하여 겸직하도록 했다. 대체로 예조와 호조 그리고 상의원에서 맡도록 하였는데, 혼례 진행에 있어서 의식절차의 담당과 행사 진행에 필요한 비용 조달이 가장 중요한 업무였음을 반영한 것이다.

초간택은 8월 초4일 손시에 창경궁 통명전(通明殿)에서 진행되었다. 초간택 길시는 원래 8월 초2일 손시였으나, 당일 비가 세차게 내려서 연기된 것이다. 하루 전날 초간택에 참가하는 처자들의 명단이 발표되었다.[134] 처음 단자를 올린 처자 34명과 뒤늦게 추가로 올린 유학 박민수(朴萬壽)의 딸 등 35명이 통화문(通化門)을 거쳐 통명전 안으로 들어갔다.[135] 간택에 참여하는 처녀들은 홍색 치마에 예복용 저고리인 겹막이[夾莫伊] 당의(唐衣)를 착용하고 예모용 관모인 족두리를 쓰고 당혜(唐鞋)를 신었다.[136] 초간택에서 유학 홍계주(洪啓周)의 딸 등 5명이 선발되었고, 나머지 29인에게는 혼례가 허락되었다.

---

133) 『慶嬪嘉禮時嘉禮廳謄錄』 <傳敎> 정미 7월 18일;『憲廟丁未嘉禮節次』 정미 7월 18일(을미).
134) 『慶嬪嘉禮時嘉禮廳謄錄』 정미 8월 초1일.
135) 『憲廟丁未嘉禮節次』 정미 7월 29일(병오).
136) 『慶嬪嘉禮時嘉禮廳謄錄』 정미 8월 초1일.

재간택은 9월 초3일 오시에 역시 통명전에서 진행되었다. 발병 난 동지중추부사(同知中樞府事) 오취선(吳取善)의 딸을 제외한 재간택 후보자 4명은 통화문을 거쳐 통명전에 들어갔고, 김재청의 딸, 홍계주의 딸, 김영작의 딸 등 3명이 선발되었다. 10월 9일에 경빈(慶嬪)이란 작호와 순화(順和)라는 궁호를 미리 정하였다.[137] 10월 16일에는 혼례의 본 행사를 시행하기 전에 행사 진행 요원들을 모아놓고 예행연습인 습의(習儀)를 시행하였다. 습의 행사는 혼례 행사 날의 실수를 최대한 막기 위한 것으로 이번 혼례식에서도 관상감에서 길한 날을 택해 조현례의 내습의를 통명전에서 진행한 것이다.

재간택이 끝난 이후인 9월 22일에 관상감 소속 일관 이병홍(李秉洪)이 혼례 길일 여부를 점검하여 거행할 길일을 결정해 알렸다. 경빈 김 씨의 혼례는 납채 10월 19일 손시(8시 30분~9시 30분), 교명내입내출(敎命內入內出)과 납폐 10월 20일 손시, 선교명(宣敎命) 납폐 때와 같은 날, 예궐(詣闕) 10월 21일 오시, 빈조현대전 10월 21일 미시(未時, 13~15시), 동뢰 10월 21일 미시, 조현례 10월 22일로 결정되었다.[138]

삼간택은 10월 18일 오시에 통명전에서 열렸고, 후보자 3명 가운데에서 유학 김재청의 딸이 최종 결정되었다. 김씨가 재간택부터 첫 번째로 입장한 것을 보면 사전에 빈으로 내정된 것이라 생각된다. 실제로 조정에서는 재간택 이후에 김재청에 대한 부직(付職)이 논의되어 유학에서 혜릉 참봉에 제수하였고 의정부에서 다시 6품직으로 추천하여[139] 장악원 주부에 임명하였다. 그뿐만 아니라 가례 때의 빈자(儐者)

137) 『憲廟丁未嘉禮節次』 정미 10월 초9일(을묘).
138) 『慶嬪嘉禮時嘉禮廳謄錄』 정미 9월 22일.
139) 『慶嬪嘉禮時嘉禮廳謄錄』 정미 9월 13일.

에 유학 김재홍(金在弘)을 이미 차정하였다.140)

김씨의 가문은 광산 김씨(光山金氏) 사계(沙溪) 김장생(金長生)의 집안으로, 김장생의 아들이자 신독재(愼獨齋) 김집(金集)의 동생 김반(金槃)은 김씨에게 8대조가 된다. 김씨의 백부 나주목사 김재경(金在敬)은 1859년(철종 10) 3월에 임금의 특지로 형조참의가 되었고,141) 중부 김재명(金在命)은 목사 조병익(趙秉益)을 셋째 사위로 맞아들여 풍양 조씨 집안과 사돈 관계를 맺었다. 조병익은 부사 조규영(趙揆永)의 아들로, 영의정 조인영(趙寅永)·조만영(趙萬永) 형제에게 재종질이 된다. 조만영은 헌종의 외할아버지가 되며 그의 동생 조인영은 풍양 조씨 집안의 중심인물이다.142) 그런 만큼 당시 이 집안은 세도정치의 핵심 세력인 풍양 조씨 가문과 인척 관계에 있었다. 종부 김재홍은 우봉 이씨 이재(李縡)의 현손녀와 혼인하였다. 이재는 김창협의 문인으로서 여흥부원군 민유중의 외손자이며 오두인(吳斗寅)의 사위로, 노론의 중심인물로 활동했다. 이러한 가문의 명성 때문에 김씨는 후궁이 될 수 있었다.

삼간택 후에 김씨는 가래머리로 단장한 후, 수(壽)와 복(福)의 글자를 금박으로 찍은[金壽福字] 초록색 원삼을 입었다.143) 가래머리는 좌우 두 갈래로 갈라져 양 어깨에 드리워진 머리 모양이다. 당일 신시(申時, 오후 3~5)시에 가마를 탄 김씨는 궁인 이하의 호위를 받으며 인정문(仁政門)에서 돈화문(敦化門) 서쪽 협문을 경유하여 선패와 후패로 나뉘어 배치된 훈국군(訓局軍) 60명의 호위를 받으며 별궁으로 갔다. 이

---

140)『憲廟丁未嘉禮節次』정미 10월 10일(병진).

141)『철종실록』권11, 철종 10년 3월 2일(임신).

142) 김세은,「19세기 전반기 국왕의 가례와 그 특징」,『조선시대사학보』47, 2008, 207쪽.

143) 이은주 외,『왕실의 혼례식 풍경』, 돌베개, 2013, 222쪽.

때 평상복 차림을 한 가례청 당상과 낭청 이하도 함께 따라갔다.[144] 별 궁은 최종 선발된 예비 신부가 이곳에 머물면서 지내는 곳이다. 별궁 처소는 정미년 가례 때의 전례를 쫓아 장동에 있는 승지 조득림(趙得 林)의 집이었다. 정미년은 1787년(정조 11) 시기로, 이때 거행된 가례는 정조의 후궁 수빈 박씨의 혼례식을 말한다.

ㄴ. 혼례절차 시행

김씨의 혼례는 납채-납폐-선교명-빈조현대전-동뢰 등의 순서 로 진행되었다. 의식절차를 왕비나 세자빈의 혼례와 유사한 절차를 밟 도록 한 것은 간택후궁의 관품을 처음부터 정1품 빈으로 승격시키면서 그에 따른 혼례 의식도 그 이전과 질적으로 달라졌음을 의미한 것이다.

입궐 후 빈조현대전과 동뢰를 제외한 각각의 절차는 궁궐의 정전에 서의 절차와 별궁에서의 절차, 두 단계로 나뉘어 진행되었다. 궁궐에서 의 행사는 수교서관 이하 제 집사관과 승지 등을 창덕궁 인정전에 모아 놓고 의식을 시행할 것임을 선포하고 수교서관에게 의식 때마다 해당 하는 문서를 교서로 전달하는 절차이다. 별궁에서의 행사는 의식 때마다 수교서관이 경빈의 부친에게 왕의 교서나 해당 물품을 전달하면 경빈 의 부친이 답서를 담은 전함(箋函)을 수교서관에게 전달하는 절차이다.

본래 별궁에 왕의 교서를 전달하는 임무는 수교서관과 선교명관이 맡도록 되어 있었는데 경빈의 혼례식에서는 왕비의 혼례에서 진행요 원인 의정급의 사자(使者) 대신 이보다 격이 낮은 판서급의 예조판서 서좌보(徐左輔)가 임명되었다. 혼례는 1843년(헌종 9) 10월 19일 손시

---

144) 『慶嬪嘉禮時嘉禮廳謄錄』 <嬪詣別宮儀>.

에 창덕궁 인정전에서 시행된 납채 의식을 시작으로 10월 21일에 빈조현대전와 동뢰의식을 행함으로써 마무리되었다. 구체적인 진행내용을 『경빈가례시가례청등록』을 통해 살펴보면 다음과 같다.

[납채-10월 19일 손시] 궁궐에서의 납채 절차는 국왕이 곤룡포를 갖추어 입고 인정전에서 신하들에게 납채례를 거행할 것임을 선포하는 절차이다. 전교관 도승지 조병준(趙秉駿)이 "주부 김재청의 딸로서 빈을 명하니 경은 납채례를 행하도록 하라."라는 내용이 담긴 교서를 수교서관 예조판서 서좌보에게 전한 후, 왕명을 받은 공복(公服) 차림의 수교서관 이하 수행원들이 전교관에게 사배하고 교서를 가지고 빈씨가(嬪氏家)에 가게 되는데, 병조와 장악원에서 준비한 세장과 고취가 앞에서 인도하고, 교서를 실은 수레[敎書輿]와 속백을 실은 수레[束帛輿]의 뒤를 따라 돈화문을 거쳐 빈씨가(嬪氏家)에 도착한다.145)

–빈씨가수납채의(嬪氏家受納采儀) 빈씨 집에서의 납채 절차는 당일 국왕의 명령을 받고 궁궐을 출발한 수교서관 일행이 신부 측 주인 김재청에게 전하고 빈자가 이를 받아들이는 절차이다. 수교서관이 교서를 선포하고 김재청에게 교서를 전달하면 빈의 아버지가 "전교를 받들겠다"는 답서를 담은 전함(箋函)을 수교서관에게 준다. 납채례가 끝나고 수교서관이 "예를 끝마쳤다"고 선언하고 수교서관 이하 행사요원이 궁궐로 돌아가면 빈의 아버지가 사당에 가서 납채를 거행하였음을 알린다. 이때 빈자는 인척 가운데 선발하는 것이 관례였는데, 빈의 숙부인 김재홍이 선발되어 유학에서 군직 부사용을 제수받았다. 빈씨 집을 나온 수교서관은 궁궐로 돌아가 국왕에게 납채례가 끝났음을 보고한다.146)

---

145) 『慶嬪嘉禮時嘉禮廳謄錄』 <納采儀>.
146) 『慶嬪嘉禮時嘉禮廳謄錄』 <嬪氏家受納采儀>.

이 의식의 집사관은 수교서관 또는 선교명관 예조판서 서좌보를 비롯하여 알자(謁者), 전생서(典牲署) 부종사(副奉事) 조식(趙埴), 장차자(掌次者) 전설사(典設司) 별검(別檢) 이휘부(李彙溥), 전의(典儀) 통례원(通禮院) 가인의(假引儀) 송영래(宋榮來), 거안자(擧案者) 한성판관(漢城判官) 이종상(李鍾祥), 사재 직장(司宰直長) 윤장선(尹章善) 등으로 구성되었다. 또한 도감에서 준비한 납채와 납폐의 교문은 예문관 제학 박영원(朴永元)이 지었고, 답전문(答箋文)은 승문원 지제교 조재응(趙在應)이 지었다.147) 교문과 답전의 내용은 다음과 같다.

교문: 통훈대부 행 장악원 주부 김재청에게 교시한다. 왕은 말하노라. 저사를 넓히는 일이 중하니 예에 따라 빈을 세우라는 자전의 뜻을 공경히 받들어 이름난 가문에서 빈을 선발하였다. 이에 예조판서 서좌보를 보내 납채를 행하게 한다. 그러므로 이를 교시하노니 마땅히 숙지하기 바란다. 정미년 10월 19일

답전: 통훈대부 행 장악원 주부 신 김재청은 머리를 조아리고 머리를 조아리면서 말씀을 올립니다. 공손히 생각건대 주상 전하께서 경사스러운 명령으로 비루한 족속에서 배필을 찾으시는데, 신의 딸이 채택되어 자리를 채웠습니다. 저의 딸은 남과 같이 교훈과 예의범절에 익숙하지 못하지만, 삼가 성대한 의식을 받들어 엄숙히 전교를 받들겠습니다. 신은 감격을 견디지 못하여 삼가 전문을 받들어 아룁니다. 도광 27년 10월 19일 통훈대부 행 장악원 주부 신 김재청은 삼가 올립니다.

[납폐─10월 20일 손시] 궁궐에서의 납폐 절차는 수교서관이 상의원에서 미리 준비한 현아청공단(玄鴉靑貢緞) 3필과 훈대홍공단(纁大

---

147) 『慶嬪嘉禮時嘉禮廳謄錄』 정미 10월 일.

紅貢緞) 2필의 폐백을 흑칠함에 넣어 빈씨가로 가서 교서와 함께 이를
전달하는 의식이다. 납폐례를 거행할 때의 행사와 관리들의 반차, 국
왕에게 보고하는 질차는 납채례와 동일했다. 국왕이 인정전에서 전교
관 도승지 조병준에게 교서를 내려 납폐의 예를 거행할 것을 수교서
관에게 명한다. 왕명을 받은 수교서관 이하 일행은 병조와 장악원에
서 준비한 세장과 고취의 호위를 받으며, 그 뒤를 교서를 실은 수레가
뒤따르고 속백을 실은 수레가 그 뒤를 따라 돈화문을 거쳐 빈씨가에
도착한다.[148]

　－빈씨가수납폐(嬪氏家受納幣) 빈씨집에서의 납폐의식 절차와 빈
　의 아버지 김재청이 전하는 답서의 격식은 대체로 납채례와 동일하
　다. 그러므로 여기에서는 생략한다.

납폐 의식이 끝나자 곧이어 선교명 의식이 진행되었다. 선교명은 국
왕이 사대부가의 처자를 빈으로 맞이하기 위해 명하는 책봉 의식이다.
교명은 하루 전날에 이미 내입(內入)하였고, 행례하는 날에 내출(內出)
하였다. 이 의식은 흑단령 차림의 가례청 당상, 낭청 및 봉교명관 이하
등이 인정전 악차(幄次) 안에 임시로 두었던 교명을 봉교명관→가례청
당상→근시(近侍)→내시(內侍)→국왕에게 전달되었다가[內入], 내시→
근시→가례청 당상→봉교명관에게 전달하는 의식으로 이루어졌다.[149]

　[선교명－10월 20일] 궁궐에서의 선교명 절차는 빈을 책봉하기 위
　해 책봉문인 교명을 수교명관에게 전달하는 절차이다. 전교관이 "모
　(某)씨를 빈으로 삼고자 경에게 예를 행하도록 명하노라"고 교서를 선
　포하고 교명을 수교서관에게 준다.[150]

---

148) 『慶嬪嘉禮時嘉禮廳謄錄』 <納幣儀>.
149) 『慶嬪嘉禮時嘉禮廳謄錄』 <敎命詣闕內入儀>; <敎命內出儀>.

－빈씨수교명(嬪氏受教命) 빈씨집에서의 수교명 절차에서 경빈은
국왕이 내려준 직금원삼(織金元衫)을 입고 상궁·상전·전언으로부터
교명만을 전해 받아 사배하였다. 빈씨가에서 수교명의가 끝나면, 수
교명관 이하 일행과 빈자, 사자는 궁궐로 가서 국왕에게 복명하고 선
교명례가 끝났음을 알린다.[151]

선교명의를 거행할 때의 행사와 관리들의 반차, 국왕에게 보고하는
절차는 이처럼 납채례와 동일했다. 다만 수납채와 수납폐 의식과 달리
수교명의는 상궁 등 여집사가 참가했다는 점이 주목된다. 교명문은 다
음과 같다.

　　　왕은 이렇게 말한다. 우리 대왕대비께서 종묘사직을 위한 장구한
　　계획을 깊이 생각하시어 빈을 간택하라는 명령을 널리 선포하셨으니
　　이것은 삼대 이래로 천수(天數)를 대하는 예이다. 본손(本孫)과 지손
　　(支孫)이 이어지는 경사가 여기에서 널리 구하고 번창한 운수(運數)는
　　비로소 여기에서 터전이 마련되었다. 아! 그대 김씨는 사계 문원공(文
　　元公) 김장생(金長生)의 후손이며 인경왕후의 친척으로서 시와 예의
　　가르침은 근원이 심원해 흐름이 길고 문벌의 광채는 뿌리가 깊어 발
　　현되는 것이 성대하였으니, 이것은 의당 내려주신 복을 응하여 받아
　　많은 복이 갖추어진 것이다. 이에 신 예조판서 서좌보를 보내 경빈으
　　로 삼고자 명하노라. 오호라. 그대는 더욱 스스로 단정하고 신중히 하
　　여서 능히 공경하는 데에 힘써 체모를 유지할 때는 오로지 효도하고
　　순종하며 마음을 잡을 때는 검소하고 근면하여 위로는 어른들을 받들
　　고 아래 사람들을 부릴지어다. 그리함으로써 왕비의 내치를 돕게 되
　　면 선대의 복과 후대의 공열이 자손이 번창하는 칭송을 영원히 누리

150)『慶嬪嘉禮時嘉禮廳謄錄』<宣教命儀>.
151)『慶嬪嘉禮時嘉禮廳謄錄』<嬪氏受教命儀>.

1847년(헌종 13) 경빈 김씨를 헌종의 후궁으로 책봉할 때 제작된 교명이다(한국학중앙연구원 장서각 소장 K2 - 5203).
교명이란 비빈, 왕세자, 왕세자빈, 왕세손 등을 책봉할 때 교훈과 경계의 글을 써서 내려주는 문서이다. 옥축(玉軸)으로
만든 두루마리 형태로 주황색, 황색, 청색, 백색, 남청색의 비단에 먹으로 필사했다. 교명의 시작 부분에 두 마리 용과
'교명'이라는 글씨를 직조해 넣었다.

　　　　　게 될 것이다. 그러므로 이에 교시하는 바이니 마땅히 명심해라.152)

　　교명을 받은 별궁 처자는 사대부 처자에서 내명부 정1품 빈이 되었
다.153) 경빈 김씨는 다음 날인 10월 21일 오시에 별궁에서 나와 홀로
돈화문 서쪽 협문을 거쳐 입궐하였다. 명복을 입고 머리 장식을 얹어
화려하게 꾸민 경빈 김씨는 가마를 타고 인정문에 도착하는데, 빈의 뒤
를 가례청 당상과 낭청 이하 및 오상사(五上司), 육조의 참판 이상이 흑
단령 차림으로 함께 수종하였다.

　　　　[빈조현대전 - 10월 21일 미시] 궁궐에 입궐한 경빈은 당일 미시에
　　　별전(別殿)에서 대전인 국왕에게 네 번에 걸쳐 절을 하는 의식이다. 이
　　　날 헌종은 원유관과 강사포를 입고 경빈의 조현을 받았다. 경빈은 전
　　　빈(典賓)의 인도로 전날 마련된 어좌에 오른 헌종에게 서쪽 행랑에서
　　　동향하고는 절하는 자리로 나아가 북면하여 사찬과 전찬의 창(唱)에
　　　따라 네 번 절하였다.154)

　　경빈 김씨가 대전 조현례를 마치자 곧이어 동뢰연이 이루어졌다. 동
뢰연 행사장에는 '이성지합 백록지원(二姓之哈百綠之原)'이란 글자를

---

152) 『慶嬪嘉禮時嘉禮廳謄錄』 정미 10월 15일.
153) 『승정원일기』 120책, 헌종 13년 10월 20일(정미).
154) 『慶嬪嘉禮時嘉禮廳謄錄』 <嬪朝見大殿儀>.

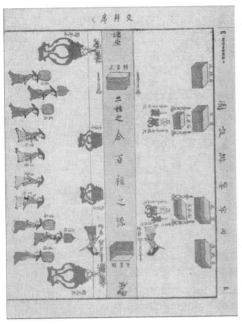

〈그림 28〉〈동뢰연배설도〉

『경빈가례시가례청등록』에 수록된 <동뢰연 배설
도>에서 동뢰연 때에 쓰였던 각종 상(床), 탁(卓),
반(盤), 안(案), 정(亭), 교배석(交拜席) 등의 배치 상
황을 알 수 있다.

새긴 교배석과 십장생이 그려진 큰 병풍을 배경으로 동뢰연상이 마련
되어 있었다.

[동뢰─10월 21일 미시] 동뢰는 혼례의 마지막 절차로, 경빈이 상
궁의 시종을 받으며 국왕과 더불어 술과 음식을 나눔으로써 한 몸이
되었음을 상징하는 절차이다. 국왕은 원유관과 강사포를 착용하고 규
를 잡고 나와 상궁의 인도를 받으며 합 안에 남향하여 서서 전빈을 따
라 북향하여 선 빈의 사배례를 받았다. 이때 국왕은 남쪽 방향에서 바
라보고 빈은 북쪽 방향에서 바라보며 네 번 절을 올렸는데, 이는 신하
가 국왕에게 사배를 올린 경우와 같은 의미이다.

국왕이 어좌에 오르고 빈도 자리로 갔는데, 그들 자리 앞에 상식(尚
食)이 소속 관원을 거느리고 찬안(饌案)을 둔다. 상식 두 사람이 잔에
술을 따라 각각 올리면, 국왕과 빈은 술을 마시고 탕과 음식을 먹는다.
같은 방식으로 초인례(初酳禮), 재인례(再酳禮), 삼인례(三酳禮)가 거
행되었다. 다만 삼인례에서 표주박 술잔을 사용하였다. 이로써 합근
례가 거행된 것이다. 상의가 합근례를 마쳤음을 선언하면 상식은 찬

안을 치우고 국왕은 상궁을 따라 동방(東房)으로 들어가서 원유관과 강사포를 벗고, 빈은 전빈을 따라 위악(幃幄)으로 들어가 명복을 벗는 다. 국왕은 빈이 있는 위악으로 상궁을 따라 들어간다. 빈의 종자가 국 왕의 남은 음식을 맛보고, 국왕의 종자가 빈의 찬을 맛본다.155)

ㄷ. 식후 의식

동뢰를 마지막으로 혼례가 끝나면 다음 날인 22일에 경빈은 대왕대 비전과 왕대비전 그리고 중궁전 등 왕실 어른들께 인사를 드리는 조현 례를 차례로 창경궁 통명전에서 거행하였다. 그 의식을 잠깐 살펴보자.

[대왕대비전 조현례—10월 22일] 상의가 내엄(內嚴), 외비(外備)를 연이어 요청하면 명복을 입고 머리장식을 얹은 빈은 전빈을 따라 합 에 들어간다. 상의가 중엄(中嚴)을 외치면 빈은 서쪽 행랑에서 동향하 여 서고, 외판(外辦)을 외치면 대왕대비가 적의(翟衣)를 갖추고 머리장 식을 얹고는 상궁의 인도로 자리에 오른다. 빈은 대왕대비전 앞으로 가서 사배례를 행하고서 단수반(股脩盤)을 드린다. 상식이 잔에 술을 따라서 바치면 경빈은 사배례를 행하고 잔을 받는다. 찬탁이 자리 앞 에 놓이면 서향하여 무릎을 꿇고서 술을 맛보고 부복하였다가 일어나 사배하고 일어나 몸을 편다. 상식이 찬탁을 거두어 치우면 상의가 자 리 앞으로 나아가 꿇어앉아 예가 끝났음을 알린다.156)

위의 절차 방식으로 경빈 김씨는 왕대비전과 중궁전에 인사드렸다. 이때 대왕대비 순원왕후와 중궁 효정왕후는 적의를 착용하였지만 1846년(헌종 12)에 사망한 부친 조만영(趙萬永)의 심제(心制) 중이었던

155)『慶嬪嘉禮時嘉禮廳謄錄』<同牢儀>.
156)『慶嬪嘉禮時嘉禮廳謄錄』<嬪朝見大王大妃殿儀>.

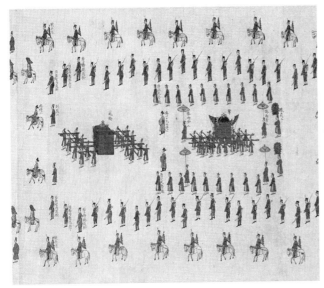

〈그림 29〉『[순종·순정효황후]
가례도감의궤』의 〈반차도〉
1906년(광무 10) 황태자였던 순
종과 황태자비로 간택된 순정효
황후의 혼례 때의 행렬을 그린
반차도이다. 반차도는 행사에 참
여한 인물과 의물들의 배치를 보
여주는 그림으로, 별도의 두루
마리로 제작되기도 하고 이처럼
의궤 안에 그려지기도 하였다.

왕대비 신정왕후는 복색이 마련되지 않았다.[157] 또한 중궁전에는 단수
반을 바치지 않았다.

금혼령과 삼간택을 통해 선발된 경빈 김씨는 별궁에서 납채와 납
폐, 선교명 및 입궐 후의 동뢰연과 조현례 등 혼례절차의 모든 과정을
마쳤다. 이 의식은 6일 만에 이루어졌다. 일주일 뒤인 10월 29일 손시
에 별궁에서 경빈의 관례(冠禮)가 거행되었다.[158] 행사가 끝나자 가례
에 참여한 유공자들을 포상하였고,[159] 그로부터 두 달 뒤에 등록을 제작
하였다.[160]

(3) 용어, 의물, 행사 규모에 드러난 왕비 혼례와의 비교

국왕의 정식 배필인 왕비는 조선시대 여성 가운데에 최고의 지위에

---

157) 『慶嬪嘉禮時嘉禮廳謄錄』 정미 10월 24일.
158) 『慶嬪嘉禮時嘉禮廳謄錄』 정미 10월 24일.
159) 『慶嬪嘉禮時嘉禮廳謄錄』 정미 10월 24일.
160) 『慶嬪嘉禮時嘉禮廳謄錄』 정미 12월일.

있었다. 이 때문에 왕비의 가례는 가장 존귀한 격식과 의식을 가지고 시행되었다. 왕비와 마찬가지로 빈의 가례도 일정한 격식과 의식을 가지고 성대하게 거행되었다. 그러나 신분의 분별을 강조했던 조선 사회에서 왕비, 후궁 가례에는 유교적인 신분적 질서로 인해 차등적인 의례가 적용되었다.161) 따라서 이들 지위에 어울리는 혼례 격식을 비교하여 그 차별을 살펴보기로 한다.

우선 왕비와 후궁은 혼인의 명분부터 달랐다. 왕비의 교명문에는 부부가 인륜의 시초임을 강조하고 사직과 종묘를 받드는 일임을 밝혔다. 실제로 1844년(헌종 10) 헌종과 효정왕후의 가례에서 부부의 역할 또는 예법을 강조하였다.162) 이에 비해 간택후궁을 들이는 주된 목적은 왕실의 후사 확대였다. 이러한 사정이 경빈 김씨의 교명문 안에 잘 표현되었는데,163) "왕비의 내치를 돕게 되면 선대의 복과 후대의 공열로 영원히 자손이 번창하는 칭송을 누리게 될 것이다."고 하여 왕비의 교명문과 달리 부부의 역할을 언급하지 않고 왕실 자손을 잇는 것만을 강조하였다. 계사의 확대가 후궁 선발의 일차적인 목적이었다는 점은 후궁의 선발을 거론하는 과정에서 역대 국왕과 대신들과의 논의 속에서 확인된다.164)

---

161) 이욱, 「조선후기 후궁 가례의 절차와 변천-경빈 김씨 가례를 중심으로-」, 『장서각』 19, 2008, 51~55쪽; 임민혁, 「조선후기 후궁의 가례와 예제-『嘉禮謄錄』을 중심으로-」, 『역사와 담론』 64, 2012, 60~66쪽; 이미선, 「헌종의 후궁 경빈 김씨의 생애와 가례-『慶嬪嘉禮時嘉禮廳謄錄』을 중심으로-」, 『지역과 역사』 44, 2019, 56~63쪽.
162) 『[헌종·효정왕후]가례도감의궤』(藏 K2-2597) <納妃第受納采儀>.
163) 『慶嬪嘉禮時嘉禮廳謄錄』 정미 10월 15일 <敎命文>.
164) 『숙종실록』 권17, 숙종 12년 2월 27일(신해); 『정조실록』 권5, 정조 2년 5월 2일(신유); 『정조실록』 권9, 정조 4년 2월 21일(경오); 『정조실록』 권22, 정조 10년 10월 1일(신축).

또한 왕비와 후궁은 의례 절차가 서로 달랐다. 왕비의 혼례의식은 『국조오례의』「납비의(納妃儀)」로 규정되었으며, 납채, 납징, 고기, 책비, 명사봉영, 동뢰 등 육례(六禮)로 구성되었다. 육례 절차는 조선 전 시기를 통해 큰 변화 없이 계승되었다. 다만 중종조 문정왕후 가례 때에 이르러 국왕의 명을 받은 사신이 교서와 기러기를 가지고 왕비의 집에 가서 왕비를 모셔오는 봉사봉영(命使奉迎)에서 국왕이 직접 왕비의 집에 나아가 신부를 데려오는 친영(親迎)으로 바뀌었을 뿐인데,[165] 1844년(헌종 10) 효정왕후의 가례 역시 『국조속오례의』에 규정된 육례의 순서를 따르고 있음을 알 수 있다.[166]

경빈 김씨의 가례는 「납비의」의 등급보다 위격을 낮추고 대폭 축소된 절차였다. 이 가례는 납채, 납폐, 선교명, 빈조현대전, 동뢰연, 조현왕대비·대왕대비 등으로 진행되었는데, 삼간택과 「납비의」의 육례 절차 일부만을 거행하고 고기 의식이 없다. 고기 의식은 「납비의」에서 국왕이 전교관을 통해 왕비의 집으로 혼인 날짜를 통보하는 절차이다. 경빈 가례에서 고기가 보이지 않은 이유에 대해 궁녀의 입궁 절차를 따라서 만들어졌기 때문이라고 보는 견해도 있지만,[167] 경빈이 효정왕후에게만 주어진 부부의 예를 공유할 수 없는 지위였기 때문이다. 앞서 국왕 또는 세자가 별궁으로 가서 왕비 또는 세자빈을 맞이하여 궁궐로 오는 친영 대신에 빈이 혼자 입궁하여 국왕을 찾아뵙는 빈조현대전 의식이 이러한 추정을 가능하게 한다.

---

165) 장병인의 「조선 중기 이후 국왕의 혼례형태의 변화: 별궁의 운영과 '別宮親迎禮'의 성립」(『조선시대사학보』55, 2010)이 참조된다.
166) 『[헌종·효정왕후]가례도감의궤』(藏 K2−2597).
167) 이욱, 앞의 논문, 2009, 53쪽.

「납비의」에서 『의례』를 쫓아 혼례의 성립을 나타내는 '예물을 보낸다.'는 의미의 납징 대신에 '폐백을 드린다.'는 의미의 납폐로 용어를 썼다. 『국조오례의』에 실린 「왕녀하가의(王女下嫁儀)」에서 납폐 의식이 등장한 만큼 경빈 김씨의 가례는 왕비, 세자빈의 가례보다 격을 낮추어 왕비와 정1품 빈 상호간의 명분을 확립하고 신분적 구별을 두고자 한 것이다. 빈 보다 세 등급이 낮은 숙의의 혼례가 격식을 더 낮춰 독뢰연과 조현례만을 거행한 것과 일맥상통한다.

왕비의 가례와 빈 가례 의식절차의 차이는 동뢰연에서도 나타난다. 동뢰연은 책봉을 받은 왕비가 국왕과의 동등한 지위를 확보한 후 부부의 예를 이루는 것이다. 동뢰란 제사의 희생을 같이 먹는다는 의미로, 이를 통해 신랑과 신부가 결합하였음을 보여준다. 이 의식은 경빈 김씨의 동뢰연과 별다른 차이가 없어 보인다. 이 때문에 후궁 경빈의 동뢰연을 국왕과의 관계에서 부부의 성립을 의미하는 것으로 이해하기도 한다.[168] 그러나 두 명의 처는 일부일처제의 원칙을 적용한 조선 사회에서 예에 어긋나는 행위였으므로, 신분에 따라 의례의 규모가 달라졌다고 보는 것이 타당할 것이다.

흥미로운 점은 왕비의 동뢰연에서는 국왕과 왕비가 상대방에게 읍을 하고 국왕이 왕비를 인도하고 동서로 마주 대하지만 빈의 동뢰연에서는 국왕과 빈이 남북으로 배치된 자리에서 빈이 신하의 지위에서 국왕에게 사배례를 행한다는 점이다. 이러한 절차는 경빈이 신하의 지위에 국왕과 상하관계를 취한 것이라 하겠다. 이처럼 왕비와 빈의 위계의 차이는 분명했다. 빈보다 위계가 아래인 숙의는 독뢰석에서 왕이 참석

---

168) 임민혁, 앞의 논문, 2012a, 61쪽.

<그림 30> 영친왕비 적의

영친왕비가 1922년 영친왕과 함께 일본에서 귀국하여 순종을 알현할 때 입었던 적의이다(국립고궁박물관 소장). 적의는 대례복으로 꿩무늬의 숫자에 의해 구분되는데, 심청색(深靑色)의 옷감으로 사용하여 홑으로 지었다. 이 적의는 138쌍의 꿩과 오얏꽃 168개의 문양이 9등에 걸쳐 수 놓아져 있다(중요민속문화재 제265호).

하지 않은 상황에서 홀로 북쪽을 향해 사배하고 세 번의 술을 맛보았다.169) 왕비와 대왕대비에게 조현하는 자리에서도 사배례를 행했다. 이것은 왕실 구성원 간의 등급에 따라 가례의 절차와 도수에 차별을 둔 것인데, 경빈 김씨 가례는 왕실 여성 즉 왕비, 빈, 숙의 사이의 역할과 위계관계를 뚜렷하게 보여준 것이다.

보통 혼례식의 전반적인 흐름은 사대부가의 혼례와 동일하지만 왕비, 세자빈과 후궁의 가례에서만 볼 수 있는 점은 책례(冊禮)이다. 국왕 또는 세자는 사대부 집안의 여성을 왕비, 세자빈으로 맞이하면서 책봉 의식을 거행하였다. 공주나 옹주 등 왕녀의 혼례 의식인 「왕녀하가의」에서도 볼 수 없는 의식이다. 이때 왕비는 교명, 옥책, 금인을 받았고 세자빈은 교명, 죽책, 옥인을 받았다. 하지만 경빈 김씨는 교명만을 받았다. 책봉할 때에 으레 등장하는 주요 상징물인 책문과 인수가 경빈 김씨의 가례에서 등장하지 않은 까닭에 책빈이라고 하지 않고 선교명이라고 한 것이다. 이때 왕비의 복식은 적의였고, 숙의의 복식은 노의(露衣)였으며,170) 경빈 김씨는 직금원삼이었다.171)

---

169) 『淑儀嘉禮廳謄錄』 병인 4월 26일 <淑儀別宮獨牢宴儀>.

170) 국립문화재연구소, 『국역 국혼정례』, 국학자료원, 2007, 40쪽; 77쪽; 104쪽.

171) 황문환 외, 『정미가례시일기 주해』, 한국학중앙연구원출판부, 2010, 15쪽.

왕비와 후궁의 가례 위격은 행사 규모와 의물을 비교해 보면 그 차이가 확실하다. 우선 가례를 주관하는 기관이 가례도감과 가례청으로 나뉘었다. 가례 대상의 지위에 따라 그 명칭을 달리했기 때문에「납비의」는 초간택 또는 재간택 후에 가례도감이 설치되어 모든 의례를 주도하였지만, 빈 가례는 가례청이 그 업무를 대신하였다.

도감과 청은 조직과 규모 및 책임자의 지위에서도 현격히 차이가 있었다. 행사를 집행하는 담당자들의 지위가 달랐다. 가례도감은 도제조를 비롯하여 제조, 도청, 실무자인 낭청 및 감조관, 원역 등을 임명하였다. 총책임자인 도제조는 삼정승 중에서 1명을 뽑았고, 실무책임자인 제조 3명은 판서급에서 맡았다. 도청과 낭청은 모두 합쳐 8명이었다.172) 효정왕후 가례의 경우, 도제조에는 우의정 김도희(金道喜)가 임명되었고, 제조는 호조판서 박영원(朴永元)과 공조판서 이약우(李若愚), 예조판서 서좌보(徐左輔) 등이 임명되었다.

가례청은 도제조와 제조가 임명되지 않았다. 가례는 예조의 소관이므로, 가례청 당상은 예조의 당상인 판서, 참판, 참의 등 삼당상이 맡았고 도청은 예조정랑 1명과 각사 4품 이상 중 1명, 낭청은 예조좌랑이 맡았으며, 별공작과 감역관, 예모관을 두었다.173) 대부분 예조의 관리가 가례의 모든 일을 전담하면서 상의원과 호조의 업무를 제대로 주관하지 못하자, 정조는 1787년(정조 11) 수빈 박씨를 맞이할 때에 상의원과 호조의 당상과 낭관 각 1명씩을 가례청에 겸임시켰다. 이후 이 규정은 모든 국혼에 법식이 되었다.174) 경빈 김씨 가례 때에 상의원 제조 2명

---

172)『[헌종·효정후]가례도감의궤』갑진 4월일;『[헌종·효정후]가례등록』<座目>.
173)『淑儀嘉禮廳謄錄』병인 3월 26일.
174)『慶嬪嘉禮時嘉禮廳謄錄』정미 7월 25일;『정조실록』권23, 정조 11년 1월 7일(병

행 이조판서(行吏曹判書) 서희순(徐憙淳)과 행 지돈령부사(行知敦寧府事) 김좌근(金左根)을 가례청 당상에 겸임시켰고, 호조정랑 홍종서(洪鍾序)와 상의원 첨정 심원택(沈元澤)을 낭청으로 겸임시켰다. 각 사례별 가례도감과 가례청 관리들의 명단을 정리해 보면 아래【표 11】과 같다.

【표 11】가례도감과 가례청 관리 명단

1844년(헌종 10) 효정왕후가례		1847년(헌종 13) 경빈가례		1686년(숙종 12) 숙의가례	
도제조	우의정 김도희	당상	예조판서 김동건(移拜)*		행 예조판서 여(성제)
			예조판서 서좌보		
제조	호조판서 박영원		예조참판 김정집(移拜)*	당상	예조참판 신(익상)
			예조참판 윤치수		
	공조판서 이약우		예조참의 남병철(移拜)*		예조참의 심(유)*
			예조참의 윤치수(移拜)*		
	예조판서 서좌보		예조참의 정기세		예조참의 황(윤)
		당상 (겸관)	호조판서 이목연(移拜)*		
			상의원제조 행 이조판서 서희순		
			제조 행 지돈령부사 김좌근(移拜)*		
			제조 의정부좌참찬 김흥근		
			호조판서 조두순		
도청	홍문관 부응교 이시우	도청	성균관 사성 박래만	도청	예조정랑 조(홍벽)
	홍문관 응교 정기세				홍문관 부응교 서(종태)
낭청	호조정랑 정시용	낭청	예조좌랑 김득수	낭청	예조좌랑 이(적)
	예조좌랑 최호문(改差)*				
	통례원 인의 신석홍(改差)*				
	광흥창 수 홍장섭				
	사복시 판관 한필교				
	제용감 주부 김동선(改差)*				
	부사과 이익재	낭청 (겸관)	호조정랑 홍종서		
	부사과 임형진		상의원 첨정 심원택		

자);『일성록』정조 11년(1787) 1월 7일(병자).

	부사과 김장순				
감조관	부사용 민치웅	감조관	없음	감조관	없음
	부사용 성원호				
	부사용 김로겸				
	부사용 이정인				
	부사용 조운주				
	부사용 김증현				
감역관	선공감 감역 윤자명	감역관	별공작 선공감 봉사 이항익	감역관	별공작 선공감 부봉사 이동암
	별궁 수리소 선공감 가감역 윤치주		별궁 수리소 선공감 가감역 이충익		본궁(별궁) 수리 선공감 가감역 이진장

* 가례 일정 도중에 교체됨.

　예조에서는 실무를 담당할 정사와 부사 이하 제 집사를 임명했는데, 그 참석 인원과 행사장에 진열된 의장과 의물의 규모에서도 차이를 보였다. 예컨대 왕비 가례에서 납채의 집사관은 정사(정1품), 부사(정2품), 전교관(승지), 전의(통례원관), 협률랑(장악원관), 거안자(참외관, 2명), 집사자(충찬위, 2명), 알자(참외관), 장축자(장원서관), 빈자(참외관), 장차자(전설사관) 등으로 조직되었지만[175] 빈 가례의 집사관은 봉교서관과 전교관(승지), 전의(통례원관), 알자(참외관), 장차자(전설사관) 등으로 조직되었다. 이때 전교관을 제외하고 현훈함차비(玄纁函差備)를 비롯하여 봉교서관(捧敎命官), 봉명복관(捧命服官), 거안집사(擧案執事) 등은 이조에서 차출되었다.[176] 빈 가례는 행사에 참석한 인원이 적었을 뿐만 아니라 사신을 차출하지도 않았다. 종친과 문무백관 4품 이상 조복 차림, 5품 이하 흑단령 차림으로 모두 참석해야 했던 왕비

---

175)『[헌종·효정후]가례등록』13쪽.
176)『慶嬪嘉禮時嘉禮廳謄錄』정미 7월 27일.

의 가례와 차이를 보인다. 사신이 차출되지 않는 대신 수교서관(예조판서) 이하 제 집사관과 승지 등을 참석시켜 그 역할을 담당하도록 했다. 집사관들은 이때 공복을 입었는데, 왕비 가례에 참석한 종친과 문무백관 이하 제 집사관 등이 공복보다 그 격이 높은 조복을 착용한 것과 차이가 있다.

【표 12】각 가례별 납채·납징(납폐)·고기 제집사 명단

1844년(헌종 10) 효정왕후가례		1847년(헌종 13) 경빈가례	
정사	판중추부사 정원용	수교서관 선교명관	예조판서 서좌보
	預差) 의정부 우의정 김도희		
부사	의정부 우참찬 이지연		
	預差) 호조판서 박영원		
봉교문관	성균관 사성 임긍수/ 부사직 김재근★ 병조정랑 이회구◎	봉교명관	홍문관 부수찬 조재응
	부사직 김응균/ 부사직 이제달★ 홍문관 수찬 정◎		부사과 이유응
거안자	호조좌랑 이인봉/ 사도시 첨정 김재경★ 장흥고 주부 이재주◎	거안집사	종친부 전부 홍종형
	사도시 주부 윤치성/ 돈녕부 판관 정면조★ 호조좌랑 조석필◎		군자감 직장 송종문
봉전함관	의빈부 도사 권용수/ 선공감 감역 홍재긍★ 사복사 첨정 윤회대◎	봉전관	병조정랑 김정규
			성균관 전적 김릉
거안자	사용원 주부 이근천/ 평시서 령 정기중★ 장원서 별제 정도화◎	거안집사	호조좌랑 강로
	주부 홍재현/ 제용감 주부 김동선★ 빙고 별제 조계항◎		군자감 주부 김상현
장축자	장원서 별제 이인승		없음

알자	북부 도사 임오상/ 남부 도사 조철림★ 동몽교관 서장순◎	알자	전생서 부봉사 조식
빈자	부사용 장익	빈자	부사용 김재홍
장차자	전설사 별검 이우현	장차자	전설사 별검 이휘부
예모관	통례원 인의 이주만	예모관	통례원 가인의 이희풍
	통례원 인의 홍종문		통례원 가인의 이윤진
속백함차비관	장악원 첨정 민치록★	봉현훈함집사	사복시 주부 이★
	한성부 판관 홍병원★		장흥고 봉사 이상신★
거안자	군자감 주부 김직선★	거안집사	공조좌랑 권학선★
	군자감 봉사 박지수★		공조좌랑 심교진★

★표시: 납징(납폐) 때의 교체 인원
◎표시: 고기 때의 교체 인원

삼간택 후 별궁에 빙재를 보낼 때에 그 규모를 보아도 그 위의의 차이가 현격함을 보여준다. 왕비의 본방 예물은 생저(生猪) 4구, 생양(生羊) 4구, 청주(淸酒) 80병, 오성유밀과(五星油蜜果) 5반, 황염주(黃染紬) 5필, 홍염주(紅染紬) 5필, 백면주(白綿紬) 10필, 초주지(草注紙) 25권, 저주지(楮注紙) 25권, 당주홍칠 대함(唐朱紅漆大函) 1, 구승홍면포 침욕(九升紅綿布寢褥) 1 등이었던 데 비해 빈의 본방 예물은 생저 2구, 생양 2구, 청주 16병이었고, 숙의의 본방 예물은 없었다. 동뢰연에 진열되는 왕비와 빈 가례의 의물에서도 등급의 차이를 분명하게 드러난다.[177] 이는 숙의 혼자서 독뢰연 때에 사용할 물품의 종류와 수량과도 뚜렷한 차이를 볼 수 있다.[178]

한편 왕비와 빈 모두 검은색과 붉은색을 갖춘 폐백을 사용하였지만

---

177) 『慶嬪嘉禮時嘉禮廳謄錄』 <同牢宴饌品內司>.

178) 『淑儀嘉禮廳謄錄』 병인 4월 초2일. "黑漆阿架床一 饌案一內出 黑漆高足床四 黑漆四方盤一 雲足盤三 平盤六 中圓盤一等物件."

신분 지위에 따라 비단의 종류와 양을 달리하였다. 왕비 가례의 납징에서 현색모단(玄色冒段) 6필과 훈색광적(纁色廣的) 4필을 왜주홍칠(倭朱紅漆)을 한 속백함(束帛函)에 담아 보냈지만 경빈의 납폐는 현아청공단(玄鴉靑貢緞) 3필과 훈대홍공단(纁大紅貢緞) 2필을 흑칠함(黑漆函)에 담아 보냈다.[179] 이와 같이 대체적으로 숙의 가례 때에 물목과 응행절목(應行節目)의 여러 일들은 왕자·공주·옹주 가례 때의 사목들을 토대로 마련되었고, 빈 가례 때에는 1787년(정조 11) 수빈 박씨 가례 때의 물목과 사목들을 참작한 것이다.

신분에 따른 각 절차에 소용되는 주요 물품, 복식, 참여 인원수와 지위, 여타의 예제 상에서 나타나는 차이는 간택에서 조현례를 마칠 때까지 거의 모든 의절에서 드러났다. 예를 들면, 각종 의례의 습의(習儀, 예행연습) 횟수, 생안(生雁)의 유무, 의식 참여 인원수와 담당관의 지위, 각 의례에서 소용되는 각종 물품 조달량 등 각 의식마다 차별의 형식과 규모가 매우 다양하게 나타났다. 또한 의식을 마친 후에 왕비 가례의 경우 고사묘(告社廟), 진하(陳賀), 반교(頒敎), 경과(經科) 등을 거행하여 국가적인 경축행사로 진행되었지만 후궁 가례의 경우에는 그렇지 않았다. 물론 형벌을 금지하거나, 금도(禁屠) 등의 특별 조치가 이루어지지도 않았다.

간택후궁의 계사(繼嗣)가 가계 계승과 무관하지 않으나, 그들이 종묘와 사직을 받들 국가의 국모로 뽑히는 것은 아니었다. 따라서 신분제

---

179) 효정왕후 가례의 납징(玄色冒段六匹 纁色廣的四匹 倭朱紅漆束帛函一部 內裏紅綃三幅袺一件 外裏紅紬六幅單袺一件 乘馬四匹)과 경빈 가례의 납폐(玄鴉靑貢緞三匹 纁大紅貢緞三匹 黑漆函一部 內裏紅水紬六幅袺一件 外裏紅水紬六幅單袺一件 支架一部 馬一匹)에서 차이를 보인다.

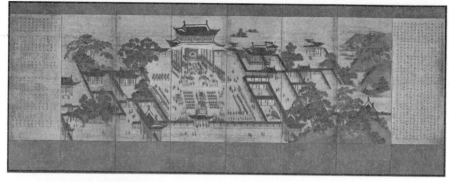

〈그림 31〉 헌종가례진하도병풍

헌종가례진하도병풍(憲宗嘉禮陳賀圖屛風)은 1844년(헌종 10) 10월에 헌종이 계비 효정왕후를 맞이하여 가례를 올린 뒤 진하를 받는 장면을 그린 것이다(경기도 박물관 소장). 헌종은 1843년 효현왕후가 죽자 이듬해 10월 18일 익풍부원군 홍재룡(洪在龍)의 딸을 계비로 책봉하고 21일에 친영례를 치렀다. 헌종은 가례 의식을 모두 마친 이튿날인 10월 22일 경희궁 숭정전에 나아가 교서를 반포하고 문무백관의 진하를 받았는데, 이 장면을 그린 것이다.

사회에서 왕비, 빈, 숙의는 각각 합당한 예우와 그에 준하는 의례 절차 및 의절, 의장의 규모가 요청된 것이다. 그런 점에서 경빈 김씨의 가례는 의절 담당자의 직위, 소용되는 물품 수, 동원되는 인원수 등을 비롯하여 의례 절차 등을 거행할 때 「납비의」에 비해 한 등급 낮춰 진행하였고, 숙의 가례보다 한 등급을 높여 진행하였다. 또한 이 가례는 「왕세자납빈의」와 같은 등급으로 간주되었으나, 세자빈의 가례보다 조금 낮추어 왕비, 세자빈, 정1품 빈, 종2품 숙의의 위상을 분명히 구분 지었던 것이다.

3. 태교와 출산

왕실에서 왕의 자녀를 출산하는 일은 왕실 여성들에게 중요한 일이었다. 왕조시대 출산은 여성 사망의 주요한 원인 가운데 하나로 손꼽을 만큼 위험 그 자체였다. 아이를 낳다가 산모가 죽을 수도 있었고 출산 후에 여러 증상으로 인한 지병을 얻을 수도 있었다. 왕실에서의 출산

관리는 신중할 수밖에 없었다. 산모만 위험한 것이 아니었다. 유아 사망 역시 자주 발생했기 때문이다. 이처럼 산모인 왕실 여성의 안전과 갓난 아이인 왕자녀의 건강을 지키기 위해 왕실은 다양한 노력을 기울였다.

출산 행위와 의례는 시간적 순서에 따라 출산 전과 출산 후로 나눌 수 있다. 출산 전 의례는 태몽(胎夢)에서부터 임신, 태교(胎敎), 그리고 출산의 전후 과정이고, 출산 후 의례는 아이를 출산한 직후부터 첫돌까 지 행해지는 행위이다.

오늘날 조선 왕실의 출산 문화에 대해 살필 수 있는 자료들이 풍부하 지 않다. 그러나 다행스럽게도 왕실 여성의 임신, 출산, 초기 양육에 관 한 내용들이 실린 기록이 남아 전해지는데, 『내의원식례』,를 비롯해서 『육전조례』, 『대군공주어탄생의 제』, 『호산청일기』, 『정유년호산청소 일기』, 『춘추일기』, 『산실청총규』, 『임산예지법』 등이 있다.[180]

『대군공주어탄생의 제』는 이왕직(李王職)에서 왕비의 출산 전후 과 정을 기록한 자료로, 산실청(産室廳)의 설치에서부터 대군과 공주의 출 합(出閤)에 이르기까지의 왕자녀에 관한 규정들이 수록되었다. 『호산 청일기』는 호산청에서 「최숙원방 호산청일기」, 「최숙의방 호산청일 기」, 「최귀인방 호산청일기」를 기록한 자료이다. 이 일기는 숙종의 후 궁인 숙빈 최씨가 세 아들인 셋째 아들 영수(永壽), 넷째 아들 영조, 다 섯째 아들을 출산하는 전후 과정이 기록되었다. 이 자료를 통해 왕실 여성의 위상에 따른 출산 전후 과정과 출산 과정에서 산모와 갓난아이 를 대처하는 방법 등을 살펴볼 수 있다. 『정유년호산청소일기』 역시 고

---

180) 『內醫院式例』(奎 17200), 『六典條例』(藏 K2−2088), 『大君公主御誕生의 制』(藏 K2−2625), 『護産廳日記』(藏 K2−3619), 『丁酉年護産廳小日記』(藏 K2−3618), 『春秋日記』(藏 K2−3617), 『産室廳總規』, 『臨産睿知法』(藏 S06^04^0861).

종의 후궁이자 영친왕(英親王, 1897~1970)의 생모인 귀인 엄씨의 출산 전후 과정을 호산청에서 기록한 일기인데, 1897년(광무 원년) 9월 25일부터 10월 15일까지 21일간의 짧고 소략한 내용을 담고 있다.

왕비의 출산에 대해 기록한『산실청일기』는 현재 남아있지 않다. 다만 내의원(內醫院)에서 작성한『춘추일기』의 약방 기록에 고종과 명성왕후 사이에서 태어난 자녀들의 출산 과정을 파악할 수 있을 뿐이다.『산실청총규』는 왕실의 출산을 담당했던 내의원의 실무진들이 사용하였던 출산 지침서로, 19세기 왕비의 출산에 관한 규정, 출산, 용품과 한약재, 산실 배설 등 왕실의 다양한 출산 의례에 관한 풍부한 내용을 담고 있다.

한편『임산예지법』은 출산에 임박한 임산부인 왕실 여성이 출산을 앞두고 반드시 지키고 따라야 할 지침 내용과 해산 전후 숙지해 두어야 할 방법을 소개하고 있다. 이 책에는 해산 후 몸가짐을 삼가는 방법, 태독을 없애는 방법, 탯줄을 자르는 방법, 젖을 먹이는 방법, 해산 후 씻거나 목욕하는 방법, 신생아를 보살피는 방법 등이 임신에서 출산 그리고 해산의 순서로 기록된 것이다.

왕실 고문서인『궁중발기[宮中件記]』에도 왕실의 산후 의례와 초기 양육 과정, 산후 음식 등이 구체적으로 적혀 있다. 이 절에서는 왕실 출산 관련 자료와 함께 지금까지 축적된 기존 연구 성과를 기반으로181)

---

181) 신명호,「조선시대 궁중의 출산풍속과 궁중의학」,『고문서연구』21, 2002; 김호,「조선왕실의 출산풍경」,『조선의 정치와 사회』, 2003; 김호,「조선후기 왕실의 출산 지침서: 림산예지법」,『의사학』제13권 제2호, 2004; 육수화,「조선왕실의 출산과 안태의 재조명」,『민족문화논총』35, 2007; 김지영,「조선후기 왕실의 출산문화에 관한 몇 가지 실마리-장서각 소장 출산관련 '궁중발기[宮中件記]'를 중심으로-」,『장서각』23, 2010.

왕실의 출산 과정인 태몽에서부터 출산 후 각종 의례에 이르기까지 전반적인 과정을 살펴보고자 한다.

1) 왕실의 다산 기원

예로부터 "망하는 집안은 손(孫)이 귀하다."라는 속담이 전해온다. 반면 자녀를 많이 둔[多産] 집안은 복이 많은 집안[多福]으로 여겼다. 특히 아들이 없는 사람을 '독(獨)'이라 불러 사회에서 가장 불쌍하고 비참한 사람으로 인식하였다.[182]

조선시대 왕실에서는 왕자녀가 태어나면, 왕실 자손이 번성하는 경사라는 뜻으로, '종사지경(螽斯之慶)'이라 했다. 종사란 여치과에 속하는 곤충이다. 이 곤충의 습성은 한 번에 99개의 알을 낳았다. 종사는 중국의 고전인『시경』「국풍주남(國風周南)」<종사>장에 보이는데, 그 내용을 살펴보면, 다음과 같다.

> 베짱이의 날개 수없이 많기도 하지
> 너의 자손의 번성함이 당연하도다.
> 베짱이의 날개 떼 지어 나니
> 너의 자손들 끝없이 많기도 해.
> 베짱이의 날개 떼 지어 모였으니
> 너의 자손의 번성함이 당연하다네.

왕실에서 다산은 왕실의 번영을 의미하였고, 조선이라는 국가의 번영과도 맞닿아 있었다.[183] 따라서 조선 왕실에서는 종사지경이라는 용

---

182) 이경복, 「朝鮮時代 産俗研究」, 『한국학민속학』 11, 민속학회, 1979, 49~50쪽.

〈그림 32〉 백자도병풍
여러 명의 어린이들이 괴석과 나무, 전각 등을 배경으로 즐겁고 평화롭게 놀이하는 모습을 그린 백자도(百子圖)로
꾸민 6폭 병풍이다(국립고궁박물관 소장).

어에 다산을 소망하는 마음을 담아 자주 사용했다. 왕비를 책봉하는 문
서인 교명문과 옥책문에 이를 새겨 넣었는데, 그 내용에는 국혼의 정당
성과 부부의 화합 그리고 다산을 기원하는 글을 함께 담고 있다.

1432년(세종 14) 5월 11일 세종의 비 소헌왕후 심씨를 왕비로 책봉
할 때에도 종사의 경사에 이어 자손이 번성할 것이라는 기대를 교명문
에 새겨 넣었다. 아래 내용은 이를 잘 보여준다.

> 인륜의 중대함은 반드시 배필을 존중히 하는 일을 엄하게 하여야
> 하며, 왕도의 시행은 마땅히 규문(閨門)을 바르게 하는 데서 시작하여
> 야 할 것이다. 이에 옛 법을 상고하여 여기에 떳떳한 의식을 거행한다.
> 모씨는 타고난 품성의 덕이 부드럽고 아름다우며 마음가짐이 깊고 고
> 요하다. 공손하고 부지런하게 스스로 계칙(戒飭)하니 진실로 왕비의
> 법도에 맞으며, 마음을 가다듬고 조심하여 서로 이루었으니 나라의
> 경사를 돈독하게 하였다. 이미 부덕이 화합하고 길하니 마땅히 옥책
> 이 빛나리라. 이에 내조의 법을 크게 하여 중궁의 칭호를 내리노라.
> 아, 『시경』의 「종사」와 같은 아름다움을 이어 본손(本孫)과 지손(支
> 孫)이 번성하게 되고, 「규목(樛木)」과 같은 어짊을 미루어 길이 복록
> 의 왕성함을 누리게 하라."고 하였다.184)

---

183) 김지영, 앞의 논문, 2011, 263쪽.

〈그림 33〉 곽분양행락도

중국 당나라 무장 곽자의(郭子儀)의 생일잔치 장면을 그린 그림이다(국립고궁박물관 소장). 이 그림은 8폭 병풍으로 진한 색채로 그려져 있다. 제1폭과 제2폭은 정자 위에서 바둑을 두고 있는 사람들을 표현하였다. 제3폭, 제4폭, 제5폭은 곽자의가 차일 아래에 앉아 무희·기녀들의 춤과 연주를 감상하고 있고, 그 주위에 아들, 사위, 신하들이 서 있는 모습을 그렸다. 제6폭, 제7폭, 제8폭은 곽자의 집안에서 여성들과 아이들이 노니는 모습을 표현하였다.

　　다산에 대한 소망은 왕실의 혼례 때에 더욱 두드러지게 나타난다. 왕과 왕비의 신혼방인 침전에「구추봉도(九雛鳳圖)」를 꾸미고 최종 간택된 처자가 머무르는 별궁에「곽분양행락도(郭汾陽行樂圖)」를 걸어 놓았다. 이러한 사실은 1802년(순조 2) 순조와 순원왕후의 신혼방인 창덕궁 대조전에 인테리어 공사를 맡았던 선공감 봉사 이이순(李頤淳)이 묘사한 왕과 왕비의 신혼방 모습에서 확인된다.

　　　　대조전은 (생략) 동상방(東上房)은 정침 세 칸으로 동벽에는 모단병
　　　　[牧丹屛]을 세우고, 내북에는「구추봉도」를 붙이고, 중앙의 두 기둥에
　　　　는 예서로 쓴 '창승월광(蒼蠅月光)' 넉 자를 붙이고, 서쪽에는 팔분체
　　　　[八分字]로 쓴 '정심수신(正心修身)' 넉 자를 붙였다. 가장 중앙인 1칸
　　　　방의 서벽에는 매화병(梅花屛)을 세우고, 내벽에는 죽엽병(竹葉屛)을
　　　　세운다.[185]

---

184)『세종실록』권56, 세종 14년 5월 11일(무진).
185) 李頤淳,『後溪集』권5,「雜著」<大造殿修理時記事>(『한국문집총간』권 55, 2008);
　　　박윤희,「궁궐 전각의 장식그림: 창호그림과 부벽화」,『궁궐의 장식그림』, 국립

위의 이이순이 설명했듯이 당시 신혼방으로 사용된 대조전 실내는 부벽화(付壁畵) 형식으로 꾸며졌다. 부벽화는 보통 안위(安慰)를 기원하는 문구나 무병장수를 바라는 「십장생도(十長生圖)」, 그리고 태평성대를 의미하는 상서로운 동물 등을 그려 벽체에 붙이는 장식이다. 그래서 첩부(貼付) 벽화라고 불린다. 대조전 동쪽 윗방 북벽에 걸어놓는 「구추봉도」는 봉황 암수 한 쌍과 아홉 마리의 새끼 봉황, 오동나무, 대나무 가지, 모란 등으로 구성된 「봉황도(鳳凰圖)」와 달, 공작 암수 한 쌍과 여섯 마리의 새끼 공작, 복숭아나무, 대나무 가지, 영지버섯 등을 소재로 사용되어 표현되었다. 해와 함께 그려진 봉황은 양(陽)을 상징하고, 달과 함께 그려진 공작은 음(陰)을 상징하는 의미이다. 암수 한 쌍과 새끼들의 모습은 부부의 화합과 왕실의 다산을 상징하였다.

「곽분양행락도」 역시 왕실의 다산을 바라는 간절한 마음과 관련된 그림이다. 이 그림은 중국 당나라 현종 시절의 인물인 곽자의(郭子儀, 697~781)가 한평생 부귀영화를 누린 그의 생애를 그린 그림이다. 그는 755년(당 현종 13) 안록산(安祿山)의 난을 평정하는 등 공을 세워 분양왕(汾陽王)에 봉해진 무신이다. 그런 그가 8남 7녀를 낳고 무려 85세까지 장수하였다. 게다가 아들과 사위가 모두 입신양명하였고, 손자와 증손자들의 수도 일일이 셀 수 없을 정도였다. 다복한 까닭에 숙종과 정조는 평생 그를 부러워했다. 「곽분양행락도」의 구도를 보면, 세 부분으로 구성되었다. 가운데에는 곽자의가 자손들과 앉아서 가무를 관람하는 모습이고 오른쪽에는 그의 부인이 시종들과 누각에서 중앙을 바라보고 있는 모습이며, 왼쪽에는 연못 위의 정자에서 바둑을 두는 노인

고궁박물관, 2009, 117쪽.

들의 모습이었다.

왕실에서 다산을 기원하는 의미로 세자에게 그림을 내린 왕은 숙종이었다. 숙종은 「곽분양행락도」와 관련된 시문 두 수 「제곽분양행락도사세자(題郭汾陽行樂圖賜世子)」와 「제곽분양행락도(題郭汾陽行樂圖)」를 경종에게 주었다. 그 시구는 아래와 같다.

> 곽분양행락도를 세자에게 하사하며[題郭汾陽行樂圖賜世子]
> 예부터 완전한 복을 누리기는 곽자의를 제일로 여기느니
> 아들, 사위, 손자들이 모두 앞에 섰구나!
> 그림으로 그려 이를 만든 것이 우연이 아니니
> 곁에 두고 보면서 만복과 장수를 누려라.
>
> 곽분양행락도에 제함[題郭汾陽行樂圖]
> 공업이 쌓이니 복록이 왔도다.
> 거문고와 피리가 높고, 훌륭한 집에 열 지어 있고,
> 아들과 사위들이 화려한 연석에서 모시고 있구나.
> 한당에 분양과 비교된 이 없으니
> 임금도 의심치 않았고, 대중 시기도 시기하지 않았네.186)

숙종의 아들, 왕세자인 경종은 희빈 장씨의 아들로 허약하고 자식이 없었다. 이를 걱정한 숙종은 곽자의처럼 자손이 번성하고 병 없이 장수하기를 바라는 간절한 마음을 담아 세자에게 이 그림을 선물한 것이다. 이 그림은 이후로 왕실의 혼례가 있을 때마다 매번 별궁에 걸어놓은 중요한 아이템이 되었다. 순조와 순원왕후의 가례에 다산의 상징과도 같

---

186) 서울대학교 규장각, 「題郭汾陽行樂圖賜世子」『列聖御製 2』권11, 서울대학교 규장각, 2002, 387쪽.

은「곽분양행락도」병풍이 특별히 제작된 것은 다산을 기원하는 마음을 담고 있는 것이라 하겠다.

왕실에서 다산을 기원하거나 원자 탄생을 바라는 마음은 혼례 의식을 거행할 때에 더욱 노골적으로 공공연하게 표현되었다. 문서를 담당한 관청인 승문원(承文院)의 담당자 서사(書寫)와 집안충찬위(執雁忠贊衛) 등 집사관들은 반드시 다산한 사람으로 엄선했다. 서사는 신랑 측 사자가 청혼의 뜻을 담아 신부 측 주혼에게 보내는 채서(采書)와 신부 측 주혼의 답장인 복서(復書)의 글씨를 담당했는데, 글씨를 잘 썼을 뿐만 아니라 아들을 많이 낳은 다복한 사람이어야 했다. 전안례 때 신랑을 쫓아 기러기를 안고 가는 집안충찬위의 경우에도 풍채가 좋고 자식이 많은 복 있는 사람을 선발하였다. 이처럼 왕자녀의 탄생이 왕과 왕비를 포함한 왕실 어른들의 최대 관심사 중의 하나였던 만큼 다산을 소망하는 간절한 마음에서 아들을 많이 낳고 복 많은 신하들을 왕실 혼례의 집사관으로 선호했던 것이다.

2) 태몽과 왕실 태교법

왕자의 탄생에 대한 조선 왕실의 기대는 컸다. 그러기에 왕비나 후궁이 임신을 하면 그것은 왕실뿐만 아니라 국가의 크나큰 경사였다. 이때 왕실의 바람과 임산부의 소망은 왕자가 태어나는 것이다. 왕비는 물론 후궁의 일차적인 소임이 왕실의 자손을 번성시키는 일이었기 때문이다. 그렇다 하더라도 적처인 왕비의 왕자 출산이 우선이었다. 왕실에서 왕비 소생인 적자(嫡子)의 탄생은 왕실의 권위와 왕권을 확고히 할 수 있었고 후궁 소생들 사이의 권력 투쟁을 어떻게 조절할 것인가 하는 문제에 신경 쓰지 않아도 되었다. 무엇보다 출산은 후궁에게 더욱 절실한 것이었다. 왕의 사랑을 얻는 것만으로는 그 자신의 앞날을 보장받을 수 없었기에 왕자녀의 출산은 후궁의 위상을 보다 안전하게 담보할 수 있는 안전장치인 셈이다.

임신 사실을 알게 되는 하나의 징표는 태몽이다. 물론 태몽은 앞으로 태어날 아이의 성별을 예측하는 방법이기도 하다. 태몽에 대한 관심은 출산 전에 태어날 아이의 성별을 미리 알고자 하는 예비 부모들의 욕구가 꿈을 통해서 실현되는 것이다. 이러한 태몽은 태어날 아이의 운명을 예측하는 첫 단계라고 할 수 있다.

흔히 꿈에서 고추, 용, 무우, 오이 등이 나타나면 아들이 태어나는 태몽이고 조개, 가락지, 곶감 등이 보이면 딸이 태어나는 태몽이다. 이러한 남녀 상징의 구분과 차이는 보통 남성과 여성의 생식기와 유사한 모양 여부, 남성의 세계에서 사용하는 물건인 크고, 힘이 센 것인가 아니면 여성의 세계에서 사용하는 아기자기하고 예쁜 것인가의 여부 등 음양의 구분에 따라서 정해진다.[187]

조선시대 왕실에서도 예외는 아니었다. 왕과 왕비의 태몽에 얽힌 이야기는 그들의 지문(誌文)을 통해 확인할 수 있다. 효종이 꾼 손자[숙종]의 태몽은 용꿈이었다. 원손의 탄생을 그 누구보다 기대했던 효종은 자신의 꿈과 관련해서 손자의 초명을 미리 지어놓았는데, 그 일화가 「숙종대왕 명릉지(肅宗大王明陵誌)」에 아래와 같이 전해진다.

> 왕의 어릴 적 자는 용상(龍祥)이다. 효종께서 일찍이 꿈을 꾸셨다. 명성왕후 침실에 무슨 물건이 있어, 이불로 덮여 있었는데, 열어보니

---

187) 홍순례, 「산속에 나타난 태점·태몽 연구」, 『한국민속학』 27집, 1995, 523~540쪽.

용이었다. 효종께서 꿈을 깨어 기뻐하며 말하기를, "장차 원손을 얻을 길조인가!" 하였다. 이에 미리 이름을 지어놓고 기다리던 중 신축년 (1661년) 8월 15일에 왕이 경덕궁 회상전에서 탄생하였는데, 때가 숭정 기원 34년이었다.[188]

영조의 후궁 정빈 이씨가 꾼 진종(眞宗)의 태몽은 상서로운 새[瑞鳥]가 집으로 와서 앉아 있는 모습이었고, 또다시 금거북[金龜]을 현몽하였다.[189] 사도세자가 꾼 정조의 태몽은 신령스러운 용이 여의주를 품고 침전으로 들어오는 꿈이었다. 당시 꿈에서 깬 사도세자는 이 꿈을 성자(聖子)를 낳을 징조라 여겨 곧바로 그 모습을 비단에 그려 벽에 걸어두었다.[190] 순조의 태몽은 궁인이 꾸었는데, 용이 날아오르는 상서로운 꿈이었고,[191] 문조(文祖)의 태몽은 모친인 순원왕후가 꾼 용꿈이었으며,[192] 헌종의 태몽은 어머니 신정왕후가 남편인 익종에게서 갑(匣)에 담긴 옥수(玉樹)를 받는 꿈이었다. 옥수는 옥에 새긴 나무로, 임금의 상징이다. 이처럼 훗날 왕이 될 이들의 태몽은 임금을 상징하는 동물이나 사물이 등장한다.

왕실 여성이 임신을 하면 그다음에는 좋은 아이를 얻기 위한 태교에 들어가게 된다. 태교란 태아의 건강과 좋은 기질의 형성을 위해 산모가 갖추어야 할 마음가짐과 몸가짐을 의미한다. 태교의 영향력은 자칫 잘못될 수 있는 산모와 태아의 생명을 보호하기 위한 장치이다. 그뿐만

188) 선원보감 편찬위원회, 「肅宗大王明陵誌」, 『璿源寶鑑』 II, 계명사, 1990, 250쪽.
189) 선원보감 편찬위원회, 「眞宗昭皇帝寧陵誌」, 위의 책, 1990, 387쪽.
190) 선원보감 편찬위원회, 「正祖先皇帝健陵誌」, 위의 책, 1990, 405쪽.
191) 선원보감 편찬위원회, 「純祖肅皇帝仁陵誌」, 위의 책, 1990, 422쪽.
192) 선원보감 편찬위원회, 「文祖翼皇帝壽陵誌」, 위의 책, 1990, 435쪽.

아니라 "뱃속 열 달이 출생 후 10년의 가르침보다 더 중요하다."는『태교신기(胎敎新記)』의 언급처럼 태어나지 않은 태아의 교육적 의미로도 강조되었다. 아기를 가진 조선의 왕실 여성은 뱃속에 있는 태아가 성장하는 열 달 동안 왕실에서 요구하는 특별한 규칙과 금기사항을 반드시 지켜야 했다. 그렇다면 조선 왕실은 태중(胎中)의 아이를 위해 어떠한 태교를 했을까?

고대 중국에서 태중 교육에 관한 문헌자료 가운데에 가장 오래된 책은 가의(賈誼)가 저술한『신서(新書)』로, 중국 주나라의 태교를 소개하였다. 가의에 따르면, 읍강(邑姜)이 성왕(成王)을 임신하였을 때 서서는 외다리로 서지 않았고, 앉아서는 몸을 비스듬히 하지 않았으며, 웃을 때 떠들썩하지 않았고, 혼자 있을 때 발을 뻗지 않았으며 비록 화가 나더라도 욕하지 않았다고 한다.

한나라 유향(劉向)이 지은『열녀전』에도 태임(太任)이 한 태교 내용을 비롯해 태교 방법이 상세하게 기록돼 있다. 태임은 주나라를 건국한 문왕(文王)의 어머니로, 시어머니 태강(太康)을 잘 섬기고 문왕의 부인이자 며느리 태사(太姒)를 잘 인도한 여성이다. 태강, 태임, 태사 세 여성은 주나라 왕실의 세 어머니인 주실삼모(周室三母)로, 태임과 태사는 조선시대 왕실 여성들이 가장 닮고 싶어 하는 이상적인 여성상이었다. 그들의 태교 역시 이상적인 태중 교육이었다.『열녀전』에 따르면, 태임이 문왕을 임신하였을 때, 눈으로는 나쁜 것을 보지 않았고, 귀로는 음란한 소리를 듣지 않았으며, 입으로는 오만한 말을 하지 않았다고 하였다.193) 즉 태임과 태사는 임신하는 순간부터 정결한 생각만 하고 부정

---

193) 유향 저·이숙인 역, 「주나라 왕실의 세 어머니」,『열녀전』, 예문서원, 1997, 53~58쪽.

한 것은 보지도 듣지도 말하지도 않았다는 것이다. 이러한 올바른 태교를 실천한 결과로 유학자들이 성인으로 추앙하는 문왕과 무왕(武王) 같은 훌륭한 아들을 낳았다는 것이다.

송나라 때 주자에 의해 편찬되어 조선에까지 널리 보급된『소학』「내편」의 태교 내용은 중국 고전 문헌의 기록을 토대로 구체적으로 마련된 것이다. 조선시대 태교의 원형이라고 할 수 있는『소학』에 나오는 태교 구절을 살펴보면 아래와 같다.

> 부인이 아기를 잉태하면 모로 눕지도, 모서리나 자리 끝에 앉지도 않았으며 외다리로 서지 않았고, 거친 음식도 먹지 않았다. 자른 것이 바르지 않으면 먹지 않았으며 자리가 바르지 않으면 앉지 않았다. 현란한 것을 보지 않았고, 음란한 음악은 듣지 않았다. 밤에는 눈먼 악관에게 시를 읊게 하였고 올바른 이야기만 하게 하였다. 이와 같이 하여 자식을 낳으면 반듯하고 재덕이 남보다 뛰어난 법이다. 그러므로 아이를 가졌을 때 반드시 감정을 신중히 해야 한다. 선하게 느끼면 아이도 선하게 되고, 나쁘게 느끼면 아이도 악하게 된다. 사람이 태어나 부모를 닮는 것은 모두 그 어머니가 밖에서 느끼는 것이 태아에게 전해진 까닭이다. 그러므로 아이의 모습과 마음이 부모를 닮게 되는 것이다. 문왕의 어머니는 자식이 부모를 닮게 되는 이치를 알았다고 할 수 있다.[194]

위 구절에서 임산부에게 언급한 주의사항은 산모와 태아의 안전과 건강을 위한 것이었다. 모로 눕거나 모서리나 자리 끝에 앉았다가 떨어질 수 있고 외다리로 서 있다가 넘어질 수도 있고 거친 음식을 먹지 말라는 것 역시 소화를 잘 시키기 위한 것으로 건강과 관련된 사항이었

---

[194]『小學』권1,「立教」.

다. 이처럼 태교의 시작은 대체로 건강과 안전을 염두에 두는 것이라 하겠다. 이러한 주요한 내용을 담고 있기에 이 구절은 조선시대 태교에 관한 내용을 수록한 여러 문헌 속에 두고두고 회자되면서 반복해 인용되었다. 덕종 비 소혜왕후의 『내훈(內訓)』을 비롯해 율곡 이이의 『성학집요(聖學輯要)』, 허준의 『동의보감』, 사주당(師朱堂) 이씨의 『태교신기』, 빙허각(憑虛閣) 이씨의 『규합총서(閨閤叢書)』 등 많은 문헌에서 태교에 관해 빠지지 않고 언급된 것이다. 눈여겨봐야 할 것은 1475년 (성종 6)에 편찬한 소혜왕후의 『내훈』 「모의장(母儀章)」이 『열녀전』의 태교 내용을 거의 답습하였고 임신한 왕실 여성이 실천해야 할 태교의 지침서가 되었다는 사실이다.

조선시대 왕실의 태교에 대한 기록은 단연 『성학집요』의 금기사항을 손꼽을 수 있다. 『성학집요』는 이이가 1575년(선조 8)에 선조에게 바친 제왕의 학문 내용을 정리한 책이다. 이 책은 훗날 일종의 제왕학 교과서가 되어 국왕과 왕세자의 교육에 많은 영향을 주었다. 그는 태교와 조기 교육의 필요성을 아래와 같이 강조하였다.

> 옛날에는 부인이 아이를 임신하면 옆으로 누워 자지 않고, 비스듬히 앉지 않으며, 외발로 서지 않고, 맛이 야릇한 음식을 먹지 않았다. 사특한 색깔을 보지 않고, 음란한 소리를 듣지 않으며, 밤이면 장님에게 시를 외우고 바른 일을 말하게 하였다. 진씨(陳氏)는 "도는 말한다는 뜻이요, 바른 일[正事]이란 일이 예에 알맞은 것을 가리킨다. 장님에게 시를 외우게 한다는 것은 그 소리가 정밀하기 때문이다."[195]

---

195) 『聖學輯要』 제4장, 「敎子」.

『성학집요』가 국왕을 위한 책이라면, 『태교신기』는 백성들을 위한 책이었다. 『태교신기』는 1800년(정조 24)에 사주당 이씨가 집필하였다. 이 책은 태교의 이치부터 구체적 방법에 이르기까지 양반가의 태교 방식을 잘 보여준다. "이름난 의사는 병이 생기기 전에 미리 다스리고, 아이를 잘 가르치는 자는 태어나기 전부터 시작한다."는 사주당 이씨의 주장은 태교가 얼마만큼 중요한가를 잘 보여주고 있다.

태교는 이처럼 조기 교육의 필요성을 강조한 장치이자 출산으로 인한 산모와 태아의 사망을 방지하기 위한 조처였다. 17세기에 편찬된 『동의보감』에도 임신 중 하지 말아야 할 행동과 먹지 말아야 할 음식 및 약물 등 임산부의 금기사항이 비교적 상세하게 언급되어 있다. 이 책에서 언급한 임신 중의 주의사항은 아래와 같다.

> 임신 때 태교법
> 일반적으로 임신 때 몸조리를 잘하기 위해서는 옷을 너무 덥게 입어서는 안 되며, 음식을 배불리 먹어도 안 되고 술을 많이 마셔도 안 된다.
> 달인 약을 함부로 먹어도 안 되며, 침과 뜸을 함부로 맞아도 안 된다.
> 무거운 것을 들거나 높은 곳으로 올라가거나 험한 데를 걸어서도 안 되고 힘든 일을 지나치게 해서도 안 된다.
> 잠을 지나치게 자거나 누워 있어도 안 되고 몹시 놀라도 안 된다.
> 해산할 달에 머리를 감아서도 안 되고, 높은 곳에 있는 변소에 올라가서도 안 된다.
> 특히 임신이 된 뒤로는 절대로 성생활을 해서는 안 된다. 태동을 일으켜 피를 나오게 하기 때문이다.
> 또한 태살이 든 방향에 가서도 안 된다.196)

---

196) 『東醫寶鑑』, 「雜病」; 신동원 외, 『한권으로 읽는 동의보감』, 들녘, 1999, 698~

다음은 임신부의 음식 금기에 관한 내용들이다.

임신 때 가려야 할 음식

당나귀나 말고기를 먹으면 해산할 달이 지날 뿐 아니라 난산한다.

토끼고기를 먹으면 아이가 언청이가 된다.

비늘 없는 물고기를 먹으면 난산한다.

방게를 먹으면 태아가 가로놓여 나온다.

양의 간을 먹으면 태아에게 좋지 못한 일이 많다.

닭고기와 달걀을 찹쌀과 같이 먹으면 아이에게 촌백충이 생긴다.

오리고기나 그 알을 먹으면 아이가 거꾸로 나오고 뱃속이 차다.

참새고기를 먹고 술을 마시면 아이가 거꾸로 나오고 뱃 속이 차다.

참새고기를 먹고 술을 마시면 아이가 음창하고 부끄러운 것을 모른다.

자라고기를 먹으면 아이의 목이 짧아진다.

생강 싹을 먹으면 아이의 손발 가락이 많아진다.

율무쌀을 먹으면 유산한다.

보리길금(맥아)을 먹으면 태기가 삭는다.

비름나물을 먹으면 유산한다.

마늘을 먹으면 태기가 삭는다.

메기를 먹으면 아이에게 감식창이 생긴다.

산양의 고기를 먹으면 아이에게 병이 많다.

여러 가지 버섯을 먹으면 아이에게 경풍(驚風)이 생긴다.

임신 때 꺼려야 할 약물

거머리, 등에, 오두, 부자, 나팔꽃씨, 복숭아씨, 매미, 허물, 날다람
쥐, 도마뱀 등 꺼려야 할 약물이 매우 많다.[197]

699쪽.

197)『東醫寶鑑』,「雜病」; 신동원 외, 위의 책, 들녘, 1999, 699~700쪽.

임산부가 지켜야 할 금기사항은 오늘날의 시각에서 바라보면, 비과학적인 사항도 있긴 하지만 대체로 임산부의 안정을 중시하고 건강하게 출산하기 위한 바람이 있다는 점에서 현재에도 주의 깊게 살펴볼 필요가 있다.

실제 왕실의 태교는 아침에 눈을 뜨는 순간 시작된다. 성현의 교훈을 새긴 옥판을 보고 그 말씀을 외우는 것으로 아침을 맞았다. 옥판을 사용한 이유는 옥 자체가 몸에 이롭고, 빛깔도 정서적으로 편안하게 해준다는 생각에서였다.[198]

본격적인 태교는 임신 3개월째부터 시작되었다. 환경을 중요시 여겨 동백기름, 꿀, 계란 등으로 머리와 피부를 가꾸었고, 얼굴을 씻을 때에는 팥, 녹두, 콩을 가루로 만들어 비누 대신 사용하였다. 임신 5개월째부터 낮에는 당직 내시, 밤에는 상궁, 나인이 『천자문』, 『동몽선습』, 『명심보감』 등을 낭독하게 하였다. 영양 관리에도 신경을 써 7개월에 접어들면 고기반찬인 육선(肉膳)을 피하고 잉어, 오골계, 쇠고기, 전복 등을 넣고 끓인 용봉탕(龍鳳湯)이 식단에 올랐다. 임금의 물고기인 잉어는 왕자 생산을 위한 영양식이었다.

한편 잉태한 왕비의 처소에는 십장생도 병풍이 쳐졌다. 그것을 보며 왕비가 직접 누비옷을 직접 바느질을 해 왕자의 탄생을 기원하였다.[199] 이러한 정성을 다하며 노력하는 태교는 애초 산모가 보고 느낀 것을 태아가 감응한다는 한의학적 학설에 바탕을 두었던 것으로 보인다. 왕실의 태교는 제왕을 만들기 위해 인간의 기질을 변화시키는 가장 근원적이고 기본적인 교육적 노력의 시작점이라 할 수 있겠다.

---

198) 이원섭, 『胎敎寶鑑』, 동방미디어, 2000.
199) 김문식·김정호, 『조선의 왕세자 교육』, 김영사, 2003, 23~28쪽.

3) 출산 준비 및 과정

(1) 산실청과 호산청의 제도적 마련

태교가 임신한 왕실 여성의 몫이라면, 출산 준비와 사후 관리는 국가와 왕실의 몫이었다. 차기 왕이 태어날지도 모르는 왕비의 출산 과정은 물론 왕의 자녀들로 성장할 후궁의 출산 과정에 대해 국가는 적극적으로 지원하지 않을 수 없었다. 그만큼 앞서 언급했듯이 왕실 여성의 출산은 국가적인 큰일이었기 때문에 왕실과 국가는 일정한 제도와 절차를 마련해서 무언가 역할에 수행하는 데 노력을 기울였다.

왕실 여성의 출산이 임박하게 되면, 산실 마련에 주의를 기울였다. 관상감이 길일을 택하면 내의원에서 출산을 전담하는 임시 기구인 산실청 또는 호산청을 설치하였다.[200] 산실청은 대통을 잇는 왕위계승자를 낳을 왕비와 세자빈 등의 출산을 위해 설치된 기구였고, 호산청은 후궁의 출산을 위해 설치된 기구였다. 산실청과 호산청의 차이는 왕비와 후궁의 신분적 격차에 따른 권리의 차이를 반영하는 것이다. 1638년(인조 16) 서경우(徐景雨)가 호조의 보고를 기반으로 올린 글에, "중전이 쓰는 출산 비용이 100냥인데, 숙원의 산실청에서 쓰는 비용도 100냥이라면 이는 차등이 없는 것입니다. 사세에 편치 않습니다. 등급의 구분이 없을 수 없습니다."[201] 라고 왕비와 후궁의 출산 비용에 차이를 주장한 이유는 적처를 중시한 조선 사회 신분제의 특징을 보여주는 것이라 하겠다.

출산은 예나 지금이나 위험한 일이다. 해산은 고통이 따르고 자칫 잘

---

200) 『六典條例』 권6, 「禮典」 <內醫院>. "護産廳[嬪宮及宮人有娠 則設]"
201) 『승정원일기』 3책, 인조 16년 1월 7일(신미).

못하면 산모는 물론 아이의 생명과 안전을 장담할 수 없는 위기의 순간이기도 하다. 왕실 여성 중에 아이를 낳다가 죽은 임신부가 있었다거나 갓 태어난 아기가 죽었다는 것은 해산의 위험성을 잘 드러낸다. 고종의 비 명성왕후는 순종을 낳기 전에 이미 두 번의 출산 경험이 있었다. 그녀는 1891년(고종 28)에 태어난 원자를 출산의 기쁨을 느껴보지도 못하고 나흘째 되어도 대변이 제대로 나오지 않은 어린 왕자를 떠나보냈고, 2년 뒤인 1893년(고종 30)에도 태어난 공주를 돌이 되기 전에 또다시 떠나보냈다.

왕비의 출산 담당 기구인 산실청이 언제부터 세워졌는지 알 수 없다. 그러나 그 명칭이 처음 보이기 시작한 때는 1603년(선조 36)이었다. 그 내용은 아래 기사와 같다.

내의원이 아뢰기를, "중전의 산실을 배설하는 일에 대해 지금 사관 김대덕(金大德)의 장계를 보니 매우 소루합니다. 평상시의 절목은 본시 해사가 등록하는 것이므로 사서(史書)에 자세히 싣지 않은 것은 사세가 그러한 것입니다. 지금 이미 의거할 만한 전례가 없으니, 신들의 의견으로는 따로 절목을 만들 필요 없이 단지 중전산실청이라고 호칭하고 어의 4원 모두가 입직하게 하며, 필요한 잡물은 내의원 제조가 각사에 호령하여 진배하게 하는 것이 좋겠습니다. 그리고 제조의 입직에 대해서는 전에 전교를 받들었는데, 우선 들은 대로 계달하겠습니다. 지금은 사관의 등록이 전혀 소루하니 혹 약에 대해 의논할 일이 있으면 내의원 제조가 일제히 모여 의논하여야 합니다. 따라서 1원이 혼자 숙직해서는 안 됩니다. 혹 야간에 출입하면서 약료(藥料)에 대해 외사(外司)에 지휘할 일이 없지 않을 것이니, 그렇다면 제조는 입직하지 않을 수 없습니다." 하였다. 답하기를, "의관은 전례대로 3원이 입직하고 제조는 입직할 필요 없다." 하였다.[202]

위 인용문에 의하면, 1603년(선조 36)에 중전의 산실청을 설치한 후 의관 3명을 입직하도록 하였다. 당시 중전인 선조의 두 번째 왕비 인목 왕후(仁穆王后)의 출산을 위해 설치된 것이다. 이때에 그녀는 정명공주 를 낳았다. 왕실의 출산에서 왕비와 후궁의 대우가 엄연히 달랐기 때문 에 궁궐 안에서 해산할 수 있는 여성은 국왕과 세자의 정실(正室)로 제 한되었다. 산실청이란 이름도 중전과 세자빈의 출산에만 붙여졌다.

임신한 후궁은 출산 임시 기관인 호산청이 선조 연간에 생기기 전까 지 궁궐 밖으로 나가 사제인 친정집에서 해산하였다. 이때까지만 해도 그들을 위한 출산 기관이 설치되지 않았다. 다만 국가에서는 안전한 분 만을 위해 내의원의 의관과 여의, 시녀 등을 궐 밖에 나가 있는 후궁의 거처로 파견시켜 그들의 출산을 돕도록 했다.[203] 그렇다 보니 궐 밖에 나간 만삭의 후궁들이 해산하다가 사망한 일들이 발생하게 되었다. 1580년(선조 13)에 선조의 후궁인 김씨와 정씨가 잇달아 해산하다가 난산 끝에 사망하였다.

> 숙의 정씨가 졸했다. 조종조에는 대궐의 법이 너무 엄하여 후궁이 잉태를 하면 친정집으로 보내어 분만하게 하였는데 이때에 이르러 김 씨와 정씨가 잇달아 산고병으로 죽자, 상이 치료를 잘못하여 그런 것 인가 의심하였다. 그래서 이때부터 후궁이 잉태하면 대궐 안에서 해 산을 기다리게 하는 법령을 만들었다.[204]

---

202) 『선조실록』 권160, 선조 36년 3월 22일(무인).

203) 『중종실록』 권21, 중종 9년 10월 17일(병오); 『중종실록』 권21, 중종 10년 3월 8 일(을축). 『조선왕조실록』에서 호산청이라는 용어는 1688년(숙종 14) 10월 28일 에 처음으로 등장한다.

204) 『선조수정실록』 권14, 선조 13년 11월 1일(정묘).

이때 사망한 정씨는 정유침(鄭惟沈)의 손녀이자 정철과 인종의 후궁 귀인 정씨의 조카인 숙의 정씨이다. 1571년(선조 4)에 선조의 후궁이 되었다가 스물네 살이 되는 이 해에 죽었다.[205] 먼저 죽은 김씨는 광해군의 어머니 공빈 김씨이다. 그녀는 1575년(선조 8)에 광해군을 낳은 후 산후조리가 미흡했는지 2년간 계속된 산후병 탓에 1577년(선조 10) 5월, 스물다섯 살의 젊은 나이로 세상을 떠났다. 공빈 김씨와 정씨 두 명이 연달아 산고병으로 죽게 되자 선조는 궁궐 밖에서의 출산 관리가 부실한 탓이라고 판단했다. 이들의 죽음을 계기로 선조는 궁궐 안에 후궁을 위한 산실을 설치하여 대궐 안에서 출산하도록 하는 특단의 조치를 내렸다. 그래서 그 후로는 후궁도 궁궐 안에서 해산할 수 있었다. 물론 궁궐 밖에서 해산해도 왕실에서 특별한 배려를 베풀어주었겠지만, 궁궐 안에서 출산하는 것이 덜 위험했을 것이다. 결국 1619년(광해군 11)에 광해군의 후궁 소의 윤씨의 산실을 설치하기에 이른다.[206]

그러나 호산청이란 명칭은 1688년(숙종 14) 10월에야 비로소 불리게 되었다. 왕비의 산실청과 후궁의 호산청은 17세기에 제도적 장치가 마련되었고, 이후로 세부적인 규정들이 각각 마련되었다. 왕실 여성의 출산을 위한 이러한 전담 기구의 설치는 왕실에서 출산이 국가가 관여해야 할 중요한 일이었음을 나타낸 것이다. 실제 해산 과정이 임산부의 상태에 따라 다양한 상황에서 예외적인 변수가 항상 존재하고 있었음에도 산실청과 호산청을 구별한 것은 왕실 가족 내의 종법적 위계질서를 의미한다.

---

205) 崔岦의 『簡易集』에 실린 <貴人鄭氏墓誌銘>에는, 1579년(선조 12) 4월에 23세를 일기로 죽었다고 기록되어 있어 『실록』과 『간이집』의 내용에 차이를 보인다.
206) 『광해군일기』 권139, 광해군 11년 4월 8일(신유).

(2) 호산청의 설청 과정 및 규모

처첩제의 조선사회에서 적처와 첩 사이의 차별은 엄격히 구분하였다. 왕실 출산에 있어서 왕비와 후궁의 차이는 출산 전의 준비과정에서 뚜렷하게 나타났다. 출산에 임한 왕실 내 여성의 지위에 따라 출산을 담당할 임시 기구인 청의 격이나 규모에 차이가 있었다. 주지했듯이 왕비의 출산을 돕기 위해서는 산실청을, 후궁의 출산을 돕기 위해서는 호산청을 설치하였다.

후궁을 위한 호산청은 왕비를 위한 산실청에 비해 격이 낮고 청의 규모가 작았다. 보통 출산 예정일보다 3개월 전에 내의원에 산실청이 설치되었다면 호산청은 출산 예정일보다 한 달 전에 마련되었다.[207] 왕실에서 산실청 또는 호산청이 설치된다는 것은 왕비를 비롯한 왕실 사람들이 본격적인 출산 준비에 들어간다는 것을 의미한다.

왕실 여성의 출산을 앞두고 산실청이나 호산청 설치에 대한 임금의 전교가 있으면 의관을 천거해 정하고 탕약서원과 의녀 등 실무진을 임명하였다. 그러면 우선 왕비를 위한 산실청의 인원 배치 등의 규모 등을 살펴보기로 하자.

산실청은 최고 책임자인 세 명의 제조와 실무담당자 그리고 잡역을 담당하는 원역들로 구성되었다. 세 명의 제조는 내의원의 도제조, 제조, 부제조가 맡았고,[208] 실무담당자는 의관, 행정관, 주시관(奏時官), 권초관(捲草官) 등이다. 의관은 남녀 의사인 어의와 의녀, 침의, 의약동참(議藥同參) 등 내의원의 전문가들로 의술을 담당하였고, 행정관인 별

---

207) 『六典條例』 권6, 「禮典」 <産室廳>. "護産廳 前期一朔排設."
208) 『六典條例』 권6, 「禮典」 <內醫院>.

〈그림 34〉『호산청일기』

영조의 생모 숙빈 최씨의 출산 전후 과정을 호산청에서 기록한 일기이다. 모두 3책으로 제1책은 영조의 동복형, 제2책은 영조, 제3책은 영조의 동복아우의 출산에 관한 것이다(한국학중앙연구원 장서각 소장 K2 - 3619).『최숙원방 호산청일기』(1693. 9. 3.~10. 16)는 숙종의 세 번째 아들(영조의 동복형)을 낳을 때의 기록이다.『최숙의방 호산청일기』(1694. 8. 1.~9. 19)는 영조를 낳을 때의 기록이며,『최귀인방 호산청일기』(1698. 7. 1~7. 13)는 숙종의 다섯 번째 아들(영조의 동복제)을 낳을 때의 기록이다.

장무관(別掌務官)과 서원(書員)은 행정 실무를 담당하였다. 그 외에 주시관은 시간을 알려주었고, 권초관은 출산 후에 산(産) 자리에 깐 짚자리를 거두는 일을 맡았다. 어의는 두 세 명, 내의는 한 명을 장망(長望)으로 차출하였는데,[209] 여의사인 의녀도 참여하였다. 침의 및 의약동참은 왕의 특교로 특정인을 뽑거나 어의, 내의와 함께 차출되었다. 별장무관과 서원은 초기(草記)로 왕에게 보고하여 차출되었으며, 주시관은 관상감에서, 권초관은 이조에서 정2품 이상의 관원에서 뽑았다. 산실청의 원역은 사복시 등에서 충원되었다.[210]

호산청에는 내의원의 제조 3명 대신 의관 1~2명만 차출되었고, 침의나 의약동참은 없었다. 출산 때 자리에 깐 짚자리를 거두는 권초관을 별도로 차출하지 않고 그 일을 호산청의 의관으로 겸임시켰다.[211] 다

209)『內醫院式例』「設廳」<護産廳>.
210)『內醫院式例』「設廳」<産室廳>;『六典條例』권6,「禮典」<産室廳>.
211)『內醫院式例』「設廳」<護産廳>.

만 호산청의 운영을 보좌할 서원, 주시관, 사복시 원역, 의녀 등을 배속 시켰다.

산실청이나 호산청에 실무를 담당할 의관이 모두 선정되면, 담당자들은 임신한 왕실 여성의 건강을 살피기 위해 이틀에 한 번씩 정기적으로 문안을 드려 임산부의 상태를 살폈다. 특히 의녀는 왕비 옆에서 주야로 대기하면서 왕비의 몸 상태를 진찰하였고 이상이 발견되면 어의에게 보고하여 조치하였다. 이때 국왕은 담당 의관에게 매번 술을 내렸다. 출산이 임박하면 왕의 하교에 따라 궁궐에서 숙직하였고, 두 명의 의관이 매일 문안을 드렸으며, 산모와 태아의 상태를 왕에게 보고했다.

출산 담당 기관의 직제와 운영이 실제 어느 정도 적용되었는지를 고종 비 명성왕후의 출산을 위해 설치된 산실청과 숙종 후궁이자 영조의 생모 숙빈 최씨의 출산을 위해 설치된 호산청의 기록을 통해 대략적인 규모를 가늠해 보기로 한다.

1874년(고종 11) 2월 8일, 고종은 명성왕후가 원자를 출산한 지 7일째에 산실청을 해체하면서 관련자들에게 상을 내렸다. 그것을 적은 별단을 살펴보면, 산실청의 책임자인 세 명의 제조는 도제조에 영의정 이유원(李裕元), 제조에 예조판서 박제인(朴齊寅), 부제조에 도승지 이회정(李會正)이었고, 권초관은 조구하(趙龜夏)였다. 의관은 어의에 정재영(鄭在英)·이장혁(李章爀)·유한위(劉漢緯)가 맡았고, 내의에 김은(金澱)·정재만(鄭在晚)·김윤(金潤)·정의겸(鄭宜謙)·이명석(李命錫)이 맡았으며, 침의에 팽계술(彭繼述)·정재인(鄭在寅), 의약동참에 정례수(鄭禮秀)·홍익보(洪翼普)·이호석(李好錫)이 임명되었다. 이외에 별장무관 변응익(邊應翼), 장무관 김재호(金在瑚), 서원 김의묵(金毅黙), 주시관 조한정(趙漢鼎)·김만유(金勉儒) 등이 차출되었다. 원역에는 혜국겸역(惠局兼

役)·양향청겸역(糧餉廳兼役)·어영청겸역(御營廳兼役) 등이 있었다.212)

반면 숙종의 후궁인 숙빈 최씨는 숙의 시절인 당시 영조를 출산하였다. 1694년(숙종 20) 8월 1일, 숙종은 최숙의의 산달이 9월이므로, 내의원에 출산에 관한 제반 준비를 하도록 명하였다. 이날 내의원에서는 최성임(崔聖任), 정유각(鄭惟覺), 김여기(金汝器), 전세홍(全世弘) 등 19명을 호산청 의관으로 추천하였다. 숙종은 이들 가운데 최성임과 전세홍 두 명을 의관으로 정하였다. 곧이어 다음 날에 승정원에서 추천한 서원 윤이준(尹以俊), 배충상(裵忠相) 두 명과 의녀 인향(仁香), 승례(承禮) 두 명을 배속하였다. 결국 이때의 호산청에는 의관 두 명, 서원 두 명, 의녀 두 명 등 모두 6명의 인원을 배속하였다.213) 그나마 내명부의 직첩을 받은 후궁의 경우이고, 그렇지 못한 경우에는 또 달랐다.

고종의 후궁으로서 훗날 황귀비에까지 오른 엄씨의 경우, 영친왕을 출산할 때 내명부의 직첩을 받지 못한 궁인의 처지였다. 아관파천(俄館播遷) 이후에 그녀는 고종과 함께 경운궁으로 환궁한 1897년 9월 25일에 아들 영친왕을 낳았는데, 이때 고종은 엄씨의 산후조리를 위해 경운궁 숙옹재(肅雍齋)에 호산청을 설치하도록 명하였다. 이곳에 박준승(朴準承)과 최석우(崔錫祐) 등 의관 2명을 비롯하여 차지관(次知官), 종사관(從事官), 별장무관, 탕약고원(湯藥雇員), 의녀 등만이 배속되었다.

이외에 호산청에는 의관을 숙직시키지 않았고 내의원 세 명의 제조도 관여하지 않았기 때문에 해산 전까지 의관의 문안만이 허용되었다. 호산청이 설치된 후에 궁궐 안에서 태형과 장형 등의 형벌을 금지하거

---

212) 『春秋日記』, 동치 13년 갑술 2월 14일.
213) 『崔淑儀房護産廳日記』, 「甲戌八月初一日」; 「甲戌八月初二日」. 신명호, 앞의 논문, 2002 재인용.

그림 35〉『임산예지법』
산을 앞둔 왕실 여성이 출산 전후로 지키고 따라야 할 여러 지침과 금기를 기록한 자료이다(한국학중앙연구원 장서각 소장 RD00861). 주요 내용은 출산에 앞서 미리 알아두면 좋은 기초 상식들, 해산 후 산모가 몸을 스르고 건강을 회복하는 방법, 태독을 없애는 방법, 탯줄을 자르는 법, 젖 먹이는 방법 등에 관한 기록으로, 선시대 왕실 여성의 출산 과정을 구체적으로 살필 수 있는 귀중한 자료이다.

나 짐승을 도살하는 행위를 금하는 조치가 특별히 시행되지도 않았는데, 산실청의 설치 후에 특별 조치가 내려졌던 것과는 확연히 달랐다. 이와 같이 왕실 가족 내의 지위에 따라 왕실 출산과 관련된 규정에서 차이가 있었음을 알 수 있다.

(3) 산실 장소와 출산 풍경

조선의 유교적인 신분 질서에 따른 예법 질서로 왕실 가족 내의 지위에 따라 왕비의 산실청과 후궁의 호산청이 각각 다른 규모로 설치되고 그 수량 및 행사를 집행하는 사람들의 지위는 달랐다. 하지만 왕실 자녀의 안전한 출산을 바라는 마음은 왕비의 출산이나 후궁의 출산이나 같은 마음이었기에 산실 공간과 출산의 풍경은 지위 고하를 막론하고 거의 비슷하였다.

산실청 또는 호산청은 출산을 도울 실무진들이 조직되면서 만들어지는데, 이 기관의 첫 임무는 임산부인 왕비나 후궁이 출산할 분만실인 산실 공간을 꾸미는 것이었다. 임산부의 출산 장소인 산실 공간을 배설하는 일은 무엇보다 중요하였다. 현대적 의술이 없는 상황에서 출산은 위험한 일이었으므로, 출산을 위한 산모와 태아의 안전이 산실 공간에 표현되었다.

『임산예지법』에 의하면, 임산부의 분만 장소는 조용한 곳으로 하고,

〈그림 36〉 최생부와 안산방위도(오른쪽)

왕실여성의 순산을 기원하는 부적으로, 진통이 오기 전에 벽에 붙였던 최생부를 떼어내서 촛불에 태운 후에 물에 타서 마셨다. 안산방위도(安産方位圖)는 출산의 안전을 도모하기 위해 방위상에 길흉을 나타낸 그림과 설명이다. 이것은 『대군공주어탄생의 제』에 수록되었다. 『대군공주어탄생의 제』는 이왕직에서 조선왕조실록, 『육전조례』, 『춘추일기』, 『계제사일기』, 『임하필기』, 『산실청일기』 등을 참고해 대군과 공주의 탄생 제도를 편집한 자료이다(한국학중앙연구원 장서각 소장 K2 - 2625).

옷도 너무 덥거나, 춥지 않게 했다. 만약 더운 날이라면 깊고 조용한 집에 햇빛이 잘 들지 않는 곳에 거처하도록 하며 창문을 열어두며 맑은 물을 많이 담아놓도록 하여 열기를 막도록 주의하였다.

분만 장소는 관상감에서 길일을 정한 후에 설치하였다. 설치 당일에 담당 관원이 산실의 방향을 정하며 필요한 물품을 배치했다. 물론 분만실은 임산부가 평소에 생활하던 침실로 사용되었다. 임산부인 왕실 여성의 침실을 분만실로 활용하는 것은 출산의 번잡함을 피하는 동시에 만일의 사태에 즉각 대응하기 위해서였다.

산실 공간의 배설을 엿볼 수 있는 『대군공주어탄생의 제』를 통해 분만실 내부 모습을 살펴보자. 산실을 치장할 때 가장 중요한 사항은 스

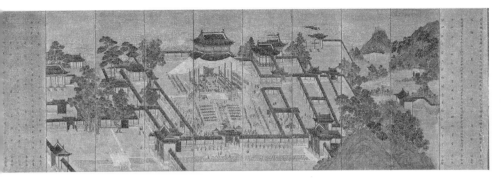

〈그림 37〉 왕세자 탄강진하도병풍
이 병풍은 1874년(고종 11) 2월 원자 순종의 탄생을 축하하기 위한 진하 행사 광경을 그린 궁중행사도이다(국립고궁박물관 소장). 전체 10폭의 병풍으로 장황되어 있다.

물네 개의 방위를 방 안에 붙이는 것과 부적을 비치하는 일이었다. 우선 정시(正時)의 일각(一刻) 전에 내의원의 3제조, 대령의관과 별장무관 등이 내의원을 이끌고 교태전에 도착한다. 다음에 여러 집사들이 방 가운데로 들어가 24방위도를 각각 해당 방위에 붙이고 당일도(當日圖)와 붉은색으로 쓴 차지부(借地符)를 붙여 순산을 기원했다. 태를 받아놓을 옷인 태의(胎衣)는 방에서 좋은 방향을 골라 두었으며, 북쪽의 벽에는 순산을 기원하는 부적인 붉게 쓴 최생부(催生符)를 붙여 놓았다.

아이를 낳을 장소에는 산자리를 깔았는데, 정해진 길방(吉方) 맨 아래에 볏짚을 먼저 펴고, 그 위에 빈 가마니를 얹었다. 가마니 위에 풀로 엮은 돗자리[藁草白紋席]를 깔고 다시 그 위에 양털로 짠 자리[羊毛氈], 기름종이[油芚]를 차례로 놓았다. 또 흰 말가죽[白馬皮]를 기름종이 위에 깔고 마지막으로 고운 짚자리[細藁席]를 깔았다. 백마피가 사용된 이유는 백마가 양기를 상징하고, 흰색도 상서로운 색으로 출산의 안전과 신속함을 기원하는 의미에서였다. 이때 백마피는 양 귀가 온전하게 달린 것을 썼다. 모시실[枲絲]을 말가죽 머리 밑에 깔고 그 위에 다남(多男)을 소원하는 의미로 날다람쥐 가죽을 깔았다. 산자리를 다 깔고 나면 의관이 차지부의 주문을 세 번 읽었다.

차지부는 지신(地神)에게 산실을 설치하고자 하니 잠시 장소인 땅을 빌려달라는 의미이다. 차지부의 주문 내용은 "동쪽 10보, 서쪽 10보, 북쪽 10보, 위쪽 10보, 아래쪽 10보의 방안 40여 보를 안산(安産)을 위해 빌립니다. 산실에 혹시 더러운 귀신이 있을까 두렵습니다. 동해신왕, 서해신왕, 남해신왕, 북해신왕, 일유장군(日遊將軍), 백호부인(白虎夫人)이 계시다면 사방과 상하로 멀리 10장(丈)까지 가시고, 헌원초요(軒轅超搖)는 높이 10장까지 오르시고, 천부지축(天符地軸)은 지하로 10장까지 들어가셔서 이 안의 임산부 모(某)씨가 방해받지도 않고, 두려움도 없이 편안히 거하도록 여러 신께서 호위해 주시고, 모든 악한 귀신을 속히 몰아내 주소서." 라 했다.

차지부의 주문이 끝난 뒤에는 산모가 아이를 낳을 때 손잡이로 사용할 말고삐[馬轡]를 방 벽에 걸어 두고, 분만 중의 산모가 힘을 쓸 때 붙잡도록 하였다. 그뿐만 아니라 위급한 상황에서 산모가 의관을 부를 때에 대청의 난간에 매달아 둔, 구리로 만든 방울[銅鈴]을 울려 알리도록 하였다. 마지막으로 산실 문밖에다 출산 후에 산자리를 걷어서 걸어 놓을 현초 할 곳에 세치 길이 되는 큰 못 세 개를 박은 다음, 모든 관원이 물러났다.

산실 공간에 붙이는 차지부와 최생부는 산모의 순산과 건강을 기원하기 위해 마련된 부적들이다. 최생부는 붉은색 안료를 사용하여 만들었는데, 방 안 북벽 위에 붙였다가 좌초(坐草) 할 때에 바늘로 찔러서 등불에 태운 뒤, 그 재를 모아두었다가 따뜻한 물에 타서 산모에게 복용하도록 하였다. 이와 같이 출산 장소인 산실을 배설할 때에는 임산부의 안정한 출산과 다산을 기원하는 장치들이 동원되었다.

위와 같은 모든 준비가 끝나면 출산 과정의 핵심인 해산이다. 『임산예지법』에 의하면, 임산부의 산통이 잦으면, 나이가 많고 유식하고 순한 여성을 임산부 옆에 두도록 했다. 복통이 임박해도 놀라지 말고 일찍 힘을 주지 말며, 사람을 붙들고 천천히 걷도록 하고 피곤할 때는 사람에 기대여 서 있다가 또 걷기를 반복하였다.

해산 당일에는 임산부의 체력 보충을 위해 미역국과 흰밥을 먹게 하고, 혹 밥을 먹을 수 없을 경우를 대비하여 꿀물을 권했다. 소화가 되지 않은 딱딱한 음식이나 떡, 그리고 마른 것들과 기름진 음식을 자제하도록 하였다. 목이 마를 때도 물을 마시지 말고 맑은 미음[淸米飮]을 먹도록 하였다.

출산한 후에는 곧바로 편히 눕게 하였다. 그런 다음 출산을 도운 여성들에게 허리와 다리 부위를 마사지하도록 했다. 여름에는 너무 덥게 하거나 방 안에 사람들이 많아 덥게 하지 말도록 하였다. 음식을 지나치게 많이 먹는 것을 금하였고 국에 밥을 말아 먹으면서 점점 그 양을 늘려가며 날 음식과 찬 음식, 그리고 단단한 음식을 금기하였다.

한편 갓 태어난 신생아는 태독을 제거하기 위해 바로 입안을 닦아주었다. 산모와 태아를 이어주는 탯줄은 배꼽에서 두 치 정도 되는 곳에 실로 매듭을 지어 끊어내고 잡아당기지 않았다.

젖먹이는 방법과 관련해서 흥미로운 점은 초유(初乳)를 짜서 버린다는 사실이다. 처음 산모의 유즙이 모였을 때 매우 아프지만 참고 손으

〈그림 39〉 영조 태지석과 태항아리(오른쪽)

태지석은 태실에 태항아리를 묻을 때 함께 부장하는 것으로 태의 주인과 태어난 때, 태를 묻은 때를 새겨 넣은 돌판이다(국립고궁박물관 소장). 음각명문으로 글이 새겨져 있고, 주칠 흔적이 남아 있다. 영조의 탄생시 탯줄과 태반을 수습하여 태실에 안장한 안태 의식에 사용된 태항아리이다(국립고궁박물관 소장). 태항아리 밑바닥에 동전의 글자 면이 위로 향하도록 놓은 후 그 위에 깨끗이 씻은 태를 넣었다.

로 서서히 주물러서 유즙을 버려 젖이 뭉치지 않도록 했다. 초유를 짜서 버리는 것은 초유 성분이 산모의 더러운 기운이 뭉친다고 생각했기 때문이다. 이는 젖을 먹일 때도 처음 나오는 것은 반드시 짜서 버린 후에 먹이고 밤에 자고 나면 역시 젖을 짜 버리고 먹이도록 했다. 먹이는 양 역시 항시 부족한 듯 먹이는데, 한 번에 지나치게 먹이는 것을 금기했다.[214] 유모가 잠잘 때는 젖을 빼도록 하고, 우는 아이에게는 절대로 젖을 먹이지 않도록 했다. 울면 곧바로 젖을 물리는 일을 금하게 한 것이다.

후술하겠지만 조선시대 여성들은 출산 중에 산후병으로 사망하는 경우가 많았다. 그러다 보니 자연 산모를 보호하기 위한 보양식들이 나오기 시작했는데 그 대표적인 음식이 화반곽탕(和飯藿湯)이었다. 영조를 낳은 숙빈 최씨 역시 화반곽탕을 먹었다.[215] 화반곽탕은 강고도리[乾古刀魚]로 국물을 우린 뒤에 새우나 홍합을 넣어 끓인 미역국이었

214) 신동원 외, 앞의 책, 1999, 723쪽.
215)『崔淑媛房護産廳日記』,「癸酉十月初四日」.

다. 강고도리는 일명 말린 고등어을 말한다. 화반곽탕에 밥과 꿩고기 익힌 것, 홍합탕을 산후조리식으로 먹었다.

순종을 낳은 고종의 왕비 명성왕후 또한 보양식을 먹었다.[216] 1874년(고종 11) 명성왕후 출산을 대비해 왕실은 말린 고등어인 강고도리를 자작나무 껍질로 싸서 종이 주머니에 넣은 뒤 바로 산후조리 음식으로 쓸 수 있도록 준비를 해두었다고 전해진다.

4) 출산 후 의례 및 산후 관리

출산 후 의례는 산모가 일상적인 삶으로 복귀하고 신생아가 왕실 가족의 일원으로 통합되는 과정이다. 분만은 의녀 또는 사전에 미리 정해진 아기의 유모가 전담하였다. 출산 이후에는 길일을 택해 세욕(洗浴, 목욕), 세태(洗胎, 태를 씻는 의식)와 권초례(捲草禮)의 과정을 거친다.

출산 후 3일째에 행해지는 세욕은 신생아와 산모의 몸을 씻는 일로, 관례였다. 생후 3일 되었을 때 행해지나, 사전에 좋은 시일을 택하였다. 최 숙의가 영조를 출산했을 때도 산후 3일째에 신생아를 목욕시켰다. 생후 3일 된 영조를 목욕시키는 시간은 일관이 길시를 골랐는데, 오전 9~11시인 사시였다. 신생아의 목욕물은 특별히 제작되었다. 아이의 목욕물에는 매화, 복숭아, 오얏나무 뿌리 그리고 호두껍질을 넣고 끓인 후에 돼지쓸개를 섞었다. 이렇게 끓인 물을 유동해(鍮東海)인 놋대야에 담아 신생아를 씻겼다. 아이의 피부를 보호하고 피부병인 두창이나 종기 등을 예방하기 위해서였다. 물론 해산한 숙빈 최씨의 목욕물은 묵은 쑥을 끓여서 만든 쑥탕으로, 이소라(二所羅)에 넣어 사용하였다.

---

216) 「갑슐이월삼칠일킹반소용볼긔」(藏 RD01810).

세욕을 하는 날에 태반을 정결한 물로 씻는 세태 의식도 함께 이루어
졌다. 세태는 왕실뿐만 아니라 양반가에서도 행하였다. 출산 때 받아두
었던 태는 백자 항아리에 넣어 보관하는데, 세태에 사용하는 물은 길한
방향에서 떠왔다.

세태는 길한 방향에서 떠온 물로 태를 100번 씻은 후에 또다시 향기
로운 술로 한 번 더 씻는 의식이다. 씻은 태는 태우지 않고 그대로 태항
아리에 넣었다. 태를 넣을 내항(內缸)에는 동전 하나를 넣었는데, 글자
부분이 아래로 향하도록 하였다. 내항의 입구는 기름종이와 감색 면주
(綿紬)로 덮고, 붉은색 끈으로 묶어서 봉하였다. 곧이어 궐내에서 봉표
를 내보내면 내관과 의관이 함께 감당(甘糖)으로 항아리 입구를 봉한
후 외항(外缸)에 넣었다. 내항과 외항은 종이와 백면을 이용해 사이를
띄었다. 외항의 뚜껑을 덮은 다음에는 뚜껑의 4개 구멍과 외항의 4개
고리에 붉은색 끈을 관통시켜 묶었다. 이것이 이른바 태항아리이다.
책임자인 차지내관과 의관이 착서(着署)하고 홍패를 달았는데, 앞면에
세태한 날짜와 태 주인공의 이름, 뒷면에 책임자를 종이에 적어서 붙
여 두었다. 태항아리는 넓적한 독인 도두모(陶豆毛)에 넣어서 의녀가
다시 원래의 자리에 가져다 놓았는데, 안태(安胎) 할 때까지 그곳에 보
관하였다.[217]

출산 즉시 현초(懸草)를 거행하였다. 현초는 '산 자리를 건다'는 의미
로, 산실 내에 깔았던 짚자리를 붉은색 끈으로 묶어서 산실 문밖의 처
마 아래에 매다는 의식이다. 아기의 순산을 알리는 의식이며, 일반 집
에서 행하는 금줄과 같은 의미다. 사가의 금줄은 왼쪽으로 꼰 새끼줄에

---

217) 『崔淑儀房護産廳日記』, 「甲戌九月十九日」; 『丁酉年護産廳小日記』, 「光武元年丁
酉九月二十六一」. 신명호, 앞의 논문, 2002 재인용.

사내아이이면 짚과 숯, 그리고 고추를 끼우고, 계집아이이면 고추를 제외하고, 소나무 가지를 삽입한 금줄을 쳐서 부정한 사람의 출입을 금하였다.

문 위에 붉은 실로 묶어두었던 산자리는 산후 7일째에 거두었다. 일명 권초례인 이 의식은 호산청을 해산하는 일이다. 숙빈 최씨의 경우를 통해 권초제의 방법을 살펴보자.

권초례 전에 산실 문밖 바닥에 돗자리를 깔고 그 위에 받침대와 커다란 나무 널빤지 4장을 이용하여 탁자를 만든 다음에 쌀, 비단, 은, 실을 차례로 올려놓았다. 탁자의 북쪽에 10말씩 쌀을 넣은 포대자루 10개를 죽 늘어놓는다. 그 앞의 좌측에 흰색 비단 10필, 우측에 황색 비단실 10근을 놓고 중간에는 은 100냥을 올려놓았다. 그 앞에는 향로, 향합, 좌우의 촉대를 배치했으며 노는 육촉(肉燭)을 사용했다.[218] 이때 사용하는 쌀을 명백미(命白米), 은을 명은(命銀), 실을 명황사(命黃絲), 비단을 명주(命紬)라고 하였는데 운명과 관련된다고 하여 '명(命)'자를 붙였다. 권초관은 이렇게 마련된 제상(祭床)을 향해 재배하였는데, 이것이 바로 권초제였다. 권초제는 신생아의 만수무강과 부귀영화를 상징하는 상징물을 대상으로 제사를 행하는 의미이다.

권초제 이후 권초관은 산자리를 손수 걷어서 함에 넣었다. 차지내관과 의관이 함께 산자리를 모시인 저포(苧布)자루에 넣고 작은 붉은색 보자기로 쌌다. 보자기 겉에는 권초관의 관직과 성명을 쓰고 착서(着署)하였다. 이 보자기는 다시 함에 넣은 후, 권초한 날짜를 적은 붉은색 목패를 달았다. 이 함의 주인공이 원자와 대군이면 내자시(內資寺)로

---

218) 『崔淑儀房護産廳日記』, 「甲戌九月十九日」.

〈그림 40〉 명종대왕 태실과 태비(충청남도 서산시 운산면 태봉리 소재) 및 태실(경기도 고양시 서삼릉 안소재, 오른쪽)

태실과 태비는 1538년(중종 33)에 태어난 조선 13대 명종의 태를 봉안하고 조성된 것이다. 8각형의 난간석을 두르고 중앙에 태실을 배치했다. 태비는 비석 받침구멍인 비좌(碑座)와 비문을 새긴 비신(碑身), 비신 위에 올리는 옥개석인 이수(螭首)로 구성되었다. 태실이란 왕실에서 아기가 태어났을 때 그 태반과 탯줄을 묻는 석실을 말한다. 태실을 모실 곳은 풍수지리상의 길지로, 미리 정해진 태봉에 조성한 후 태항아리와 지석을 묻는다. 이를 장태(藏胎) 또는 안태(安胎)라 한다. 서삼릉의 경내에는 태실 54기가 봉안되어 있는데, 일제 강점기에 한꺼번에 옮겨지면서 태비만이 줄지어 선 모습이다.

공주와 옹주이면 내섬시(內贍寺)로 옮겨 보관했다.

호산청을 해산한 뒤에 국왕은 그동안의 노고를 치하하며 의관 이하 실무자에게 포상을 내렸다. 실제로 후사가 없던 숙종이 1694년(숙종 20) 9월 20일 영조가 태어난 날에 말을 포상으로 하사한 일에 대해 대신들은 다음과 같이 숙종의 지나친 은전을 지적하기도 했다.

> 숙의 최씨가 왕자를 낳았다. 준례대로 호산청을 설치했는데, 임금이 호산청의 환시(宦侍)와 의관에게 내구마(內廐馬)를 상으로 주었다. 우의정 윤지완(尹趾完)이 듣고서 차자를 올려 진달하기를, "국조 고사를 신이 감히 알 수는 없습니다마는, 효종조부터 근친(近親)·의빈(儀賓)·장신(將臣) 외에 일찍이 내구마를 내린 일을 듣지 못했습니다. 그러니 어찌 환시와 의관이 감히 받을 수 있는 것이겠습니까? 요사이 보건대 은전을 조금도 아끼지 않으시는데, 이 일은 더욱 과람합니다. 전하께서 경계하시기 바랍니다." 하니, 임금이 비답을 내려 칭찬하며 유시했다. 윤지완이 입조하여 한 의논은 대절(大節)을 손상시켰다. 그러나 칠(漆)의 진공(進供)과 내구마 하사를 간한 두 가지 일은 능히 상신(相臣)의 체모를 얻은 것이라 하겠다.[219]

혹여 왕자가 출생 했다면 호산청의 해산과 함께 태를 보관할 장소를 선정하고 그 태를 봉안할 태실을 만들어 이장하는데, 이 과정을 안태 (安胎)라 한다. 안태는 출산과 함께 나온 태반을 세척한 후 이를 길지에 묻는 왕실의 독특한 출생 의례이다. 조선 왕실에서 아이를 낳았을 때 그 태를 항아리나 돌 항아리에 태를 담아 명산에 묻었다. 이는 인간의 흥망성쇠가 태와 관련이 있다고 보았기 때문이다. 각각의 의식을 통해 알 수 있듯이, 출산을 통해 후계자를 선출하던 시대였던 만큼 왕실의 출산 과정은 치밀하게 진행되었고, 출산 과정에 심혈을 기울였다고 하 겠다.

4. 예우와 생활공간

1) 봉작 및 경제적 대우

유교를 신봉한 조선 사회는 일부일처제를 표방하였기 때문에 국왕 의 정처인 왕비만이 부부의 예를 행할 수 있었다. 왕비는 남편인 왕의 즉위와 함께 책봉되어 막강한 지위를 보장받았다. 반면 후궁은 왕비와 마찬가지로 국왕의 최측근이었으나 왕자녀를 출산하여도 왕비의 위상 에 절대 못 미쳤다. 그럼에도 불구하고 후궁은 종묘사직의 대계를 위한 것이었으므로[220] 국가에서는 그들에게 각별한 대우를 해주었다.

우선 후궁은 책봉 또는 봉작되면, 왕비와 마찬가지로 그 증표로 교지 또는 교명을 받았다. 다만 왕비의 경우에는 교명뿐만 아니라 명복, 옥

---

219) 『숙종실록』 권27, 숙종 20년 9월 20일(을유).
220) 『숙종실록』 권17, 숙종 12년 3월 23일(정축).

〈그림 41〉 소훈 이씨 교지와 소원 이씨 교지 및 정빈 이씨 추증 교지(오른쪽)

1721년(경종 1) 10월 3일에 궁녀 이씨를 소훈으로 임명하는 교지이다(한국학중앙연구원 장서각 소장 S01－09 －0118). 소훈은 조선시대 내명부 소속의 종5품 궁녀직으로서, 세자궁 내관의 최하위 관계(官階)이다. 1724년 (영조 즉위) 10월 16일에 소훈 이씨를 소원으로 임명하는 교지이다(한국학중앙연구원 장서각 소장 S01－09－ 0115). 소원은 조선시대 내명부 소속의 정4품 궁녀직으로서 왕의 후궁이다. 1725년(영조 1) 2월 27일에 소원 이 씨를 정빈으로 추증하는 교지이다(한국학중앙연구원 장서각 소장 S01－09－0117). 모두 효장세자의 생모 정 빈 이씨에게 내려진 교지이다.

책, 금인 등 추가적으로 더 받았다. 주지했듯이 국왕의 후궁은 빈(정1)· 귀인(종1)·소의(정2)·숙의(종2)·소용(정3)·숙용(종3)·소원(정4)·숙원(종 4)에 봉작되었고, 왕세자의 잉첩은 양제(종2), 양원(종3), 승휘(종4), 소 훈(종5)에 봉작되었다. 이때 고훈사(考勳司)에서 발급하는[221] 교명 또 는 교지를 받게 된 것이다.

교명은 후궁으로 책봉한다는 왕의 명령문으로서 임명장이다. 1497 년(세종 19) 이전에는 일반적인 임명장과 마찬가지로 종이로 만들었지 만 이때를 기점으로 중국의 제도를 따라 오색사(五色絲)로 직조한 비단 에 황금축을 장식하여 두루마리 형태로 제작하였고 전문에 '교명' 두 글자도 직조하였다.[222] 이처럼 내명부 체제 안에 후궁들을 편입시킨

---

221) 『경국대전』 권1, 「吏曹」 <京官職>. "【考勳司】掌宗宰·功臣封贈·諡號·享官·老職· 命婦爵帖·鄕吏給帖等事."

222) 장을연, 「淸代 조선왕실 冊封誥命과 조선 敎命의 형태 비교 연구」, 『장서각』 24,

것은 내명부 제도가 권력과 부(富), 그리고 명예를 확보하는데 필요한 발판이자, 권력을 행사하고 부를 축적·유지하면서 보다 나은 명예를 실현하기 위한 주요한 수단이기 때문이다.[223] 그러나 그들의 지위는 법전의 규정이 있더라도 후궁의 역량에 따라 예를 들면 후궁 친정의 정치적 영향력 혹은 후궁에 대한 국왕의 총애 정도, 왕자녀의 유무, 그리고 왕실의 공로 여부에 따라 얼마든지 달라질 수 있었다.

후궁들이 도달한 품계는 몇 품일까? 역대 후궁들의 품계를 살펴보려면 후궁제도가 시행되고 동일한 품계가 적용된『경국대전』편찬 이후의 시기만을 분석 대상으로 해야 한다.[224] 우선 명문가 출신인 간택후궁은 종2품 숙의의 작첩에서 처음 시작되었다. 간택후궁의 초직인 숙의는 왕비보다 두 단계 낮고 비간택 후궁보다 두 단계 높았다. 1454년 (단종 2)에 단종의 후궁인 된 김사우의 딸과 권완의 딸은 최초로 종2품 숙의에 책봉된 여성들이다.

간택후궁의 승급은 대체적으로 숙의→소의→귀인→빈의 직급으로 승급되었다. 실제로 희빈 홍씨(중종)는 13살에 간택되어 숙의에 봉작된 이후, 소의와 귀인을 거쳐 빈에까지 승급되었다.[225] 정빈 민씨(靜嬪閔氏) 역시 선조의 후궁으로 14세에 숙의로 뽑혀 궁중에 들어와 소의와 귀인을 거쳐 빈이 되었다.[226]

2010, 155쪽.

223) C.W. 밀스 著·진덕규 譯,『파워엘리트』, 한길사, 1979, 23쪽.

224)『경국대전』편찬 이전에서 후궁들의 품계는 간택후궁에게는 궁주, 비간택 후궁에게는 옹주의 작첩이었다(이미선, 앞의 책, 지식산업사, 2021, 223~228쪽).

225) 宋寅,『頤庵遺稿』권3,「文集」1, <熙嬪洪氏墓誌銘>(『한국문집총간』권36, 민족문화추진회, 1989, 118~119쪽).

226) 李健,『葵窓遺稿』권12,「行狀」<眞祖母靜嬪閔氏行狀>(『한국문집총간』권122, 1994, 219~221쪽); 許穆,『記言』권19,「丘墓」3, <靜嬪閔氏墓誌>(『한국문집총

나라에 경축이 있으면 현왕의 후궁은 물론 선왕의 후궁들도 함께 승급되었다. 선조의 후궁 귀인 정씨는 15살에 숙의가 되고서 1573년(선조 6) 명나라 신종(神宗)의 즉위에 따라 정2품 소의로 승급되었고, 명종비 인순왕후의 3년 상이 끝난 1577년(선조 10) 종1품 귀인에 봉작되었다.[227] 인종의 후궁 귀인 정씨의 경우에는 인종이 즉위하자 숙의에 올랐다가 32세 되던 1551년(명종 6)에 원자 순회세자(順懷世子)가 탄생된 것을 기념하여 소의에 책봉되었다.

그런데 1517년(중종 12) 외부에서 왕비를 간택한 이후에 후궁들이 왕비예비자로서의 역할이 점차 사라지고 더 이상 왕비가 될 가능성이 희박해지면서 국가에서는 간택후궁에게 높은 지위를 주고 그에 걸맞은 왕실 안에서의 지위를 보장해 주어야 했다. 이들에게 왕자녀 출산 확대자의 역할만을 강조하였기 때문에 소원이나 숙의를 거치지 않고 곧바로 정1품 빈에 봉작한 것이다. 실제로 정조의 후궁인 홍낙춘의 딸, 판관 윤창윤의 딸, 박준원의 딸 3명은 선발되자마자 정1품 빈에 책봉되었다. 홍씨의 경우엔 1778년(정조 2) 6월 20일에 간택된 후[228] 다음 날인 21일에 숙창궁(淑昌宮)을 받고 원빈에 봉작되었는데,[229] 책빈과 궁호를 동시에 받게 된 첫 번째 사례가 되었다. 이처럼 간택후궁이 처음부터 정1품 빈에 봉작되었던 것은 이 시기 유교적 명분론에 입각한 처첩의 구분이 명확해지고 왕실 여성들의 출산율이 현격히 떨어지는 상황과 무관하지 않다고 본다. 왕실에서는 그 어느 시기보다도 계사의 필

　간』권98, 민족문화추진회, 1992, 90~100쪽).

227) 崔岦, 『簡易集』권2, 「墓誌銘幷書」 <貴人鄭氏墓誌銘> (『한국문집총간』권49, 민족문화추진회, 1990, 242쪽).

228) 『정조실록』권5, 정조 2년 6월 20일(무신).

229) 『승정원일기』79책, 정조 2년 6월 21일(기유).

요성이 절실하고도 절박했다. 후사를 두는 것이 당시로선 왕실의 큰 과제였던 것이다.[230]

반면 비간택 후궁은 신분이 낮은 데다가 왕의 개인적인 선택 때문에 후궁이 된 경우라서 간택후궁에 비해 승봉에서 차별을 받았다. 물론 왕의 승은을 입었다고 해서 후궁이 되는 것은 아니었다. 공식적으로 후궁의 첩지를 받아야 했다. 비간택 후궁은 종4품 숙원에 처음 봉작되었다. 하지만 더러는 궁관직인 정5품 상궁에 봉작되었으며, 때로는 정8품 전찬(典贊)에서 시작되기도 했다. 이는 적서의 분별이 강화되는 시대 상황을 반영한 것이다.

선조의 후궁 인빈 김씨는 19세에 숙원이 되었고 1577년(선조 10)에 의안군(義安君)을 낳아 소용에 승급되었으며, 이듬해 신성군(信城君)을 낳아 귀인에 거듭 책봉되었다. 이후에는 병든 의인왕후를 돌보았을 뿐만 아니라 왕후의 장례에서 궁중의 법도에 모범을 보여 빈에 승격되었다.[231] 영조의 후궁 정빈 이씨는 1701년(숙종 27) 궁녀로 입궁하였다가 1725년(영조 1)에 효장세자를 낳은 공로를 인정받아 빈에 봉작되었다.

인조의 후궁 귀인 조씨의 승급은 국왕의 총애와 뚜렷한 공로에 따라 얼마든지 승봉될 수 있음을 보여준다. 인조는 인열왕후(仁烈王后) 사후에 금혼령을 발표한 지 5일 만에 조씨를 숙원에 봉작하였다. 1년 후에는 장렬왕후의 입궁을 앞두고 그녀를 위로하기 위해서 소원으로 승급시켰다.[232] 이후로 그녀는 인조의 지속적인 애정 덕분에 효명옹주(孝

---

230) 『정조실록』 권23, 정조 11년 2월 11일(기유). "定嬪號曰綏嬪 冊嬪敎命文 王若曰 予惟周立三夫人 九嬪之制 以廣儲嗣 聖人之深意也."

231) 『선조실록』 권181, 선조 37년 11월 12일(무자).

232) 『인조실록』 권37, 인조 16년 12월 21일(기유).

明翁主) 외에 숭선군(崇善君)과 낙선군(樂善君)을 연이어 출산하면서 소용에 봉작되었다가 소의로 승급되었다.[233] 그녀는 1648년(인조 26) 12월에 아들인 이숙(李潚)이 낙선군에 봉해진 두 달 뒤에 또다시 귀인이 되었다.[234]

한미한 집안 출신인 비간택 후궁 가운데에 여러 가지 공로를 인정받아 초고속 승진된 후궁이 있는데, 바로 고종의 후궁 귀인 엄씨다. 아관파천 당시 거의 1년 동안 고종을 측근에서 모신 엄씨는 1897년(광무 1) 10월 20일 이은(李垠)을 출산하였다. 44세 노산임에도 불구하고 건강한 아들을 낳았다. 이에 고종은 왕자 출산뿐만 아니라 러시아 공사관에서 자신을 안전하게 모신 공로를 인정하여 10월 22일에 종1품 귀인에 승급시켰다.

후궁 승봉은 현왕이 왕위에 있을 때뿐만 아니라 차기 왕이 재위하고 있을 때도 이루어졌다. 안빈 이씨는 효종 때에 겨우 숙원에 머물렀지만 오히려 후대의 왕에 의해서 승봉 되었다. 현종은 심양에 볼모로 잡혀가는 봉림대군을 10여 년간 배종하였던 그녀의 공로를 인정하여[235] 숙의로 승급시켰고 숙종 역시 그 공을 높이 사서 빈에 승봉하였다. 명종의 후궁 숙의 이씨는 오랫동안 봉작 받지 못하였다가 명종 말년에서야 겨우 숙원에 봉해졌다. 이후 후대 왕인 선조는 인빈 김씨를 기른 공로를 인정하여 여러 차례 승진시킨 후 숙의로 봉작하였고 이후 영조 역시 경빈(慶嬪)으로 추증하였다.[236]

---

233) 『인조실록』 권41, 인조 18년 8월 27일(병자); 『인조실록』 권46, 인조 23년 10월 2일(경진).
234) 『인조실록』 권50, 인조 27년 2월 11일(경자).
235) 『정조실록』 권45, 정조 20년 8월 9일(신사).
236) 『영조실록』 권85, 영조 31년 6월 14일(병진).

때론 비간택 후궁에 대한 봉작이 정5품 상궁에서 시작되기도 하였다. 창빈 안씨는 중종의 승은을 입고서 22세에 처음 상궁이 되었다. 비록 살아생전에는 숙용에만 머물러 있었으나, 손자 하성군(河城君)이 선조가 되면서 빈에 추봉되었다. 귀인 한씨의 경우에도 1518년(중종 13) 19세에 중종의 승은을 받고서 처음 정8품 전찬에 올랐다. 이후 30세에 상궁을 시작으로 73세에 귀인으로 되기까지 지속적으로 승격되었다.[237] 이는 그녀가 문정왕후 승하 이후에 궁중의 예법을 잘 아는 왕실 원로가 되어 자문을 해 주었기 때문이다. 이와 같이 후궁들은 보통 후궁으로 인정받아 봉작된 이후에 왕의 총애와 왕자녀 출산 등 왕실에서의 공로 여부에 따라서 얼마든지 승급되었다. 부왕(夫王) 또는 후왕은 당대의 후궁은 물론 선왕의 후궁에 대한 절대적인 승급 결정권을 가지고 있었다. 그런 만큼 후궁 봉작에는 일정한 기준이 없었다.

국가에서 후궁들에게 내려준 내명부 봉작 외에 후궁을 위한 경제적 대우는 어떠했을까? 국가에서는 후궁에게 각종 특전을 보장해 주었다. 그런데 국가 법전인 『경국대전』에는 후궁에게 지급되는 경제적 혜택을 확인할 수 없다. 다만 『조선왕조실록』에서 단편적이나마 그 실체를 검토할 수 있을 뿐이다. 사실 내명부는 여관이라 총칭하듯이 조정의 관료 조직을 본뜨고 있다. 이런 의미에서 품계의 의미보다는 관직, 즉 실직의 개념이다. 이는 1428년(세종 10)에 이조에서 내관과 궁관의 직무를 명확히 구분하고 있는 데에서도 알 수 있다.[238] 이로써 보면 확증할 수 없지만, 『경국대전』 「호전」 녹과조에 보이는 관인의 녹봉 규정에

237) 崔岦, 『簡易集』 권2, 「墓誌銘幷書」 <貴人韓氏墓誌銘>(『한국문집총간』 49권, 민족문화추진회, 1990, 241쪽).
238) 본서 2장 2절의 2) 참조.

준하여 지급되었다. 예컨대, 관인의 제1과 정1품에 준한 빈의 녹봉은 춘하추동을 합쳐 중미(中米) 14석, 조미(糙米) 48석, 전미(田米) 2석, 황두(黃豆) 23석, 소맥(小麥) 10석, 명주[紬] 6필, 정포(正布) 15필, 저화(楮貨) 10장을 지급받았다고 하겠다.

그러나 개국 초부터 후궁들이 경제적 지원을 일정하게 받았던 것은 아니었다. 태조가 1398년(태조 7)에 여관직의 녹봉을 모두 정지시켰다 거나[239] 태종이 1401년(태종 1) 3~9품의 궁관에게만 월봉을 주었다는 것으로 보아[240] 한동안 급료를 지급받지 못하였음을 알 수 있다. 이는 1405년(태종 5)에 사간원에서 급료를 지급하지 않는다고 언급하면서 여관의 혁파를 주장한 상소에서 확인된다.[241]

국가에서 후궁들을 위한 물질적 지원을 언제부터 다시 제공했는지 현재로선 알 수 없다. 그런데 1527년(중종 22) 5월에 "조종조로부터 궁빈(宮嬪)의 액수(額數)와 봉급의 수량에 대해 모두 정한 제도가 있으므로 지나치게 사치하는 일이 없었다."는 홍문관의 상소를 통해[242] 이 시기엔 봉급에 대한 규정이 어느 정도 정례화되었음을 볼 수 있다.

또한 예종 즉위년에 호조가 봉보부인(奉保夫人)의 처우를 언급하는 과정에서 "의전(衣廛)과 선반(宣飯)에 빈과 귀인의 예"를 적용하고 있는 것에서 의전과 선반 역시 지급되고 있었다.[243] 이러한 정황은 1504년 (연산군 10)에 연산군이 숙의, 숙용에게 의전과 삭료를 지급한 모습에

---

239) 『태조실록』 권14, 태조 7년 윤5월 11일(병술).

240) 『태종실록』 권1, 태종 1년 3월 9일(무진).

241) 『태종실록』 권9, 태종 5년 3월 16일(신해). "今當革弊立法之時 復置其官 雖不須廩 恐非經國之道 垂世之規也."

242) 『중종실록』 권59, 중종 22년 5월 11일(정해).

243) 『예종실록』 권2, 예종 즉위년 12월 6일(임진).

서도 보인다.244) 의전은 봄과 가을에 주는 포화(布貨)인 옷값을 말하고 선반은 끼니때마다 제공되는 식사를 말하며, 삭료는 매달 주는 월급인 봉급인 것이다.

후궁들에 대한 국가적 지원 노력은 임진왜란 전쟁 중에도 이어졌다. 실제로 1597년(선조 30) 9월, 사헌부에서 지방에 피난 간 왕자와 후궁들에게 지공(支供)할 물품 일체를 "서울의 산료(散料)의 예에 따라서 시행"할 것을 건의하였다.245) 산료란 사맹삭(四孟朔)에 지급하던 녹과(祿科)를 매월로 나누어 주는 것으로,246) 일반적으로 월급이며 삭료와 같은 의미이다. 선조의 후궁 정빈 홍씨는 선조가 내수사의 노비를 내주려 하자 "국가에서 받는 녹봉으로 자녀를 기르는 데에 충분하다"고 사양한 바 있다.247) 사실 왕실구성원들은 품계에 따라 녹봉과 수조지를 지급받고 있었다.248) 이처럼 일정한 액수의 녹봉을 지급받은 만큼 이들은 국가로부터 왕실의 일원으로서 경제생활과 권위 유지에 합당한 사재(私財) 소유를 보장받았다고 하겠다.

흥미로운 점은『경국대전』의 내용을 보완한『속대전』에, 현왕의 후궁에게 800결, 선왕의 후궁에게 200결의 전지(田地)를 지급했다는 사실이다.249) 이 액수는 왕의 적자녀보다는 각기 50결이 적고 서자녀와

---

244)『연산군일기』권54, 연산군 10년 6월 3일(임술). "傳曰 如淑儀侍女衣纏朔料題給時 該司輒稱某氏 不肖之人先自議之曰 某乃某人之女 從某家以入云云 甚不可 今後勿稱某氏 只云侍女幾人淑容幾人衣纏某物 則其應受人自當分授."
245)『선조실록』권92, 선조 30년 9월 7일(갑오).
246)『대전회통』,「戶典」<祿科>.
247) 李景奭,『白軒集』권44,「文稿」<貞嬪洪氏神道碑銘>(『한국문집총간』96권, 1992, 442~443쪽).
248) 宋洙煥,『朝鮮前期 王室財政 硏究』, 集文堂, 2002, 18쪽.
249)『대전회통』,「戶典」<諸田> <宮房田>. "新宮後宮 八百結 大君公主 八百五十結

는 동일한 결수이다. 즉, 이 규정에 따르면 일반적인 후궁의 경우 살아 있을 때 800결의 면세결을 지급받지만 죽고 난 뒤에는 200결만 제위조(祭位條)로 남기고, 4대가 지나면 200결마저도 국가에서 회수하였다는 것이다.[250] 이로써 유추해 보면, 현왕의 후궁이 선왕의 후궁보다 더 높은 대우를 받았고, 살아있을 때나 죽었을 때에도 그들은 국가로부터 경제적 지원을 보장받았다.

또한 그들의 안전과 생활에 편리함을 위해 충찬위(忠贊衛) 소속 병사(兵士)의 시위 규모를 내명부의 품계에 따라 달리 배속시켰다. 그 수를 살펴보면 빈은 오장차비(烏杖差備) 6인과 교자배(轎子陪) 20인, 귀인은 오장차비 4인과 교자배 20인, 그리고 소의와 숙의는 교자배 20인과 인로(引路) 4인을 배치하였다.[251]

오히려 제도적 규정보다는 왕 또는 왕실의 의지에 의해 임의적인 지급이 이루어지고 제도보다는 전교 등의 임시적인 정책이 우위에 있었다.[252] 우선 왕실 소속이었던 공상아문을 통해 국왕의 임의에 따라 진기한 물품들을 제공받았다. 예외적이긴 하지만, 연산군은 상의원 소속의 물품을 총애하는 후궁들에게 대신들이 소유하고 있던 가옥을 사서

王子翁主 八百結 此卽諸宮房在世時之謂也 舊宮後宮 二百結 大君公主 二百五十結 王子翁主 二百結 此卽祭位條 限四代 雖未及準數受出 勿許追給 郡主四百結 舊宮則 一百結."

250) 조영준의 논문에 따르면, 永久存續宮인 1司 7宮을 제외한 非永久存續宮이 처음 신설되면 해당 후궁이 살아생전에 800결 규모의 면세결을 지급받아 생계를 보장받다가[新宮] 그가 죽으면 제사를 위해 필요한 면세결조[祭田·祭位條]로 200결만을 남겨두고 600결은 호조로 돌려주며[舊宮] 4대가 지난 이후에야 200결마저도 호조에 돌려주었다고 설명하였다(조영준, 「19세기 王室財政의 運營實態와 變化樣相」, 서울대학교 박사학위논문, 2008, 70~72쪽).

251)『경국대전』,「兵典」<京衙前> 五杖差備.

252) 조영준, 앞의 논문, 2008, 70쪽.

<그림 42> 영빈방 인장
왕실 여성은 지방에서 올리던 공식적인 진상(進上)과 공상(供上)을 통해 의식주를 해결하고 별도의 재산을 소유하였다. 왕실구성원의 사유 재산은 궁방(宮房)에서 관리했는데, 각 궁방에서는 다양한 동물형 손잡이가 달린 궁방 인장들을 사용했다(국립고궁박물관 소장). 영조의 후궁 영빈 이씨의 인장이다.

주거나 그 비용을 지불하였고,[253] 거만(鉅萬)의 재물과 금은, 주옥을 상으로 내려 주는가 하면[254] 국유지를 나누어 지급해 주었다.[255]

후궁은 이뿐만이 아니라 국가로부터 토지와 노비는 물론 저택까지 지급받아 궁방(宮房)을 운영하였다. 궁방을 통해 후궁은 생전에 재산을 증식하였을 뿐만 아니라 사후에는 궁방을 사당으로 삼을 수 있었다. 후궁들에게 궁방을 운영하도록 한 이유는 후궁이 모시는 왕이 세상을 떠났을 때를 대비한 조처였다. 실제로 숙종의 후궁 숙빈 최씨는 이현궁(梨峴宮)을 하사받아 그곳에 숙빈방을 두었다. 이현궁은 후술하겠지만 광해군의 잠저로, 즉위 후에 대저택이 되었고 인조반정 후에는 인목왕후의 생모가 살다가 인조의 친동생 능원군이 살았던 곳이다. 능원군이 후사가 없자 국가 소유지가 된 이곳을 숙종이 이때 숙빈 최씨에게 준 것이다.

궁방을 운영한 후궁은 자기 소생의 자녀가 있으면 궁방 운영으로 모은 재산을 유산으로 물려줄 수도 있었다. 다만 후궁 소생이 왕이 될 경

253) 『연산군일기』 권54, 연산군 10년 7월 26일(정사); 『연산군일기』 권55, 연산군 10년 8월 5일(임술); 『연산군일기』 권58, 연산군 11년 6월 27일(경진); 『연산군일기』 권61, 연산군 12년 1월 20일(경자); 『연산군일기』 권61, 연산군 12년 2월 10일(경신); 『연산군일기』 권61, 연산군 12년 3월 5일(을유); 『연산군일기』 권62, 연산군 12년 4월 24일 (계유).
254) 『연산군일기』 권47, 연산군 8년 11월 25일(갑오).
255) 『연산군일기』 권59, 연산군 11년 9월 21일(임인); 『연산군일기』 권61, 연산군 12년 1월 21일 (신축).

우, 후궁의 사당은 국가에서 공식적으로 접수하여 운영하였다. 후술하겠지만 칠궁(七宮)은 왕을 낳은 후궁들의 사당을 국가에서 접수하여 공식적으로 운영한 것이었다. 이와 같이 국왕은 후궁에게 법적인 조항을 마련하여 신분 보장뿐만 아니라 경제적 혜택을 주었다.

2) 주거 공간과 삶

국왕을 비롯한 왕비, 후궁, 대비 등 왕실 가족의 생활공간은 궁궐이다. 궁궐은 국가 의례가 치러지는 의례 공간이자 왕실의 생활이 이루어지는 주거 공간이다. 조선왕조의 공식적인 궁, 정궁(正宮)은 경복궁이다. 그러나 임진왜란으로 불타버려 고종 대에 경복궁이 복구되기 전까지 왕실 가족들의 주거 공간은 사실상 태종대에 세워진 이궁(離宮) 창덕궁과 그 별궁인 창경궁에서 이루어졌다. 궁궐은 왕이 공식적인 행사 장소로 활용되는 정전(正殿)과 신하와 함께 정사를 논의하는 편전(便殿), 왕이 가족과 함께 생활하는 거주 구역인 침전(寢殿), 세 영역을 중심으로 한 공간적 장소인 후궁과 궐내 각사 등 기타 영역으로 이루어졌다.

후궁의 침전은 후궁 개인의 공간이자 국왕과의 사적인 공간이기도 하다. 사실 이곳은 왕의 내밀한 생활공간으로 이곳을 들춘다는 것은 왕의 은밀한 사생활 이야기를 들먹이는 모양새인지라 후궁들이 정확히 어느 전각에서 어떻게 살았는지에 대한 궁금증을 풀어줄 만한 『실록』과 공식적인 기록은 그리 많지 않다. 그런 면에서 현재 남아있는 「북궐도형」, 「경복궁배치도」, 「동궐도」, 「경운궁중건배치도」, 「덕수궁평면도」 등은 중요한 단서를 제공한다. 그러나 이 역시 한계에 부딪힌다. 그럼에도 후궁을 비롯한 왕실 여성들이 이곳에서 살았을 것이라는 전제하에 이 절에서는 그들의 주거 공간을 대략적이나마 추적해 보고자 한다.

(1) 현왕 후궁의 거처와 생활

조선시대 왕비와 후궁은 궁궐 깊숙한 공간에서 생활했다. 왕비가 거처하는 공간은 궁중 여성들이 생활하는 궁궐의 중심부에 있다고 해서 왕비의 침전을 중전(中殿) 또는 내전(內殿)이라 불렀다. 반면, 후궁의 생활공간은 따로 지어지는 것이 아니라 대체로 왕비가 생활하는 내전 주변에 위치하였다. 이 때문에 공간적 의미인 '후궁(後宮)'이라 칭했다. 왕비와 후궁은 같은 궁궐 안에서 생활했지만 한 건물에서 살지 않고 별도로 마련된 독립적인 공간에서 살았다. 공간적 장소인 중전과 후궁 주변 일대는 대비를 비롯하여 많은 왕실 가족들이 거처하는 생활공간이었다.

조선 전기에 왕실 가족들의 생활공간은 정궁인 경복궁이었다. 경복궁에서 국왕의 부부 생활 또는 가정생활은 왕비가 거처하는 중전과 후궁들이 생활하는 후궁을 무대로 이루어졌다. 궁궐에서 왕비의 처소가 왕의 처소와 달랐다는 점이 흥미롭다. 그러나 왕비와 후궁의 거처는 모두 왕의 침전 구역 안에 설치되었다. 우선 왕비의 침전인 교태전(交泰殿)은 국왕의 침전 강녕전(康寧殿) 북쪽에 있었다. 왕의 침전 구역은 태조 때 이후 연침(燕寢)인 강녕전을 중심으로 강녕전에 딸린 소침(小寢)인 연생전(延生殿), 경성전(慶成殿), 연길당(延吉堂), 응지당(膺祉堂) 등 다섯 채로 구성되어 있었다. 특히 연생전과 경성전은 동서 측으로 마주보게 배치되었다. 이곳 소침에는 후궁들이 생활했던 공간으로 보인다. 실제로 1444년(세종 26) 연생전에 살고 있던 세종의 후궁 사기 차씨가 이곳에서 벼락을 맞아 죽은 사건이 발생했던 일은 후궁들이 거처한 곳임을 잘 말해준다.[256)]

---

256) 『세종실록』 권105, 세종 26년 7월 10일(정사).

또한 중종의 후궁 희빈 홍씨는, 묘지명에 의하면 생전에 자미당(紫薇堂)에 거처하였다고 한다.[257] 자미당은 원래 조선 초기 세종대에 교태전 동쪽에 지은 전각으로, 자미성(紫微星)의 별자리를 천자(天子)의 자리로 삼아 일컫는 말로서 왕의 전각이라는 의미를 가지고 있다.[258] 이곳은 내전의 바깥쪽에 편히 지낼 수 있는 소침으로 마련된 것이다. 그래서 한때 예종이 승하한 장소라 왕의 침전 영역에 속하였다.[259] 자미당은 현재 자경전(慈慶殿)의 서쪽 터를 가리킨다. 자경전은 훗날 고종의 즉위에 중요한 역할을 했던 대왕대비 신정왕후를 위한 전각으로 사용되었다.

대비의 거처는 원래 동조(東朝)라고 한다. 『주례고공기(周禮考工記)』에 따르면, 동조는 삼조(三朝)가 왕을 중심으로 한 궁궐의 기본 형식 구조임에 대해 그 동쪽에 왕실의 최고 어른인 대비의 거처를 따로 마련한 데서 비롯된 것이다. 자경전은 왕의 침전과 왕비의 침전 동쪽에 위치하며, 교태전에 가장 인접해 있다. 자경전의 여러 전각 가운데 하나인 자미당은 중종 당시 희빈 홍씨의 생활공간이었던 만큼 왕실 여성을 위한 영역이자 후궁의 거처였음을 알 수 있다.

인종의 후궁 귀인 정씨는 충순당(忠順堂)에서 살았다.[260] 충순당은 서현정(序賢亭), 취로정(翠露亭), 관저전(關雎殿) 등과 함께 경복궁 후원에 위치하였다. 이곳은 지금 그 자리에 큰 연못을 파고 섬 안에 2층의 향원정(香遠亭)이 세워진 곳이다. 이로써 보면, 후궁의 주거 공간은 국

---

257) 宋寅, 앞의 책, 민족문화추진회, 1989, 118~119쪽.

258) 남호현, 『조선궁궐의 주거 공간』, 민속원, 2016, 126쪽.

259) 『예종실록』 권8, 예종 1년 11월 28일(무신).

260) 李珥, 『栗谷全書』 권18, 「行狀」 <貴人鄭氏行狀>(『한국문집총간』 권44, 민족문화추진회, 1989, 417~418쪽).

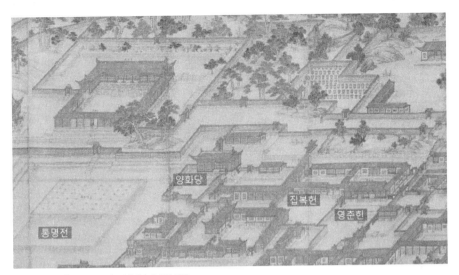

〈그림 43〉 『동궐도』의 영춘헌과 집복헌

영춘헌(迎春軒)은 창경궁의 북쪽, 양화당(養和堂)의 동쪽에 있는 침전 건물로 정조대 이후 주로 왕의 서재로
활용되었다. 집복헌(集福軒)은 영춘헌 본채 서쪽에 이어져 있는 서행각이며 ㅁ자 형태이다.

왕과 왕비의 침전을 중심으로 그 인접한 후방에 마련된 것으로 보인다.
즉 후궁은 왕의 침전 북쪽이나 동쪽의 후궁 구역에 위치한 별도의 독립
건물에서 생활하였다.

조선 전기 경복궁에서 부부 생활 또는 성생활을 하는 공간은 임금의
편전인 강녕전을 중심으로 교태전과 그 주변 일대인 넷 채의 소침이었
다. 하지만 임진왜란으로 경복궁이 불타버린 조선 후기에 왕실 가족들
의 생활공간은 동궐 가운데 창경궁(昌慶宮)과 서궐인 경희궁(慶熙宮)
일대였다.

왕비의 침전은 국왕의 침전인 창덕궁 희정당(熙政堂) 뒤에 있는 대조
전(大造殿)이었다. 이에 비해 후궁의 주거 공간은 대비들의 거처로 주로
쓰였던 창경궁 양화당(養和堂) 아래 동쪽에 자리한 영춘헌(迎春軒)과 집
복헌(集福軒)으로 추정된다. 영춘헌과 집복헌 두 건물은 독립된 건물들
로 창경궁 일대에 있었던 후궁들의 처소들 중 유일하게 현재까지 남아
있는 건물이다. 영춘헌 일원은 후궁들의 처소가 밀집된 구역이었다. 이

일대가 그들의 생활 장소였다는 사실은 국왕과 후궁 사이에 태어난 왕자녀의 탄생 공간이었다는 점에서 확인되는데【표 13】과 같다.

【표 13】조선 후기 후궁 소생의 출생 장소

국왕	후궁	소생	일시	장소
숙종	희빈 장씨	경종	1688년(숙종 14) 10. 28.	창경궁 취선당
숙종	숙빈 최씨	영조	1694년(숙종 24) 9. 13.	창덕궁 보경당
영조	정빈 이씨	효장세자[진종]	1719년(숙종 45) 2. 15.	한성부 북부 순화방 창의궁
영조	영빈 이씨	사도세자[장조]	1735년(영조 11) 1. 21.	창경궁 집복헌
정조	의빈 성씨	문효세자	1782년(정조 6) 10. 13.	창덕궁 연화당
정조	수빈 박씨	순조	1790년(정조 14) 6. 18.	창경궁 집복헌
고종	황귀비 엄씨	영친왕	1897년 10. 20.	덕수궁 영복당

왕자녀가 태어난 장소는 곧 후궁의 침소이자 평소 후궁이 생활하는 거주 장소가 된다. 후궁의 처소를 분만실로 활용한 것은 주지했듯이 예기치 못한 위험한 상황에 즉각 대응함과 동시에 출산의 편의를 도모할 수 있도록 한 조처였다.[261] 영조의 후궁 영빈 이씨는 1735년(영조 11) 1월에 창경궁 집복헌에서 훗날 사도세자가 될 원자를 낳았고, 정조의 후궁 수빈 박씨는 1790년(정조 14) 6월에 집복헌에서 원자 순조를 낳았다. 집복헌은 '복을 모으는 집'이라는 뜻으로, 창경궁 내전인 영춘헌 본채 서쪽에 이어져 있는 부속 전각이며 ㅁ자 구조 형태를 취하고 있다. 집복헌이 수빈 박씨의 거주 공간이었기 때문에 정조는 이곳에 자주 출입하게 되면서 급기야 집복헌과 서로 맞닿아 있던 영춘헌을 독서실 겸 집무실로 이용했던 것이다.

조선 후기에는 후궁이 거처하게 될 건물에 이름을 정해주고, 그에 따

---

261) 본서 3장 3절의 3) 참조.

〈그림 44〉 창경궁 집복헌(서울특별시 종로구 소재)과 집복헌유감시 현판

창경궁 집복헌은 '복을 모으는 집'이라는 뜻으로 창경궁 내전에 속하는 전각으로 대체로 후궁들이 거처했다. 집복헌 유감시(集福軒有感詩)는 창경궁 집복헌에 걸었던 현판으로, 영조의 글씨이다(국립고궁박물관 소장).

른 당호(堂號)를 내렸다. '당(堂)'자가 붙은 전각은 세자나 후궁이 살았던 생활공간으로, '전(殿)'자 붙은 왕과 왕비, 왕대비, 대왕대비를 위한 침전의 전각보다 위계가 한 단계 낮은 것이다. '○○당'으로 불렸는데, 장희빈이 거주하는 처소를 취선당(就善堂)이라 불렀고 고종의 후궁들이 생활하는 곳을 각기 광화당, 영보당, 보현당 등의 당호를 지어 불렀다. 이 당호는 이들이 거처하는 침전의 전각명이면서 그들을 부르는 호칭으로 사용되었다.

숙종의 후궁 희빈 장씨 역시 취선당이란 당호로 불렸는데, 그녀가 거주하는 침전의 전각명이 취선당이었기 때문이다. 이곳에서 그녀는 1688년(숙종 14) 10월에 아들 경종을 낳았다. 취선당은 건양현(建陽峴)과 창경궁 명정전(明政殿) 사이에 있었다.262) 『동궐지(東闕誌)』에 따르면, 취선당은 저승전(儲承殿) 서쪽에 위치하였고, 영조 때에 저승전의 소주방(燒廚房)으로 개조되었으나, 1756년(영조 32) 때에 저승전과 함께 화재로 전소되었다고 한다.

무엇보다 숙종의 후궁들은 전 왕대와는 달리 남편인 왕이 살아있어 궁에서 지내면서도 각기 궐 밖 사제를 하사받았다. 이 때문에 후궁들이 소유하는 사제의 규모와 화려함에 대해 대신들의 비판이 끊이지 않았다.263)

---

262) 『숙종실록』 권35, 숙종 27년 10월 10일(계해).

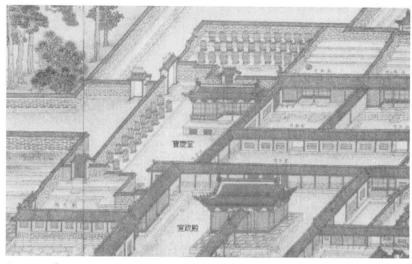

〈그림 45〉『동궐도』의 보경당

보경당(寶慶堂)은 창덕궁 선정전 북서쪽에 있는 전각으로, 동쪽으로 태화당(泰和堂), 재덕당(在德堂)
이 행각을 사이에 두고 배치되었다. 이곳에서 태어난 영조는 '탄생당 팔십서(誕生堂八十書)'라는 글자
를 새긴 현판을 걸었다.

　숙빈 최씨는 생전에 여러 공간에 거처했던 사실이 확인된다. 그녀는
창덕궁 보경당(寶慶堂)에서 거처하였고 1694년(숙종 24)에 이곳에서
아들 영조를 낳았다.264) 훗날의 일이지만 영조는 왕이 된 후, 자신이 태
어났던 보경당을 특별히 아껴 '탄생당(誕生堂)'이라는 당호를 직접 써
서 걸었을 정도였다.265)

　원래 대조전에는 세 방향으로 행각이 연결되어 있는데, 동편 행각이
흥복헌(興福軒)이고, 서쪽 행각이 융경헌(隆慶軒)이며, 남쪽 행각에 있
는 집이 양심합(養心閤)이다. 보경당은 창덕궁 내전 건물 중 하나로 선

263)『숙종실록』권32, 숙종 24년 12월 1일(신축);『숙종실록』권36, 숙종 28년 4월 16
　　일(정묘);『숙종실록』권39, 숙종 30년 5월 28일(병인);『숙종실록』권46, 숙종 34
　　년 12월 20일(임술);『숙종실록』권47, 숙종 35년 6월 19일(무오).
264)『영조실록』권104, 영조 40년 9월 13일(임술). "是日 卽誕辰 召見時原任大臣二品
　　以上三司諸臣于寶慶堂 上所誕降之堂也."
265)『영조실록』권121, 영조 49년 10월 11일(병신).

정전(宣政殿)의 북서쪽에 놓여 있고 흥복헌 뒤에 있는 전각이다. 현재
는 건물 없이 공터만 남아있는데, 조선 초기 세조 때에는 종친과 신하
들의 연회 장소였고, 성종 때에는 정희왕후 윤씨가 수렴청정을 하는 곳
이었다.266) 하지만 조선 후기에는 후궁의 거처로 활용되었다. 이는 연
산군의 후궁 전비(田非)와 장녹수가 이곳에다 많은 재산을 감추었다가
중종반정 이후에 두 사람의 재산을 이곳에서 찾았다는 기록에서267) 짐
작할 수 있다. 수빈 박씨도 창경궁에서 순조를 낳았으나, 훗날 보경당
으로 거처를 옮겨 살았고, 이곳에서 승하했다.268)

물론 숙빈 최씨는 이후 궁궐 밖 이현궁에서 생활하는가 하면, 1712
년(숙종 38) 2월에 연잉군과 함께 출합하여 1718년(숙종 44) 3월 49세
로 사망할 때까지 창의궁에서 살기도 했다. 이곳은 숙빈이 말년에 거처
하면서 숙빈방으로 불렸고, 나중에 연잉군의 거처로 정해져 영조의 잠
저가 되었다. 이현궁은 매우 크고 넓었다. 실제로『비변사등록(備邊司
謄錄)』에 따르면, 1702년(숙종 28) 4월, 이곳을 수리하는 데에 말 30필
이 3개월 동안 토석을 운반하는 데 거의 1만 바리[駄]가 넘을 정도였다.
1711년(숙종 37) 7월에 숙빈으로부터 이현궁을 환수하였다가 다시 연
잉궁의 집으로 마련해 주면서 숙빈도 함께 살도록 했던 것이다.

---

266)『세조실록』권43, 세조 13년 9월 28일(경인);『명종실록』권31, 명종 20년 7월 29
   일(계해).
267)『중종실록』권1, 중종 1년 9월 16일(임진).
268)『순조실록』권25, 순조 22년 12월 26일(병인).

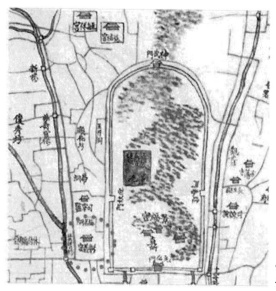

<그림 47> 『청구요람』의 「도성전도」(서
울대학교 규장각 소장)에 나타난 창의궁

후궁 소생 왕자녀의 탄생 장소가 그들의 생활공간이었던 경우와 마
찬가지로 후궁이 사망한 장소 역시 그들이 주거하던 곳이었다. 즉, 현
왕의 후궁이 사망한 장소를 통해 평소 일상적인 생활을 하던 궁궐 안
생활공간을 유추할 수 있는데, 아래 【표 14】와 같다.

【표 14】 조선 후기 후궁 임종 장소

국왕	후궁	궁궐	전각	기타장소	일시
숙종	희빈 장씨	창경궁	취선당		1701년(숙종 27) 10. 8.
숙종	숙빈 최씨			창의동(사가)	1718년(숙종 44) 3. 9.
영조	정빈 이씨			장동(사제)	1721년(경종 1) 11. 16.
영조	영빈 이씨	경희궁	양덕당		1764년(영조 40) 7. 26.
정조	의빈 성씨	창덕궁	중희당		1786년(정조 10) 9. 14.
정조	원빈 홍씨	창덕궁	양심합		1779년(정조 3) 5. 7.
정조	수빈 박씨	창덕궁	보경당		1822년(순조 22) 12. 26.
고종	황귀비 엄씨	덕수궁	즉조당		1911년(순종 5) 7.20(양력).

정조의 후궁 원빈 홍씨는 1779년(정조 3) 5월 7일에 창덕궁 양심합에
서 세상을 떠났다. 양심합은 「동궐도」에 의하면 대조전 앞쪽 행랑에 위
치한 남향의 건물로 총 3칸으로 구성된 한옥 건물이었다. 수빈 박씨는

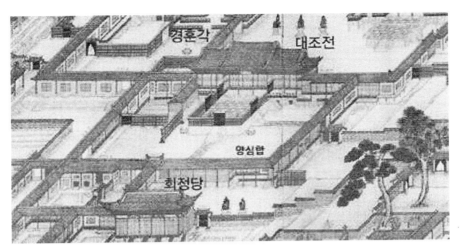

〈그림 48〉『동궐도』의 양심합

양심합(養心閤)은 대조전의 남동쪽 행각으로 편전인 희정당의 후원과 연접해있다.

창덕궁 보경당에서 생활하였으나, 한때 양심합에서도 거처한 것으로 알려져 있다.[269] 이처럼 양심합은 희정당의 후원과 인접한 대조전의 부속건물로, 후궁들의 사적 생활을 위한 내전으로 이용되었다.

궁궐 안에다 국왕이 별도로 후궁의 처소를 건축하기도 했다. 헌종이 지은 『원헌고(元軒稿)』에 수록된 「낙선재 상량문」에 따르면, 헌종은 1847년(헌종 13)에 창덕궁 승화루(承華樓) 옆에 낙선재(樂善齋)를 건립하고, 이듬해인 1848년(헌종 14) 경빈 김씨를 위해 낙선재 동쪽에 석복헌(錫福軒)을 지었다.[270] 석복헌은 낙선재와 정조 때에 이극문(貳極門) 안쪽에 지은 수강재(壽康齋) 사이의 공간으로,[271] '복을 내리는 집'이라는 의미를 담고 있다. 헌종은 홍서하기 직전까지 낙선재와 석복헌 일대를 주요 활동 공간으로 이용하였다. 이후 석복헌은 지은 지 불과 1년 만인 1849년(헌종 15)에 헌종이 승하하고 경빈 김씨가 궁 밖으로 나가 별

269) 한영우, 『창덕궁과 창경궁』, 열화당, 2003, 144쪽.

270) 박창렬, 「낙선재」, 『건축』 40권 11호, 대한건축학회, 1996, 60쪽.

271) 『정조실록』 권20, 정조 9년 8월 27일(갑진).

〈그림 49〉 창덕궁 낙선재(서울특별시 종로구 와룡동 소재)와 낙선재 상량문 현판(오른쪽)

창덕궁 인정전의 동남쪽, 창경궁과 경계를 이루는 곳에 자리 잡은 건물로, 1847년(헌종 13)에 건립되었다. 1848년 경
빈 김씨의 처소로 건립된 석복헌과 같은 해에 중수된 수강재가 옆으로 길게 이어지며 건물군을 형성하고 있어 이 일곽
을 통틀어 낙선재라 부른다. 현판은 낙선재의 내력, 공역(工役), 일시 등을 적은 상량문을 새긴 것이다(국립고궁박물관
소장). 이 상량문은 헌종이 직접 짓고 글씨는 승정원 도승지 조봉하(趙鳳夏)가 썼다.

도로 마련된 순화궁에서 생활하게 되면서 빈 처소로 남게 되었다.

고종의 후궁들은 1897년(고종 34) 2월에 고종이 경운궁(慶運宮)인 덕
수궁(德壽宮)에 옮긴 이후로 고종의 침전인 함녕전(咸寧殿)의 동편에
있는 영복당(永福堂) 일원에서 생활하였다. 이곳은 황귀비 엄씨를 비롯
해서 삼축당, 복녕당, 광화당 등 고종의 후궁들이 거처하는 건물이었다
영복당 북쪽에는 삼축당, 동쪽에는 경선당(慶善堂)과 복녕당이 자리 잡
고 있었다. 후궁이 거처하는 건물 가운데 황귀비 엄씨의 처소 영복당의
규모가 가장 컸다. 함녕전의 동행각에는 영복당으로 통하도록 응춘문
(凝春門)을 두었다.

한편 대사간 황사우(黃士祐)·사간 김선(金銑), 헌납 상진(尙震), 정언
채무역(蔡無斁)·허항(許沆) 등이 올린 차자의 내용은 선왕·현왕의 후궁
들의 거처하는 몸가짐에 대해서 잘 보여준다.

(대사간 황사우 등)이 차자를 올렸다. (중략) 내총(內寵)이 날로 성해
가고 부언(婦言)이 날로 넓어져 가고 있습니다. 그래서 궁위가 이 때문
에 엄숙하지 못하고 내정이 이 때문에 엄격하지 못하여 심지어는 병
을 치료할 집이 있는데 혹은 여염집에 나아가 요양하는 일이 있으며,
아기를 분만할 처소가 있는데 혹은 사제(私第)에 나가 묵으면서 낳는
일도 있습니다.

〈그림 50〉 영복당 현판
'길이 행복을 누리는 집'이라
는 뜻을 새긴 현판이다(국립
고궁박물관 소장). 이 현판은
덕수궁 정관헌(靜觀軒) 동쪽
에 있는 영복당에 걸려 있던
것이다.

그리고 부인의 의(義)는 부모형제를 멀리하는 것인데 후궁이 사친에게 근친할 적에 여러 날을 묵으면서 종족을 모아 잔치를 하는가 하면 주부(主婦)할 사람이 있는데도 관청에서 가례를 마련하고, 친모는 밖에 나가 아름다움을 자랑하는 것으로 일을 삼아 사람들을 외정(外庭)에 불러들여 대접을 함으로써 크고도 교활한 간인(奸人)이 그 길을 차지하여 청촉(請囑)하는 바가 있게 되고 부유한 상인과 큰 장사꾼이 그로 인연하여 부탁하는 바가 있게 됩니다. 그로 인하여 밖의 말이 이 길을 통하여 쉽사리 안으로 들어오고 안의 말이 이 길을 말미암아 쉽사리 밖으로 나가게 됩니다. 그리하여 궁정을 혼란시키고 성치(聖治)를 문란하게 하는 등 못하는 짓이 없습니다.

조종 이래로 궁금을 엄히 하지 않은 적이 없었습니다. 용맹스러운 군사가 야경을 돌며 엄인(閹人)이 대궐문을 지키며 전언(典言)이 전교를 맡으며 여사(女史)가 궁중 일을 기록하는 것은 내외를 엄히 하고 궁위를 바르게 하려는 것입니다. 이처럼 계액초방(桂掖椒房)의 깊은 곳에는 비록 천한 시비들이라 하더라도 오히려 드나들지 못하게 하는 것은 가정이 비색해질까 두려워서인데 더구나 빈어와 잉희(媵姬) 같은 근시가 외간(外間)에 묵으면서 여염에 뒤섞여 있어서야 되겠습니까. 고금의 궁정 법도를 무너뜨리고 조종의 가법을 어지럽힘이 이보다 심한 것이 없습니다.[272]

위 인용문에서 보듯이 후궁들은 사제나 여염집에 머무르지 말아야 했다. 이는 친속을 가까이하게 되면 인정상 여알이 성행하게 되고 간사

---

272) 『중종실록』 권70, 중종 26년 3월 22일(정미).

한 사람에게 청탁을 받게 되어 결국 궁정을 혼란시키고 정치를 문란하게 되기 때문이다. 그래서 이들은 병에 걸려 온천에서 목욕을 하고 싶어도 멀리 외방까지 나가거나 여염집을 출입하는 것이 쉽지 않았다.[273]

(2) 선왕 후궁의 거처와 생활

조선 초기에 선왕의 후궁들은 한 장소에 모여 살았다. 자신이 모시던 왕이 세상을 떠나고 다음 대의 왕[세자]이 보위에 오르면, 왕비는 대비가 되어 대비전으로 거처를 옮겼지만 후궁들은 궁궐에 남아있을 명문이 없기에 국왕의 삼년상이 끝나면 궁궐 밖으로 나와서 살아야 했다. 이에 새로 즉위한 후왕은 선왕 후궁들을 위해 궁 밖에 처소인 공가(公家) 또는 궁가(宮家)를 마련해 주었다. 이때 국가에서는 궁궐 밖에서 가옥의 규모가 비교적 큰 대군이나 왕족들이 살았던 사저를 선왕 후궁의 궁가로 사용하였다. 이는 문종이 1450년(문종 즉위)에 세종의 후궁들을 위해 태조의 아들인 무안대군(撫安大君) 이방번(李芳蕃)의 옛 집을 수리하여 살게 한 사실에서 알 수 있다.[274] 실제로 대군의 집은 대체로 60칸 규모로 규정되어 있었다.[275]

조선 초기 선왕의 후궁들은 궁궐의 전각이나 개인 사택에서 독립적으로 생활하기보다 국가에서 마련해 준 궁가인 인수궁(仁壽宮, 훗날 淨業院)[276], 자수궁(慈壽宮, 훗날 자수원), 수성궁(壽成宮) 또는 정청궁(貞

---

273) 『중종실록』 권51, 중종 19년 7월 11일(갑술).
274) 『문종실록』 권1, 문종 즉위년 3월 21일(을축).
275) 『세종실록』 권51, 세종 13년 1월 12일(정축); 『세종실록』 권123, 세종 31년 1월 26일(정미).
276) 『선조실록』 권8, 선조 7년 5월 20일(계사).

〈그림 51〉 자수궁 터(서울특별시 종로구 소재)와 표석(오른쪽)

자수궁은 인왕산 밑 옥인동 일대에 왕기(王氣)가 서린다는 풍수설이 나돌아 광해군이 왕위를 위협하는 기를 누르기 위해 1616년(광해군 8)에 세운 궁궐이다. 이후 광해군이 쫓겨나자 1623년(인조 1)에 자수궁은 헐리고 자수원으로 이름을 고친 뒤 니원(尼院)을 두었다. 이 표석은 3호선 경복궁역 2번 출구 조흥은행 효자동지점 골목 안에 위치한다.

淸宮) 등 일정한 한 공간에 모여 공동생활을 하며 살았다.

태종의 후궁들은 태종이 죽자 세종이 마련해 준 의빈궁(懿嬪宮)에서 함께 살았다. 의빈 권씨는 생존해 있었던 태종의 후궁 가운데에 품계가 제일 높아 그녀의 빈호를 따서 태종의 다른 후궁들과 함께 살게 한 것이다. 의빈궁은 훗날 세조에 의해 영수궁(寧壽宮)으로 개칭되었다.[277] 그때까지 의빈 권씨를 포함해서 선빈 안씨, 명빈 김씨, 소빈 노씨 등의 태종의 후궁들이 그곳에 살아 있었다. 이후로 후궁 개인의 빈호로 칭하기보다는 공동의 궁가로 칭하게 된 것이다.

태종의 후궁들이 세종이 마련해 준 의빈궁에서 함께 살게 된 이후로 세종의 후궁들은 세종이 승하한 이후에 문종이 마련해 준 자수궁에서 함께 살았다. 앞서 언급했듯이 자수궁은 1450년(문종 즉위) 태조의 아들 무안군 이방번의 옛집을 수리하여 만든 곳이다. 이곳은 세종 사후에 세종의 후궁들이 머무는 공간으로 처음 지어졌다. 무안대군은 1398년(태조 7) 8월, 1차 왕자의 난 때 18세의 어린 나이로 죽임을 당하였다.[278] 이후 후손이 없이 세상을 떠난 무안대군을 애석하게 여긴 세종

277) 『세조실록』 권7, 세조 3년 5월 22일(갑신).

은 자신의 다섯 번째 아들인 광평대군(廣平大君)을 그의 양자로 삼게했다. 하지만 그마저도 20세에 요절하여 사실상 세종이 죽었을 때 그 집은 비어 있었다. 세종의 후궁들은 1450년 6월 6일 자수궁으로 옮겼다.[279] 당시 그곳에 생존해 있었던 세종의 후궁은 영빈 강씨를 비롯해서 신빈 김씨, 혜빈 양씨, 장의궁주, 명의궁주, 숙의 조씨 등이었다.

다만 세종의 후궁 가운데에 신빈 김씨와 혜빈 양씨는 후대 왕의 특별한 유고에 따라 궁을 나와 자수궁이 아닌 개인 별궁에서 독립적으로 거주하며 생활하였다. 혜빈 양씨는 문종이 마련해 준 혜빈궁(惠嬪宮)에서 살았고,[280] 신빈 김씨는 자수궁 내에 독립 처소인 신빈궁(愼嬪宮)에서 살았다.[281]

혜빈궁은 아들 영풍군(永豊君)의 집 옆에 있었으며, 두어 간 정도의 집이었다.[282] 당시 사헌부으로부터 궁금을 엄하게 해야 한다며 혜빈에게 별도의 집을 마련해 살게 하는 것이 부당하다는 비판을 지속적으로 받았음에도 문종은 자수궁이 아닌 별궁에 거처하도록 허락해 준 것이다. 이때 문종은 혜빈이 부모의 상을 당한 이후 지병이 위중하다는 명분을 내세웠다.[283] 이처럼 후궁들이 개인 사가에 거처하는 것을 허락하지 않았음에도 독립적인 생활 장소를 보장해 준 것은 혜빈과 신빈 모두 왕실 내에 지대한 공로가 있었기 때문이다.

실제로 혜빈 양씨는 단종의 보모 역할을 한 공로가 있었고, 신빈 김

---

278)『태조실록』권14, 태조 7년 8월 26일(기사).
279)『문종실록』권2, 문종 즉위년 6월 6일(무인).
280)『문종실록』권6, 문종 1년 3월 28일(정묘).
281)『세조실록』권2, 세조 1년 11월 13일(갑신).
282)『문종실록』권6, 문종 1년 3월 28일(정묘).
283)『문종실록』권6, 문종 1년 3월 28일(정묘).

씨는 소헌왕후의 능둔이 영응대군(永膺大君)을 키운 공로가 있었다. 특히 세종이 승하하자 머리를 깎고 여승이 된 신빈 김씨는 아들의 요청으로 환속될 수 있었지만, 세종의 명복을 빌기 위해 1464년(세조 10) 58살 나이로 세상을 떠날 때까지 한평생을 자수궁에서 보냈다.

성종대에는 세조의 후궁과 예종의 후궁들을 자수궁에서 함께 살도록 하였고[284] 연산군의 어머니 폐비 윤씨를 빈으로 강등한 뒤에 자수궁에 거처하도록 했다.[285] 그때까지 유일하게 살아있던 서조모인 세조의 후궁은 근빈 박씨였는데, 자수궁 안에 따로 별궁을 짓고 창수궁(昌壽宮)이라 하여[286] 자수궁과 구별하였다. 당시까지 예종의 후궁인 숙원 이씨, 상궁 기씨 등이 생존해 있었다.

연산군대에는 수성궁에 머물고 있던 문종의 후궁들이 옮겨 와 자수궁에서 생활하였다.[287] 수성궁은 단종이 선왕인 문종의 후궁들을 위해 마련해 준 궁가였다.[288] 그때까지 확인된, 생존해 있던 문종의 후궁은 숙의 문씨였다. 자수궁은 경복궁의 서편에 있었는데,[289] 1493년(성종 24) 터가 습하고 비좁다는 의견이 제기되면서 다른 곳으로 옮기려는 계획을 세운 적도 있었지만 결국 이전되지 못했다.

연산군은 성종의 후궁들을 문종의 후궁들의 생활공간인 수성궁에 거처하도록 한 후[290] 1504년(연산군 10) 5월에 이곳을 정청궁이라 고쳐

---

284) 『성종실록』 권179, 성종 16년 5월 7일(병진).
285) 『성종실록』 권78, 성종 8년 3월 30일(정유).
286) 『성종실록』 권179, 성종 16년 5월 9일(무오).
287) 『연산군일기』 권53, 연산군 10년 5월 1일(경인).
288) 『단종실록』 권10, 단종 2년 3월 13일(갑자).
289) 『성종실록』 권19, 성종 3년 6월 16일(신사); 『연산군일기』 권61, 연산군 12년 1월 9일(기축).
290) 『단종실록』 권10, 단종 2년 3월 13일(갑자).

불렀다.291) 이 때문에 성종의 후궁들은 처음 수성궁에 거주했다가 자수궁에 거처하게 되었다. 그래서 성종의 후궁 가운데 숙의 홍씨는 연산군에 의해 직첩을 뺏겨 궁에서 내쫓겨 이들과 함께 수성궁에서는 생활하지 못했으나 중종반정 후에 복권되면서 자수궁에 입궁하게 되었다.292)

중종의 후궁들은 인종 즉위 직후 사헌부에서 자수궁에 대해 "선왕의 후궁이 사는 곳"이라고 하고 "대행 대왕의 후궁도 그리로 나아가 살게 되면 더욱 엄숙하게 하지 않을 수 없다."293)라고 한 것으로 보아 자수궁에 모여 생활하였던 것으로 보인다. 인종의 후궁들은 명종 대에 숙의 정씨가 자수궁에 나가 거처하였는데 그녀에게 일체의 공상을 올리라고 명하였다는 사실에서294) 자수궁에서 살았던 것으로 조심스레 추론해 본다.

후궁들은 평소 생활공간이 필요했다. 더구나 병이 났을 때 병든 그들을 수용할 별도의 공간이 필요했다. 인수궁은 1516년(중종 11)에 중종이 "이명필(李明弼)의 집을 인수궁과 서로 바꾸어 질병가(疾病家)로 삼으라"고 명한 사실에서 보듯이295) 왕실 비빈들의 피접처(避接處)로 설치되었다. 질병가는 왕실의 후궁이나 나인 등이 병이 들었을 때 요양을 하는 시설을 말한다.

그러나 인수궁 역시 선왕의 후궁들이 거처할 공처로 인식된 듯 보인다. 이는 1545년(명종 즉위) 원상 윤인경 등이 인종의 후궁 정씨가 아직까지 궁궐 안에 있는 것에 대해 궁에서 내보내되 사제로 보내지 말고 자수궁이나 인수궁 등 공처로 내보내라고 요청한 사실에서 알 수 있

291)『연산군일기』권53, 연산군 10년 5월 15일(갑진).
292)『중종실록』권1, 중종 1년 9월 2일(무인).
293)『인종실록』권1, 인종 1년 3월 24일(병술).
294)『명종실록』권2, 명종 즉위년 12월 29일(무오).
295)『중종실록』권23, 중종 11년 1월 9일(신묘).

〈그림 52〉 정업원 구기비각(서울특별시 종로구 숭인동 소재)과 정업원 구기비(오른쪽)

정업원구기비(淨業院舊基碑)는 1771년(영조 47)에 영조가 세웠다. 비각의 편액은 영조의 친필이다. 정업원은 단종의 왕비 정순왕후 송씨가 여승이 되어 머물던 승방으로, 청룡사의 전신이다. 정업원 구기비는 서울특별시 유형문화재 제5호로 지정되었다.

다.296) 이후 이곳의 기능이 점차 불당의 기능으로 변모하면서 유생들의 비판 대상이 되어 불만을 가진 유생들이 1566년(명종 21)에 인수궁에 불을 지르려다 적발된 바 있다.297) 선조 즉위 직후에도 유학자 관료들은 인수궁의 혁파를 줄기차게 요구했다. 이곳은 후에 정업원으로 칭해졌다.298)

대체로 태종의 후궁들은 의빈궁 또는 영수궁에서, 세종의 후궁들을 비롯해서 세조의 후궁과 예종의 후궁들은 자수궁에서, 문종의 후궁들과 인종의 후궁들은 연산군대까지 수성궁에서 자수궁으로 옮겨 살았고, 성종의 후궁들은 수성궁에서 살았다. 그들은 이곳에 들어가 머리를 깎고 비구니의 신분이 되어 선대왕이나 소생 왕자들의 명복을 기원하며 말년을 보냈다. 실제로 연산군의 후궁 숙의 곽씨는 1522년(중종 17)

---

296) 『명종실록』 권2, 명종 즉위년 12월 19일(무신); 『명종실록』 권4, 명종 1년 7월 26일(신사).
297) 『명종실록』 권32, 명종 21년 4월 20일(신사).
298) 『선조실록』 권8, 선조 7년 5월 20일(계사).

에 정업원의 마지막 주지가 되었다. 적어도 유교사회인 조선에서 승방을 인정할 수 없다는 성리학자들의 반발이 있었음에도 국왕들은 1661년(현종 2) 2월 자수원 등 니원(尼院)이 혁파될 때까지 의탁할 곳이 없는 선왕조의 후궁이 모여 살도록 하였다.[299] 이처럼 조선 초기에는 선왕의 후궁들이 인수궁과 같은 국가에서 정해준 일정한 장소에서 같이 거처하는 것이 하나의 관례가 된 듯 보인다. 그런 만큼 이곳은 국가적으로 관리되었다.

국가에서는 이곳에 후궁들을 모실 시녀와 내관들을 배속시켰다. 이는 문종이 "자수궁의 두 빈이 출입할 때에는 오장(烏杖)을 잡은 자 20명을 쓰고 두 귀인이 출입할 때에는 10명을 쓰라"[300]고 예우해 준 일이나 세조가 자수궁에 별감(別監)·소친시(小親侍) 6인, 수성궁에 별감·소친시 24인, 신빈궁에 별감·소친시 6인, 의빈궁에 별감·소친시 8인을 배속시키도록 한 사실에서 알 수 있다.[301] 소친시는 곁에서 잔심부름을 하는 나이 어린 사내아이를 말한다. 이처럼 국가에서는 그들이 사는 거주공간을 궁궐과 마찬가지로 궁금(宮禁)으로 인식했기 때문에 그들의 안전과 생활의 편의를 도모할 수 있도록 궁녀들 배치는 물론, 숙위군과 노비들까지도 배속시켰던 것이다.[302]

조선 초기에는 후궁들이 개인 사저에 거처하는 것을 허락하지 않았지만, 조선 후기로 접어들면서 후궁들은 왕실에서 정해준 장소에서 살지 않고 사제로 나가는 경향이 보인다. 이는 1661년(현종 2)에 현종이,

---

299) 『현종실록』 권4, 현종 2년 1월 5일(을묘).
300) 『문종실록』 권2, 문종 즉위년 6월 18일(경인).
301) 『세조실록』 권2, 세조 1년, 11월 13일(갑신).
302) 『세조실록』 권34, 세조 10년 8월 13일(갑오); 『예종실록』 권1, 예종 즉위년 9월 23일(기묘).

왕실 비빈이 한 명도 없다는 이유를 들어 자수궁과 인수궁에 혁파된 사실과 무관하지 않다고 본다.303) 이곳의 기능이 쇠락하였음을 알 수 있다. 물론 불사의 기능을 담당해왔던 양궁(兩宮)이 1661년(현종 2)에야 비로소 철거되었지만 최소한 1560년(명종 15) 이전까지 후궁들은 궁가에서 생활하였던 것으로 보인다.304)

후궁들이 사가에서 생활한 정황은 선조 연간에 사망한 선왕의 후궁들에게서 나타난다. 중종의 후궁 희빈 홍씨는 1581년(선조 14) 88세에 숨을 거둘 때까지 장남 금원군(錦原君)의 사가로 나가 살았다. 선조의 후궁들 역시 예외는 아니었다. 인빈 김씨는 1608년(선조 41) 선조가 승하하고 3년이 지난 뒤에 1613년(광해군 5) 10월, 죽기 직전까지 사제로 나가 살았고,305) 정빈 홍씨 역시 76세로 세상을 떠날 때까지 경성(京城) 동학동(東學洞) 사제에서 살았으며,306) 정빈 민씨는 선조가 세상을 떠나자, 숙환 중에도 소생 인성군(仁城君) 이공(李珙)의 사제 경행방(慶幸坊)에서 죽을 때까지 아들과 함께 살았다.307) 숙종의 후궁 귀인 김씨 경우에도 복제 기한이 끝난 뒤에 여경방(餘慶坊), 현재의 태평로 사제로 나가 그곳에서 죽었다.

숙종 대에는 그 이전과는 달리 국왕 자신이 생전에 후궁들에게 궁궐 밖에 사제를 마련해 주었다. 1702년(숙종 28)에 후궁의 사제를 고쳐 짓

303) 『현종개수실록』 권5, 현종 2년 1월 5일(을묘).
304) 본서 4장 1절의 2) 참조.
305) 申欽, 『象村稿』 권27, 「神道碑銘」<仁嬪金氏神道碑銘幷書>(『한국문집총간』 권72, 민족문화추진회, 1991, 105～106쪽).
306) 李景奭, 『白軒集』 권44, 「文稿」<貞嬪洪氏神道碑銘>(『한국문집총간』 권96, 민족문화추진회, 1992, 442～443쪽).
307) 李健, 앞의 책, 민족문화추진회, 1994, 219～221쪽.

는 일로 참찬관(參贊官) 김진규(金鎭圭)의 비판을 받아 정지케 한 일도 있었다.[308] 심지어 숙종은 숙빈 최씨가 이현(梨峴)에 큰 집이 있는데도, 연잉군의 저택을 세우도록 명하였다.[309] 그러면서 후궁들의 사제를 별도로 건축하려는 자신의 행위가 금일에 만들어 진 것이 아니라고 변명하기에 이른다.[310] 이미 이전부터 후궁들의 사저를 궁 밖에 마련했던 것으로 보아 선왕의 후궁들이 출궁하여 사제에서 머무르는 것이 이미 이전부터 하나의 전례가 되었다고 하겠다.

조선 말기까지 궁궐을 나가 여생을 살았던 것이 이어진 듯하다. 헌종의 후궁 경빈 김씨는 1849년(헌종 15)에 헌종이 승하한 뒤 궁궐 밖 궁가로 나가, 1907년(융희 1) 6월 1일에 세상을 떠날 때까지 그곳에서 살았다. 순화궁은 현재 서울특별시 종로구 인사동 일대에 자리하고 있다. 고종의 후궁 삼축당 김씨와 광화당 귀인 이씨는 고종의 3년 상을 치른 후 순종이 마련해 준 사간동(司諫洞)의 집에서 생계비를 지급받으며 세상을 떠날 때까지 살았다.[311]

한편 선왕의 후궁뿐만 아니라 왕이 아직 생존 중이라도 후궁이 늙고 병들면 본궁을 나와야 되는 것이 궁중 예법이었다.[312] 보통 병에 걸렸을 때 왕실 여성들은 각각 내전과 별궁을 떠나 치료받았다. 1396년(태조 5) 8월에 신덕왕후는 병환이 위독해지자 판내시 부사(判內侍府事) 이득분(李得芬)의 집에서 요양하였고[313] 원경왕후는 개경사(開慶寺)에 피

---

308) 『숙종실록』 권36, 숙종 28년 4월 16일(정묘).
309) 『숙종실록』 권39, 숙종 30년 4월 17일(병술).
310) 『숙종실록』 권39, 숙종 30년 5월 28일(병인). "嬪御之別起第宅 雖非今日之創始."
311) 김용숙, 『조선조 궁중풍속연구』, 일지사, 2000, 187쪽.
312) 김용숙, 앞의 책, 2000, 431쪽.
313) 『태조실록』 권10, 태조 5년 8월 9일(갑오).

〈그림 53〉『국기복색소선』과『사절복색지장요람』

『국기복색소선(國忌服色素膳)』과『사절복색자장요람(四節服色資粧要覽)』은 헌종의 후궁 경빈 김씨가 자신의 거처인 순화궁에서 궁체로 쓴 두 권의 책으로,『순화궁첩초(順和宮帖草)』라고도 한다(숙명여자대학교 박물관 소장). 이 책에는 조선조 역대 왕과 왕비의 기일과 왕릉 및 국가 기일에 입는 의복에 대한 내용을 담고 있다. 서울특별시 유형문화재 제101호로 지정되었다.

병하였으며,[314] 1422년(세종 4)에 소헌왕후는 병에 걸려 잠시 태종의 4
녀 정선공주(貞善公主)의 남편 부마 의산군(宜山君) 남휘(南暉)의 집에
서 요양하였다.[315] 앞서 언급했듯이 조선 초기 후궁들은 합법적으로
사가에 나가는 것을 허락받지 못해 병이 나을 때까지 국가에서 마련해
준 지정된 질병가에서 요양하였다. 질병가는 경복궁의 북문인 신무문
근처에 있는 장소로[316] 궁인이 피병하는 곳이라 100보 안에 있는 인가
와 섞일 수가 없었다.[317]

　물론 그들은 사제나 질병가로 나가 머물면서 치료받도록 했다. 중종
의 후궁 귀인 한씨는 경복궁의 서문 영추문(迎秋門) 밖의 사제에서 치
료를 받았고 치료 도중 사망한 명종의 후궁 소의 신씨와 선조의 후궁
숙의 정씨도 귀인 한씨와 마찬가지로 병에 걸리자 피소(避所)로 나가

---

314)『세종실록』권8, 세종 2년 6월 6일(계묘).
315)『세종실록』권16, 세종 4년 5월 9일(을축).
316)『연산군일기』권54, 연산군 10년 7월 15일(계묘). "自神武門外疾病家 至內佛堂及
　　南山等處 凡掘山夆造成之家 竝看審撤去."
317)『연산군일기』권36, 연산군 6년 2월 6일(경인). "疾病家乃宮人避病之所 不可與人
　　家相雜 百步內人家 卽令繕工監提調盡撤."

요양한 것이다. 이때 국가에서는 병에 걸린 후궁에게 명의와 의녀를 보내 치료를 해주었다.

왕자녀를 출산한 후궁의 경우, 그 소생 자녀의 집으로 나가서 자손들과 같이 사는 경우도 있었다. 후궁이 낳은 아들과 딸은 군과 옹주에 봉해졌는데, 이들은 이른바 왕의 서자녀였다. 대군과 군, 공주와 옹주를 구분하여 차별을 두었는데, 가령 건축할 수 있는 저택 넓이의 경우 대군과 공주는 30부(負)였고, 군과 옹주는 25부였다.318) 적자든 서자든 국왕의 자녀들은 일정 나이 이전까지 궁궐에서 거처하다가 어느 정도 성장하면 세자를 제외하고는 모두 궁궐 밖 사가에 나가 살았다. 특히 자신이 낳은 왕자가 왕위에 오른다면 후궁의 삶은 보장된 것이다. 수빈 박씨는 아들 순조가 왕위에 즉위하고서도 22년간을 함께 살았기 때문에 정조의 승하 이후에도 다른 후궁들처럼 출궁하지 않고, 창덕궁 보경당에 53세로 사망할 때까지 살 수 있었다.

왕자녀를 출산하지 못한 간택후궁은 친정집 식구와 함께 지내며, 여생을 보냈다. 연산군의 후궁 숙의 윤씨는 중종반정 후, 큰오빠 영의정 윤은보(尹殷輔)의 도움을 받으며 1568년(선조 1) 88세에 죽기 전까지 함께 살았다. 자식 없고 의지할 곳 없었던 그녀는 윤은보의 딸이자 권찬(權纘)의 부인인 조카를 양녀로 삼아 향사되었다.319)

---

318) 신명호, 『궁중문화』, 돌베개, 2009, 144쪽.
319) 『有明朝鮮國廢朝淑儀尹氏墓誌』(이화여자대학교 박물관 소장).

4장

사망에서 사후까지:
죽음의 공간과 사후 처우

인간의 생애에서 질병과 그로 인한 죽음은 일상생활의 중요한 부분이 된다.[1] 사람이 태어나서 성장하고 질병을 경험하다 죽음을 맞이하는 일은 매우 자연스러운 일이다. 죽음은 한 개체의 자발적인 생명 활동이 멈추는 것을 의미하는데 사람이면 어느 누구도 피할 수 없다. 그런 만큼 누구나 겪게 되는 건강이나 질병은 주요 생애 과정에서 중요한 사안임에도 역사적으로 중요시되지 않았다. 조선시대 왕실 여성들의 질병과 죽음도 예외는 아니었다.

사람의 죽음을 다루는 예(禮)를 죽을 사[死] 자(字)를 붙여 '사례(死禮)'라 하지 않고 잃을 상[喪]을 붙여 '상례(喪禮)'라 했다. 사(死)는 육체가 죽어 썩는 것을 뜻하는 것으로 소인(小人)의 죽음을 말한 것이고, 종(終)은 사람 노릇이 끝나는 것으로 군자(君子)의 죽음을 이른 것이다.[2]

---

1) 신동원, 『조선의약생활사: 환자를 중심으로 본 의료 2000년』, 들녘, 2014, 16쪽.
2) 『예기』, 「檀弓」上. "君子曰終 小人曰死."

그래서 사(死)와 종(終) 중간의 의미를 택하여 '없어진다'는 상(喪) 자(字)의 의미를 써서 사람의 죽음을 행하는 의례를 상례라 한 것이다.

죽음에 대한 용어는 이와 같이 죽은 자의 신분에 따라 달리 사용되었다. 천자가 죽는 것을 붕(崩)이라 하고 제후의 죽음은 훙(薨), 대부가 죽는 것은 졸(卒), 사(士)의 죽음은 불록(不祿), 서인(庶人)이 죽는 것을 사(死)라고 하였다.[3] 천자와 제후의 죽음을 가리키는 붕과 훙은 위에서 떨어져 무너지는 것과 그 무너지는 소리를 가리키는 말이다. 천자나 제후의 죽음이 가져다주는 충격을 산이 무너지는 것 같은 추락과 붕괴(崩壞)로 표현하고 있는 것이다. 이는 권력이 집중된 천자 또는 제후의 존재 가치를 보여주는 것이다.

천자의 죽음을 척(陟) 또는 척방(陟方)으로 표현할 때도 있다. 『서경』에 나오는 이 표현은 하늘에 올라간 것을 나타낸다. 반면 졸(卒)은 '끝마친다'는 뜻이고 사는 '다하다'는 뜻이다. 봉록을 받는 선비[士]의 경우, 그의 죽음을 봉록을 받지 못하는 것으로 비유하였다. 이러한 용어에는 그들에게 맡겨진 의무나 책임을 다하는 삶이 내포되어 있다. 이처럼 고대 중국에는 죽음의 현상을 가리키는 단어가 신분에 따라 구별되었다.

조선시대에서도 예외는 아니어서 국왕과 왕비의 죽음을 표현하는 가장 일반적인 용어는 훙서(薨逝), 승하(昇遐)였다. 승하는 먼 곳[遐]으로 올라갔다는 뜻으로, 죽음을 나타낸다고 하겠다. 왕비의 죽음에 비해 후궁의 죽음은 신분적 격차로 졸이라고 표현하였다. 왕과 왕비와 마찬가지로 후궁 역시 왕실구성원이었기에 이들의 죽음을 맞이하는 의식도 엄연히 공적인 성격을 지닌다고 하겠다.

---

3) 『예기』, 「曲禮」. "天子死曰崩 諸侯曰薨 大夫曰卒 士曰不祿 庶人曰死."

이 절에서는 조선시대 왕실 여성들이 어떤 질병을 겪으며 살았는지, 몇 살까지 살다가 죽음을 어디에서 맞이하였는지에 대한 해답을 찾고 자 한다. 이러한 작업은 일상적으로 누구나 겪는 생애 과정상의 "사망 이라는 생물학적 결과물이 좀 더 넓은 사회 맥락에서 설명"되어야 하고 여성의 질병과 건강에 대해서도 "여성의 삶을 구성하는 주된 활동 영 역"안에서 밝혀내는 일이라 하겠다.[4]

연구 대상은 추존 왕비와 폐비 윤씨를 포함한 왕비 46명과 후궁 175 명 모두 221명이다. 그러나 왕실 여성 총 221명 가운데 자료적 한계로 인해 출생년, 혼인 연령, 출산 연령, 사망 나이, 병에 관한 기록 등 기본 적인 인적 정보를 전혀 살펴볼 수 없는 경우가 대부분이다. 따라서 본 절에서 다루는 왕실 여성은 그나마 기록이 확인되는 136명이다. 인적 정보가 비교적 잘 기록되어 있는 왕비 46명은 쉽게 알 수 있지만, 생년 또는 몰년을 알 수 없는 후궁들의 경우엔 그들의 정보원인 동복형제와 자녀의 생년 등 기타 다른 자료를 근거로 해 그 대강의 관련 정보를 추 정하였다. 이때 관찬 자료인 『조선왕조실록』과 『승정원일기』에 남겨 진 그들의 행적을 비롯해 행장, 비문, 묘지명, 제문, 애책문, 시책문 등 을 기초적인 자료로 활용한다. 이러한 자료는 일종의 연대기적 차원에 서 여성의 탄생, 질병의 경험, 그리고 죽음에 이르는 과정을 정리하는 데 도움이 되기 때문이다.[5]

---

4) 레슬리 도열 지음·김남숙 외 옮김, 『무엇이 여성을 병들게 하는가』, 한울, 2010.
5) 이지양, 「조선조 후기 사대부가 기록한 아내의 일생: 행장 26편으로 본 내조의 힘」 『인간·환경·미래』7, 2007, 1쪽; 22쪽.

1. 왕실 여성들의 사인(死因)과 임종장소 변화[6]

1) 수명 분석과 사인

(1) 수명 분석

조선시대 왕비는 태조에서 순종대까지 폐비 윤씨를 포함한 41명과 추존된 왕비 소혜왕후 한씨, 인헌왕후 구씨, 효순왕후 조씨, 헌경왕후 홍씨, 신정왕후 조씨 5명, 모두 46명이다. 이에 비해 후궁은 전체 175명인데, 왕비 46명과 후궁 175명을 합하면 221명이다. 그러나 본고의 연구 대상은 136명이다. 정확한 통계수치가 아직 잡히지 않은 이유는 왕실 여성 총 221명 가운데 자료적 한계로 인해 출생년, 혼인 연령, 출산 연령, 사망 나이, 병에 관한 기록 등의 기본적인 인적 정보를 알 수 없기 때문이다. 왕실 여성 221명 가운데 생년이 불분명하거나 정확하게 기록되어 있지 않은 경우도 있고 출생 또는 사망 연도에 대한 기록도 불분명한 경우가 있다.[7] 그러나 불분명한 기록일 경우에 정황적 상황을 추적해 연구 대상 136명의 통계자료를 확보하였다. 그 수치는 수명이

---

6) 1절의 1)과 2)는 「조선시대 왕실여성의 死因 유형과 임종 장소 변화」(『한국사연구』 195, 2021)의 글을 그대로 수록한 것이다.

7) 나이를 산정하기 위해서는 현대식의 만 나이가 아닌 조선시대 방식의 나이 계산으로 추산을 했다. 몰년만을 알고 생년을 모를 경우, 조선시대 여성의 초혼 연령을 평균 만 17.5세 정도로 보고(김건태, 「18세기 초혼과 재혼의 사회사-단성호적을 중심으로-」, 『역사와 현실』 51, 2004, 198쪽; 박희진, 「양반의 혼인연령: 1535~1945-혼서를 중심으로-」, 『경제사학』 40, 2009, 9쪽), 양반 여성의 평균 결혼연령을 15.8세로 본 기존 연구를 근거로 볼때(김두얼, 「행장류 자료를 통해 본 조선시대 양반의 출산과 인구변동」, 『경제사학』 52, 2012, 10쪽), 조선시대의 여성은 15~20세 사이에 결혼했다고 생각된다. 그러나 결혼한 후 곧바로 출산하지 않고 보통 몇 년이 걸렸다는 연구를 통해 볼 때(이꽃메, 「『歷試漫筆』의 사례로 재구성한 조선후기 여성의 삶과 질병」, 『의사학』 50, 2015, 510쪽), 2~3년 안팎의 범위로 생년을 추산하였다.

정확하게 파악되는 왕비 46명, 후궁 48명을 합해 총 94명과 어느 정도 추론이 가능한 후궁 42명이 함께 포함된 것이다.

조선시대 역대 왕비들은 모두 추존된 왕비까지 합해 모두 46명(폐비 윤씨 포함)이 되는데 평균수명이 51세(약 51.08세)였다. 이에 견주어 후궁들의 평균수명은 48명을 기준으로 여섯 살이 더 높은 57세(약 56.6세)였다. 기존 연구 성과에서 결혼한 양반가 여성의 평균수명이 45.3세이고 53%가 50세 이전에 사망했다는 것과 비교해 보면,[8] 왕실 여성들의 평균수명이 일반 사대부가 여성들에 비해 높았음을 알 수 있다. 왕실 여성들의 평균수명이 비교적 높은 이유는 의식주 생활이 궁핍하지 않았을 뿐만 아니라 위생 상태도 훌륭했고 무엇보다 당대 최고급의 의료혜택을 누렸기 때문이라 추측된다.

왕비는 말할 것도 없고 후궁들 역시 현왕 때와 마찬가지로 후대 왕으로부터 내의원의 의원과 고급 약재를 처방받았다. 실제로 1464년(세조 10) 가을에 병에 걸린 세종의 후궁 신빈 김씨는 세조로부터 내의원의 진료와 처방전을 제공받았을 뿐만 아니라 세조의 병문안을 받기까지 했고,[9] 중종의 후궁 귀인 한씨 역시 죽기 전 해인 1573년(선조 6) 겨울에 질병에 걸려 선조가 내려준 약으로 치료를 받았다.[10] 헌종의 후궁 경빈 김씨는 59세인 1890년(고종 27)에 풍환으로 쓰러졌지만, 조정에서 파견된 어의의 진료와 약 처방을 받아 그 후로도 14년 동안 생명을 더 연장할 수 있었다.[11] 이렇듯 조정에서는 왕실 여성 개인의 건강과

---

8) 김두얼, 앞의 논문, 2012, 9~10쪽.

9) 「愼嬪金氏墓碑銘」(경기도 화성시 소재).

10) 崔岦, 앞의 책, 민족문화추진위원회, 1990, 241~242쪽.

11) 「慶嬪金氏墓誌銘」(藏 K2－3890); 「慶嬪金氏墓碑」(藏 K2－3889); 「慶嬪金氏墓碑文」(藏 K2－3888).

장수를 위해 국가적인 최선의 의학적 노력을 기울였다.

그런데 왕비의 평균수명은 후궁의 그것에 견주어 볼 때 여섯 살이 적었다. 왕비는 후궁보다 질 좋은 의식주 생활과 깨끗한 위생 상태 그리고 최고의 의료혜택을 누렸다. 이는 왕비의 병세가 위독해질 때면 별도로 의약청(醫藥廳)을 설치하였던 모습에서 확인된다.[12] 당시 누구보다도 풍요로운 의식주 생활과 최고의 의료혜택을 누렸음에도 불구하고 평균수명이 50세를 넘기 어려웠던 점이 의문점으로 남는다. 조선시대 46명의 왕비들 가운데 환갑을 넘긴 사람은 18명밖에 되지 않는다. 치료에 만전을 기했음에도 수명의 평균이 50세가 약간 넘는 정도인 것은 역대 임금들이 여러 가지 격무에 따른 스트레스가 주요인인 것과 마찬가지로[13] 왕비들 역시 내명부의 최고 여성의 수장으로서 정신적 중압감과 압박감에 의한 스트레스에 짓눌려 살았기 때문일 것이라 추정된다. 이는 조선시대 27명의 왕들 가운데 환갑을 넘긴 사람이 6명밖에 되지 않고 역대 왕의 사망 나이가 평균 47.0세에 불과하다는 사실을 통해서도 알 수 있다.[14] 실제로 그들은 남편인 국왕과 함께 폐위되거나 죽임을 당하였던 사실이 이를 잘 말해준다. 조선시대 왕비와 후궁의 전체 평균수명에 관해 좀 더 구체적으로 살펴보면 다음 표와 같다.

---

12) 『순조실록』 권4, 순조 2년 11월 2일(기사).
13) 김훈, 「조선시대 임금들의 溫泉浴과 疾病」, 『한국의사학회지』 14, 2001, 61쪽.
14) 김정선, 「조선시대 왕들의 질병치료를 통해 본 의학의 변천」, 서울대학교 박사학위논문, 2005, 59~60쪽.

【표 15】조선시대 왕비와 후궁의 평균수명

신분/왕년		태조~성종	연산군~숙종	경종~순종
왕비	평균수명	49세(49.21세)	50세(50.23세)	54세(53.8세)
	인원수(총 46명)	14명	17명	15명
후궁	평균수명	57세(57.42세)	55세(54.59세)	59세(58.73세)
	인원수(총 48명)	7명	22명	19명

* 전거: <별첨>

【표 16】조선시대 왕비와 후궁의 연령별 수명 비율

신분/왕년		10대	20대	30대	40대	50대	60대	70대	80대
왕비	인원수 (총 46명)	3명	5명	4명	10명	6명	11명	4명	3명
	%	6.52%	10.8%	8.69%	21.7%	13.04%	23.91%	8.69%	6.52%
후궁	인원수 (총 48명)	2명	4명	5명	7명	8명	8명	5명	9명
	%	4.16%	8.33%	10.41%	14.58%	16.66%	16.66%	10.41%	18.75%
	*인원수 (총 90명)	2명	11명	11명	15명	14명	9명	11명	17명
	%	2.2%	12.22%	12.22%	16.66%	15.55%	10%	12.22%	18.88%

* 표시는 수명나이를 명확히 알 수 있는 후궁 48명과 추론 가능한 후궁 42명을 합산한 인원수이다[<별첨 1> 참조].

우선 왕비들의 수명에 관한 경향을 살펴보기로 한다. 전체 46명 가운데 태조에서 성종까지 왕비 14명의 평균수명은 49세(49.21세)이고 연산군에서 숙종까지 왕비 17명의 평균수명은 50세(50.23세)이며, 경종에서 순종까지 왕비 15명의 평균수명은 54세(53.8세)이다. 이를 연령별로 더욱 세분화해서 고찰해 보면, 10대는 6.52%인 3명이었고, 20대는 10.8%인 5명, 30대는 8.69%인 4명, 40대는 21.7%인 10명, 50대는 13.04%인 6명이었고, 60대, 70대, 80대는 각각 11명(23.91%), 4명(8.69%), 3명(6.52)이었다.

가장 단명한 왕비는 16세에 죽은 헌종의 왕비 효현왕후이고, 그 뒤를
이어 17살에 사망한 예종의 왕비 장순왕후와 19살에 사망한 성종의 왕
비 공혜왕후이다. 가장 장수한 왕비는 추존왕 익종[文祖]의 왕비 신정
왕후로, 83세에 생을 마감했다. 82세까지 산 단종의 왕비 정순왕후와
81세까지 산 장조의 왕비 헌경왕후가 그 뒤를 잇는다.

왕비의 수명과 관련해 특이한 점은 가장 많은 사망 연령대가 40대와
60대로 10명과 11명을 차지하고 그 뒤를 이은 50대가 6명을 차지한다
는 사실이다. 20대와 30대에 사망하는 경우는 5명과 4명으로 오히려
70대와 80대에 사망한 왕비들보다 많다. 마흔 살을 넘지 못한 왕비는
12명이나 된다.

후궁들의 평균수명에 관한 경향을 살펴보기로 한다. 수명을 정확하
게 파악할 수 있는 전체 48명 가운데 태조에서 성종까지 후궁 7명의 평
균수명은 57세(57.42세)이고 연산군에서 숙종까지 후궁 22명의 평균수
명은 55세(54.59세)이며, 경종에서 순종까지 후궁 19명의 평균수명은
59세(58.73세)이다. 다만 이를 연령별로 사망 나이를 더욱 세분화해서
고찰해 보면, 10대는 4.16%인 2명이었고, 20대는 8.33%인 4명, 30대
는 10.41%인 5명, 40대는 14.58%인 7명, 50대와 60대는 16.66%인 8
명씩이었고, 70대는 10.41%인 5명, 80대는 18.75%인 9명이었다.

〈그림 55〉 백자청화 숙의 정씨 묘지

정순희의 딸이자 선조의 후궁 숙의 정씨의 묘지(墓誌)이다. 이 묘지는 정씨의 출생부터 사망까지의 주요 일대기를 백자 도판 4장에 나눠 기록한 것으로, 사망한 다음 해인 1581년(선조 14)에 제작한 것으로 추정된다(이화여자대학교 박물관 소장).

　가장 단명한 후궁은 14세에 죽은 정조의 후궁 원빈 홍씨이고 그 뒤를 이어 17세에 사망한 선조의 후궁 숙의 정씨이다. 가장 오래 산 후궁은 두 명인데, 연산군의 후궁 숙의 윤씨는 1481년(성종 12) 3월 11일에 군자시 첨정 윤훤(尹萱)과 연안 김씨(延安金氏) 사이에서 태어나 88세가 되는 1568년(선조 1) 8월 초1일에 사망하였고,[15] 중종의 후궁 희빈 홍씨 역시 1494년(성종 25)에 남양군(南陽君) 홍경주와 안동 김씨(安東權氏) 사이에서 막내딸로 태어나 1581년(선조 14) 88세로 세상을 떠났다.[16]

　수명을 파악할 수 있는 48명의 후궁뿐만 아니라 정확한 생몰연대를 기록하고 있지 않지만 추정이 가능한 경우가 있다. 생몰년을 알 수 없는 단종의 후궁인 숙의 김씨와 숙의 권씨는 1454년(단종 2) 1월 8일 송현수의 딸 정순왕후와 함께 삼간택에 오른 후에 후궁이 되었다. 정순왕후의 생년이 1440년이고 보면 김씨와 권씨 모두 정순왕후와 비슷한 연배일 거라 생각된다. 이는 1519년(중종 14)에 "진천에 사는 노산의 후

---

15) 「有明朝鮮國廢朝淑儀尹氏墓誌」(이화여자대학교 박물관 소장).

16) 宋寅, 앞의 책, 민족문화추진회, 1989, 118~119쪽.

궁 권씨를 혜양하도록" 청하는 내용과 "경성 안에도 노산 후궁 김씨가 있는데, 금년 80세가 지났으니[17]"라는 대목에서 김씨의 경우엔 1439 년생으로 추정되기 때문이다. 이를 근거로 볼 때, 1525년(중종 20) 2월에 사망한 그녀의 나이는 86세쯤이다.[18] 따라서 정확한 생몰연대로 수명을 알 수 있는 48명의 후궁에다 어느 정도 연령별 추론이 가능한 후궁 42명, 총 90명을 대상으로 수치화해 보면 【표 16】과 같다. 10대는 2.2%인 2명이었고, 20대와 30대는 12.22%인 11명씩, 40대는 16.66%인 15명, 50대는 15.55%인 14명, 60대는 10%인 9명이었고, 70대는 12.22%인 11명, 80대는 18.88%인 17명이었다.

현대 한국인의 전체 평균수명은 82세로서 여성은 85.1세이다(2014년 기준). 인생의 중후반기가 길어진 현대에는 보통 40대와 50대를 중년기, 그리고 60대에서 65세 이상을 노년기로 구분한다.[19] 그러나 조선 사회에 왕실 여성이 10대 후반에 결혼하여 40세 전후에 아들 또는 손자 대에서 왕위를 계승하여 왕대비 또는 대왕대비가 되었기 때문에 중년과 노년의 구분이 별 의미가 없다. 오히려 왕자녀가 가례를 통해 세자빈 또는 대군(군) 부인이나 부마를 맞이하게 되면 노년기로 간주하는 것이 타당하다고 생각된다. 이로써 보면 40대 이상의 노년기에 해당하는 연령층이 70%에 달한다고 하겠다.

주목되는 사실은 생년은 알 수 있지만 정확한 사망 일시는 알 수 없고 최종 생존 기록만 남아 있는 후궁 14명이 다수 존재한다는 점이다. 세조의 후궁 근빈 박씨의 경우, 언제 태어나고 죽었는지 알 수 없다.

---

17) 『중종실록』 권35, 중종 14년 1월 26일(신유).
18) 『중종실록』 권53, 중종 20년 2월 11일(경자).
19) 이꽃메, 앞의 논문, 2015, 500쪽.

1504년(연산군 10) 9월에 "나이 80세로 머리를 깎고 여승이 되어 자수궁에서 거처하다가 이 무렵 입궐하였는데"[20]라는 표현을 통해 1425년(세종 7)에 태어난 것으로 보인다. 게다가 정확한 사망연도 역시 밝혀져 있지 않고, 팔순인 그녀가 연회석에 불려 나가 연산군 앞에서 춤추었던 만큼[21] 건강했던 것으로 보이기에 더 살았을 것이라 추측된다. 그런 만큼 후궁들의 평균수명과 연령별 산정되는 수치는 더 상향될 것이라 예상된다. 이처럼 왕실 여성들의 평균수명이 높고 60~80대 고령층이 많았던 것은 왕실 안의 내의원 의관들의 의료기술 혜택, 유능한 의료진들의 활약, 물심양면으로 뒷받침된 최상의 치료, 궁중 나인의 간병 등을 제공받았기 때문이다. 이는 당시 의료 기술이 상당히 진일보되었음을 의미한다. 실제로 당시 한양에 많은 수의 의원들이 있었을 뿐만 아니라 질적으로도 전문화된 고유 처방 영역을 확보하고 있었다.[22]

(2) 사인 유형 분류

왕실 여성은 어떤 질병에 걸려 죽었을까. 이 절에서는 조선시대 왕실 여성들이 어떤 이유로 사망에 이르게 되었는지 공통된 사인을 묶어 분석한 후 각 사인에 따른 주목할 만한 왕실 여성들을 중심으로 살펴보고자 한다. 사인에 대한 기록이 없는 경우를 제외하면 <별첨 1>에서와 같이 97명이 확인된다.

---

20) 『연산군일기』 권55, 연산군 10년 9월 4일(신묘).

21) 『연산군일기』 권55, 연산군 10년 9월 4일(신묘); 『연산군일기』 권56, 연산군 10년 11월 17일(계묘).

22) 김호, 「18세기 후반 居京 士族의 衛生과 의료-『欽英』을 중심으로-」, 『서울학연구』 11, 1998, 123쪽.

인간은 누구나 타고난 생명[天壽]을 누리고 병 없이 이생을 마감하기를 바란다. 천수란 병 없이 늙어서 죽음을 맞이하면 하늘이 내려 준 나이를 다 살았다는 뜻이다. 보통 나이에 상관없이 불의의 사고나 예기치 않은 질병으로 사망하는 것을 제외하고는 주어진 수명을 다 누리고 기력이 쇠하여 사망하게 된다. 수명 백세 시대인 요즘, 대체로 80~90세 이상이면 천수를 누린 셈이다.

앞서 언급했듯이 약 136명 가운데에 70~80대 이상을 살았던 왕실 여성은 왕비 7명과 후궁 28명으로, 모두 35명인 25.73%이다. 환갑을 넘긴 왕실 여성들은 전체 절반 정도를 차지하는 55명(40.44%)이었다. 70대 이상을 산 왕비는 단경왕후(71세), 인원왕후(71세), 효정왕후(73세), 순정효황후(73세) 4명이고, 80대 이상을 산 왕비는 정순왕후(82세), 헌경왕후(81세), 신정왕후(83세) 3명이다. 이에 견주어 70대 이상을 산 후궁은 11명이고 80대 이상을 산 후궁은 17명이다. 한 연구 결과에 따르면, 조선 후기 여성의 나이 70세를 넘기면 천수를 누린 노화에 따른 자연스러운 결과로 받아들였기 때문에 의원들은 70세 이상의 환자에 대한 치료를 적극적으로 하지 않았다고 한다.[23] 이러한 관점에서 볼 때, 70~80대 이상을 살았다면, 숙환 또는 지병으로 사망하였다고 해도 천수를 누렸다고 하겠다.

의약이 발달하지 않았던 조선시대에 의료기술의 혜택을 받으며 살았던 왕실 여성들은 비교적 천수를 누렸지만, 윤택한 삶을 보장받은 왕실의 여성들 역시 각종 질병에 시달리거나 질병으로 인해 병사(病死)했다. 총 97명을 통해 나타난 질병은 종류만 먼저 열거하면, 출산과 관련

---

23) 이꽃메, 앞의 논문, 2015, 525쪽.

된 산병(疝病)을 비롯해서 두창(痘瘡, 천연두), 역병(疫病), 담천(痰喘, 천식), 담현증(痰眩症, 중풍), 습창(濕瘡, 종기), 각종 암(癌) 등 다양하게 나타나는데, 아래【표 17】과 같다. 이 중에서 구체적인 병명이 없이 '병'으로만 적혀 있는 경우가 17건이 있다.

【표 17】 조선시대 왕비와 후궁의 사인

질병	왕비	후궁	합계	질병	왕비	후궁	합계
간(간암)질환	1	0	1	위장(위암)질환	4	0	4
감기합병증	1	0	1	인후증합병증	1	0	1
급사(돌연사)	1	3	4	자연사	2	3	5
병	5	12	17	전염병	2	1	3
사사, 처형	1	15	16	정신병	0	1	1
사고사	0	2	2	종기	1	2	3
산고·산후병	4	7	11	중풍	5	2	7
심장질환	3	0	3	화병(우울증)	2	1	3
신장질환	1	0	1	토황증	1	0	1
암살	1	0	1	폐질환(천식 포함)	9	1	10
유방암	0	1	1	기타	0	1	1
합계	18	40	58	합계	27	12	39

*전거: <별첨 1>

구체적인 병명 없는 '병' 다음으로 가장 두드러지는 사망 원인으로 손꼽히는 질병은 임신 및 출산으로 인한 사망이었다. 산부인과 질환으로 분류되는 이 사례는 11건에 해당된다. 질병을 알 수 있는 97건의 11.34%에 이른 만큼 출산은 조선시대 여성의 건강과 생명을 위협하는 가장 위험한 일 가운데 하나였음을 알 수 있다. 이는 조선 후기 양반 여성의 사망에 대한 분석 연구 결과에서 사망원인 1위가 출산 및 그 후유증이고 2위인 전염병의 2배에 달하였다는 사실에서도 확인된다.[24]

출산은 여성 사망의 주요한 원인으로 꼽을 만큼 여성들이 겪는 위험한 일 가운데 하나였다. 아이를 낳다가 죽을 수도 있었고 출산 후에 여러 증상으로 인한 지병을 얻을 수도 있었다. 비정상 분만은 산모의 생명을 위협하는 요소로 작용하였다. 최고의 의료혜택을 누리는 왕비들조차 그 위험에 노출되었다. 실제로 현덕왕후는 24살에 단종을 낳자마자 하루 만에 사망하였고, 장순왕후는 1461년(세조 7) 11월에 인성대군을 낳고[25] 5일 만에 17살의 나이로 죽었다.[26] 장경왕후는 1515년(중종 10)에 원자를 낳고 출산 7일 만에 25세로 사망하였다.[27] 인열왕후는 1635년(인조 13)에 아들을 낳은 지 나흘 뒤 43세로 세상을 떠났는데, 산후병과 함께 노산이었기 때문이다. 아기 역시 숨졌다.[28]

자식을 낳다가 죽은 후궁은 누가 있을까? 모두 7명인데, 중종의 후궁인 숙의 나씨, 숙의 이씨, 숙원 이씨와 선조의 후궁인 공빈 김씨, 귀인 정씨, 숙의 정씨, 정조의 후궁 의빈 성씨 등이다. 숙의 나씨는 1514년(중종 9) 10월에 아기를 출산하는 중에 여의(女醫)와 수종(隨從)한 여시(女侍)의 치료 소홀 탓에 난산으로 아기와 함께 14세에 죽었다.[29] 해산하기 며칠 전인 1579년(선조 12) 4월부터 병에 걸린 선조의 후궁 귀인 정씨는 해산날이 임박해지자 위독해져 사람을 알아볼 수 없을 정도로 인사불성 상태가 되어 23세에 배속의 태아와 함께 사망했다.[30]

정조의 후궁 의빈 성씨는 문효세자 사망 이후 중병에 걸린 상태에

24) 김두얼, 앞의 논문, 2012, 3~27쪽.
25) 『세조실록』 권26, 세조 7년 11월 30일(병인).
26) 『세조실록』 권26, 세조 7년 12월 5일(신미).
27) 『중종실록』 권21, 중종 10년 3월 2일(기미).
28) 『인조실록』 권31, 인조 13년 12월 9일(을유);『인조실록』 권31, 인조 13년 12월 5일(신사).
29) 『중종실록』 권21, 중종 9년 10월 5일(갑오).
30) 崔岉, 앞의 책, 민족문화추진회, 1990, 242쪽.

<그림 56> 『어제의빈묘표지명』
정조의 후궁 의빈 성씨의 묘표와 묘지명이다(한국학중앙연구원 장서각 소장 K2 - 5102). 이것은 영조의 부마이자 당대 명필로 이름 높았던 금성위(錦城尉) 박명원이 썼으며, 서용보(徐龍輔) 가 썼다. 비석은 1786년(정조 10) 11월에 세워졌다.

서[31] 1786년(정조 10)에 임신 9개월의 몸으로[32] 사망했다. 당시 의빈 은 태기가 고르지 못하고 숨이 차는 증상이 나타났고[33] 해산할 달엔 기력이 가라앉는다거나 정신이 혼미해지고, 사지가 뻣뻣해지는 통증을 겪었다.[34] 의빈 성씨는 나이 34세에 출산을 앞두고 있었음을 감안해 본다면 노산에 따른 사망으로 생각된다.

아이를 낳다가 난산이 되어 산모가 죽은 일 못지않게 출산 후유증을 일컫는 산후병(産後病) 역시 산모에게 대단히 위험했다. 산후병이란 출산 후에 발생할 수 있는 모든 증상으로, 구체적 증상에 산후풍과 산후 복통·혈성오로(血性惡露)·산욕열·냉증·산후부종 등이 있다. 공빈 김씨 는 1572년(선조 5) 첫째 아들 임해군을 낳고 1575년(선조 8) 4월에 광

---

31) 『승정원일기』 86책, 정조 10년 9월 15일(을유).
32) 黃胤錫, 『頤齋亂藁』 권38, 1786년(정조 10) 5월 27일(기사). "成嬪 又方有娠四朔 則 十月 乃産期也."
33) 黃胤錫, 『頤齋亂藁』 권39, 1786년(정조 10) 10월 24일(갑자). "又聞 九月十四日 成 嬪 子懸之證 暴發而逝."
34) 『御製宜嬪墓誌銘』(藏 K2 - 5102). "何其邁疾也 症形非醫藥所治 彌月沈頓 而日必盥 頮爲予之臨視也 雖在精神迷亂 四體不能運動之時 對予則輒斂容作 氣應答如響."

해군을 낳았으나, 1577년(선조 10)에 25세로 사망했는데,35) 출산 후 2년 뒤였다. 공빈 김씨에 이어 귀인 정씨 역시 산후병으로 연달아 젊은 나이에 아이를 낳다가 사망하는 사건이 발생하자 선조는 친정인 사제로 보내 분만하였던 당시의 법 규정을 고쳐 궁궐 안에 임신한 후궁의 출산을 위한 산실을 설치하게 하였다.36)

산후병 중세에 대한 상황을 『승정원일기』에 기록된 숙종의 후궁 희빈 장씨의 산후 중세와 처방 기록을 통해 살펴보자. 1690년(숙종 16)에 둘째 아이를 잉태할 당시 중전의 지위에 있었던 장희빈이 해산 장소로 마련된 산실청에서 산통을 겪자 내의원에서는 곧바로 불수산(佛手散)과 익모초(益母草)를 올려37) 임산부가 쉽게 해산할 수 있도록 도왔다. 보통 불수산은 임산부가 해산할 달에 복용하면 자궁의 수축 작용을 도와서 수월하게 출산할 수 있는 효력이 있었다.38)

왕비 장씨는 이틀 후인 7월 22일 유즙이 막히면서 유방이 팽창되는 증상이 생겼고 급기야 수면장애까지 생겼다. 이에 내의원에서 가감 궁귀탕(芎歸湯)에 맥아(麥芽)와 함께 소유산(消乳散)을 올렸다.39) 소유산은 젖을 먹어야 할 아이를 잃어서 산모의 유방이 팽창되고 딱딱해졌을 때 이를 치료해 주는 약 처방이다. 하루가 지난 23일에는 맥이 빨라지고 번열(煩熱)의 증세가 나타나40) 내의원에서 26일까지 호전될 때까지 증손사물탕(增損四物湯) 가감탕을 투여하였다.41) 그러나 차도를 보이

---

35) 『선조실록』 권11, 선조 10년 5월 27일(갑인).
36) 『선조수정실록』 권14, 선조 13년 11월 1일(정묘). 본서 3장 3절의 3) 참조.
37) 『승정원일기』 18책, 숙종 16년 7월 19일(무신).
38) 『동의보감』, 「잡병」. "佛手散 孕婦臨月服之 則縮胎易産 自無難産之患."
39) 『승정원일기』 18책, 숙종 16년 7월 22일(신해).
40) 『승정원일기』 18책, 숙종 16년 7월 23일(임자)

던 장희빈의 상태가 27일 다시 악화되고 8월 1일 완쾌될 때까지 맥이 빨라지면서 두통이 생기게 되었다.[42] 다행히 장희빈의 경우에 여러 가지 약 처방을 받아 복용하면서 증상이 호전되어 좋아졌지만 출산 중에 사망한 왕실 여성들은 장희빈의 산후 증세와 비슷한 증상을 겪었으리라 추측된다.

성인기와 노년기 여성이 가장 많이 앓고 고생했던 질병은 밖으로부터 오는 한(寒), 열(熱), 습(濕), 조(操) 따위의 사기(邪氣)로 인하여 생기는 병을 통틀어 이르는 상한(傷寒)이었다.[43] 우선 풍질은 단순히 감기 증상인 외풍(外風)을 의미할 때도 있고 중풍질환인 내풍(內風)을 의미하기도 한다.[44] 명성왕후는 아들 숙종이 1683년(숙종 9)에 마마인 기질(奇疾) 두질(痘疾)에 걸리자 아들의 쾌유를 위해 무녀(巫女) 막례(莫禮)의 터무니없는 술법을 받아들여 혹독한 겨울 날씨에 홑치마만 입은 채 목욕하다 감기를 얻어 사망하였다.[45]

의인왕후 박씨는 임진왜란 당시에 피난하면서 걸린 편도염의 일종인 인후증(咽喉症)으로 줄곧 고생하다가 1586년(선조 19)에는 위독한 지경까지 갔었다.[46] 이후 죽기 3일 전인 1600년(선조 33)에 "별로 아픈 곳은 없으나 음식이 먹고 싶지 않고 밤엔 잠을 잘 수 없으며 온몸이 나른하여 앉으나 누우나 편안하지 못하다. 음식을 대하면 구토부터 먼저

---

41) 『승정원일기』 18책, 숙종 16년 7월 26일(을묘).
42) 『승정원일기』 18책, 숙종 16년 7월 27일(병진); 『승정원일기』 18책, 숙종 16년 8월 1일(기미).
43) 이꽃메, 앞의 논문, 2015, 520쪽.
44) 김훈, 앞의 논문, 2001, 71쪽.
45) 『숙종실록』 권14, 숙종 9년 12월 5일(임인).
46) 『선조실록』 권20, 선조 19년 10월 1일(임술).

나고 숨이 가쁘며 목에서 가르릉거리는 소리가 조금 나고 맥의 상태가 부맥(浮脈)이고 삭맥(數脈)인데, 한 번 숨 쉴 때 일곱 번까지 뛴다. 아마도 심열(心熱)·담열(痰熱)·서열(暑熱)이 번갈아 괴롭혀 원기가 부족한 탓으로 비(脾)·폐(肺)·심(心) 세 기관이 병난 듯하다."[47]고 의관에게 말한 사실에서 앓아왔던 인후증의 합병증에 따른 상한병에 걸려 사망한 것으로 보인다.

중풍질환의 일종인 담현증(痰眩症) 역시 왕실 여성들이 종종 발병하는 질병이다. 담현증은 풍담현훈(風痰眩暈) 곧 풍담(風痰)으로, 반신불수의 이상 증상이나 두풍(頭風)으로 어지럼증이 나는 증상이다. 이 병에 걸린 왕실 여성은 7명이다. 헌종의 후궁 경빈 김씨는 병간호를 하던 신정왕후가 1890년(고종 27) 4월에 작고하자, 애통해한 나머지 풍환(風患)을 얻어 오랫동안 병석에 누워 있었고 거동조차 자유롭지 못했다.[48] 이때 풍환 역시 '바람병'으로, 풍담의 일종이다.

피부병인 습창(濕瘡)은 종기나 부스럼을 말하는데, 3건인 3.09%이다. 종기를 포함한 피부병에 걸린 왕실 여성은 인현왕후, 영빈 이씨, 원빈 홍씨이다. 종기는 조선 왕들의 평소 질병과 사망원인 중 제일 많았던 질병이기도 했다.[49] 피부 안으로 깊숙하게 번지는 종기는 대부분 합병증인 패혈증이 생겨 균이 온 전신에 퍼지게 되면서 여러 장기에 염증을 유발해 죽음에 이르는 질병이다.[50] 종기를 앓았던 인현왕후 민씨의

---

47) 『선조실록』 권126, 선조 33년 6월 24일(을미).
48) 「慶嬪金氏墓誌銘」(藏 K2-3890); 「慶嬪金氏墓碑」(藏 K2-3889); 「慶嬪金氏墓碑文」(藏 K2-3888).
49) 김정선, 2005, 앞의 논문, 61쪽.
50) 등창인 종기는 고름이 피부에 국소적으로 생긴 뾰루지를 말하는데, 한자로는 癰, 癤이라 한다. 심해지면 피하 조직을 따라 점점 퍼지며, 위생이 불량하거나 당뇨, 심

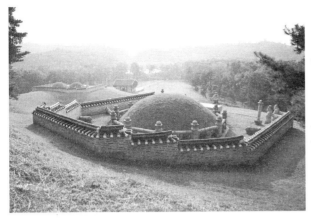

〈그림 57〉 명릉(경기도 고양시 덕양구 소재)

명릉(明陵)은 숙종과 첫 번째 계비 인현왕후 민씨, 두 번째 계비 인원왕후 김씨 세 사람의 무덤이다. 숙종과 인현왕후의 능이 쌍릉으로 나란히 놓여 있고, 인원왕후의 능은 다른 쪽 언덕에 단릉(單陵)으로 모셔져 있는 동원이강릉(同原異岡陵) 형식이다(사적 제198호).

병상일지를 살펴보기로 하자.

질병이 처음 보고된 시점은 1700년(숙종 26) 무렵이었다. 당시 인현왕후는 환도혈인 둔부 윗부분 요척(腰脊) 부위에 종기가 나, 통증이 점점 심해지면서 붓기가 복부에까지 차오르며 위급한 상황이었다.[51] 5월 12일, 전날 침을 맞은 요척 아래에 종기의 고름이 차올랐으며, 6월 21일에는 오른편 겨드랑이 밑이 곪아 침으로 종기를 짰다.[52] 이러한 증상은 약 1년간 계속되었다. 급기야 1701년(숙종 27)에 환부가 복부에까지 확장되어 상완혈(上脘穴) 근처에 통증이 심해졌고 구강에 부스럼이 생기고 야간에도 다리가 아파 잠을 잘 수가 없을 정도였다.[53] 결국 다음

장병이 있는 사람에게 잘 생긴다. 원인균은 저항력이 강한 포도송이처럼 생긴 포도상 구균이다. 심해져서 합병증인 패혈증이 생겨 균이 온 전신에 퍼지게 되면 뇌막염 등 여러 장기에 염증이 생겨 사망하기도 한다. 등창은 이름 그대로 등, 뒷 목덜미 부분에 잘 생기나, 그 외 엉덩이, 허리, 얼굴인 面腫 등 피하 조직 어디든지 균이 들어가면 생기는 부스럼이다(강영민, 『조선시대 왕들의 생로병사』, 태학사, 2002, 44쪽; 55쪽).

51) 『숙종실록』 권34, 숙종 26년 3월 26일(기미); 『승정원일기』 20책, 숙종 26년 4월 14일(정축); 『승정원일기』 20책, 숙종 26년 5월 7일(기해).

52) 『숙종실록』 권34, 숙종 26년 5월 12일(갑진); 『숙종실록』 권34, 숙종 26년 6월 21일(임오).

53) 『승정원일기』 21책, 숙종 27년 7월 8일(계사); 『승정원일기』 21책, 숙종 27년 8월 12일(정묘).

날에 의식이 혼미해지며 오시(午時, 11~13시)부터 급속도로 상태가 위중해지더니 8월 14일 축시(丑時, 1~3시)에 사망하였다.[54]

왕실 여성들이 경험한 질병 중 급사(急死)와 트라우마에 따른 죽음을 언급하지 않을 수 없다. 생활하다 돌연히(sudden), 예기치 못한(unexpected) 죽음을 보통 급사, 또는 돌연사라고 하는데, 사망 원인이 될 증상이 나타나기 시작해 30분 이내에 죽는 경우를 말한다.[55] 이렇게 예고 없이 갑자기 죽음에 이른 경우는 단의왕후, 창빈 안씨, 귀인 김씨, 순빈 등 4사례가 있다.

전쟁은 거의 모든 사람에게 외상적 사건으로 경험되는 것으로 감당하기 힘든 외부적 자극으로 인한 내적 상처를 의미하는 트라우마를 남기는데, 트라우마에 대한 반응은 지연된 후에 신체적 증상, 플래시 백, 악몽 등의 형태로 반복적으로 나타난다.[56] 오늘날 정신병의 일종이다.

임진왜란은 조선사의 가장 커다란 비극 중의 하나였다. 이후 임진왜란이 조선 정부뿐 아니라 조선 사회와 왕실 여성의 삶에도 미친 영향은 엄청났다. 임금의 피난 행렬을 제때 따라가지 못한 왕실 여성들은 제각기 피난처에서 몸과 마음고생을 하였다. 인종, 명종, 선조의 후궁들이다. 실제로 경빈 이씨(명종)는 강화로 피난 갔다가 연안부(延安府)로 이주한 후, 피난생활을 하다가 놀라고 근심한 끝에 병을 얻게 되었고 결국 피난 생활 3년 뒤인 1595년(선조 28)에 사망했다.[57]

---

54) 『숙종실록』 권35, 숙종 27년 8월 14일(기사); 『승정원일기』 21책, 숙종 27년 8월 13일(무진).

55) 강영민, 앞의 책, 태학사, 2002, 87쪽.

56) 이진숙, 「트라우마에 대한 소고」, 『여성연구논집』 24, 2013, 181~184쪽.

57) 申欽, 『象村稿』 권27, 「墓誌銘」 <淑儀李氏墓誌銘幷序>(『한국문집총간』 권72, 민족문화추진회, 1991, 30쪽).

〈그림 58〉 혜빈 양씨 단소(경기도 고양시 덕양구 소재)와 경빈 박씨 묘역(경기도 남양주시 진접읍 소재, 오른쪽)
혜빈 양씨는 세종의 후궁이자 한남군, 수춘군, 영풍군의 어머니이다. 수양대군의 왕위 찬탈로 단종이 선위하고 수양대군이 보위에 오르자, 혜빈은 금성대군 등과 결탁하여 전횡을 휘둘렀다는 이유로 탄핵당하고 1455년(세조 1)에 교수형을 당한다. 경빈 박씨는 중종의 후궁이자 복성군의 어머니이다. 작서(灼鼠)의 변(變)에 연루되어 1528년(중종 23) 복성군과 함께 사사되었다.

한편 왕실 여성은 왕의 최측근 여성으로서 정치에 무관하지 않기에 비명횡사하는 경우가 많았다. 16.49%인 16명의 왕실 여성들은 자연사나 병사가 아닌 강제로 죽임을 당했다. 사사(賜死)는 '병' 다음으로 가장 두드러지는 사망 원인으로 나타났다. 그들은 모시던 국왕이 하루아침에 폐위되거나 왕의 사랑과 자식의 안위, 그리고 자신의 부귀영화를 위해 목숨을 건 정치적 행보로 처형당했다. 전자의 경우에는 연산군과 광해군의 후궁들이고 후자의 경우에는 혜빈 양씨(세종)를 비롯하여 경빈 박씨(중종), 귀인 조씨(인조), 희빈 장씨(숙종), 숙의 문씨(영조) 등이다. 연산군과 광해군은 중종반정과 인조반정에서 내쫓겨 임금의 지위를 박탈당한 왕으로, 죄인의 신분으로 여생을 마쳤기 때문에 부인과 후궁들은 폐출되어 사사되었다. 연산군의 부인 거창군부인(居昌郡夫人) 신씨와 아들 폐세자 이황(李顀)과 창녕대군(昌寧大君)은 모두 폐출되어 사사되었고, 연산군의 후궁 역시 같은 처지에 놓여 숙원 김씨[金貴非], 숙용 장씨[張綠水], 숙원 전씨[田田非] 등이 모두 참형에 처해지고, 가산을 몰수당하였다.58)

광해군의 후궁 역시 예외는 아니었다. 인조반정이 있었던 이튿날 상궁 김씨[김개시]는 군문에서 목을 베었고, 숙의 윤씨는 그 뒤 문밖에서 살해당했으며, 소용 정씨는 집에서 자살하였다. 소용 임씨는 일찍이 이귀(李貴)·김자점(金自點)이 고변당할 당시 두둔해 준 공이 꽤 있었기 때문에 용서받아 죽지 않았으므로 위리(圍籬)에서 폐주를 모시게 되었다. 그 나머지 숙의 홍씨·숙의 허씨·숙의 권씨·숙의 원씨는 모두 중도부처 되었다.59)

'죽음을 내리다'라는 의미인 사사는 국왕이 죽음을 내리는 방식으로 흔히 독극 약 성분이 가미된 약재가 사용되었다. 이 경우 치료를 위한 처방이 아니라 죽음을 위해 사용된 것이다. 혜빈 양씨는 계유정난 이후 금성대군(錦城大君) 등과 결탁하여 전횡했다는 이유로 교수형을 당했고,60) 경빈 박씨는 1527년(중종 22) 작서(炸鼠)의 변과 1533년(중종 28) 목패(木牌)의 변으로 모함 받아 복성군과 함께 사사되었다.61)

성종의 후궁 귀인 정씨와 귀인 엄씨의 경우에는 가장 비참하게 죽은 후궁들이다. 이들은 연산군이 일으킨 갑자사화(甲子士禍)에 사사되고 서인으로 강등되면서 그 지위를 잃었다. 갑자사화는 연산군의 생모 폐비 윤씨와 관련된 사람들이 참혹한 죽음을 당하는 엄청난 연산군의 복수극이다. 연산군의 모친 폐비 윤씨가 폐위된 것이 정씨와 엄씨의 참소 때문이라고 본 연산군에 의해 아들이 보는 앞에서 맞아 죽었는데, 그들의 시체가 찢겨 산천에 뿌려졌을 정도였다.62) 중종반정 이후 복작되지

---

58) 『중종실록』 권1, 중종 1년 9월 2일(무인).
59) 『인조실록』 권1, 인조 1년 9월 14일(신축).
60) 『세조실록』 권2, 세조 1년 11월 9일(경진).
61) 『중종실록』 권74, 중종 28년 5월 23일(을축).
62) 『연산군일기』 권52, 연산군 10년 3월 20일(신사).

만, 당시 정씨의 아들 봉안군(鳳安君)도 사약을 받고 비명횡사하게 되었다.[63]

나머지 다른 사망 원인 중 우울증의 합병증으로 나타난 화병(火病) 역시 왕실 여성들이 경험한 질병 가운데 하나였다. 왕보다 오래 살았던 왕실 여성들은 노년에 정치적인 사건에 연루된 자식 걱정에 노심초사하다 끝내 죽음을 불렀다. 칠정(七情)의 감정이 장부에 영향을 주어 건강상의 문제로 연결된 것이다. 칠정은 사람이 가지는 일곱 가지 감정인 노(怒), 희(喜), 사(思, 근심), 비(悲), 우(憂, 우울), 경(驚), 공(恐)을 말하는데, 일명 화병이다.

정빈 민씨(선조)는 1625년(인조 4)에 일어난 옥사에 장남 인성군이 연루되면서 그 소식을 전해 들은 뒤에 병을 얻게 되고 영동(嶺東)에 귀향 간 인성군을 그리워하다 끝내 쾌유되지 못하고 병세가 악화되어 죽고 말았다.[64] 광해군의 부인 문성군부인(文城郡夫人) 류씨 역시 폐세자 이질(李佺)의 죽음으로 사망하였다. 그녀는 남편 광해군과 함께 폐위되어 쫓겨난 강화도 유배지에서 아들 이질과 며느리 박씨가 유배지에서 탈출을 시도하다 잡혀 처형되었다는 소식을 듣게 되었다.[65] 이에 화병을 얻은 그녀는 같은 해 10월, 폐위된지 7개월여 만에 사망하게 된 것이다.[66]

---

63) 『중종실록』 권1, 중종 1년 9월 2일(무인).
64) 李健, 앞의 책, 민족문화추진회, 1994, 219~221쪽.
65) 『인조실록』 권2, 인조 1년 6월 25일(갑신).
66) 『인조실록』 권3, 인조 1년 10월 8일(을축).

2) 임종장소와 변화 요인

(1) 임종장소 분석

왕실 여성들의 사망 장소는 평소 그들이 거처하던 곳이다. 조선시대 왕실 여성들은 국왕과 같이 세자·세자빈 내외, 미혼인 왕자녀 등 왕실 구성원들과 함께 거주하며 생활했다. 다만 궁궐에서 왕의 거처와 왕실 여성의 거처가 각각 달랐고 대왕대비와 왕대비 거처, 왕비의 거처를 중심으로 한 구역 안에서 모든 왕실 여성들이 각기 독립 건물에서 공동으로 거주했다. 앞서 주지했듯이 조선 건국 이후 임진왜란 이전까지 국왕과 왕비, 그리고 후궁들의 생활공간은 경복궁의 경우 왕의 침전인 강녕전과 그 뒤에 왕비의 침전인 교태전, 그 주변으로 후궁의 침전인 연생전, 경성전, 연길당, 응지당 등이 있었으며, 창덕궁, 창경궁의 경우도 국왕의 침전인 희정당과 그 뒤에 왕비의 침전인 대조전, 그리고 후궁의 침전인 보경당, 양심합, 집복헌, 취선당 등이 있었다.

그러나 왕이 세상을 떠나고 다음 대의 왕[세자]이 보위에 오르면, 왕비는 시어머니와 시할머니가 되어 왕대비, 대왕대비로 불리며 궁궐 대비전으로 거처를 옮기지만 왕비를 제외한 선왕 후궁들은 궁 밖으로 나와서 살아야 했다. 다만 폐비 신씨와 폐비 류씨는 남편인 연산군과 광해군이 폐위되는 바람에 신씨는 궁궐에서 쫓겨나 정청궁에 있다가 친정인 신승선의 집으로 옮겼고,[67] 류씨는 유배지인 강화도에서 사망하였다.[68]

선왕의 후궁들은 더 이상 궁궐 안에서 살 수 없었다. 때문에 왕비의

---

67) 『중종실록』 권1, 중종 1년 9월 24일(경자).
68) 『인조실록』 권3, 인조 1년 10월 8일(을축).

임종장소는 궁궐 안이 되는데 반해 후궁들의 임종장소는 자신이 모시던 왕이 죽은 이후에 궐 밖으로 나와 평생 거주하며 생활하던 공간이 되었다. 물론 왕보다 먼저 사망한 후궁들은 궁궐 안 처소였다. 본절의 연구 대상 총 136명 가운데 21명의 사례, 사망 장소가 확인된 75건 사례에서는 후궁 15명의 사례가 왕보다 일찍 사망했다. 이른바 모시던 왕의 죽음 이전에 죽은 후궁들이다. 1779년(정조 3) 5월 7일에 정조보다 먼저 죽은 원빈 홍씨는 거주한 창덕궁 양심합에서 세상을 떠났는데, 이곳은 창덕궁의 중궁인 대조전의 남쪽 행각이었다. 창경궁 취선당에서 사망한 희빈 장씨를 비롯해서 경희궁 양덕당(養德堂)에서 사망한 영빈 이씨, 창덕궁 중희당(重熙堂)에서 사망한 의빈 성씨 등 이러한 몇 사례를 제외하면 왕보다 수명이 길었던 선왕의 후궁들은 대부분 궁궐 밖에서 세상을 떠났다.

연구 대상 자료에 기록된 사망 장소는 사가(私家)[69]나 궁가(宮家)[70]와 같이 구체적인 사망 장소가 기록된 경우, 진천이나 충주처럼 사망한 지역명이 기록된 경우, 그리고 사위 윤사로의 집이나 경행방 인성군의 집과 같이 사망한 지역과 사망 장소가 함께 기록된 경우로 나뉜다. 이

---

[69] 행장, 묘지명 등에 기록된 家, 私第, 第, 外第 등의 용어를 私家로 일괄 통일하였음을 미리 밝힌다.

[70] 궁가는 宮과 家[집]의 합성어로, 壽進宮·明禮宮·於義宮·龍洞宮 등과 같이 내수사와 더불어 왕실의 재정을 담당하는 재정 기구, 경우궁·육상궁·선희궁 등의 祭宮, 그리고 혼례를 치른 대군, 왕자군, 공주, 옹주들이 궁궐 밖으로 나와 생활하는 살림집을 통틀어 이르는 말이다(조선왕조실록사전(waks.aks.ac.kr). 궁궐 밖의 살림집의 의미인 경우에 조선 초기 선왕들이 궁 밖에 나와 공동생활하며 거주하게 된 집도 궁가라 부를 수가 있을 것이다. 이에 궁궐과 구분하고 독립적인 생활공간인 사가와 대립하는 의미로 여기에서는 자수궁, 영수궁, 수성궁, 정청궁, 인수궁, 정업원 등을 궁가로 표현함을 미리 밝힌다.

가운데 지역과 사망 장소가 비교적 상세히 기록된 경우는 극히 드물다.

사망한 지역의 명칭이 기록된 경우는 정치적인 사건에 연루되어 유배된 장소에서 사망한 경우나 아들을 따라가 그곳에서 사망한 경우이다. 임진왜란의 외침 등 불안한 정세 속에서 왕실 여성들이 지방으로 피신했다가 서울로 돌아오지 못하고 머물다 그곳에서 사망한 경우이다. 이 경우에도 사망한 구체적 장소가 아니라 사망한 지역명이 표기되었을 뿐이다. 이때 유념해야 할 것은 인종의 후궁 숙빈 윤씨와 혜빈 정씨, 명종의 후궁 숙의 신씨 등의 사례처럼 사망 일시를 확인할 길이 없어 단정할 수 없으나 각기 피난처인 곳에서 사망했을 것이라 추정된다.

사망한 구체적인 장소는 자신의 집과 자녀의 집을 포함한 사가, 궁가, 기타 3곳으로 압축된다. 이 가운데 사가와 궁가 외의 장소에서 사망한 경우는 정치적 사건과 무관하지 않다. 실제로 세종의 후궁 혜빈 양씨는 세종 사후에 자수궁이 아닌 문종이 특별히 마련해 준 혜빈궁에서 살았지만[71] 세조의 왕위 찬탈과 관련해 귀양을 가게 됨에 따라[72] 유배지인 청풍(淸風)에서 사망하였다. 성종의 후궁 귀인 엄씨와 귀인 정씨는 1504년(연산군 10)에 폐비 윤씨를 죽이는데 연관되었다는 이유로 연산군에 의해 몽둥이로 맞아 창경궁 뒤뜰에서 살해되었다.[73] 연산군의 후궁 숙원 김씨, 장씨, 전씨 역시 중종반정이 일어나고 연산군이 폐위되면서 반정공신들에게 붙잡혀 군기시(軍器寺) 앞에서 참형을 당해 죽었다.[74] 이들의 사례를 제외하면 조선시대 후궁들이 임종을 맞이하

---

71) 『문종실록』 권6, 문종 1년 3월 28일(정묘).
72) 『세조실록』 권1, 세조 1년 윤6월 11일(을묘).
73) 『연산군일기』 권52, 연산군 10년 3월 20일(신사).
74) 『연산군일기』 권63, 연산군 12년 9월 2일(기묘).

〈그림 59〉 수성구지

정선이 인왕산 기슭의 수성(壽城) 옛 터를 그린 그림으로, 왕실 여성들의 불당이었던 인수원·자수원의 옛터로 짐작되는 곳이다(국립중앙박물관 소장).

는 장소는 크게 개인 집인 사가와 국가에서 마련해 준 궁가 두 곳으로 압축된다고 할 수 있다. 궁가는 선왕의 후궁들이 궁 밖에 나와 별도로 마련된 처소로, 자수궁(慈壽宮, 훗날 자수원으로 개칭)을 비롯해서 영수궁, 수성궁, 정청궁, 인수궁(훗날 淨業院으로 개칭)[75] 등을 말한다.

그러면 조선시대 후궁들이 임종을 맞이한 장소 중 사가와 궁가에서 사망한 경우는 어느 정도나 될까? 이때 사가는 후궁 당사자의 집뿐만 아니라 친정집 및 자녀의 집을 모두 포함한다. 본고에서 사망 장소가 확인된 75건 중에 사가로 기재된 경우는 31건이다. 하지만 후궁 본인의 집에서 사망한 사실이 기록되어 있지 않다고 하더라도 정황상 후궁의 집에서 사망한 것으로 추정되는 사례가 있다. 1477년(성종 8) 3월 20일, 덕종의 후궁 숙의 권씨가 살고 있는 집에 성종의 후궁인 숙용 정씨

---

75) 『선조실록』 권8, 선조 7년 5월 20일(계사).

와 숙의 엄씨가 왕비 윤씨[폐비 윤씨]와 그 소생인 원자[연산군]를 해치려 한다는 내용을 담은 익명서가 집안으로 투입된 일이 권씨의 하인을 통해 궁궐 내부로 보고된 정황에서76) 숙의 권씨가 덕종 사망 후에 궁 밖에 집을 얻어 따로 거처했음을 알 수 있다. 이러한 사정은 궁가에서 거주하다 사망한 경우에서도 마찬가지이다.

> 양전은 이제 이미 이어(移御) 하셨고, 선왕의 후궁은 거처할 곳이 부족한 것은 아니지만 다만 한 궁에 함께 거처하는 것이 미안하다. 지금 따로 한 궁을 세우고자 하나 국가의 영선(營繕)을 바야흐로 시작하여 역사가 중대하니, 성취하기가 어려울 것 같다. 자수궁은 본래 선왕의 후궁이 거처하던 곳인데, 이미 수즙(修葺)하게 하였으니, 세조·예종의 후궁을 이 궁에 옮기게 하라.77)

위의 기사는 인수대비와 인혜왕대비(仁惠王大妃)가 창경궁으로 옮기자 성종이 세조의 후궁과 예종의 후궁을 자수궁으로 옮기도록 명을 내린 사안이다. 1483년(성종 14)에 창경궁이 완성되고 두 대비가 창경궁으로 이처(移處)되면서 선왕들의 후궁들 역시 옮겨야 했다. 당시 생존해 있던 세조의 후궁은 근빈 박씨뿐이었고, 예종의 후궁은 공빈 최씨를 비롯해 상궁 기씨, 숙원 이씨였다. 이들은 생전에 이곳에서 살다가 사망했을 가능성이 농후하다. 이는 덕원군(德源君) 이서(李曙)가 자수궁에서 살고 있는 어머니 근빈 박씨를 자신의 집에서 시봉하도록 청했다가 성종의 허락을 받지 못한 사정에서 알 수 있다.78) 이처럼 궁가에서

---

76) 『성종실록』 권105, 성종 10년 6월 5일(경인).
77) 『성종실록』 권179, 성종 16년 5월 7일(병진).
78) 『성종실록』 권179, 성종 16년, 5월 5일(갑인).

사망하였다고 직접적으로 표기되어 있지는 않지만, 정황상 궁가에서 사망한 것으로 보아도 무방하다 하겠다. 이는 선왕이 죽은 후에 후대 왕이 선왕의 후궁들의 처소를 궁 밖 일정한 장소에 마련해서 함께 거주 하도록 궁가를 마련해 주었던 사실에서 알 수 있다.[79]

태종의 후궁들이 태종이 죽자 세종이 마련해 준 의빈궁(懿嬪宮)에서 함께 살게 된 이후로, 세종의 후궁들은 문종이 마련해준 자수궁으로 1450년(문종 즉위)에 옮겨 살았고,[80] 문종의 후궁들은 단종이 마련해 준 수성궁에서 살았으며,[81] 세조의 후궁과 예종의 후궁은 자수궁에서 살았다.[82] 성종의 후궁들은 원래 문종의 후궁들이 거주했던 수성궁에 서 거처하였는데, 이곳은 1504년(연산군 10) 5월에 정청궁으로 개칭하 였다.[83] 이후 성종의 후궁들은 자수궁으로 옮겨 거처하게 된다. 중종의 후궁들과 인종의 후궁들 역시 자수궁에 거처하였다.[84] 때로는 혜빈 양 씨와 신빈 김씨 등과 같이 왕의 특별한 배려가 있으면 독립된 궁에서 생활할 수 있었으나 드문 일이었다. 이러한 사정을 고려해 볼 때 적어 도 조선 전기의 후궁들은 대체로 공동생활을 하고 있었던 궁가에서 사 망했을 것이라 추측된다. 사가와 궁가에서 사망한 후궁들을 연대순으 로 나열하면 다음 【표 18】과 같다.

---

79) 이에 대한 자세한 내용은 한희숙의 「조선시대 선왕 후궁에 대한 처우와 宮家의 변 천」(『여성과 역사』 30, 2019)이 참조된다.

80) 『문종실록』 권2, 문종 즉위년 6월 6일(무인).

81) 『단종실록』 권10, 단종 2년 3월 13일(갑자).

82) 『성종실록』 권179, 성종 16년 5월 7일(병진).

83) 『연산군일기』 권53, 연산군 10년 5월 15일(갑진).

84) 『인종실록』 권1, 인종 1년 3월 24일(병술); 『명종실록』 권2, 명종 즉위년 12월 29 일(무오).

국왕	왕비/후궁	기타장소	일시
정종	숙의 윤씨	인덕궁	1417년(태종 17) 10월 1일
세종	장의궁주 박씨	장의궁주전	1425년(세종 7) 5월 19일 생존
태종	덕숙옹주 이씨	사가	1433년(세종 15) 윤8월 6일
태종	신빈 신씨	인수궁	1435년(세종 17) 2월 2일
세종	사기 차씨	연생전	1444년(세종 26) 7월 10일
태종	의정궁주 조씨	사가	1454년(단종 2) 2월 7일
세종	혜빈 양씨	청풍 유배지	1455년(세조 1) 11월 9일
태종	의빈 권씨	인수궁(영수궁)	1458년(세조 4) 생존
세종	상침 송씨	사위 윤사로의 사가	1463년(세조 9) 8월 21일
세종	신빈 김씨	자수궁 정실	1464년(세조 10) 9월 4일
태종	선빈 안씨	익령군 사가	1468년(세조 14) 6월 17일
태종	명빈 김씨	명빈전	1479년(성종 10) 6월 5일
태종	소빈 노씨	질병가	1479년(성종 10) 10월 23일
세종	영빈 강씨	전라도 금산	1483년(성종 14) 1월 20일
예종	공빈 최씨	자수궁	1483년(성종 14) 6월 15일 생존
예종	숙원 이씨	사가	1485년(성종 16) 5월 5일 생존
예종	상궁 기씨	자수궁	1489년(성종 20) 3월 16일
덕종	귀인 권씨	사가	1494년(성종 25) 4월 26일
덕종	숙의 윤씨	사가	1496년(연산군 2)
성종	귀인 엄씨	창경궁 뜰	1504년(연산군 10) 3월 20일
성종	귀인 정씨	창경궁 뜰	1504년(연산군 10) 3월 20일
세조	근빈 박씨	자수궁(창수궁)	1504년(연산군 10) 11월 17일 생존
연산군	숙원 김씨	군기시 앞	1506년(연산군 12) 9월 2일
연산군	숙원 장씨	군기시 앞	1506년(연산군 12) 9월 2일
연산군	숙원 전씨	군기시 앞	1506년(연산군 12) 9월 2일
문종	숙의 문씨	정침	1508년(중종 3)
성종	숙의 홍씨	자수궁	1510년(중종 5)
중종	숙의 나씨	피병처	1514년(중종 9) 10월 5일
단종	숙의 권씨	진천	1519년(중종 14) 1월 26일 생존
연산군	숙의 곽씨	정업원	1522년(중종 17) 3월 3일 생존
단종	숙의 김씨	충주	1525년(중종 20) 2월 11일
중종	경빈 박씨	상주 사가	1533년(중종 28) 5월 23일

국왕	왕비/후궁	기타장소	일시
중종	창빈 안씨	사가	1549년(명종 4) 10월 18일
명종	소의 신씨	피소	1565년(명종 20) 5월 15일
인종	귀인 정씨	인달방 사가	1566년(명종 21) 3월 15일
연산군	숙의 윤씨	윤은보 사가	1568년(선조 1) 8월 1일
중종	귀인 한씨	영추문 밖 사가	1574년(선조 7) 3월
선조	귀인 정씨	사가	1579년(선조 12) 4월
선조	숙의 정씨	사가	1580년(선조 13) 11월 3일
중종	희빈 홍씨	사가	1581년(선조 14) 11월 6일
명종	순빈	충청도 임천	1592년(선조 25) 생존
명종	숙의 한씨	강화부 동면 민가	1594년(선조 27)
인종	숙빈 윤씨	남양	1595년(선조 28) 5월 26일 생존
인종	혜빈 정씨	광주	1595년(선조 28) 5월 26일 생존
명종	숙의 신씨	연안	1595년(선조 28) 5월 26일 생존
명종	경빈 이씨	황해도 연안 우사	1595년(선조 28) 6월
선조	인빈 김씨	사가	1613년(광해군 5) 10월 29일
광해군	소용 정씨	사가	1623년(인조 1) 3월 14일
광해군	김개시	군문	1623년(인조 1) 3월 14일
광해군	숙의 허씨	사가	1623년(인조 1) 9월 14일 생존
광해군	숙의 권씨	충청도 논산시 연산면	1624년(인조 2) 3월 21일 생존
선조	정빈 민씨	경행방 인성군 사가	1626년(인조 4) 11월 2일
광해군	소용 임씨	강화도	1628년(인조 6)
선조	정빈 홍씨	경성 동학동 사가	1638년(인조 16) 3월 1일
선조	온빈 한씨	사가 정침	1664년(현종 5) 10월 23일
효종	안빈 이씨	사가	1693년(숙종 19) 10월 23일
숙종	희빈 장씨	창경궁 취선당	1701년(숙종 27) 10월 8일
숙종	숙빈 최씨	창의동 사가	1718년(숙종 44) 3월 9일
영조	정빈 이씨	장동 사가	1721년(경종 1) 11월 16일
숙종	영빈 김씨	사가	1735년(영조 11) 1월 12일
숙종	귀인 김씨	여경방 사가	1735년(영조 11) 7월 28일
장조	경빈 박씨	동궁 처소	1761년(영조 37) 1월
영조	영빈 이씨	경희궁 양덕당	1764년(영조 40) 7월 26일
장조	숙빈 임씨	사가(양제궁)	1773년(영조 49)
영조	숙의 문씨	사가	1776년(정조 즉위) 8월 10일

국왕	왕비/후궁	기타장소	일시
정조	원빈 홍씨	창덕궁 양심합	1779년(정조 3) 5월 7일
정조	의빈 성씨	창덕궁 중희당	1786년(정조 10) 9월 14일
정조	수빈 박씨	창덕궁 보경당	1822년(순조 22) 12월 26일
철종	숙의 범씨	영혜옹주 사가	1883년(고종 20) 12월 26일
헌종	경빈 김씨	순화궁 정침	1907년(고종 44) 4월 21일
고종	황귀비 엄씨	덕수궁 즉조당	1911년(순종 5) 7월 20일
고종	귀인 이씨	경성부 수문동 사가	1914년(순종 8) 1월 19일(양 2. 13)
고종	귀인 이씨	경성부	1928년 11월 6일(양 12. 17)
고종	귀인 이씨	사간동 사가	1967년 11월 10일
고종	김옥기	세브란스 병원	1970년 9월 23일

* 전거: <별첨 1>

조선시대 후궁들의 사망 장소를 파악할 수 있는 75건 중에 궁가에서 사망한 후궁은 9명이므로 비율상 12% 정도이다. 하지만 이 비율은 의미가 없다고 생각된다. 왜냐하면 기록 파악이 되지 않고 있어 사망 장소를 알 수 없는 경우를 제외하고도 앞서 언급했듯이 조선 초기에 선왕의 후궁들을 일정한 장소에 함께 거주하도록 했기 때문에 사망 장소가 궁가가 될 경우가 많다고 생각되기 때문이다.

한편 사가에서 사망한 사례는 31건이라고 하였다. 이는 75명 중 41.3%이다. 이 비율은 궁가에서 사망한 비율 12%보다는 좀 더 의미가 있다고 생각된다. 왜냐하면 조선 초기에 선왕의 후궁들에 대한 국가적인 차원에서 관리해온 터라 궁가와 달리 사가에서 사망한 경우에는 사망 장소가 표기될 확률이 높다는 생각에서이다. 게다가 중종대 이후 선왕의 후궁들이 자수궁과 인수궁에 거처하다가 그 수가 줄어듦에 따라 1661년(현종 2)에 궁가가 혁파되면서 궁 밖의 사가에서 살았기 때문이다. 사가에서 사망한 경우에 사망 장소가 생략될 수 있는 가능성이 많다는 점을 생각하면 기록의 결락 등을 고려한다고 하더라도 후궁들이 사가에서 사망한 비율은 더 많을 것으로 생각된다.

주목되는 점은 폐위된 연산군과 광해군의 후궁들은 개인적인 질병으로 죽은 것이 아니기 때문에 장소도 일정하지 않으며, 임진왜란을 겪고 살아남은 선왕의 후궁들은 대부분 지방의 외지에서 사망했다는 사실이다. 명종의 후궁 경빈 이씨가 선조가 즉위한 후 30년 동안 별궁에서 살다가 임진왜란 때에 연안부(延安府) 우사(寓舍)에서 사망한 사실은 이를 잘 말해준다.[85]

(2) 임종장소의 변화 요인

조선 전기 궁가에서 죽음을 맞이하던 조선시대 후궁들은 언제부터 더 이상 궁가에서 사망하지 않게 되었을까? 이와 관련하여 마지막으로 궁가에서 죽은 후궁은 1510년(중종 5)에 자수궁에서 54세에 사망한 성종의 후궁 숙의 홍씨였다. 자수궁은 처음 1450년(문종 즉위) 3월에 문종이 무안대군의 옛집을 수리하고 세종의 후궁들의 거처로 마련해 준 장소였다.[86] 원래 성종의 후궁들은 수성궁에서 생활했다. 수성궁은 문종의 후궁들이 거처하는 곳으로 1504년(연산군 10)에 정청궁으로 개칭되었다. 숙의 홍씨는 연산군 때 직첩을 뺏겨 궁에서 내쫓겼다가 중종반정 이후에 복권되어 자수궁에서 살게 된 것이다.[87] 홍씨가 자수궁에서 사망했다는 정확한 기록은 없다. 그러나 조선 전기 선왕의 후궁들이 대체로 궁가에서 공동생활을 했던 사실에 비추어 이곳에서 생을 마감했

---

85) 申欽, 앞의 책, 민족문화추진회, 1991, 30쪽.
86) 『문종실록』권1, 문종 즉위년 3월 21일(을축).
87) 『중종실록』권1, 중종 1년 9월 2일(무인).

을 것이라 추정된다.

숙의 홍씨 이전에 궁가에서 사망했다고 추정되는 후궁은 1504년(연산군 10) 11월, 당시까지 생존해 있었던 세조의 후궁 근빈 박씨이다. 숙의 홍씨보다 불과 6년 전이다. 두 사람의 사이에 사망한 장소를 알 수 있는 4건의 사례가 있는데 3건의 사례는 모두 폐위된 연산군의 후궁들로, 군기시 근처에서 참수되었다. 문종의 후궁 숙의 문씨는 "1508년(중종 3)에 정침에서 졸했다"고 하는데,[88] 자수궁의 정침이다. 문종의 후궁들은 1454년(단종 2)에 단종이 마련해 준 수성궁에서 살았었다.[89] 그러나 연산군 때에 수성궁에 거처하는 선왕의 후궁들 모두 자수궁으로 옮기게 하였기 때문에[90] 문씨 역시 이곳에서 살다가 사망했음이 틀림없다.

이후 개인 주택인 사가에서 사망한 후궁은 중종의 후궁 경빈 박씨였다. 숙의 홍씨와 경빈 박씨 사이에 사망한 장소를 알 수 있는 4건의 사례가 모두 궁가 또는 집이 아니라 의외의 다른 장소였다. 우선 숙의 나씨는 현왕의 후궁으로, 1514년(중종 9) 10월 해산하다 살아날 가망이 없자 궐 밖으로 옮기는 중에 26세의 나이로 아이와 함께 죽었다.[91]

단종의 후궁 숙의 김씨와 숙의 권씨는 지역명이 기록되었다. 숙의 김씨는 단종이 사사된 이후에 줄곧 한양에서 살다가[92] 충주로 거처를 옮긴 후 1525년(중종 20)에 죽었고,[93] 숙의 권씨 역시 충청도 보은과 진천 등에서 지냈다.[94] 사망 장소와 사망일을 알 수 없어 단정할 수 없다.

---

88) 「淑儀文氏墓誌銘」(인천광역시 시립박물관 소장).
89) 『단종실록』 권10, 단종 2년 3월 13일(갑자).
90) 『연산군일기』 권53, 연산군 10년 5월 1일(경인).
91) 『중종실록』 권21, 중종 9년 10월 5일(갑오).
92) 『중종실록』 권35, 중종 14년 1월 26일(신유).
93) 『중종실록』 권53, 중종 20년 2월 11일(경자).

하지만 1698년(숙종 24) 11월 6일이 되어서야 단종이 복위되어[95] 선왕의 후궁들에 대한 예우 차원의 거처 문제를 논의할 필요가 없었기 때문에 해당 지역에서 사망했다고 해도 의심할 여지가 없다. 숙의 곽씨 역시 몰년을 알 수 없지만, 연산군이 폐위된 후 정업원으로 들어가서 정업원의 주지가 되었다는 사실에서[96] 임종장소가 정업원이라 추측된다. 경빈 박씨의 경우에도 작서의 변과 목패의 변에 연루되어 아들 복성군과 함께 서인으로 강등되어 상주 사가로 나가 사약을 받고 사망하였으므로.[97] 현왕의 후궁이라는 점, 그리고 죄인의 신분으로 사약을 받았다는 점을 고려할 때 그녀가 사가에서 사망한 사례는 예외적인 경우라 하겠다.

경빈 박씨 다음에 사가에서 사망한 여성은 1549년(명종 4)에 죽은 중종의 후궁 창빈 안씨였다. 그녀는 1544년(중종 23) 11월에 중종이 승하하자, 3년 복제를 마치고 전례에 따라 인수궁에 물러나 거처하고자 했다. 하지만 대비 문정왕후의 특명으로 궁궐에 머물렀다. 문정왕후의 특혜로 줄곧 궁궐에서 살았다가 5년 뒤에 사망한 것이다. '우연히 사가에 나갔다가 병 없이 죽었다'고 한 것으로 보아[98] 안씨의 갑작스러운 죽음

---

94) 『중종실록』 권31, 중종 12년 윤12월 21일(임진); 『중종실록』 권35, 중종 14년 1월 26일(신유).
95) 『숙종실록』 권32, 숙종 24년 11월 6일(정축).
96) 『중종실록』 권44, 중종 17년 3월 3일(경술).
97) 『중종실록』 권58, 중종 22년 4월 21일(정묘); 『중종실록』 권74 중종 28년 5월 23일(을축).
98) 南九萬, 『樂泉集』 권14, 「應製錄」 <昌嬪墓誌銘>(『한국문집총간』 권132, 민족문화추진회, 1994, 165~166쪽); 申晸, 『汾厓遺稿』 권10, 「碑銘」 <昌嬪神道碑銘幷序>(『한국문집총간』 권129, 민족문화추진회, 1994, 519~520쪽); 鄭士龍, 『湖陰雜稿』 권7, 「碑誌」 <淑容安氏墓碣銘幷序>(『한국문집총간』 권25, 민족문화추진회, 1988, 235~236쪽).

은 우연적인 일이었다.

중종의 후궁 귀인 한씨 또한 중종의 3년 복을 마친 후 인수궁으로 물러나려 하였으나 문정왕후가 궁궐에 머무르도록 타일러서 인수궁과 궁궐을 왕래하며 지냈다. 한씨 역시 1574년(선조 7) 봄에 병환이 위독해져 경복궁 서문인 영추문(迎秋門) 근처의 사가에서 사망하였다.[99] 이로 보아 창빈 안씨, 귀인 한씨 모두 궁 밖에 마련된 사가에서 생활했던 것이 아니라 궁가에서 생활했지만 예기치 않게 졸서하거나 치료받기 위해 사가로 나갔다가 사망한 것이었음을 알 수 있다. 그렇다고 한다면 이들이 사가에서 사망한 사례는 경빈 박씨와 마찬가지로 예외적인 모습으로 보아야 할 것이다. 실제로 명종이 즉위한 후에 윤인경(尹仁鏡) 등이 궁궐 안에 있는 인종의 후궁 귀인 정씨를 궁궐에서 내보내되 사가로 보내지 말고 자수궁이나 인수궁 등 공처(空處)로 내보내야 한다고 아뢴 바 있다.[100] 이후 귀인 정씨는 1545년 인종의 복을 마친 뒤에 인수궁에서 살다가 그로부터 21년 뒤인 1566년(명종 21)에 병에 걸려 인달방(仁達坊) 사가에 나가 치료받다 끝내 사망하였다.[101] 사망 장소는 사가였지만 여전히 궁가가 후궁들이 주거하는 공간이었음을 알 수 있다.

숙의 홍씨가 사망한 1508년(중종 5)을 기점으로 하여 더 이상 궁가에서 사망한 후궁은 보이지 않는다. 하지만 1549년(명종 4), 1565년(명종 20), 1566년에 사망한 중종의 후궁과 인종의 후궁 모두 사가에서 사망했다 해도 궁가인 인수궁이 그들이 생활했던 주거 공간이었음은 분명하다. 따라서 선왕의 후궁들이 더 이상 궁가에서 죽음을 맞이하지 않

---

99) 崔岦, 앞의 책, 민족문화추진회, 1990, 241~242쪽.
100) 『명종실록』 권2, 명종 즉위년 12월 19일(무신).
101) 李珥, 앞의 책, 민족문화추진회, 1989, 417~418쪽.

은 모습은 성종의 후궁 숙의 홍씨가 사망한 중종 이후, 명종 후반에 사망한 중종과 인종의 후궁 당대에 일어난 일이 아닐까 추정된다. 이는 1661년(현종 2) 궁가가 혁파되기 전에 이미 후궁들은 궁가가 아닌 사가에서 생활하며 그곳에서 삶을 마감하였음을 의미한다. 그러면 후궁들이 1508년(중종 5)에서 1565년(명종 20) 사이에, 최소한 1560년(명종 15) 이후에 더 이상 궁가에서 사망하지 않고 사가에서 사망하게 된 이유는 무엇일까.

우선 궁가에서 사가로 바뀐 선왕 후궁의 생활공간의 변화에 기인한 것이다. 조선 초기 후궁들은 자신이 모시던 왕이 승하하면 궁 밖에 마련된 궁가에서 다른 후궁들과 함께 살았다. 국가에서 이들을 일정한 장소인 궁가에 모여 함께 살게 한 것은 관리를 편하게 하기 위함이었다. 많은 수의 선왕의 후궁들을 각자 흩어져 독립적으로 살게 하면 관리하고 통솔하기가 어려웠기 때문이다.[102]

공동생활 대신 개인별로 독립적인 공간을 마련해 주는 일은 국가적인 비용 또한 만만치 않았다. 후궁들을 모실 시녀와 내관들을 배속시켜 시중들게 함으로써 그들의 생활에 편리함을 도모했다. 이는 문종이 "자수궁의 두 빈이 출입할 때에는 오장(烏杖)을 잡은 자 20명을 쓰고 두 귀인이 출입할 때에는 10명을 쓰라"[103]고 하거나 세조가 자수궁에 별감(別監)과 잔심부름을 하는 사내아이인 소친시(小親侍) 6명, 수성궁에 별감·소친시 24명, 신빈궁에 별감·소친시 6명, 의빈궁에 별감·소친시 8명을 배치시켰던 모습에서 확인된다.[104] 당시 국가에서는 이곳이 매우

---

102) 한희숙, 앞의 논문, 2019, 184쪽.
103) 『문종실록』 권2, 문종 즉위년 6월 18일(경인).
104) 『세조실록』 권2, 세조 1년 11월 13일(갑신).

엄격하고 신성해야 할 궁금(宮禁)이라 인식했기 때문에 안전과 편의를
위해 숙위군과 노비들을 충원시켰고105) 의식주 생활에 공봉(供奉)할
물품 비용도 풍부하게 제공해 주었다.106)

국가에서 궁가를 궁금이라 여겼던 모습은 후궁들이 친정 식구 등은
불론 외부인과의 접촉을 차단당했던 사실에서도 엿볼 수 있다. 당시 후
궁들을 사가나 여염집에 머무르지 못하게 한 근본적인 이유는 친속을
가까이하게 되면 인정상 여알이 성행하게 되고 이로 인해 간인에게 청
탁을 받게 되어 결국엔 궁정을 혼란시키고 정치를 문란하게 한다고 보
았기 때문이다.107) 실제로 선왕의 후궁들이 병에 걸려 온정(溫井)에서
목욕을 하고자 해도 멀리 외방까지 나가거나 여염집을 출입하는 것을
허락하지 않았다.108)

그런데 궁가 설치의 주요한 의도가 선왕 후궁들을 거처하게 함이었
음에도 이곳의 기능은 점차 불사(佛事) 기능으로 강화, 확대되어 불당
이나 왕실 비구니원으로 변모해 갔다.109) 선왕의 후궁들은 자신이 모
셨던 왕의 명복을 빈다는 명목으로 이곳에서 재(齋)를 올리고 부처를
모셔 불공을 드려 복을 비는 등 불사 행위를 서슴지 않았다.110) 이러한
모습은 국가 통치이념에 위배되고 성리학자인 관료들의 생각에 이반
된 행위였다.

---

105)『세조실록』권34, 세조 10년 8월 13일(갑오);『예종실록』권1, 예종 즉위년 9월
　　23일(기묘).
106)『성종실록』권1, 성종 즉위년 11월 29일(기유);『성종실록』권179, 성종 16년 5월
　　5일(갑인);『연산군일기』권52, 연산군 16년 4월 14일(을사).
107)『중종실록』권70, 중종 26년 3월 22일(정미). 본서 3장 2절의 2) 참조.
108)『중종실록』권51, 중종 19년 7월 11일(갑술).
109) 한희숙, 앞의 논문, 2019, 196~206쪽.
110)『명종실록』권29, 명종 18년 6월 2일(무신).

성종대부터 명종대에 이르기까지 불교에 우호적인 대비들조차 불사 행사를 지원해 주면서[111] 이를 두고 왕과 관료들 간의 치열한 공방전이 이루어졌다.[112] 급기야 이에 불만을 가진 유생들은 1566년(명종 21) 인수궁에 불을 지르려다 적발되고,[113] 현종은 1661년(현종 2)에 자수궁과 인수궁에 거주하는 왕실 비빈이 한 명도 없다는 이유를 들어 혁파하기에 이른다.[114] 그러나 그 전부터인 대략 1560년(명종 15)쯤에 왕실에서 정해준 궁가는 더 이상 선왕의 후궁이 모여 사는 생활공간의 역할을 하지 못하고 선왕 후궁들의 거주 공간은 개인 주택인 사가가 그 기능을 대신하게 되었다.[115]

후궁들이 궁가가 아닌 사가에서 죽은 것은 그들의 불교 신앙심 약화에 따른 관념 변화에 기인한다고 하겠다. 궁가는 불사 기능을 담당한 종교적 장소에 가까웠고 사가는 세속적인 장소였다. 홀로 과부가 된 후궁들은 궁가에서 정성을 다해 불교를 믿었으며 선왕의 명복을 빌고 여생을 부처에 의존하며 살았다. 이는 태종이 승하하자 의빈 권씨와 신빈 신씨가 세종에게 아뢰지 않고 머리를 깎고 비구니가 되거나[116] 세종의

---

111) 『중종실록』권69, 중종 25년 8월 22일(기묘); 『명종실록』권17, 명종 9년 11월 19일(병진); 『명종실록』권18, 명종 10년 4월 23일(정해).

112) 『문종실록』권1, 문종 즉위년 2월 28일(계묘); 『성종실록』권295, 성종 25년 10월 9일(갑자); 『성종실록』권295, 성종 25년 10월 11일(병인); 『성종실록』권295, 성종 25년 10월 12일(정묘); 『중종실록』권29, 중종 12년 8월 20일(계해); 『인종실록』권2, 인종 1년 4월 6일(무술); 『명종실록』권17, 명종 9년 11월 6일(계묘); 『명종실록』권17, 명종 9년 11월 13일(경술).

113) 『명종실록』권32, 명종 21년 4월 20일(신사).

114) 『현종실록』권4, 현종 2년 1월 5일(을묘); 『현종개수실록』권5, 현종 2년 2월 12일(임진).

115) 『경종실록』권2, 경종 즉위년 11월 8일(신미); 『경종수정실록』권1, 경종 즉위년 11월 8일(신미).

〈그림 60〉 수종사 부도탑(경기도 남양주 소재)과 금동구층소탑(국립중앙박물관 소장, 오른쪽)
이 사리탑은 세종의 아들 금성대군이 자신을 키워준 의빈 권씨의 딸 정혜옹주를 위해 1439년(세종 21) 10월 정혜옹주가 사망한 15년 만에 시주해서 조성된 것이다(보물 제2013호). 수종사 사리탑 내부에서는 뚜껑이 있는 청자호 안에 금동구층소탑이 발견되어 현재 보물 제259호로 지정되어 있다.

후궁 10여 명이, 세종이 승하한 저녁에 머리를 깎고 여승이 된 정황에서 확인된다.[117] 특히 의빈 권씨를 비롯한 태종의 후궁들은 단종과 금성대군(錦城大君)의 명복을 빌기 위해 흑석사 아미타불상을 조성하였고 신순궁주 이씨는 태종과 원경왕후, 소헌왕후 및 부모의 명복을 빌기 위해 『상교정본자비도장참법(詳校正本慈悲道場懺法)』을 발원하기도 하였다. 그런 만큼 조선 초기의 후궁들은 불교를 신봉하는 독실한 불교 신자였다.

종교적 장소인 궁가가 질병을 다스리기 위한 요양처로서 더 적합한 장소가 되면서[118] 치료를 받기에 적합한 곳이 되었다. 불교를 독실하게 믿는 후궁들에게 세속적인 집보다 조용하고 부처님의 은덕과 가호를 받을 수 있는 궁가가 생을 마감하는데 더없이 좋은 장소였다. 게다가 궁가에서 생활하다가 병이 심해져 치료가 불가능하면 불교 신앙에

---

116)『세종실록』권16, 세종 4년 5월 20일(병자).
117)『문종실록』권1, 문종 즉위년 2월 27일(임인).
118)『중종실록』권23, 중종 11년 1월 9일(신묘).

더욱 귀의하고 마지막 불교 의식을 치르기에도 적합하였다. 실제로 평상시에 불교를 믿었던 덕종의 후궁 귀인 권씨가 죽은 후에 비구니 혜명(惠明) 등에 의해 불교식으로 화장된 사실은 이를 잘 말해준다.[119] 이처럼 평생 궁가 안에서 불교에 귀의하며 살았던 조선 전기 후궁들은 부처님의 가호 안에서 죽음을 맞이할 생각까지 했던 것으로 보인다.

하지만 1560년(명종 15) 이후에 더 이상 궁가에서 사망하는 사례가 나오지 않는다는 것은 거주 공간이 변화되었음은 물론 궁가에서 죽음을 맞이할 필요가 없다는 관념이 지배적이 되었기 때문이다. 과부가 된 선왕의 후궁들은 조선 후기에 부모나 조부모에 대한 효(孝)나 남편이나 주인에 대한 의(義)와 같은 유교 강상 실천이 중요시되면서 궁가가 아닌 사가로 가서 아들, 손자들과 함께 생활하다가 죽음을 맞이하길 소원했다. 이것은 모시던 왕이 죽은 다음 아들을 따른다는 삼종지도(三從之道)를 실천하기 위한 것이기도 했다. 세종의 후궁 신빈 김씨의 아들이 단종에게 어머니의 환속을 요청하여 그 허락을 받아 내었지만, 김씨가 이를 거절하고[120] 세종의 명복을 빌며 불교에 귀의하고 끝내 58세인 1464년(세조 10)에 사가가 아닌 궁가에서 생을 마감했던 조선 전기의 왕실 여성과는 사뭇 다른 모습이다.

후궁들이 위와 관련해서 더 이상 궁가에서 죽음을 맞이하지 않으려는 관념은 점차 커지고 있던 유교적 가치의 실천이 강조되는 사회적 분위기에 기인한다. 이는 곧 성리학적 유교적인 관념이 지배적이 되고 있음을 보여주는 것이자 후궁들도 성리학적인 지배 질서 흐름에 적응하며 신앙심을 드러내놓고 불사를 감행하지 않음을 나타내는 것이다.

---

119) 『연산군일기』 권52, 연산군 10년 4월 26일(정사).
120) 『단종실록』 권3, 단종 즉위년 9월 12일(신축).

불교 사회에서 유교 사회로 진척되면서 성리학 이념에 따라 유교적 가치의 실천이 그 어느 때보다 중요시되었다. 특히 숙종대에 강상 윤리가 강조된 규정이 다수 제정되었다는 점을 감안하면 더욱 그러하다. 가부장적인 유교 사회에서는 유교적 생활세계에 충실하면서도 유교적 지식과 식견을 두루 갖춘 여성이 필요했다. 왕실 여성 역시 유교적인 틀 안에서 주어진 여성으로서의 직분과 거기에 합당한 일들을 도리에 맞게 다하고자 하였다. 귀인 한씨(중종)는 궁중에서 의례를 거행할 때마다 자문을 해줄 정도로 궁중의 고사(故事)에 탁월한 능력을 발휘하였고,[121] 인빈 김씨(선조)는 의인왕후가 숨을 거두자 반함(飯含)과 염습(斂襲)에서부터 초빈(草殯)에 이르기까지 상장례를 도맡아 예법대로 치름에 하자가 없었다.[122] 아래 정빈 민씨(선조)의 경우엔 유교적 가치, 유교적인 윤리가 그녀의 삶 속에서 중요한 부분을 차지하고 있음을 엿볼 수 있다.

　　빈이 편모를 봉양하고 그 효성은 천성에서 나온 것이다. 동성 간에 화목하는 데에는 은혜가 있고 널리 구휼하는 데에는 인색하지 않는다. 미천한 비복에 이르러서는 은혜를 품지 않은 이가 없고 (중략) 부녀자의 일에 유념하여 견사를 꼬고 베 짜는 데 힘씀이 가난한 여자와 같았다. 항상 『내훈』・『소학』 등의 책을 보았고, 언제나 예절을 지킴으로써 자녀들을 가르쳤으되, 매양 맹모삼천지교(孟母三遷之敎)의 뜻으로 거듭거듭 타일렀다. 선군(인성군)과 계부(인흥군)의 학문이 도에 나아가는 것 역시 빈이 『내훈』으로 그들을 인도함에 말미암은 것이다.[123]

---

121) 崔岦, 앞의 책, 민족문화추진회, 1990, 241~242쪽.
122) 張維, 『谿谷集』 권13, 「碑銘」 <仁嬪金氏神道碑銘幷書>(『한국문집총간』 권92, 민족문화추진회, 1992, 207~209쪽); 申欽, 앞의 책, 민족문화추진회, 1991, 105~106쪽.

정빈 민씨는『소학』과 유교경전 등의 책을 통해 예의범절에 관한 예법을 익혔고, 동시에 유교 생활 속에서 접빈객(接賓客)과 봉제사(奉祭祀)와 같은 여성이 해야 할 일 또한 충실하게 수행하였다. 물론 어른을 모시고 부모에게 효도하며 친족의 화목과 자식의 교육에도 힘을 쏟았다. 후궁들의 이러한 모습은 스스로 유교의 이념을 체화한 상황에서 필수이자 의무라 생각했음에 틀림없다. 그런 만큼 유교적인 교양을 갖춘 왕실 여성으로서 사망할 때까지 그들의 삶은 심화되는 성리학적인 지배질서에 적응해 가는 삶이었다고 하겠다.

2. 조선시대 후궁 상장례의 주요 절차

조선시대 유교적 상장례는 국왕으로부터 서인에 이르기까지 거행하던 보편적인 의례이며, 그 기본적인 절차 의식은 동일한 형식을 취한다. 그러나 모든 질서를 예(禮)에 따라 차등적으로 구분 지었기에 사람의 신분에 따라 일컫는 칭호가 달라진다.

조선의 흉례는 그 지위의 위격에 따라 국왕과 왕후의 장례를 국장(國葬), 세자나 세자빈 이상의 장례를 한 등급 낮추어 예장(禮葬)이라 일컬었다. 그 외에 세손과 그 밖의 후궁인 정1품과 대원군 역시 모두 예장이라 하였다. 이는 1824년(순조 24) 1월에 졸서한 화빈 윤씨와 1907년 4월에 졸한 경빈 김씨의 장례를 예장이라 한 사실에서 알 수 있다.[124] 1897년 대한제국을 선포한 후에 국왕이 황제로 승격되면서 그 지위에

---

123) 李健, 앞의 책, 민족문화추진회, 1994, 219~221쪽.
124)『순조실록』권27, 순조 24년 1월 14일(무인);『慶嬪禮葬所謄錄』(奎 12945).

걸맞게 장례의 명칭이 국장에서 어장(御葬)으로 바뀌게 된다. 이를 더욱 세분화하면, 【표 19】와 같이 국왕의 상을 대상(大喪), 세자의 상을 소상(小喪)이라 불러 구분하였고, 왕비의 상을 대내상(大內喪), 세자빈의 상을 소내상(小內喪)이라 하여 뚜렷이 구별하여 사용했다.[125]

【표 19】국장과 예장의 구분

지위	범주	장	빈소	관	찬궁	무덤	퇴광	혼전	사당
국왕	대상	국장	빈전	재궁	찬궁	능	현궁	혼전	종묘
왕비	대내상								
세자	소상	예장	빈궁	재실	찬실	묘·원	현실	혼궁	별묘
세자빈	소내상								
후궁		예장	빈궁	재실	찬실	묘·원	현실	혼궁	별묘

유교문화권에서 죽은 자의 신분에 따라 달리 일컫는 칭호뿐 아니라 의물 등을 지칭할 때에도 이러한 현상은 명확하게 나타났다. 【표 19】에서와 같이 빈소는 빈전(殯殿)과 빈궁(殯宮), 혼전(魂殿)과 혼궁(魂宮), 무덤은 산릉(山陵)과 원소(園所) 또는 묘소(墓所), 찬궁은 찬궁(欑宮)과 찬실(欑室), 관은 재궁(梓宮)과 재실(梓室), 외재궁(外梓宮)과 외재실(外梓室), 퇴광은 현궁(玄宮)과 현실(玄室)을 비롯하여 능상각(陵上閣)과 원상각(園上閣) 또는 묘상각(墓上閣), 부묘(祔廟)와 부궁(祔宮) 또는 입묘(入廟), 우주(虞主)·연주(練主)와 신주(神主), 시보(諡寶)와 시인(諡印) 등 여러 부분에서 용어에 차이를 보였다. 따라서 후궁의 예장은 세자·세자빈의 신분과 같게 국왕과 왕비의 국장 보다 한 등급 낮춰 진행되었다.

국왕과 왕후의 국장을 살펴보면, 우선 조정에서는 승하 직후부터 장

---

125) 『國朝喪禮補編』, 「凡例」; 국립문화재연구소, 『국역 국조상례보편』, 「凡例」 민속원, 2008, 106쪽.

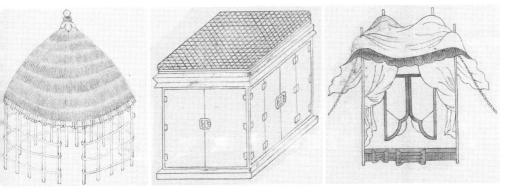

그림 61〉「원상각」과 「찬실」 및 「길유궁」(오른쪽)

원상각(園上閣)은 원(園)을 조성할 때 봉분 위에 지었던 임시 건물로, 속칭 '옹가(甕家)라고 하였다. 원 만드는 일이 끝나면 모두 □어 없앴다. 찬실(欑室)은 무덤에 묻기 전까지 재궁(梓宮)을 보관하기 위해 만든 집 모양의 구조물이다. 길유궁(吉帷宮)은 국상國喪)에서 우주(虞主)에 글씨를 쓰기[題主] 위해 임시로 설치한 장막(帳幕)이다. 제주를 마친 뒤 이곳에서 입주전의(立主奠儀)□ 지낸다. 『순헌귀비원소의궤(純獻貴妃園所儀軌)』 안에 있다(한국학중앙연구원 장서각 소장 K2-2341).

지에 안장할 때까지 약 5개월 동안 각종 의식과 행사를 설행하기 위해 임시기구인 삼도감(三都監)을 설치하였다. 즉, 빈전도감(殯殿都監), 혼전도감(魂殿都監), 산릉도감(山陵都監)을 말한다. 빈전도감은 시신 수습 및 빈전 설치와 운영을 담당하였고, 혼전도감은 신주를 모실 혼전의 설치와 유지를 맡았으며, 산릉도감은 장지 간택을 비롯하여 능과 각양의 석물, 산릉 주변 조성 등을 담당하였다.

예장의 경우에도 그 성격은 국장과 거의 비슷하였다. 예장도감(禮葬都監), 빈궁혼궁도감(殯宮魂宮都監), 원소도감(園所都監) 등 삼도감을 설치하였는데, 약 3개월에 끝마쳤다. 1897년 대한제국을 선포한 후에 국왕이 황제로 승격되면서 그 지위에 걸맞게 그 명칭이 국장에서 어장으로 바뀜에 따라 장례를 담당하는 임시 기구인 도감 역시 주감(主監)으로 변경되었다.

왕실의 구성원인 후궁의 경우, 종2품 이상의 관품을 부여받은 내관이나 종1품의 귀인 이상의 상사에만 예장이 치러졌다. 그러나 내명부에서 부여받은 관품의 서열보다 왕실 가계 계승의 위차와 밀접한 관련

〈그림 62〉『국조상례보편』
국가의 기본 예식을 정리한『국조오례의』의「상례」
부분만을 따로 수정, 증보한 책이다(한국학중앙연구
원 장서각 소장 K2－2931). 1752년(영조 28)에 완성된
『(어제)국조상례보편』을 홍계희 등이 왕명에 의해
1758년(영조 34)에 간행하였다.

성이 있었기 때문에 예장의 격식 또한 후궁의 위치에 따라 달라질 수
있었다. 이 절에서는 후궁의 상장례의 과정과 절차를 사례별로 세밀하
게 살펴보겠다. 우선 정1품 현왕 후궁의 예장을 중심으로 전체적인 절
차를 살펴보되, 왕비의 국상과 함께 서술함으로써 신분에 따른 국장과
예장의 차이를 검토해 보고자 한다.

왕실의 상장례는『세종실록 오례』·『국조오례의』「흉례」가 마련되
었지만 국왕의 국장인 대상(大喪)을 위주로 서술되었다. 더구나 왕후의
내상 역시 간략하게 주석으로 처리되었을 뿐만 아니라 이들을 제외한
왕실의 인물이 사망했을 때의 상장 의식 절차는 수록되어 있지 않았다.
후궁의 상장례도 예외는 아니다. 그들의 의례 규정이 모호해서 신축성
있게 적용되다가 영조 연간 이후부터 지위를 한층 격상시켜 정1품 빈
에 준하여 거행하였다.

우선 1738년(영조 14)에 편찬된『국조상례보편(國朝喪禮補編)』에 규
정된「흉례」조목들을 살펴보면【표 20】과 같다. 모두 74개 조목이다.
위 조목들은 모두 국왕의 국장인 대상을 중심으로 작성되었기에 왕후
의 내상과 예장에 없는 조목들이 포함되었다. 즉, 고명, 사위, 반교서,

고부청시청승습, 청시종묘의, 영사시제급조부의, 사부의, 사시의, 분황의, 사제의, 부묘의 등의 조목들이다.

【표 20】 국장과 예장의 주요 절차

단계	의식
1단계	**고명(顧命)**, 초종(初終), 복(復), 전(奠), 역복불식(易服不食), 계령(戒令), 목욕(沐浴), 습(襲), 위위곡(爲位哭), **거임(擧臨)**, 함(含), 설빙(設氷), 영좌(靈座), 명정(銘旌), 치벽(治椑), 고사묘(告社廟), 소렴(小斂), 전(奠), 대렴(大斂), 전(奠), 성빈(成殯), 전(奠)
2단계	성복(成服), 복제(服制), **사위(嗣位)**, **반교서(頒敎書)**, **고부청시청승습(告訃請諡請承襲)**, 조석곡전급상식(朝夕哭奠及上食), 삭망전(朔望奠), 속절전(俗節奠), 의정부솔백관진향의(議政府率百官進香儀), 치장(治葬), 재궁가칠의(梓宮加漆儀), 재궁서상자의(梓宮書上字儀), 재궁결과의(梓宮結裹儀), **청시종묘의(請諡宗廟儀)**, 상시책보의(上諡冊寶儀)
3단계	계빈의(啓殯儀), 조전의(祖奠儀), 견전의(遣奠儀), 발인반차(發引班次), 발인의(發引儀), 발인봉사의(發引奉辭儀), 노제의(路祭儀), 천전의(遷奠儀), 하현궁시망곡의(下玄宮時望哭儀), 입주전의(立主奠儀), 반우반차(返虞班次), 반우의(返虞儀), 반우지영의(返虞祗迎儀), 안릉전의(安陵奠儀), 산릉조석(곡급)상식(山陵朝夕(哭及)上食), 혼전우제의(魂殿虞祭儀)
4단계	졸곡제의(卒哭祭儀), 혼전조석(곡급)상식(魂殿朝夕(哭及)上食), 사시급납친향혼전의(四時及臘親享魂殿儀), 섭사의(攝事儀), 사시납속절삭망향산릉의(四時臘及俗節朔望享山陵儀), 친향산릉의(親享山陵儀), **영사시제급조부의(迎賜諡祭及弔賻儀)**, **사부의(賜賻儀)**, **사시의(賜諡儀)**, **분향의(焚黃儀)**, **사제의(賜祭儀)**, 연제의(練祭儀), 상제의(祥祭儀), 담제의(禫祭儀), **부묘의(祔廟儀)**, 소상입묘의(小喪入廟儀)

* 굵은 글씨 표시는 예장에 없는 절차임

보통 상례는 삼년상이다. 삼년상은 실제 만 27개월 기간이며, 조선시대에 국왕에서부터 서인에 이르기까지 부모의 상에 적용되는 규범이었다. 그러나 삼년상은 세부적인 기간에서 지위에 따른 차이를 보였다. 성복에서 장례일까지의 기간, 곧 혼백이 빈소에 머무는 기간에서 그러한 모습이 보이는데 천자는 7개월, 제후는 5개월, 대부인 4품 이상 관직자는 3개월, 선비는 1개월 만에 장례를 거행하였다. 제후의 나라인 조선에서 국상은 5개월의 장례를 거행하였고, 예장은 3개월의 장례를 치렀다.

1) 초종의례(고명~성복)

인간이 죽으면, 가장 먼저 해야 할 일은 임종을 앞둔 자가 실제 죽었는지의 여부를 확인하는 의절인 초종이었다. 초종은 '초종상사(初終喪事)'를 줄인 말로, 초상 때부터 졸곡에 이르기까지의 상사를 뜻한다. 즉, 임종을 의미한다. 임종을 앞둔 후궁의 죽음을 임할 때도 호흡이 끊어졌는지를 확인하였다. 그 방안 안에는 죽음을 기다리는 후궁의 숨소리만이 가늘게 들린다. 죽음을 확인하는 방법은 얇은 종이를 코앞에 갖다대어 종이의 떨림을 살펴본다. 또는 촉광례(屬纊禮)라 하여 얇은 솜[屬纊]을 갖다 대기도 한다. 움직이는가를 그리고 그 떨림이 멈추었을 때, 순간 엄숙하면서 고요했던 방안의 침묵을 곡소리가 깨뜨린다. 인간이 죽었을 때 우는 것을 곡(哭)이라 한다. 이때 소리 내며 슬피 운다. 그러나 부모가 죽었을 때 자식의 울음은 제(啼)라고 하였는데, 제라는 것은 슬픔이 심한 나머지 울긴 하지만 소리가 나오지 않는 모습이다. 이러한 일을 맡은 사람은 궁중에 있는 여관이었다. 이 의절이 끝나면 후궁의 죽음을 대궐 안팎으로 알리며, 부고했다.

코에 댄 솜이 움직이지 않음을 확인하는 순간 그 죽음을 부정하며 저항한다. 숨이 갓 넘어가는 순간 되살리려는 노력은 육신을 이탈한 혼령을 불러 다시 육신에게 돌아가게 하는 모습으로 나타난다. 내시가 죽은 이의 평상시 입던 옷을 가지고 지붕에 올라가 흔들면서 "아무개는 돌아오시오"라고 세 번 외쳐 부르는데, 이를 복(復)이라 한다. 복은 복혼(復魂)을 줄인 말로, '되돌린다'는 의미이다. 즉 죽은 이의 혼을 부르는 행위[招魂]다. 여기에서 복을 『예기』「단궁(檀弓)」에서는 사랑을 극진히 하는 도리인 '진애지도(盡愛之道)'라 하였다.

국왕과 왕비의 국상을 당했을 경우에는 지붕에 올라간 내시가 각각

"상위복(上位復)"과 "중궁복(中宮復)"이라고 외쳤다. 1718년(숙종 44) 3월 초9일에 숙빈 최씨가 사망하자, 대궁 서원(大宮書員) 천상벽(千祥壁)이 옥상에 올라 초혼하였고,126) 1822년(순조 22) 12월 26일에 수빈 박씨가 사망하자 곧바로 내시가 평상시 입던 웃옷인 상어상복(常御上服)을 가지고 지붕에 올라가 "가순궁 복(嘉順宮復)"이라고 외쳤다.127) 세 번 외쳐도 돌아오지 않으면 내시는 서쪽 처마로 내려온다. 이때 사용한 옷을 시신의 위에 덮어주었다가 습할 때 치운다.

후궁의 죽음은 왕세자 이하 내외친들에게 큰 슬픔을 안겨주었다. 이들은 그 슬픔을 나타내고자 관과 웃옷을 벗고 머리를 풀어 헤치고 음식을 먹지 않았다. 이를 '역복불식(易服不食)'이라 하는데, 3일 동안 음식을 먹지 않는 것이 원칙이었다. 3일은 삼년상의 3년을 날로 바꿔서 정한 기간이다. 이때 이일역월(以日易月)로 적용하였다. 이일역월이란 상제 기간의 달수를 날수로 환산하여 지키는 것이다. 후궁 소생의 왕자들은 자신의 생모를 위한 상례에 매우 신중해야 했다. 법적인 그들의 정식 어머니는 왕비이고 자신의 생모는 서모이기에 서모의 상례에 머리를 풀어 헤치는 피발(被髮)을 할 수 없었다. 연잉군의 생모 숙빈 최씨가 사망하였을 때, 연잉군이 발상(發喪) 때에 머리를 풀고 곡을 한 사실이 숙종에게 탄로나 심한 문책을 받았다.128)

국가에 상이 발생하면 조정에서는 긴급 조치를 발령하는데, 이것이 바로 계령(戒令)이다. 계령은 해당 관서의 임무와 지켜야 할 일을 규정한 것이다. 그 가운데에서 가장 기본적인 것은 조회와 저자[市]를 정지

---

126) 『戊戌苫次日記』 <三月初九日>.

127) 『嘉順宮顯穆綏嬪喪禮儀註謄錄』(藏 K2－2912).

128) 『戊戌苫次日記』 <五月十八日>.

하는 일이었다. 『예기』「단궁」에 "천자가 붕(崩)하면 7일간 항시(巷市)하고 제후가 훙(薨)하면 3일 동안 항시한다"하고 "항시라는 것은 거리에서 교역하는 물건을 항(巷)으로 옮기는 것"이라 했다. 이는 서인이 나라의 대상에 근심하고 슬퍼해서 저자를 정지하는 것인데, 일용 필수품은 없어서는 안 되기 때문에 마을 거리에서 저자를 옮겨 보는 것이다.129) 선조의 후궁 인빈 김씨가 죽었을 때에는 조회와 저자를 3일간 정지했으며,130) 정조의 후궁 원빈 홍씨의 예장때에는 1751년(영조 27) 효장세자빈의 예에 근거하여 5일간 정지하였다.131) 수빈 박씨의 예장 때에도 예조의 아룀에 따라 5일 동안 저자를 정지하고, 공제 전까지 공무를 보지 않았으며, 형벌과 살인에 관계되는 문서를 임금께 올리지 않았다.132) 이는 신덕왕후의 국상 때에 조회와 저자를 10일간 정지하고133) 정안왕후 국상 때에 조회 7일, 저자 5일을 정지했던 일과 비교해 볼 때134) 신분의 등급에 따른 의례적 차이를 둔 것이다. 이후의 모든 의절은 길흉을 점쳐 진행되었으며, 관상감 소속의 일관(日官)이 그 길일을 택하였다.

예장은 국장과 마찬가지로 국가 행사 가운데에서 규모가 큰 편이고 장기간에 걸쳐 이루어졌다. 이 때문에 그 일을 전담할 수 있는 부서를 설치하여 수행하도록 했다. 수빈 박씨의 예장 때에는 상장 전반을 담당

---

129) 『태종실록』 권15, 태종 8년 5월 27일(을해);『세종실록』 60권, 세종 15년 5월 20
일(임신).
130) 『광해군일기』 권26, 광해군 5년 10월 29일(계축).
131) 『淑昌宮喪葬日記』 <己亥五月初七日>.
132) 『승정원일기』 111책, 순조 22년 12월 27일(정묘).
133) 『태조실록』 권10, 태조 5년 8월 13일(무술).
134) 『태종실록』 권23, 태종 12년 6월 25일(무인).

할 빈궁·예장·원소 삼도감의 당상과 낭청을 순조의 지시에 따라 차출되었다.[135] 상장을 담당할 삼도감의 도제조는 영의정 김재찬(金載瓚)이 임용되었다. 상장 초기를 거행할 때의 종척집사(宗戚執事)는 예조참의 박기수(朴岐壽)를 포함하여 영명위 홍현주(洪顯周), 부호군 박종희(朴宗喜), 호조참판 박주수(朴周壽), 부호군 정의(鄭漪), 남평 현감 박호수(朴鎬壽), 해주 판관 이정신(李鼎臣), 유학 박운수(朴雲壽)·이정민(李鼎民) 등이 임용되었다.[136] 원빈 홍씨의 예장 때에도 신미년의 예에 의거해서 삼도감을 설치하였는데,[137] 신미년은 1751년(영조 27) 11월 14일에 사망한 효장세자(孝章世子)의 부인인 현빈(賢嬪)의 예장이었다.

잠깐, 왕비의 국상 때 경우를 살펴보자. 정안왕후 국상 때에는 빈전·국장·재(齋) 조묘(造墓)의 4도감과 상복(喪服)·옥책(玉册)·복완(服玩)·관곽(棺槨)·제기(祭器)·유거(柳車)·법위의(法威儀)·상유소조(喪帷小造)·산소(山所)·영반(靈飯)·의장(儀仗)·묘소포진(墓所鋪陳)·반혼(返魂) 등 13색(色)을 설치했다.[138] 고려 이래로 설치해온 이 4도감 12색, 즉 관곽·유거·복완·제기·소조·상유·포진·영반·의장·반혼·옥책·상복은 원경왕후 국상 때 없애고 모든 사무를 각사(各司)로 돌렸으며, 국장·빈전·산릉 삼도감을 두는 것으로 바꿨다.[139]

국장도감은 재궁, 거여, 책보, 복완, 능지, 명기, 길흉의장, 상유, 포연(鋪筵), 제기, 제전, 반우 등 장사(葬事) 관련 업무를 맡았고, 빈전도감은

---

135) 『순조실록』 권25, 순조 22년 12월 26일(병인); 『승정원일기』 111책, 순조 22년 12월 26일(병인).
136) 『승정원일기』 111책, 순조 22년 12월 26일(병인).
137) 『영조실록』 권74, 영조 27년 11월 15일(정축).
138) 『태종실록』 권15, 태종 8년 5월 24일(임신).
139) 『세종실록』 권8, 세종 2년 7월 19일(을유).

습, 염, 성빈, 성복, 혼전, 배비(排備) 등 초장 관련 업무를 담당했으며, 산릉도감은 현궁, 정자각, 재방(齋坊) 등 왕릉 조성 관련 업무를 수행했나. 삼도감의 총책임자 도제조는 좌의정인 총호사이며, 2품 이상의 종친과 공신 중에서 수릉관(守陵官)을 임명하고 3품 이상의 내시 중에서 시릉관(侍陵官)을 임명했다.

후궁의 숨이 이미 끊어진 사실을 확인하면 시신을 가리고 목욕할 준비를 한다. 우선 전(奠) 가운데에 설치한 탁자 위에 머리를 남쪽 방향으로 해서 시신을 옮기고 그 외의 사람들은 휘장 밖으로 나아가 곡을 한다. 이때 여관이 데운 쌀뜨물로 머리를 감기고 빗질을 해서 수건으로 말리고 머리카락을 묶는다. 손톱과 발톱을 깎아서 주머니에 담는다. 죽은 후궁의 시신을 단향(檀香)으로 깨끗이 목욕시키고 상의(上衣)와 하상(下裳)으로 만든 명의(明衣, 염습할 때, 죽은 자에게 맨 먼저 입히는 옷)를 갈아입힌다. 대행왕비에게 입히는 옷의 수는 9칭(稱)이다. 이는 국왕과 같다.

원경왕후 초상에는 습의 7칭, 소렴(小斂)의 19칭, 대렴(大斂)의 90칭이었다. 정종과 태종이 7칭을 사용했으나, 1423년(세종 5)에 상공(上公)의 예를 따르도록 했으며,[140] 1429년(세종 11)에 이를 재확인했다.[141] 따라서 조선에서는 상공의 예를 따라 9칭을 썼다. 이렇게 목욕이 끝나면 시신에 옷을 입히고 수건으로 얼굴을 덮고 시신을 이불로 가리고 덮는다. 이후 손톱과 발톱을 담아 둔 주머니는 차후 대렴 때 재궁에 넣는다.

후궁이 사망하였지만 차마 돌아가셨다고 생각하지 못하는 자식은 끼니를 걱정한 나머지 죽은 이의 입에 진주와 쌀을 넣어준다. 이 의식

---

140) 『세종실록』 권22, 세종 5년 11월 15일(임진).
141) 『세종실록』 권43, 세종 11년 2월 10일(병술).

을 함(含) 또는 반함(飯含)이라고도 한다. 이 의식은 죽은 이의 입을 차마 비워둘 수 없는, 보내는 사람의 마음에서 비롯되었다.

국상에서는 왕비의 입안에 옥과 쌀을 넣어드렸다. 반함하는 물건은 고례에 "천자는 서(黍, 기장)와 함옥(含玉), 제후는 양(粱, 수수)과 함주(含珠), 대부는 직(稷, 피)과 함벽(含璧), 사는 도(稻, 벼)와 함패(含貝)"라 했다.142) 『예기』 「잡기(雜記)」에 의하면, 대부는 조개 진주 5개를 사용하고 사는 3개를 사용한다고 하였다. 이 자리에는 자식은 물론 죽은 이의 가까운 친인척이 지켜보게 되었다. 실제로 1718년(숙종 44) 3월에 사망한 숙빈 최씨를 염습할 때에 숙빈 최씨의 친정 조카인 최수강(崔壽崗)과 조카사위 조태항(趙泰恒) 및 그의 아들 조경상(趙慶祥) 등이 참관하였다.

2일째가 되면 왕비의 국상일 경우엔 사직과 종묘에 대신을 보내 그 사실을 고했다. 전(奠)은 올리지 않고, 사단(社壇)과 직단(稷壇), 종묘, 영녕전에 각각 고유문을 써서 고했다. 고한 후에 바로 행하는 의절이 소렴이다. 소헌왕후 국상 때에는 날이 덥다는 이유로 승하한 당일에 염습하고 하루 앞당겨 소렴과 대렴 및 성빈을 거행했다.143)

소렴은 시신에 옷을 싸는 의절이다. 옛날 제도에는 "천자는 3일 만에 소렴하고, 7일 만에 대렴하여 빈(殯)한다"고 했고, "제후는 3일 만에 소렴하고, 5일 만에 대렴한 후 빈한다"고 했으며, "대부와 사는 2일 만에 소렴하고, 3일 만에 대렴한 후 빈한다" 했다. 이것은 지위가 높고 낮음에 따라 염빈하는 날짜에 차등을 두었음을 알 수 있다. 따라서 조선에서는 고례를 쫓아 제3일에 소렴하고 제5일에 대렴하며 빈하는 것으로

---

142) 『禮記』, 「喪大紀」.
143) 『세종실록』 권111, 세종 28년 3월 24일(신묘).

규정했다.144) 사용하는 옷은 천자로부터 사에 이르기까지 모두 19칭이었다.145) 이는 천지(天地)의 마지막 수인 19를 본뜬 것이다. 수빈 박씨의 소렴할 때의 염의(斂衣) 역시 19칭이었다. 곡(哭)은 이때부터 무수(無數)하게 하던 것을 절도 있게 한다. 이후 대곡(代哭)·반곡(反哭)·졸곡(卒哭)으로 바뀌면서 성사(成事)가 이뤄지도록 줄여나갔다.

처음 승하했을 때에는 대행왕비가 복식을 하지 않았기 때문에 아들은 머리를 풀어 헤치고 상사에 임했다. 하지만 소렴에 이르러서는 시신에 이미 복식을 했으므로 아들도 수식이 없을 수 없었다. 그리하여 환질(環経)과 소변(小弁)을 갖췄다. 조선의 국가 의례에는 이것이 없다가 인목왕후 때에 이르러 질(経)과 건(巾)을 착용하기 시작했다.

3일째 되는 날에는 대렴을 거행했다. 시신을 이불로 싸서 재실에 안치하는 의식이다. 『가례(家禮)』에서도 3일째에 행했다. 이에 대해 사마온공(司馬溫公)은 시신이 다시 살아나기를 기다리는 것이라고 했다. 사흘째인데도 살아나지 않으면, 역시 살아나지 못한다는 것이다. 그런데 후궁의 예장과 달리 왕후의 국장은 5일째에 이를 행했다. 이것도 살아나기를 기다리는 자식의 마음과 관련이 있는 것인지 모른다. 대렴의 옷가지 수는 고례에는 천자 120칭, 상공 90칭, 제후 70칭, 대부 50칭, 사 30칭이라 했는데, 1423년(세종 5)에 상공의 예를 따라 90칭을 채용하도록 했다.146) 수빈 박씨의 대렴할 때의 염의는 19칭이었다.147)

조선시대 국왕과 왕비의 관은 재궁이고, 왕세자와 왕세자빈 그리고

---

144) 『세종실록』 권22, 세종 5년 10월 8일(을묘).
145) 주자 지음·임민혁 옮김, 『주자가례』, 예문서원, 1999, 224쪽.
146) 『세종실록』 권22, 세종 5년 11월 15일(임진).
147) 『嘉順宮顯穆綏嬪喪禮儀註謄錄』 <大斂>.

후궁의 관은 재실이었다. 재궁과 재실은 가래나무로 만든 궁궐 또는 집으로, 시신을 널 수 있는 공간이다. 곧 관곽을 말한다. 그러나 조선시대 재궁 또는 재실의 재질은 가래나무가 아닌 소나무 황장판으로 만들었다. 이것은 관곽의 안과 밖인 내재실과 외재실 이중 구조로 구분되었다. 내재실은 시신을 직접 안치하는 관이고, 외재실은 내재궁 밖에 있는 외곽이다.

내재실은 '벽(椑)'이라고도 부른다. 칠을 견고하게 하여 만든 것이 벽돌 같다고 하여 붙여진 이름이며, 벽에 시신이 닿는 가장 안쪽 관을 말한다. 그 관을 만드는 것을 '치벽(治椑)'이라 하였다. 관 안에는 소두(小豆)인 붉은 팥을 넣어두었는데, 사특한 기운을 물리치고자 한 것이다. 그 내부의 사방에는 홍색 비단을 붙이고, 관의 아래쪽에는 구멍 일곱 개를 뚫은 북두칠성 형상의 칠성판(七星板)을 깔았다. 외재궁은 장생전에서 미리 만들어 능소에 옮겨져 광중(壙中)에 설치되었다. 『의례경전통해속(儀禮經傳通解續)』에 의하면, "잣나무 곽(槨)은 끝으로 길이가 여섯 자가 된다" 하고 그 주에 "천자의 곽은 황장(黃腸)으로 속을 하고 겉은 돌로 쌓는데, 잣나무 재목으로 곽을 만든다"고 했다. 또 "군(君)은 소나무로 곽을 한다"하고, 그 주에 "군은 제후이니 송장(松腸)을 써서 곽을 한다"고 하였다. 그리하여 백변(白邊)을 쓰지 말고 황장을 너비로 마주 이어서 붙여 조성하게 했는데, 원경왕후의 국상 때부터 그렇게 제작했다.148)

소렴과 대렴이 끝나 재실에 후궁의 시신을 안치하면 시신을 매장하기 전까지 재실을 안치하는 장소가 필요했다. 그 장소를 국왕과 왕후의

---

148) 『세종실록』 권8, 세종 2년 7월 24일(경인).

국상 때에는 빈전이라 불렸고, 왕세자나 빈, 그리고 후궁의 경우엔 빈궁이라 불렸다.

빈전은 대렴과 같은 날에 조성되었다. 빈전은 재궁을 넣어둔 찬궁(攢宮)과 그 앞에 혼백(魂帛)을 모신 영좌(靈坐), 평소에 사용하던 베개, 옷 등의 생활 물품을 놓아두는 영침(靈寢)으로 구성되었다. 왕비 국상 때에 빈전은 대궐 안에 설치되었다. 인원왕후 때에는 창경궁 통명전, 선의왕후 때에는 경덕궁 광명전, 정성왕후 때에는 창덕궁 경훈각, 신정왕후 때에는 경복궁 태원전 등이었다.

후궁의 예장 때에는 대내에서 상장을 치를 수 없기 때문에 빈궁의 처소를 대내에 설치하지 못하였다. 영조의 후궁이자 사도세자의 모친 영빈 이씨의 경우, 1764년(영조 40)에 사망하자 장동(壯洞)의 사제(私第)에다 빈궁을 마련하였다. 그러나 수빈 박씨가 죽었을 경우에는 순조가 창경궁 환경전에 빈궁을 마련하였다. 이것은 사친 수빈 박씨에 대한 순조의 정을 표출한 것으로 예외적인 일이다. 이러한 순조의 결정에 교리 엄도(嚴燾)와 부수찬 권돈인(權敦仁)은 "정명(正名)의 의리가 엄중하여 사친을 위해 압굴(厭屈)한 복을 입었는데 대내에 빈궁을 설치한 것은 예를 넘어서는 것이며 설치해서는 안 될 곳에 빈궁을 설치했다"며 빈궁의 장소를 대내에 마련한 행위를 지적하였다.149) 사실 수빈 박씨의 빈궁 처소로 사용된 환경전은 인조의 계비 장렬왕후, 숙종의 계비 인현왕후, 영조의 계비 정순왕후, 정조와 효의왕후, 순조의 왕비 순원왕후, 익종, 헌종과 효현왕후, 철종과 철인왕후 등 국왕과 왕후의 빈전으로 많이 사용된 장소였다.150)

---

149) 『순조실록』 권25, 순조 22년 12월 29일(기사); 『승정원일기』 111책, 순조 22년 12월 29일(기사).

영좌는 혼백을 모셔두는 공간이다. 이곳에서 아침과 저녁으로 문안을 드리고 식사 때마다 음식을 올렸다. 영좌의 오른쪽에는 시신이 모셔져 있는 곳임을 표시하기 위해 명정(銘旌)을 세워놓았다. 명정은 붉은 비단으로 공조에서 만드는데, 너비는 폭 그대로 다 쓰고 길이는 9자[尺]이다. 붉은 비단 위에 금가루를 묻혀 전자(篆字)로 왕비의 국상 때에 '대행왕비재궁(大行王妃梓宮)'이라 썼다.[151] 원빈 홍씨의 예장 때에는 '원빈 재실(元嬪梓室)',[152] 수빈 박씨의 예장 때에는 '수빈 재실(綏嬪梓室)'이라 했다가 시호인 '현목(顯穆)'을 반영하여 '현목수빈재실(顯穆綏嬪梓室)'로 고쳤다.[153]. 이때 글자는 예서체이다. 대렴 이후로부터는 시신을 두 번 다시 볼 수 없다. 죽은 이의 입장에서는 자신의 영혼과 육체가 완전히 분리된 것이다.

4일째가 되면 예조판서는 여차 앞으로 나아가서 성복하기를 아뢴다. 미리 택한 길시가 되면 국왕을 비롯해 종친과 문무백관, 내외명부는 모두 최복(衰服)을 입는다. 성복 직후에는 전제를 올렸는데, 이것을 성복전(成服奠)이라 하며 대렴전과 거의 동일하게 치러졌다. 원빈 홍씨의 예장 때에 성복하기를 아뢰자 천담복(淺淡服) 차림을 한 백관들이 빈문(殯門) 밖에 모여서 곡하였고, 파산관(罷散官)과 관학 유생들은 소복 차림으로 문무 반열의 바깥 언저리에서 곡하였으며, 오상사(五上司)인 의

---

150) 정유미, 「조선시대 궁궐의 상·장례공간에 관한 연구」 고려대학교 건축공학과 석사학위논문, 2000.

151) 『세종실록』 권134, 「오례」 <흉례의식> 명정.

152) 『淑昌宮喪葬日記』 <銘旌式>.

153) 『綏嬪殯宮魂宮都監儀軌』 권1(奎 13934), 禮關 「癸未正月初七日」 "後 改銘旌式 顯穆綏嬪梓室 印式 顯穆綏嬪之印."; 『綏嬪葬禮都監儀軌』(奎 13927), 禮關 「癸未正月 日」.

정부·돈녕부·의빈부·충훈부·중추부에서는 향을 올렸다.154)

2) 상례(상식~반우)

성복을 마치면 초종의 중요한 행사가 대략 마무리된 것이다. 이후부터는 아침저녁으로 곡하면서 올리는 조석곡전(朝夕哭奠)과 초하루와 보름에 올리는 삭망전(朔望奠)을 거행했다. 조석은 해가 뜨는 때이고 석전은 해가 지는 때이며 삭망은 초하루와 보름 때다. 이것은 정기제로서 하루 중 아침과 저녁, 한 달 중 그믐과 보름에 음식을 올리는 의식이다.

빈전에 재궁이 안치되고 영좌와 영침이 갖추어지면 조석전을 거행하였다. 『예기』「단궁」에 따르면, "아침에 올리는 전은 해가 뜨면 올리고, 저녁에 올리는 전은 해가 떨어지기 직전에 올린다."라고 하였다. 『주자가례』에서 조석전은 조석곡과 결합되어 있다. 즉, 아침의 조전과 저녁의 석전에 앞서 곡을 하였고, 음식을 올린 후에도 곡을 하였다.

> 매일 새벽에 일어나 주인 이하 모든 사람들이 그 복장을 입고 들어가 자리에 나아간다. 존장자는 앉아서 곡하고 항렬이 낮은 자는 서서 곡한다. 시중을 드는 사람이 대야와 빗의 도구를 영침 옆에 둔다. 혼백을 받들어 영좌로 나아간다. 이후 조전을 거행한다. 집사자가 채소와 포육, 그리고 젓갈을 진설한다. 축이 손을 씻고 분향하고 술을 따른다. 주인 이하는 재배하고 곡하여 슬픔을 다한다. 155)

조곡은 아침에 부모를 모시는 것과 같이 간단한 음식을 올리는 의식

---

154) 『정조실록』권7, 정조 3년 5월 7일(경인).
155) 『朱子家禮』, 「喪禮」<朝夕哭奠>.

이다. 석전 역시 조전 때의 의식과 같은데, 조전의 음식을 치우고 의식을 행한 후 영좌에 있는 혼백을 다시 영침으로 모신다. 이 절차는 장사를 지내고 신주를 혼전으로 모셔오면 더 이상 지내지 않는다.

상기 중 올리는 음식으로 전 외에 상식(上食)을 거행했다. 상식은 평상 때의 식사 시간에 맞춰 음식을 드리는 의식이다. 아침과 저녁으로 매일 상식을 드렸고, 점심때에는 상식을 주다례(晝茶禮)로 대신하였다. 음식은 보통 때와 같고 육식을 올리지 않는다. 이 의식은 우제 이후에도 계속 거행하며 대상을 지낸 후에 그친다.

한편 삭망전에는 종친과 문무백관이 참석했고 내외명부는 제외했다. 날이 밝을 무렵에 거행했는데, 의식은 대렴전과 동일했다. 이와 같이 상례에서 음식을 드리는 까닭은, 귀신은 형상이 없으므로 음식을 베풀어 그것에 의지하게 하는 것이기 때문이다.156) 이로써 초종의 중요한 행사가 대략 마무리된다.

조석곡과 삭망제 등의 예식이 거행되는 동안에 묏자리를 구하려고 산을 돌아보거나 시체를 묻고 뫼를 만드는 산역(山役) 및 격일로 이루어지는 관의 가칠(加漆) 등 장례를 위한 준비 작업이 진행되었다. 묘소는 죽은 이의 시신을 영구적으로 안장하는 곳이다. 죽은 후궁의 묘소 주변에는 봉분과 석물 등을 설치하고, 왕비의 묘소 주변에는 봉분과 석물은 물론 그 아래에 정자각과 비각, 재실 등을 갖추었다. 경우에 따라서는 장례에 필요한 가건물 조성 공사도 시작하게 된다.

조선시대 왕실의 묘소는 일정한 지역에 제한을 두지 않았다. 물론 장례를 거행하고 제사를 드리는 데에 따른 편리성을 최대한 고려하여 궁

---

156) 『儀禮註疏』, 「士喪禮」.

궐에서부터 먼 지역은 제외되었다. 선조와 왕비의 무덤인 목릉(穆陵), 인조와 장렬왕후의 무덤인 휘릉(徽陵), 현종와 명성왕후의 무덤인 숭릉(崇陵) 등의 경우처럼 왕비는 왕과 같은 상소에 함께 묻혀 동일한 능호로 불러지거나 다른 곳에 각각 묻히더라도 왕과 왕비 두 능의 거리를 가깝게 했다.

수빈 박씨의 예장의 경우에는 정조의 후궁이자 순조의 사친 장례였던 만큼 건릉(健陵) 국내(局內)를 염두에 두었다. 1822년(순조 22) 12월 29일에 휘경원(徽慶園)이라 이름을 칭한 후에 다음 해 1월 8일 휘경원의 묏자리를 어디로 정할 것인가에 대해 논의하였다. 처음 논의된 장소는 건릉 국내와 함께 수원 화성, 용인, 양주 배봉진(拜峯鎭), 공덕리(孔德里) 등이었다. 그러나 건릉 주변에 적당한 장소가 없었던 까닭에 최종 양주 배봉진, 오늘날의 동대문구 휘경동으로 결정하였다. 배봉진은 원래 정조의 사친 장헌세자(莊獻世子)의 무덤인 영우원(永祐園)이 있던 곳인데, 1789년(정조 13) 11월 이곳에다 설치하였다.[157] 1789년(정조 13) 7월에서 10월까지, 약 3개월 동안 영우원을 수원 화산(花山)에 있는 현융원(顯隆園)으로 옮겼기 때문에 그 터만 남아 있었고 이때 남아 있던 영우원 자리에 배봉진이 들어섰던 것이다.[158]

그러나 후궁의 묘소는 왕릉과의 관계성과는 별개로 장소가 선정되었다. 원빈 홍씨의 장지는 정조의 왕릉과 무관하게 한성 동부 온수동(溫水洞) 해좌사향(亥坐巳向, 동남향) 언덕이었다.[159] 대체로 후궁의 무

---

157)『정조실록』권28, 정조 13년 11월 27일(기유).
158) 이현진,「조선후기 후궁의 상장의례와 성격」,『조선시대사학보』76, 2016, 177~178쪽.
159)『승정원일기』79책, 정조 3년 5월 13일 정유[병신].

덤은 역촌이나 인가를 논할 것 없이 풍수설에 의존하여 개별적으로 길지를 물색하였다. 풍수는 땅의 형세와 방위 등을 파악하여 좋은 땅인 명당(明堂)을 찾는 이론으로, 인간의 길흉화복과 관련지어 묘지를 선정할 때에 활용되었다. 풍수지리사상을 근거로 길지를 찾으려는 모습은 희빈 장씨의 상장례를 통해 확연히 알 수 있다.

1701년(숙종 27) 11월 12일에 숙종은 희빈 장씨의 무덤을 맨 처음 광주(廣州) 하도(下道) 북방면(北方面)의 다소미(多所味)에 위치한, 임감(壬坎, 11시 45분 방향)의 방향에서 내려온 용맥 중 자좌오향(子坐午向, 정남향)의 자리로 정했다. 당시 예조에서 발표한 광주 하도 땅에 대한 평가는 아래와 같았다.

> 비록 민가가 있는 촌락의 뒤쪽이기는 하지만, 용맥이 길게 멀리 뻗어 내려온 데다 중조산(中祖山)의 낙맥(落脈)이 부드러우면서도 구불구불 움직이다가, 횡룡(橫龍, 산능선이 뻗어가다가 90도 각도로 꺾이는 것)으로 국(格)을 이루었습니다. 주산(主山)이 낮게 엎드리면서 단유(短乳)를 만들었으며, 좌청룡과 우백호가 감돌아 안아주며, 명당이 평평하면서 반듯하고, 수구(水口)가 꽉 닫혀 있으며, 앞쪽의 조산(朝山)이 나열되어 있고, 뒤쪽의 장막(帳幕)이 겹겹이 겹쳐 있으며, 포태법상 생방의 물[生水]이 명당을 절하듯 흘러나오고, 빠져나가는 물[放水]이 귀원(歸元)으로 나갑니다. 이것이 바로 산이 둘러싸고 물이 끌어안아주는 자리요, 바람이 감추어지고 기운이 모여드는 곳입니다.[160]

광주 하도 땅은 단유 모양의 조산에 좌청룡, 우백호가 감싸 안았고,

---

160) 『張禧嬪喪葬謄錄』 <葬地擇定>.

〈그림 63〉 희빈 장씨 무덤 자리(경기도 광주시 오포읍 소재)

1701년(숙종 27) 희빈 장씨가 사망하자, 이듬해인 1702년(숙종 28)에 양주 인장리, 오늘날 구리시 인창동에 묘를 조성하였으나 1719년(숙종 45)에 무덤 자리가 불길하다는 의논에 따라 광주 진해촌(현재 경기도 광주시 오포읍 문형리)으로 천장되었다. 이후 1960년대 도시화 개발로 다시 서오릉 경내에 옮겨지게 되었고 이곳은 국제약품의 소유지가 되었다.

명당이 평평하면서도 반듯하였다. 단유는 짧은 유혈(乳穴)을 말하는데, 유혈은 그 모습이 마치 성숙한 여인의 유방과 같다 하여 붙여진 이름이다. 혈자리 앞의 전방에 있는 조산은 높고 큰 산으로, 혈을 향해 바라보고 있으며, 흘러나오고 빠져나가는 물이 귀원으로 빠져나갔다. 귀원은 갑(甲), 병(丙), 경(庚), 임(壬)으로 가는 것을 말하는데, 수법(水法)에 합당하게 물이 빠져나간다는 의미다.[161]

그러나 11월 21일에 우의정 신완(申琓)이 광주 하도 장지에 하자가 많다고 주장하면서 장지가 재검토되었다. 이에 다음해 1월 16일에 양주(楊州) 인장리(仁章里)의 갑좌경향(甲坐庚向), 지평(砥平, 경기도 양평) 수동(壽洞)의 갑좌경향, 여주 북면(北面) 향동(香洞)의 임좌병향(壬坐丙向), 수원 용봉리(龍鳳里)의 임좌병향 등의 산론(山論)을 검토하고, 몇 차례의 간심 끝에 양주 인장리의 갑좌경향으로 결정되었다.[162]

그로부터 16년 뒤인 1717년(숙종 43) 12월, 우의정 조태채가 인장리 무덤에 대해 "용(龍)은 있으나 혈(穴)은 없고 수법이 부합되지 않는다 [有龍無穴 水法不合]"고 말한 강릉에 사는 유생 함일해(咸一海)의 견해

---

161) 김두규 역해, 『지리신법』, 도서출판 장락, 2001, 91쪽.
162) 『張禧嬪喪葬謄錄』 <看山時錦川君同往>; <堂上看山親審定用>.

를 인용하며, 장희빈 무덤의 재조사를 요구하고 나섰다.163) 여기서 잠깐 인장리에 대한 함일해의 견해를 살펴보자.

(인장리의 갑좌경향) 용은 있으나 혈은 죽은 기[死氣]이며, 국세로 논하자면 산이 배반하는 형세이고, 냉기와 풍기(風氣)가 침범하여 땅속이 불안합니다. 술건(戌乾) 방향에서 득수(得水, 물이 시작함)하고 정방(丁方)으로 파수(破水, 물이 빠져나감)하여 (포태법상) 파군파(破軍破)164)가 되어서 수법이 합당하지 않습니다. 손님이 강하고 주인이 약하며 전면(前面)의 사(砂)가 반듯하고 전수(前水, 명당수)가 거칠고 나빠서 도망쳐버리는 모습이며, 술(戌) 방향의 규봉(窺峯)165)은 참암(嶄岩, 뾰족하고 가파른 산)이라서 불길합니다.166)

결국 여러 차례의 논의와 광주 복성동(福成洞), 진해촌(眞海村), 용인(龍仁) 어장포(於莊浦) 가운데에서 1718년(숙종 44) 12월 22일에 진룡정혈(眞龍正穴)의 땅인 광주 진해촌 해좌사향(亥坐巳向)으로 천장하게 되었다.167)

숙빈 최씨의 묘지를 선정하는 데에도 여러 번 우여곡절을 겪었다. 1718년(숙종 44) 3월 17일에 처음 중사(中使)인 내시와 지관들이 산을 간

---

163) 『張禧嬪喪葬謄錄』 <丁酉十二月十九日>；『숙종실록』 권 60, 숙종 43년 12월 7일 (정해)；『숙종실록』 권60, 숙종 43년 12월 19일(기해).

164) 破軍破: 後天九星水法에서 吉凶斷의 하나로, 破軍得水에 破軍破는 黃霧와 黃虫이 있고 물과 습한 버섯이 있어 흉하다.

165) 窺峯: 혈장을 둘러싸고 있는 보호산 너머 外山인 客山이 山體를 드러내지 않고 山頭만 보일 듯 말 듯 한 산봉우리로, 일명 '도둑봉'이라고도 한다. 묏자리 앞에 이런 산이 있으면 禍를 입는다고 한다.

166) 『張禧嬪喪葬謄錄』 <戊戌正月十二日>.

167) 『張禧嬪喪葬謄錄』 <戊戌十二月二十二日>；『숙종실록』 권 62, 숙종 44년 12월 23일(병인).

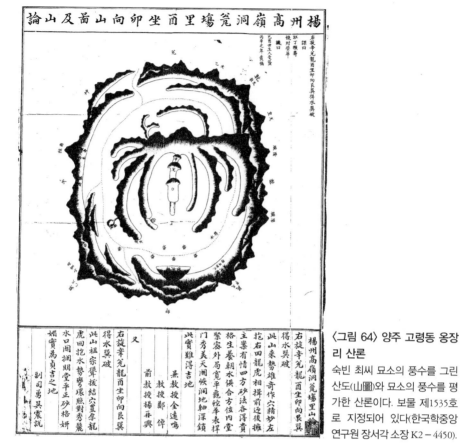

〈그림 64〉양주 고령동 옹장리 산론

숙빈 최씨 묘소의 풍수를 그린 산도(山圖)와 묘소의 풍수를 평가한 산론이다. 보물 제1535호로 지정되어 있다(한국학중앙연구원 장서각 소장 K2－4450).

심하기 위해 석관동(石串洞), 고양의 신원(新院), 광주의 세동(細洞) 등 여러 곳의 후보지를 찾아다녔으나 그 때마다 문제가 생겨 취소되었다.[168]

예장도감의 가장 중요한 작업은 재실을 준비하는 작업이다. 즉, 재실을 궐 안으로 배진(陪進)하고 담배(擔陪)와 결낭(結囊)에 들어갈 각종 도구를 지시하였다. 원빈 홍씨의 예장에서 내재실의 칠은 내재궁 은정 상(銀釘上) 칠 10차례, 재실 칠포(梓室漆布) 3차례, 칠포 상 가칠(漆布上加漆) 7차례, 전체 가칠 3차례 등 모두 23차례의 칠을 하였다.[169] 재실은

---

168) 본서 4장 3절의 2) 참조.
169) 『仁淑元嬪宮禮葬儀軌』(藏 K2－2998).

326 조선 후궁; 제도화된 지위, 감추어진 일상

30번 가칠하였다. 수빈 박씨 상장례 때에는 외재실의 진칠(進漆) 도수(度數)를 1815년(순조 15) 혜경궁 예장의 전례에 따라 40차례로 하였다.[170] 재실 은정 위 가칠은 12월 30일 오시부터 1823년(순조 23) 1월 18일 오시까지 하루 걸러 10도에 준하도록 했고, 재실 칠포 위 가칠은 1월 20일 사시부터 1월 29일 오시까지 매일 10도에 준하도록 했으며, 재실 전체 가칠은 2월 1일 사시부터 2월 8일 사시까지 매일 8도에 준하도록 했다. 대체적으로 국왕은 가장 좋은 것으로 재실을 마련하라고 지시하였으며 이러한 칠 작업에 장생전 제조와 도감 당상이 함께 감독하도록 하였다.

장례 준비 작업이 계획대로 진행되었다. 도감에서는 발인 하루 전에 재궁을 꺼내기 위해 빈전에 나아가 찬궁을 열었는데 이를 계빈(啓殯)이라 한다. 계빈하기 하루 전에 사직과 종묘에 고유하고 당일 정해진 시각에 먼저 전제를 올렸다. 상전이 내시들을 거느리고 올라가 찬도를 치우는데, 먼저 서방을 연다. 찬실을 열어 재실을 내어 모시고서 상전이 재실을 식건(拭巾)으로 깨끗이 닦고 관의(棺衣)로 덮는다. 이때부터 발인까지는 대곡하여 곡성이 끊이지 않게 한다. 장지로 발인할 날이 가까워지면 그 슬픔은 더 심해지는데, 『국조오례의』에는 "상식에 곡림한다"고 했다.

죽은 이의 시신이 장지로 떠날 모든 준비를 끝마쳤다. 발인하기 전에 도신(道神)에게 조전을 올렸다. 그 의식 절차는 앞에서 행한 전제의식과 같다. 그런데 『국조오례의』에는 축문을 읽는 절차에서 그 내용을 규정하지 않았다. 『주자가례』에서는 "영원히 옮겨가는 예에 좋

---

170) 『승정원일기』 111책, 순조 23년 1월 8일(무인); 『승정원일기』 111책, 순조 23년 2월 12일(임자).

은 날은 머물러 있지 않으니, 이제 영구차를 모시고 길 떠날 의식을 준행합니다."라고 했다. 길의 신에게 영구차의 안전을 기원하는 의식이 조전인 것이다.

발인 하루 전에는 사직에 날이 맑기를 기원하는 기청제(祈晴祭)를 지내고, 당일에는 궁문과 성문에서 오십 신위(五十神位)에게 제사를 지냈다. 또 지나가는 교량·명산·대천에도 제사를 지냈다. 발인하기 직전에는 빈전의 영좌 앞에서 전제를 드리는데, 이것이 견전(遣奠)이다. 조전 의식과 같으나, 이때에는 독축하고 나서 애책을 읽고 책함을 영좌 앞의 조금 동쪽에 올리는 점이 다르다.

제를 지내는 동안에 국장도감에서는 순(輴)과 혼백요여(魂帛腰轝), 향정(香亭) 등을 중문 밖의 한가운데에 남향으로 대령하고, 혼백차와 대여(大轝)를 외문 밖의 한가운데에 남향으로 대령한다. 혼백차 앞에는 길의장(吉儀仗)을 진설하고, 대여 앞에는 흉의장(凶儀仗)과 명기(明器)를 진설한다.

발인하기 직전에 드리는 견전을 마치면 영여(靈轝)가 빈궁에서 출발하여 원소에 이르게 되는데, 이 의식이 발인(發靷)이다. 묘소에 도착한 일행이 정자각에 봉안되어 있던 찬실을 연 후, 계찬전(啓欑奠)을 올리고, 영여를 받들고 원소에 올라 결과한 재실을 풀고 봉심한다. 현실(玄室)로 재실을 옮긴 후 전을 올리는 천전(遷奠)과 재실을 매장한 직후 길유궁(吉帷宮)에서 신주(神主)에 호(號)를 새겼다. 그리고 전제를 드리는 입주전(立主奠)을 거행한다. 이때의 신주를 신주가 아닌 우주(虞主), 상주(桑主)라 일컫기도 했다.[171]

---

171) 『승정원일기』 111책, 순조 23년 2월 26일(병인).

국왕과 왕후의 신주는 뽕나무로 만든 우주와 밤나무로 만든 연주(練主)가 조성되지만,[172] 세자 등의 예장에서 사용되는 신주는 신주라고 일컫고 만드는 재료는 밤나무였다.[173] 1758년(영조 34)에 편찬된『국조상례보편』에는 소상의 경우에 우주와 연주의 구별을 두고 있지 않고 신주라고 일컬었다.[174] 수빈 박씨의 상에 신주와 우주, 상주를 함께 썼다. 제주관 김렴(金鐮)이 길유궁에서 신주에 글을 썼는데, 외면(外面)에는 '현목 수빈 신주(顯穆綏嬪神主)', 함중(陷中)에는 '조선국 현목 수빈 박씨 신주(朝鮮國顯穆綏嬪朴氏神主)'라고 썼다.

이날 발인과 상에 동행한 사람들은 대부분 종친과 외척 그리고 내시, 상궁 등의 궁궐 사람들이다. 숙빈 최씨의 상례 경우에 임창군(臨昌君)·전성군(全成君)·서천군(西川君)·밀풍군(密豊君) 등의 종친들과 연잉군의 처척인 서종일(徐宗一)·서명오(徐命五)·서명구(徐命九)·서덕수(徐德修) 및 김도협(金道浹)·김도흡(金道洽) 등의 외척들, 그리고 대전의 호상중사 장세상(張世相)을 비롯한 내시들 및 각 전에서 파견된 상궁·내인들이었다. 조관(朝官)으로는 오직 노제를 지낼 때 집사를 맡은 예조 정랑 이진엽(李震葉)과 예빈 직장 이범지(李範之) 등이었다.

죽은 자의 시신이 무덤에 안장되면 장례의 중요한 절차는 일단락되는 셈이다. 무덤의 봉분이 완성되기 전에 신주를 만들어 왔던 길을 되돌아 급히 궁궐로 돌아온다. 신주를 집으로 모셔오는 것을 반우(返虞)라고 하였다. 반우란 육체를 잃어 의지할 데 없는 혼령을 신주에 의탁

---

172) 우주와 연주에 대해서는 강문식·이현진의『종묘와 사직』(책과 함께, 2011, 56~61쪽)이 참조된다.

173)『國朝喪禮補編』,「發靷儀」<發具>.

174)『國朝喪禮補編』,「發引儀」<諸具>. "虞主【用桑木 小喪神主 用栗木(奉常寺)】";『國朝喪禮補編』,「立主奠」<諸具>. "虞主【小喪神主】."

시켜 집으로 모셔오는 의식이다.175) 불교의 예로 본다면 육체에서 벗어난 영혼은 윤회를 위해 이 세상에서의 것들과 이별해야 한다. 혼령을 좋은 세계로 보내는 것을 천도(薦度)라고 한다. 극락정토에 다시 태어나길 기원하는 천도재가 불교식 장례의 중요한 의식이다. 그러나 유교 상례에서는 시신을 묻은 후 영혼을 자기가 살던 집으로 모시고 돌아간다. 그러므로 천도와 반우는 서로 대립되는 영혼의 행보를 보여준다.

이처럼 습, 소렴, 대렴, 성빈, 성복, 계빈, 조전, 견전, 천전, 입주 등의 특정한 상례 절차를 거행하면서 습전, 소렴전, 대렴전, 성빈전, 성복, 계빈전, 조전, 견전, 천전, 입주전, 안릉전 등 별전을 거행하였다.

3) 제례와 길례(우제~담제)

제사의 시작은 반우 후에 거행하는 우제(虞祭) 때부터다. 상장례 절차 중간에 음식을 올렸던 전이 빈전을 중심으로 거행한 제사라면 제는 혼전을 중심으로 거행되는 것이다. 다시 말해 죽은 이의 시신을 묻은 후에 조상의 혼령을 신으로 간주하여 대하는 것이다.

혼령을 무덤에서부터 모시고 오는 중에 시신을 장사 지낸 날을 넘기지 않고 빈소에서 지내는 제사를 우제라고 한다. 우제의 '우(虞)'는 편안히 한다 또는 안정시킨다[安]라는 뜻으로, 장례를 치른 뒤 우제를 거행하여 그 혼을 편안하게 한다는 의미이다. 따라서 시신을 잃은 영혼을 안정시키는 데에 그 목적이 있다. 하루라도 의지할 곳 없는 영혼을 버려둘 수 없어 그날에 거행하기에 처음으로 상례에서 거행하는 제사이다. 이전에 지내던 전은 무덤에서 올리는 전을 마지막으로 끝내고 우제

---

175) 『禮記』, 「問喪」.

부터는 고인을 산 자와 같이 여기지 않고 죽은 자로 간주하는 방식이 제(祭)로 바뀐 것이다.

『예기』에 "초우제는 무덤에서 장례 지낸 날에 지내는데, 하루를 넘기지 않고 그날 중에 지낸다"고 규정되어 있다. 이러한 의식은 한 번만으로 끝나는 것이 아니라 여러 번을 지내는데, 계급에 따라 그 횟수는 달랐다. 『예기』「잡기(雜記)」에 따르면, 사(士)는 삼우(三虞), 대부는 오우(五虞), 제후는 칠우(七虞), 천자는 구우(九虞)를 지낸다고 하였다. 조선시대는 제후의 나라에 해당하므로, 국왕은 칠우를 지내고 세자는 오우를 지내며, 사대부는 삼우를 지냈다. 『국조상례보편』에서도 "국왕은 칠우를, 소상은 오우를 행한다."176)고 되어 있다.

처음의 우제[初虞]는 장사 지낸 당일에 하루를 넘기지 않고 그날 지내지만, 두 번째부터는 유일(柔日)에 지낸다. 유일은 강일(剛日)과 대비되는 것으로 간지(干支)로 날짜를 계수로 정할 때 천간이 음에 해당하는 날인 을(乙), 정(丁), 기(己), 신(辛), 해(亥)에 해당하는 날이다.177) 반면 마지막인 일곱 번째 우제는 강일인 갑(甲), 병(丙), 무(戊), 경(庚), 임(壬)이 해당하는 날에 지냈는데, 양이 동하는 것을 의미하였다. 따라서 재우제는 유일, 삼우제도 유일, 사우제도 유일, 오우제는 강일에 해당하여, 재우제부터 사우제까지는 유일에 지냈고, 오우제만 강일에 지낸 셈이다. 첫 번째 우제를 마친 후에는 혼백을 토등상에 담고 붉은색 명주 보자기로 싸서 깨끗한 땅에 묻었다.

우제를 지낸 후 강일을 만나면 졸곡제를 지낸다. 졸곡은 『예기』「단궁(檀弓)」에 "졸곡은 성사(成事)"라고 하였으므로 상사가 마무리되었

---

176)『國朝喪禮補編』,「卒哭祭」.
177)『國朝五禮儀』,「凶禮」<大夫士庶人喪>.

음을 의미한다. 실제 졸곡 이후에는 상제(喪祭)를 길제(吉祭)로 바꾸기 때문에 점차 길례를 쓴다. 이것은 살아남아 있는 자의 예가 아니라 귀신의 예로 섬기는 것을 의미한다.

졸곡은 곡을 마치다는 의미이다. 그러나 실제 곡을 전폐(全廢)하는 것이 아니다. 이것은 수시로 고인이 생각날 때마다 곡을 하던 것을 절제하여 아침과 저녁에만 곡을 한다는 의미이다. 국상의 경우 영조 대 이전에는 장사를 지낸 이후에는 조석곡을 행하지 않았다. 이것은 조석곡을 조석전에 부가된 의식으로 간주하여 장사 이후 조석곡이 사라질 때 같이 없앤 것이다. 그러나 영조는 조석전과 조석곡을 분리하여 서로 다른 것으로 간주하고, 장사 이후 조석전이 폐지되더라도 조석곡은 그대로 거행할 것을 지시하였다. 이것은 『주자가례』를 따른 것이다. 조석곡은 첫 기일의 소상(小祥)을 지낸 후에 그만두었다.

이후 죽은 지 1년이 되는 첫 기일에 지내는 연제(練祭), 죽은 지 2주년이 되는 기일의 제사인 상제(祥祭), 상제를 지낸 뒤 1개월 건너서 지내는 담제(禫祭)를 거행하였다. 담제 이후에 국왕과 왕비의 국상일 경우에는 신주를 종묘에 모셔 합사하지만, 후궁의 신주는 별도로 마련된 사당에 모셔진다.

3. 후궁 상장례의 실제

1) 후궁 상장례의 역사적 추이

조선 건국 이후 후궁의 상사에 대한 최초의 기록은 1423년(세종 5) 7월 26일의 기록이다. 당시 태종의 후궁 순혜옹주 장씨가 죽었는데, 종이

80권과 미두 20석을 부의로 내려주었다.[178] 상장례의 절차에 의한 기록을 확인할 수 없기 때문에 상사의 규모를 예측할 수 없다.

그로부터 3년 뒤인 1426년(세종 8) 7월에 태종의 후궁이자 근녕군(謹寧君)의 어머니인 정빈 고씨(貞嬪高氏) 초상에 쌀과 콩을 합하여 20석, 종이 80권을 부의로 내려주고,[179] 1428년(세종 10)에 태조의 후궁 화의옹주(和義翁主)를 위해 미두 30석과 종이 80권을 부의로 지급하며[180] 1433년(세종 15) 윤8월에 태종의 후궁이자 후령군(厚寧君) 이우(李𥙍)의 모친인 덕숙옹주 이씨 초상에 부의로 쌀과 콩 합하여 20섬, 종이 80권, 정포 20필, 석회 40섬과 널을 주었다.[181] 1438년(세종 20) 3월에 태종의 후궁 혜순궁주 이씨가 죽자 쌀·콩 합쳐 70석을 부의하고[182] 1452년(문종 2)에 귀인 홍씨를 위해 쌀·콩 20석과 종이 1백 권을 부의로 지급한 점[183]을 감안해 볼 때, 대체로 비슷할 것이라 추측된다. 이처럼 정조(停朝)·복제(服制) 등에 대한 규정없이 쌀과 콩, 종이 등의 부의 물품을 대상자에게 주는 것이 하나의 관례가 된 듯 보인다. 단종의 후궁 숙의 김씨의 경우에는 충주에서 살다가 죽었을 때에 부의조차 받지 못하였다.[184]

부의조로 지급되는 품목은 성종조 이르러서 더욱 그 종류가 다양해졌다. 이는 1479년(성종 10) 태종의 후궁 소혜궁주 노씨의 상사에 쌀·

---

178)『세종실록』권21, 세종 15년 7월 26일(갑진).
179)『세종실록』권33, 세종 8년 7월 13일(갑진).
180)『세종실록』권42, 세종 10년 12월 14일(신묘).
181)『세종실록』권61, 세종 15년 윤8월 6일(병진).
182)『세종실록』권80, 세종 20년 3월 5일(기축).
183)『문종실록』권12, 문종 2년 2월 4일(무진).
184)『중종실록』권53, 중종 20년 2월 11일(경자).

콩 아울러 70석, 면포(綿布)·정포(正布) 각각 50필, 청밀(淸蜜) 10두, 황
랍(黃蠟) 30근, 초 10정, 공석(空碩) 1백, 초둔(草芚) 10을 호조에서 준
사실에서 알 수 있다. 이 규정은 먼저 죽은 명빈 김씨의 규정에 따른 것
이다.[185]

　　그런데 1449년(세종 31)에 성빈 원씨가 사망하자 정조·거애·복제 등
상장에 대한 문제가 발생하였다. 판중추원사 희정공(僖靖公) 원상(元
庠)과 손씨의 딸인 원씨는 1398년(태조 7)에 태조의 간택후궁이었다.[186]
1406년(태종 6)에 태종은 그녀를 성비(誠妃)로 승봉시켜[187] 한때 계모
라 인정하여 적모(嫡母)의 예우를 올렸다.[188] 그러나 태조가 생전에 후
비제도에 따라 그녀를 계실로 인정치 않았기에 그녀를 어떻게 예우할
건지를 논의하기에 이른다. 즉, 비의 작위를 갖고 있지만 후궁으로 예
우하는 것으로 결정되어 특별히 대군의 예로 예장하도록 한 것이다. 결
국 세종은, 관곽·의금(衣衾)·제향은 모두 관에서 갖추게 하되, 종친으로
품질이 낮은 사람을 상주로 삼고, 장례는 종친의 상등의 예를 쓰게 하
였다. 죽청감(竹靑監) 중규(仲規)가 상사를 주관하였고, 인순부·인수부·
내자시·내섬시·예빈시에서 칠칠(七七, 사십구일 제)과 백일·대상·소상·
수륙재를 주관하였다. 그러나 이때 복제는 예문에 없고 조회를 정지하
는 예가 없다고 하여 시행하지 않았다.[189]

　　후궁의 상사에 대해 조금씩 의문을 처음 제기한 때는 1479년(성종
10) 성종 때이다. 그 시기까지 조정에서는 은정의 정도에 따라서 후하

---

185) 『성종실록』 권109, 성종 10년 10월 23일(을사).
186) 『태조실록』 권13, 태조 7년 2월 25일(임인).
187) 『태종실록』 권11, 태종 6년 5월 2일(신묘).
188) 『태종실록』 권32, 태종 16년 8월 21일(경진).
189) 『세종실록』 권126, 세종 31년 12월 29일(을해).

게 하고 박하게 할 뿐, 별다른 의식이 없었다.[190] 당시 태종의 후궁 명
빈 김씨가 죽었을 때에 조회를 정지하지 않았고, 1489년(성종 20) 3월
에 예종의 후궁 상궁 기씨가 죽었을 때에도 "예에 서모가 아들이 있으
면 복이 있으나, 지위가 낮고 아들이 없는데, 법가(法駕)에 고취를 폐할
수 없다"는 승지의 의견을 좇아 성종은 다음날 거둥 때에 고취를 시행
하였다.[191] 이처럼 『경국대전』에 빈과 귀인의 상을 예장으로 하도록
규정되기 전까지 대체로 특별한 규정 없이 후궁 상사에 쌀과 콩, 종이
등을 부의로 내려주었다.

사실 예장에는 국초 이래로 조묘도감(造墓都監)과 예장도감(禮葬都
監) 두 도감이 설치되어 담당해 오던 것을 1424년(세종 6) 10월에 예조
에서 예장도감으로 통합하여 상설화했다. 그 상황은 아래와 같다.

> 삼가 『주례』를 고찰하면, '직상(職喪)이 제후의 상과 사대부의 관작
> 이 있는 사람의 상을 관장하여, 국상의 금령을 보아서 그 일을 처리한
> 다.' 하였고, 『당서(唐書)』 백관지(百官志)에는 '사의(司儀)가 흉례의
> 상장 기구를 관장한다.' 하였으니, 이것으로 본다면 흉례를 관장하는
> 상설 관직이 있는 것입니다. 우리나라에서는 대신이 사망하여 예장할
> 자가 있으면, 갑자기 조묘도감과 예장도감을 내어 임시로 여러 가지
> 물건을 장만하여 거행하고, 일이 끝나면 곧 도감을 파하여 맡아 보는
> 자가 없으므로, 거여(車輿)나 의물과 같은 갑자기 준비하지 못할 기구
> 를 모두 버리고 거두어 두지 아니하였습니다. 갑자기 예장이 있게 될
> 때에 또다시 새로 만들게 되어, 공비(功費)가 적지 않으니, 옛날 법제
> 에 의하여 위에 말한 두 도감을 합하여 예장도감이라 하고, 상장 기구
> 를 모두 관장하게 하여, 상설하여 없애버리지 마소서. 또한 훈친 대신

190) 『성종실록』 권105, 성종 10년 6월 5일(경인).
191) 『성종실록』 권226, 성종 20년 3월 16일(갑술).

이 사망하였을 때에 조묘나 예장에 관한 일을 예에 의하여 수응하고,
일이 끝난 다음 다시 쓸 만한 물건은 거두어 보관하였다가 후일의 사
용에 대비하게 하소서.192)

위 인용문에서 예조는 『주례』와 『당서』의 내용을 인용하고 흉례를
총괄, 운영하는 상설 관직 기구의 필요성을 역설하면서 예장도감의 상
설을 건의하였다. 이후 이 기구는 1469년(예종 1)에 귀후서에 소속되었
는데, 이때 별제 2명을 더 두어 귀후서 별제 4명과 한데 합하여, 매 1사
(司)마다 각각 3명씩 두었다.193) 이로써 예장은 관곽과 부물 및 향축을
관장하고, 도감의 관원을 파견하여 거여와 잡물, 그리고 전제(奠祭) 등
의 업무를 맡았으며, 군정을 보내 산역을 담당하도록 했다.

그런데 인조의 사친 계운궁(啓運宮)이 사망하자, 예조에서는 유례가
없었던 파격적인 안을 내놓았는데, 도감을 특별히 설치하여 국가 기관
이 상장례에 관한 제반 일을 총괄하여 관장하자는 것이다. 즉, 초상
때에는 예빈도감을 두고 성복한 뒤에는 예장도감을 두자는 이 의견은
받아들여져 도감 당상에 김상용(金尙容)·정광적(鄭光績)·김신국(金藎
國)을 임용하였고, 낭청에 이경여(李敬輿)·정백창(鄭百昌)을 임용하였
다.194) 이 안은 지금까지 전례가 없던 일이라 거행해야 할 각종 절목 마
련에 신중을 기해야 했기에 1600년(선조 33) 선조의 원비 의인왕후 국
장 때의 의궤와 일등 예장의 등록을 참작해 마련한다고 하긴 했으나 국
장을 범월할 수 없었다. 이는 1624년(인조 2) 인목대비의 풍정(豊呈)에

---

192)『세종실록』권26, 세종 6년 10월 25일(병인).
193)『예종실록』권3, 예종 1년 1월 26일(신사).
194)『인조실록』권11, 인조 4년 1월 14일(무오).

계운궁의 좌석 배치하는 문제에 대해 한때 논란이 있었던 만큼 전례가 없고 합당한 예법상의 위치를 찾기가 어려워 결국 입참하는 절목을 마련하지 말도록 한 적이 있다.[195] 그만큼 사친에 대한 합당한 예법상의 위치와 그로 인한 예우가 규정되어 있지 않아서 여러 면에서 제약을 받고 있었음을 보여준다. 이러한 사정이고 보니 이미 반혼하여 대궐을 혼전으로 활용하는가 하면 6일 만에 성복하고 금전(金篆)으로 명정을 쓰며 찬궁을 빈소에 마련하는 등의 예제에 어긋나거나 지나친 점을 지적하였다.[196]

그 후 계빈전 이후의 각 제사에 대해서는 제후의 예에서 감쇄된 형식으로 별단을 마련했다. 일부는 사대부가의 예를 따르도록 하였으나, 『국조오례의』에 기재되어 있지 않은 상례를 첨부하고, 우제는 오우제로 마련하는 것 등이다.[197] 또한 명기와 복완·악구(樂具) 등에 있어서 종(鍾)·석경(石磬)·축어(祝敔)와 같이 종묘 제악에 쓰는 것들은 좀 참람한 듯한 혐의가 있어 제외하고 명기를 나무궤 대신 석함(石凾)을 만들어 쓰기로 했다.[198]

영조 연간에 사친 숙빈 최씨의 추숭을 계기로 후궁의 지위가 한층 더 높아져 후궁의 각종 의례가 국가 의례로 격상되었다. 주목되는 점은 순조 대 사친 수빈 박씨의 상사에는 빈궁과 장례 원소 등 삼도감이 설치되고 당상과 낭청을 차출했다는 사실이다. 삼도감의 칭호 중에서 장례도감은 이전의 예장도감을 양례도감(襄禮都監)으로 개칭하고 총호사를

195) 『인조실록』권7, 인조 2년 9월 25일(병자).
196) 『인조실록』권11, 인조 4년 2월 8일(신사).
197) 『인조실록』권11, 인조 4년 2월 17일(경인).
198) 『인조실록』권12, 인조 4년 3월 10일(계축).

차출하였지만,[199] 실제 시행되지는 않았다.

2) 후궁 상장례의 사례

조선 건국 이후부터 국가전례서인『세종실록 오례』·『국조오례의』·
『국조속오례의』·『국조상례보편』이 편찬되었지만, 국왕 내외와 세자
빈 내외 위주로 정리되어 있기 때문에 후궁의 상례가 발생했을 때 참고
할 수 없었다. 조선 후기 후궁의 상장례의 전반적인 과정을 추적하기
위해 의례 관련 등록류 등의 왕실 자료를 활용하는 것이 유용하다. 다
만 조선 후기 국왕과 왕비의 국상 관련 자료가 지속적으로 남아 있는데
반해 후궁의 예장 관련 자료는 6건에 불과해 구체적인 변화 과정을 자
세히 살필 수는 없다.

현재 상장례의 기록이 남아 있는 후궁은 숙종의 후궁 숙빈 최씨
(1670~1718)와 희빈 장씨(1659~1701), 정조의 후궁 원빈 홍씨(1766~
1779)와 수빈 박씨(1770~1822), 헌종의 후궁 경빈 김씨(1832~1907),
그리고 고종의 후궁 황귀비 엄씨(1854~1911) 등 6명의 자료뿐이다. 그
자료는 다음과 같다.

【표 21】 조선 왕실 후궁의 상장례 자료

장례일시	국왕	후궁	자료	소장처(청구기호)
1701년(숙종 27)	숙종	희빈 장씨	『장희빈상장등록』	藏 K2-3006
1718년(숙종 44)	숙종	숙빈 최씨	『무술점차일기』	藏 K2-2948
1779년(정조 3)	정조	원빈 홍씨	『숙창궁상장일기』[200]/『인숙원빈궁예장의궤』	藏 K2-2967/藏 K2-2998
1822년(순조 22)	정조	수빈 박씨	『가순궁현목수빈상례의주등록』/ 『현목수빈상장등록』/『가순궁상장등록』/	藏 K2-2912/藏 K2-3032 藏 K2-2911/藏 K2-2398

---

199)『순조실록』권18, 순조 15년 12월 15일(을축).

			『휘경원원소도감의궤』/『현목수빈입묘도감의궤』	藏 K2-2214/藏 K2-2215
1907년(고종 44)	헌종	경빈 김씨	『경빈예장소등록』	奎 27008
1911년	고종	황귀비 엄씨	『순헌귀비빈궁혼궁의궤』/『순헌귀비원소의궤』/ 『순헌귀비예장의례』	藏 K2-2978/藏 K2-2979 藏 K2-2341/藏 K2-2342 藏 K2-2980

이 후궁들은 모두 정1품의 지위에 해당하는 빈인데, 같은 지위더라도 그들의 상장 절차는 약간씩 달랐다. 희빈 장씨는 경종의 사친이었지만 왕후에서 빈으로 강등된 채 사사된 후궁이었고, 숙빈 최씨는 아들 영조가 국왕으로 즉위하기 전 연잉군 시절에 사망한 후궁이었으며, 원빈 홍씨는 왕자녀의 출산 없이 일찍 요절한 후궁인가 하면, 수빈 박씨는 국왕의 사친으로서 아들 순조가 재위하는 동안에 죽은 후궁이었다.

정1품 후궁에 대한 예장 규정과 의절이 국가전례서에 마련되어 있지 않고 관련 자료가 비교적 남아 있지 않다는 점을 감안해 볼 때 후궁이 사망한 이후부터 입묘에 이르기까지 상장례의 전반적인 과정을 비롯하여 사후 이를 추모하는 제례 등 상장 절차 전반에 관한 파악이 필요하다고 본다. 이러한 작업은 왕비에 대비되는 후궁의 신분적 지위를 명확하게 파악할 뿐만 아니라 내명부에서의 계급적 위상을 재확인하는 계기가 될 것이다.

(1) 왕자군을 낳은 후궁의 장례: 숙종의 후궁 숙빈 최씨

숙빈 최씨는 숙종의 후궁이자, 영조의 생모이다. 1670년(현종 11)에

---

200) 『淑昌宮喪草日記』라는 책명은 『淑昌宮喪葬日記』의 오기이다. 당초 장서각에서 이 책명을 『숙창궁상초일기』로 표기하였는데 필자가 그대로 인용함으로써 거듭 오류를 답습하였다. 이에 본서에서는 『숙창궁상초일기』를 『숙창궁상장일기』로 바로잡아 표기하였음에 밝혀둔다.

서울 여경방(餘慶坊, 세종로 일대) 최효원(崔孝元)과 남양 홍씨의 딸로 태어났다. 그녀의 본관은 해주(별칭 首陽)로, 직계조상은 할아버지 학생 최태일(崔泰逸), 증조부 통정 최말정(崔末貞), 고조부 최익지(崔億之)의 이름이 알려져 있지만, 해주 최씨의 시조 최온(崔溫)의 몇 대 후손인지 확실하지 않다. 그들은 영조가 즉위한 후에 각기 의정부 영의정, 좌찬성, 이조판서에 추증되었을 뿐, 원래 한미한 집안 출신이었다.

어찌 되었든 3~4살에 부모를 모두 잃고 고아가 된 최씨는 집안의 절박했던 가정 형편 때문에 1676년(숙종 2) 7살에 입궁하였다. 어린 최씨는 기사환국 이후에 숙종의 승은을 입고서 1693년(숙종 19) 24살에 임신을 하게 되자 숙원으로 봉작되었다. 다음 해에 연잉군을 낳은 이후 귀인에 올랐으며, 서른 살 되던 해인 1699년(숙종 25)에 내명부 최고 위계인 정1품 숙빈에 봉작되었다. 그녀는 1718년(숙종 44) 3월 9일에 자택인 창의궁의 서별실(西別室) 동익각(東翼閣)에서 향년 49세의 나이로 사망하였다. 연잉군의 나이 25세 되던 해였다. 아들 연잉군은 1721년(경종 1) 8월에 왕세제로 책봉되었기 때문에 당시 일개 왕자인 군(君)에 불과했다. 숙빈 최씨의 상장례는 왕자를 출산한 정1품 빈의 위격에 걸맞은 의식이었다.[201]

3월 초9일 유시(酉時)인 오후 5~7시에 숙빈 최씨가 갑자기 사망하였다. 치료를 담당하던 의관들은 이 사실을 숙종에게 보고하였다. 그녀의 죽음은 2년 전인 1716년(숙종 42) 때부터 생긴 병이 차도를 보이지 않다가 위독해져 끝내 사망에 이른 것이다. 의관 이시성(李時聖)과 허신(許信)의 보고를 받은 숙종은 "숙빈의 상을 예장으로 시행하는 등의 일

---

201) 이미선, 「숙종대 왕실여성들의 정치적 행보와 역할」, 『조선시대사학보』 93, 2020, 113~121쪽.

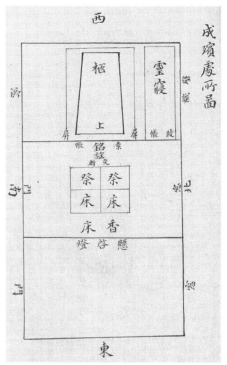

을 전례에 따라 거행하고, 제수를 넉넉히 마련하여 보내주도록 하라"는 전교를 내렸다.202) 이날 행사는 대전·중궁전·세자궁에서 호상으로 파견한 장후재(張厚載), 최만유(崔萬裕), 문유도(文有道) 등의 내시들이 집행하였고, 동창군(東昌君)·영원군(靈原君), 낙창군(洛昌君) 등의 종친들이 문상하였다.

3월 초10일에는 목욕과 습렴을 거행하였다. 호조와 내수사, 사옹원 등 여러 관서에서 상장례에 필요한 의장, 의물, 음식물 및 제반 물자를 수송해오고 인력을 지원해 주었다. 염습할 때는 최씨의 오빠 최후(崔垕)를 비롯하여 조카 최수강(崔壽崗)과 조카사위 조태항(趙泰恒), 그리고 그 아들 호위군관 조경상(趙慶祥) 등 친정 식구들이 참관하였다. 이

---

202)『숙종실록』권61, 숙종 44년 3월 9일(무오).

날 행사가 거행되는 동안에는 70~80명의 종친 및 왕실의 외척 조문객들이 문상을 하였고, 종친들이 집사를 맡아 상례를 도왔다.

3월 12일에 대렴과 입관을 거행한 후 빈소를 조성하고 성복하였다. 3월 11일 관재가 준비되지 않아 대렴 날짜가 하루 연기되었다. 성복 때는 연잉군이 예조에서 보내온 상복인 최복(衰服)으로 착용하였다. 연잉군이 최복을 입은 이 일은 훗날의 일이지만 최복을 착용해서는 안 될 오례(誤禮)로 지적받아 숙종의 엄한 문책을 받게 된다. 3월 12일에 성빈과 성복례가 이루어짐으로써 초종의 중요한 행사는 대략 마무리되었다. 위 그림은 숙빈 최씨의 상장례 때에 조성된 성빈처소도(成殯處所圖)이다.

두 달간 아침과 저녁 곡하고 전을 올리며 삭망제 등을 지냈다. 3월 15일부터 23일까지 스물한 번 격일로 관에 가칠을 진행시켰다. 한편 간산(看山)과 산역(山役) 등의 작업이 진행되었다. 장지를 정하는 일은 여러 번 우여곡절을 겪었다. 3월 17일에 처음 중사 장후재(張厚裁)와 지관 유재화(柳載花), 남세욱(南世郁), 양재흥(楊再興) 등이 묏자리를 찾기 위해 사방으로 간산을 나간 이래로 후보지 석관(石串) 묵장산(墨壯山), 고양의 신원, 광주(廣州) 세동(細洞), 선릉(宣陵) 근처 양재(良才), 양주 향교 부근 등을 정하였다. 그러나 장지를 정할 때마다 여러 가지 문제들이 생겨 쓰지 못했다. 3월 29일에 살펴본 석관동은 훗날 왕릉 예정지라 하여 취소되었고 4월 7일에 선정한 고양 신원은 산주(山主) 이진(李禛)의 반대로 취소되었다.[203]

심지어 산역을 시작했다가 취소되기도 했는데, 광주의 세동 땅이 그

---

203) 『戊戌苫次日記』 <四月初七日>; <四月十四日>.

러했다. 4월 15일 이곳에 풀을 베고 구덩이를 한참 파기 시작할 때에 이 곳이 마마로 일찍 죽은 현종의 딸 명선공주(明善公主)와 명혜공주(明惠 公主)의 묘소, 청룡 자리라는 사실을 알게 된 숙종은 담당 관원을 문책 한 후 취소하였다.204) 4월 22일에 묘소로 정한 양재동은 지주들과 매매 계약서까지 작성하였으나, 성종과 계비 정현왕후 윤씨의 무덤인 선릉 에서 멀리 보인다는 이유로 취소되었다.205) 숙빈 최씨의 무덤은 장례 를 10일 앞둔 5월 2일에 가서야 최종 양주 고령동(高嶺洞) 옹장리(瓮場 里)로 결정되었다.206)

이러한 과정에서 4월 8일에 연잉군의 딸이 죽었는데, 사망한 당일에 딸을 염습하고 다음 날 새벽에 양주의 외가인 최효원 집 산소에 묻었 다. 상중에도 겸직하고 있었던 종친부 당상과 종부시 제조, 사옹원의 제조 직분에 대한 연잉군의 녹봉이 지급되었고, 사옹원의 제조 교체를 제외하고 종친부 당상과 종부시 제조직은 계속 근무하였다. 부모의 상 을 만난 문무관의 경우 자동적으로 체직되는 사실에 비추어 보면 상중 에 있던 연잉군의 경우, 생모 숙빈 최씨의 상에 대해 부모의 상으로 간 주되지 않았음을 확인할 수 있다.

산역은 5월 5일부터 시작되었다. 이날 아침에 토지신에 제사를 지낸 후 토공사[斬破土]를 시작하였고, 장례에 필요한 가건물 조성 공사도 시작되었다. 산역에 동원된 역군들은 양주 150명, 파주 150명, 장단 100명, 고양 100명, 교하(交河) 100명 등 주변 고을에서 징발되었다. 이 밖에 외관 운반과 추가 징발 인력을 포함하여 모두 900명이 동원되었

204) 『숙종실록』 권61, 숙종 44년 4월 20일(무술).
205) 『숙종실록』 권61, 숙종 44년 4월 29일(정미).
206) 『戊戌苫次日記』 <五月初二日>.

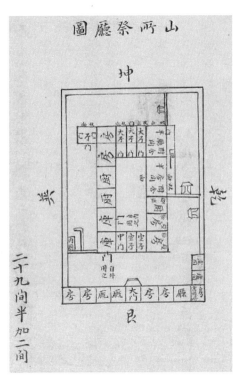

다. 산소의 성빈청(成殯廳)·옹가(瓮家)·제물숙설청(祭物熟設廳) 및 임시 숙소 등 가건물의 조성이나 각종 제물의 준비도 역시 주변 고을에서 나누어 담당하였다. 5월 8일에는 무덤 자리를 파고 광(壙)을 만들었고 다음 날은 외곽을 설치하였으며 석회·황토·모래를 사용하여 회벽을 둘렀다. 이날 모두 256두의 회(灰)가 소비되었고, 다음 날에는 440두가 더 사용되었다.

5월 10일에는 행상(行喪)을 위한 조전을 올리고 천구(遷柩)·고축(告祝)·조전의 예를 올리고 밤 2경에 빈소를 해체하였다. 11일 새벽에 발인하여 견전을 행한 후 장지로 운구하였다. 숙빈 최씨의 죽음을 애도하기 위해 지은 만장이 그 운구의 뒤를 뒤따랐다. 이날 100여 리를 가서 오후 늦게 고령동의 산소에 도착한 후 영구를 안치하였다. 상여를 메는 인부들은 구간마다 서울·양주·고양·파주에서 징발된 사람들과 서문계

(西門契) 인력들이 동원되었다.

5월 12일은 장례일이었다. 미시 초3각인 오후 1시 45분에 하관하였고, 봉분을 축조한 후 오후 3~5시인 신시에 산신 제사인 후토제를 지내고 신주에 이름을 썼다. 이때 제주관은 종실 함평군(咸平君) 이홍(李泓)이었다. 오후 늦게 산소의 빈청으로 반우한 후에 초우제를 지냈다. 곧이어 명기함은 광(壙)의 남쪽 방향에 묻고 봉분의 흙을 돋운 후 혼백상자는 무덤 옆에 묻었다. 이로써 안장 의식을 마쳤다. 이날의 산역에는 모두 100명의 인부가 동원되었다.

13일 오전 5~7시인 묘시에 도자기로 구운 지석 2부를 묘소에 묻고 하직 인사를 한 후 오전 7~9시인 진시에 서울로 반우하는 길에 올랐다. 신시에 창의궁에 도착하여 궤연(几筵)에 신주를 봉안한 후에 재우제(再虞祭)를 지냈다. 5월 14일에 삼우제를 지내고, 16일에 집사 여흥군(驪興君), 밀풍군(密豊君), 밀천도정(密川都正)이 졸곡제를 지낸 후 묘소에 향로석, 혼유석 등 석물들을 배설하고 곡장을 설치하였다.

졸곡제를 지낸 바로 당일에 숙종은 숙빈 최씨의 상이 이미 졸곡을 지냈으므로 연잉군이 대궐에 출근하여 사무를 보도록 지시하였다.[207] 이는 『의례경전(儀禮經傳)』에서 "공자(公子, 제후의 서자)는 그의 어머니를 위하여 연관(練冠)·마의(痲衣)를 착용하고 장사가 끝나면 벗는다"고 한 사실에 기인한다. 당시 연잉군은 종친부의 당상과 종부시 제조, 사옹원의 제조를 겸하고 있었을 뿐만 아니라, 숙종이 와병 중에 있었기 때문에 병간호하는 일도 해야 했다. 예조에서 연잉군의 복제와 기복 절차를 건의함에 따라 장례를 치른 지 10일 만에 연잉군은 탈상하였고 곧

---

207) 『戊戌苫次日記』<五月十六日>;『숙종실록』 권61, 44년 5월 17일(을축);『승정원일기』 27책, 숙종 44년 5월 17일(을축).

바로 출근하였다.

5월 18일에 연잉군은 상례와 연관해서 숙종의 문책을 받고 세 가지 해명하는 글을 올려야 했는데, 첫째 숙빈 초상 때 연잉군이 피발을 했다는 점, 둘째 후궁 소생의 왕자가 생모를 위하여 연관과 마의를 착용하지 않고 최복을 입었다는 점, 셋째 기복 후에 입을 복제에 대한 논의 등이었다. 5월 21일 기복을 고하는 다례를 행한 후 상복을 벗고 평복으로 갈아입었다가 다음 날인 22일 공복으로 또다시 갈아입은 후 사알방에서 당직했다.

숙빈 최씨의 상례는 『가례』와 『상례비요(喪禮備要)』를 준용하여 왕자의 사가례(私家禮)처럼 거행되었고 상례의 기간이 매우 짧았다. 국왕·왕비의 국상에서는 장례까지 약 5개월 정도가 소요되며, 상례를 완전히 마치는 데는 27개월이 소요된다. 이에 비해 숙빈의 상은 장례까지만 2개월이 소요되었고, 장례 후 10일 만에 탈상이 이루어졌다. 왕실에서 후궁이나 서자인 왕자는 의전에서 그만큼 차별을 받고 있었다.

보통 후궁 소생의 왕자들은 자신의 생모를 위한 상례에 매우 신중히 해야 했다. 왕실의 예법상 그들의 정식 어머니는 중궁전의 왕비였고, 생모는 서모였다. 따라서 이러한 처지에 있었던 후궁들의 상례는 예장으로 거행되었지만, 왕자의 사가에서 거행되었기에 상례에 참여한 집사들이나 문상객들 모두 종친과 외척 그리고 인척들이었다. 3정승 6판서를 비롯한 조정의 문무백관들은 이 상례에 적극적으로 수행하지 않았다. 그런 만큼 그 의전의 격이 낮을 수밖에 없었다.

그러나 숙빈 최씨의 상·장례에 동원된 각종 물자와 집기·비품은 일반 사대부가에 비하면 매우 호사하고 풍성하였다. 관재(棺材)와 제수 등 숙빈의 상·장례에 소요되는 많은 물품들은 대부분 궁중이나 관아에

〈그림 67〉『무술점차일기』와「소령원산도」(오른쪽)

1718년(숙종 44) 숙빈 최씨의 예장에 관한 제반 사실을 연잉군이 검수하여 펴낸 책이다(한국학중앙연구원 장서 각 소장 K2 - 2948). 숙빈 최씨는 숙종의 후궁이며, 연잉군의 사친이다.「소령원산도(昭寧園山圖)」는 숙빈 최 씨의 묘소가 있는 소령원 일대의 지세를 묘사한 지형도 형식의 그림이다(한국학중앙연구원 장서각 소장 4412).

서 지급되고 있고, 관곽의 목재는 최상급이었으며, 염습·명정 등에도 최고급 비단을 사용하였다. 산역과 운구에는 경기도 일원의 군사들이 징발되었고, 장례가 끝날 때까지 행해진 많은 제사의 제수도 궁중에서 하사되거나 여러 고을에서 마련하였다. 내수사, 예조, 사옹원을 비롯한 여러 관서에서는 예장에 필요한 모든 의장, 의물, 비품, 음식물 및 제반 경비와 인력을 지원하였고, 종친과 외척, 의빈가 등에서도 아낌없이 조력하여 숙빈의 상은 신분에 걸맞게 호사스럽게 진행되었다.[208] 이는 무엇보다도 그녀가 숙종이 총애하던 후궁이었고 연잉군이라는 든든한 왕자가 있었기 때문에 가능한 일이었다.

---

208) 이영춘, 앞의 논문, 2010, 113~115쪽.

〈그림 68〉 옥산부원군신도비(경기도 고양시 일산동구 소재)

옥산부원군(玉山府院君)은 희빈 장씨의 아버지 장형이다. 신도비는 1691년(숙종 17)에 건립된 것으로, 장희빈 친정 묘역 안에 있다. 글은 남인의 영수 민암(閔黯)이 짓고, 명필인 오시복(吳始復)이 글씨를 썼다.

(2) 왕세자를 낳은 후궁의 장례: 숙종의 후궁 희빈 장씨

장옥정, 희빈 장씨는 숙종의 후궁이자 경종의 어머니이다. 그녀는 1659년(현종 즉위)[209]에 역관 출신 장형의 막내딸로 태어났다. 본관은 인동이며, 역관이자 국중 거부의 명성을 얻고 있던 장현의 종질녀이다.

장옥정의 입궁 시기는 불분명하다. 11세의 어린 나이에 아버지 장형을 일찍 여의고 생활 형편이 어려웠던 탓에 궁녀가 되었다고 할 수도 있겠지만 당시까지 조부 장응인(張應仁)이 생존해 있었기에 경제적 어려움은 없었을 것이다. 오히려 그녀가 입궁할 수 있었던 경로의 해답은

---

209) 『숙종실록』 권35, 숙종 27년 9월 28일(임자). "其後五禮行神祀時 淑正等諸人 又同 參而祝之 以佑驩己亥生【張氏生己亥】."

<그림 69> 『장희빈상장등록』
숙종의 후궁인 희빈 장씨의 상장 및 천장, 추보 등과 관련된 문
서를 날짜순으로 정리한 등록이다(한국학중앙연구원 장서각
소장 K2 - 3006).

장옥정의 신분 세탁과 인동 장씨 집안의 정치 세력과의 연계성에서 찾
아야 할 것으로 본다. 어찌 되었건 「옥산부원군신도비」에 "어린 나이
에 간택되어 입궁하였다"고 하거나 실록에 "머리를 스스로 땋아 올리
기 전에 입궁하였다"[210]고 한 사실을 통해 어린 나이에 궁중에 뽑혀 들
어온 정식 궁녀였다는 점은 분명해 보인다.

숙종의 총애를 입은 희빈 장씨는 1686년(숙종 12) 숙원에 책봉되었
고, 소의로 승격되었다가 1688년 왕자 경종을 낳은 후에 정1품 희빈이
되었다. 이후 기사환국으로 인현왕후 민씨가 폐비되자, 그녀는 1689년
(숙종 15)에 왕비로 책봉되었는데, 조선 왕조 역사상 유일하게 궁녀 출
신으로 왕비에 오른 입지전적인 여성이 되었다. 그러나 왕비에 오른 지
몇 년 되지 않아 1694년(숙종 20) 갑술환국 때에 인현왕후 민씨가 복위
되면서 그녀는 다시 희빈의 작호를 받았다. 1701년(숙종 27) 인현왕후
가 죽은 뒤, 그녀는 거처인 취선당에 신당을 차려 놓고 인현왕후를 저
주해 죽게 했다는 영조의 생모 숙빈 최씨의 밀고로 사사되었다.[211] 희

---

210) 『숙종실록』 권21, 숙종 15년 5월 6일(신축).
211) 『숙종실록』 권35, 숙종 27년 10월 10일(계해).

빈 장씨의 나이 43살 되던 해였다.212)

희빈 장씨는 1688년(숙종 14)에 출산한 왕세자 경종의 친어머니였고, 한때 숙종의 왕비로 책봉된 이력을 가진 여성이었다. 그러나 이때 인현왕후를 저주했다는 죄인의 혐의를 받고 사사되었기에, 그녀의 상장례는 정1품 빈의 지위에 맞는 의식을 행할 수 없었다. 다만 왕세자의 생모였으므로, 최대한 변례(變禮)를 적용시켜 거행되었다. 희빈 장씨의 죽음은 병사나 자연사가 아닌 국왕 부왕의 공식적인 자살 명령에 따른 결과였다. 그러한 정황이 아래에서 보인다.

> 희빈 장씨가 내전(內殿, 인현왕후)에 대해 질투하고 원망한 나머지 몰래 모해하기를 도모하여, 신당을 궁궐의 안팎에 설치하고 밤낮으로 축원하는 한편 흉악하고 더러운 물건을 두 대궐에다 묻은 소행은 낭자할 뿐만 아니라 그 정상이 다 드러남에 귀신과 사람이 함께 분노하는 바이다. 이러한데도 그냥 둔다면, 나중에 뜻을 얻게 될 경우 국가의 근심은 참으로 형언하기가 어려울 것이다. 전대의 역사를 살펴보더라도 어찌 두려워하지 않을 수 있겠는가. 지금 나는 종묘 사직을 위하고 세자를 위하여 이처럼 부득이한 일을 한 것이다. 어찌 즐거워서 하는 일이겠는가. 장씨는 전번의 「비망기」에 따라서 자진하게 하라. 아, 세자의 형편을 내가 어찌 생각하지 않겠는가. 최석정(崔錫鼎)과 같이 차자(箚子)의 내용이 도리에 어긋나고 끌어다가 비유한 말에 두서가 없는 경우는 참으로 논할 거리도 못되지만, 대신과 여러 신하들이 춘궁을 위해 바치는 간절한 정성이야 또한 어찌 알지 못하겠는가. 그러나 생각하고 생각하였으며, 또다시 생각하여 익숙히 생각하였다. 일이 이미 이러한 지경에 이르렀으니, 이번 처분을 내버려 두고는 실로 다른 방법이 없다. 이에 나의 뜻을 좌우의 신하들에게 유시하노라.213)

---

212) 이미선, 앞의 논문, 2020, 106~113쪽.
213) 『張禧嬪喪葬謄錄』<禧嬪自盡備忘>;『숙종실록』권35, 숙종 27년 10월 8일(신유).

10월 8일 자진을 명하는 숙종의 비망기를 받은 희빈 장씨는 이틀 뒤인 10일에 죄인의 신분으로 자결하였다.[214] 장희빈의 사망일인 10월 10일 밤, 흰색 휘장인 소금저(素錦褚)로 덮힌 장희빈의 시신이 선인문(宣仁門)의 협문을 통해 정릉동 본궁으로 옮겨졌다.[215] 이번 그녀의 상장의례는 상례(常禮) 아닌 변례에 해당되는 일이었다. 때문에 조정에서는 13일까지 상장례를 치르기 위한 여러 가지 일들을 논의하게 되었다.

우선 사망 당일에 행판중추부사 서문중(徐文重), 좌의정 이세백(李世白), 우의정 신완(申琓) 등이 "장씨는 왕세자에게 본래 어미와 아들의 친밀한 관계가 되니 죄명으로 모자 관계를 끊을 수 없다."고 주장하였다. 이에 숙종은 장씨가 살아있을 때의 품계대로 예장의 상을 치르도록 했다.[216] 이에 예조에서는 예장을 위해 호상낭청(護喪郎廳)으로 좌랑 정유신(丁惟愼), 서리로 진필태(陳弼泰)를 임명했다.

다음으로 장씨의 상례에 왕세자와 빈궁의 거애(擧哀)와 복제(服制)에 관한 논의가 이루어졌다. 행판부사 서문중, 좌의정 이세백, 우의정 신완 등은 모자 관계를 끊을 수 없음을 거듭 강조하며 거애 절차와 성복이 필요하다고 아뢰었고 대신들의 논의를 거쳐 거애와 성복이 결정되었다. 왕세자와 세자빈은 10일 유시(酉時, 오후 5~7시)에 숭문당(崇文堂)에서 거애하였고, 조정에서도 상사를 받들어 위로하였다.[217]

또한 예조는 "서자로서 아버지의 후사가 된 자가 그 어머니를 위해서

---

214)『수문록』과『인현왕후전』등에는 장희빈이 사약을 받은 것으로 서술되어 있으나 『숙종실록』이나『승정원일기』등의 관찬 자료에서는 장희빈의 죽음이 자진으로 기록되어 있다.

215)『張禧嬪喪葬謄錄』<禧嬪自盡喪葬>.

216)『張禧嬪喪葬謄錄』<擧哀收議>;『숙종실록』권35, 숙종 27년 10월 10일(계해).

217)『張禧嬪喪葬謄錄』<擧哀時>.

시마복을 입는다."는『의례』를 인용하며 변례에 관계되는 이번 상사에
도 왕세자와 빈궁의 복제에 시마복을 입어야 한다고 의견을 제시하였
다. 이에 숙종은 이들의 의견에 동조하여 시마복을 입도록 한 후218) 다
음 날인 11일에 상의원에다 왕세자와 빈궁이 입을 시마복을 가는 숙포
인 세숙포(細熟布)로, 요질과 수질 역시 숙마(熟麻)로 지어 올리라고 명
하였다. 시마복은 가는 베로 만들어 시마친(緦麻親)의 상사에 3개월 동
안 입던 상복이다.

　10월 12일에는 초빈과 염습할 때 세자가 친림하는 일 등에 대한 행부
사직 이익수(李益壽)의 상소가 있었다.219) 그에 따르면, 왕세자가 궁궐
밖 상례의 장소에 친림하여 서운하지 않게 정성을 다하게 하고, 14살 왕
세자의 건강을 해칠 염려가 있다면 춘궁의 관원을 대신 보내 섭행하게
하며, 매장할 자리를 좋은 장소로 선정할 것을 주장하였다. 이날 진시(辰
時, 오전 7~9시)에 왕세자와 왕세자빈은 시마복으로 성복하였다.220)

　마지막으로 13일, 상복을 벗는 제복(除服)에 대한 대신들의 논의다.
주로 행판중추부사 서문중·좌의정 이세백·우의정 신완이 주로 의견
을 내놓았다. 그 내용은, 왕비가 부모를 위한 복과 빈궁이 부모를 위
한 복은 "날을 달로 바꾼다"는『오례의』의 규정에 따르고, 왕이자 아
버지의 존재에 압굴(壓屈)됨을 근거로 공제(公除)를 거행해야 한다는
것이다.221) 이로써 성복한 3일째 되는 16일 진시에 왕세자와 빈궁은 제
복하고 내시가 깨끗한 외딴곳에 상복을 묻었다. 이때 사용되는 여러 물

218)『張禧嬪喪葬謄錄』<服制議大臣>.
219)『張禧嬪喪葬謄錄』<斂殯時世子親臨疏>.
220)『張禧嬪喪葬謄錄』<成服吉時>. 성복일이『張禧嬪喪葬謄錄』에는 12일인 반면,
　　『승정원일기』에는 13일로 되어 있다.
221)『張禧嬪喪葬謄錄』<除服收議>.

품은 자문감과 선공감에서 전담하였다.

이후 장지를 정하는 논의가 집중적으로 이루어졌다. 10월 15일에 장씨의 무덤 선정에 관한 숙종의 전교가 있은 이후 한 달 만인 11월 12일 지관 부호군 이신연(李藎延), 전 현감 최두명(崔斗明), 겸교수 남세욱(南世郁), 지리학 훈도 김두성(金斗星), 부사용 박태우(朴泰宇)가 묏자리로 광주 하도의 다소미 자좌오향의 자리를 선정하였다. 이곳이 산이 둘러싸고 물이 끌어안아주며, 바람이 감추어지고 기운이 모여드는 곳이라는 것이다.[222]

그러나 11월 21일, 우의정 신완이 지난번 광주 하도 장지에 대해 자못 헐뜯는 논의가 많다고 재차 간심할 것을 요구함에 따라 관상감의 지관과 지방의 지사를 보내 다시 택정하도록 하였다.[223]

이후 다음 해인 1702년(숙종 28) 1월, 장지 후보지인 파주, 수원, 양주, 광주 등의 간심이 이루어졌지만 장지 선정이 쉽사리 결정되지 못하였다. 급기야 숙종은 풍수에 조예가 깊은 종실 금천군(錦川君) 이지(李楮)를 함께 보내 알아보도록 하교했다.[224] 이에 다음 날 1월 11일부터 금천군 이지, 관상감 지관 박진문(朴振門), 김두성(金斗星), 지방의 지사 최두명, 김하석(金夏錫), 권순태(權順泰) 등이 양주 인장리를 거쳐 지평수동, 수원 용봉리, 광주 하도로 가서 합당한 장지를 물색했다.[225] 몇 차례의 간심 끝에 6일 뒤인 16일에 양주 인장리로 장지를 확정지었다.

그 밖에 12월 초2일에는 예조참의 홍수주(洪受疇)의 상소에 따라 희빈 장씨의 아버지 장형의 신주에 대한 논의가 있었다. 그 내용인즉슨,

---

222) 본서 4장 2절의 2) 참조.
223) 『張禧嬪喪葬謄錄』 <葬山改定禮官句管>; <葬山更擇>.
224) 『張禧嬪喪葬謄錄』 <看山時錦川君同往>.
225) 『張禧嬪喪葬謄錄』 <堂上看山親審定用>.

장희빈과 함께 그의 근친들이 모두 처형되어 가계를 이을 자손을 결정하기가 어렵다는 등의 화두였다. 이에 기사년(1689, 숙종 5) 이전에 사망한 장형의 신주를 임시로 7촌 손녀사위 김지중(金志重) 부부에게 적몰한 장씨 재산과 함께 주어 봉사하도록 하다가 7촌 증손이 성장한 후 봉사할 수 있도록 하였다.[226]

1702년(숙종 28) 1월 22일부터 묘소의 시역이 시작되었다. 이 공사에 역군 750명이 동원되었다. 그러나 무덤 앞과 내려오는 산맥인 내룡(來龍), 주산(主山) 좌우에 흙과 사초(莎草)가 부족하여 그 물량을 더 보충하고자 역군 300명이 더 충원되었다.[227] 24일 묘시에 풀을 베고 흙을 파내는 참파토(斬破土) 작업이 이루어졌는데, 혈의 깊이는 6척 9촌이었다.

발인 하루 전인 1월 29일, 보덕(輔德) 김치룡(金致龍) 등 시강원 관원들이 세자의 사정(私情)을 펴기 위해 빈소에 친림하게 할 것을 요청했다.[228] 이에 숙종은 대신들에게 의논하게 하였는데, 영의정 서문정은 모자의 정을 강조하면서 세자가 상차에 친림하여 사정을 펴게 할 것을 주장했다. 반면 좌의정 이세백과 영중추부사 윤지선 등은 나이가 어린 왕세자의 건강상의 이유를 들어 친림에 반대하는 의견을 내놓았다. 그러나 서문중의 의견에 따라 세자의 임곡(臨哭)이 결정되었다.[229] 이에 왕세자가 상차에 친림할 때의 절목과 친림하여 곡하고 돌아오는 의주 등이 급박하게 마련되었다. 이날 오후 1~3시인 미시에 출궁한 세자는

---

226) 『張禧嬪喪葬謄錄』 <嬉嬪父神主區處>.

227) 『張禧嬪喪葬謄錄』 <役軍加定>.

228) 『張禧嬪喪葬謄錄』 <臨喪伸情請疏>.

229) 『張禧嬪喪葬謄錄』 <大臣收議>; 『숙종실록』 권36, 숙종 28년 1월 27일(기유).

장희빈의 빈소에 처음이자 마지막으로 친림했다.

1월 30일 축시에 파빈(破殯)한 뒤에 발인하고, 신시에 하관하였다. 이때 공복을 착용한 세자와 세자빈이 별당에 마련된 망곡위에서 곡했다.[230] 이러한 망곡의(望哭儀)를 마지막으로 세자와 세자빈의 의례는 마무리되었다.

이후 석 달 뒤인 4월 28일에 분묘 근처의 고총과 인가를 조사하였고, 6월 11일에 무덤의 경계를 정하였으며, 그 대가를 지불하고서 고총과 인가를 옮기도록 결정했다.[231] 장씨의 묏자리는 『경국대전』의 '종친 1품으로 예장한 뒤에 4면을 각각 1백 보를 한정하여 경작과 목축을 금지하라'는 예에 의거해서 준행되었다. 당시 그곳을 살펴본 결과 1백보 안에 인가 12채, 와가 58칸, 초가 23칸, 전답 합 1결 57복 2속, 고총 3곳이 있었다.

1702년 10월 9일에는 희빈 장씨의 첫 기일을 하루 앞두고 왕세자의 망곡례 여부가 논의되었는데, 예조는 이미 시마복을 벗었으므로 따로 곡을 행할 필요가 없다는 의견이었고, 숙종도 동의했다.[232] 이처럼 장희빈은 세자의 생모이지만 죄인으로 사망했기에 아들인 세자의 의례는 매우 제한적이었다. 하지만 그녀의 위상은 세자의 안위와 직결되는 중요한 문제였기 때문에 예장으로 치러졌고 길지를 찾기 위한 장지를 선정하는 데에 시행착오를 겪게 되면서 3개월 규정을 넘겨 넉 달 만에 발인이 이루어졌다. 그런만큼 장희빈의 상장의례는 국가적 관심사였다고 하겠다.

---

230) 『숙종실록』 권36, 숙종 28년 1월 30일(임자).
231) 『張禧嬪喪葬謄錄』 <山所定界古塚人家掘移>.
232) 『張禧嬪喪葬謄錄』 <初期望哭稟定>; 『숙종실록』 권37, 숙종 28년 10월 9일(병술).

(3) 왕자녀를 낳지 못한 후궁의 장례: 정조의 후궁 원빈 홍씨

원빈 홍씨는 정조의 간택후궁이며, 본관은 풍산(豊山), 시호는 인숙 (仁淑)이다. 1766년(영조 42) 5월에 호조참판 홍낙춘(洪樂春)의 딸로 한 성 서부 서강방(西江坊) 신정리(新井里) 근수정(近水亭, 서울 신정동 일 대)에서 태어났다. 전라도관찰사 홍창한(洪昌漢)의 손녀이자 홍국영의 누이동생이다. 정조의 비인 효의왕후가 아이를 낳지 못하자 왕실의 후 사를 위해 1778년(정조 2) 후궁으로 간택되어 정1품 빈이 되었다. 그러 나 입궁한 지 얼마 되지 않아 죽는 바람에 정조와 함께 있었던 시간도 짧았고 왕자녀를 낳지 못하였다. 그녀는 삼간택과 가례의 절차를 거쳐 처음부터 정1품 빈이 된 최초의 후궁이었다. 정조 치세 초기 권신 홍국 영의 여동생이라는 가문 배경 때문에 그녀는 상장례에서 여러 이례적 으로 융숭한 대우를 받았다.

1779년(정조 3) 5월 초7일 축시(丑時, 오전 1~3시)에 그녀는 숙창궁 (淑昌宮)의 양심합(養心閤)에서 14세의 어린 나이로 갑자기 사망하였 다. 원빈 홍씨 사망 당일 진시(辰時, 오전 7~9시)에 희정당에서 정조 를 비롯하여 왕대비전 정순왕후, 시어머니 혜경궁, 중궁전 효의왕후가 그녀의 죽음을 애도하였고, 조정 대신들은 선화문 밖에서 슬픔을 표시 했다.233)

미시인 오후 1시부터 3시 사이에 죽은 이의 시신을 목욕시키고, 곧바로 수의를 입히는 습(襲) 절차를 행한 뒤 습전을 올렸다. 이날 원빈의 예장을 담당할 예장·원소·빈궁혼궁 도감을 설치하도록 하였다.[234] 원빈의 상장 전반을 책임지는 예장도감의 도제조는 영의정 김상철(金尙喆)로 하고, 제조는 호조판서 김화진(金華鎭), 공조판서 정호인(鄭好仁), 예조판서 정광한(鄭光漢), 공조판서 한광회(韓光會), 도청은 김문탁(金文鐸), 낭청은 남술의(南述毅), 서직수(徐直修), 신광정(申光鼎), 윤창윤(尹昌胤) 등으로 결정하였다. 다음으로 임시로 설치된 영좌의 오른쪽에 죽은 사람을 깃발로 표시하는 명정을 마련하였는데, 명정에 쓰는 방식은 신미년(1751년, 영조 27) 효장세자빈의 상장례에 의거해서 예서(隸書)로 '원빈재실'로 썼다.[235] 대상에는 전자(篆字), 소상에서는 예자(隸字)로 쓴다는 『국조상례보편』의 규정을 지킨 것이다.[236]

다음 날인 5월 초8일 자시(子時, 오후 11시~오전 1시)에 옷과 이불로 시신을 두르고 메우는 소렴을 2일째 되는 날에 거행한 후 소렴전을 올렸다. 이날 예조에서 단자를 올렸는데, 숙창궁 소속 여관들이 성복할 때 입을 복제를 『상례보편』과 효장세자빈 때 행한 예를 따라 마련하도록 하였다.[237]

3일째 되는 5월 초9일 진시(오전 7~9시)에 대렴을 거행하고, 4일째 되는 5월 초10일 진시에 유복자(有服者)들이 상복을 입는 성복을 거행

---

233) 『淑昌宮喪葬日記』, 己亥五月初七日 <擧哀處所>.
234) 『淑昌宮喪葬日記』, 己亥五月初七日 <停朝市>; <設都監>.
235) 『淑昌宮喪葬日記』, 己亥五月初七日 <銘旌式>; 『승정원일기』 79책, 정조 3년 5월 7일(신묘)[경인]; 『일성록』 정조 3년(1779) 5월 7일(경인).
236) 국립문화재연구소, 앞의 책, 「銘旌」, 민속원, 2008, 129쪽.
237) 『淑昌宮喪葬日記』, 五月初八日 <當宮所屬服制>.

하였다. 성복할 때 신미년의 예대로 대궐 안에 있는 종친·문무백관들은 엷은 옥색의 천담복(淺淡服)을 입고 빈궁 문밖에서 회곡(會哭)했고 퇴직 관료인 피산관(罷散官)과 성균관 관학유생들은 소복을 입고 문밖에서 회곡했는데,[238] 이때 오상사에서는 향을 피웠다. 오상사는 상급 관청인 의정부, 돈녕부, 의빈부, 충훈부, 중추부를 통틀어 이르는 말이다.

이날에 중요한 논의가 있었는데, 우선 정조가 후궁인 원빈을 위해 어떤 상복을 입을 것인지에 대한 복제 논의였다. 당시 국가전례서에는 국왕이 빈을 위해 입어야 할 복제 규정이 마련되어 있지 않을뿐더러 근거할 만한 문헌이 없었다. 1752년(영조 28)『국조상례보편』이 편찬된 이후에도 국왕과 왕후, 세자나 세자빈 등을 제외한 왕실구성원의 상장 의식은 수록되어 있지 않았다. 이 때문에 당시 예조판서 정광한은 "『주례』의 춘관(春官)에 '왕은 삼공(三公)·육경(六卿)을 위해서 석최(錫衰)를 입고, 사부·사를 위해서는 의최(疑衰)를 입는다.'고 했고, 그 주에도 '이것은 임금이 신하를 위한 복이다. 임금이 오히려 신하를 위하여 입었는데, 아물며 품계가 없는 빈에 있어서랴?' 하였습니다. 또『대명집례(大明集禮)』에 '황태자가 양제를 위하여 거애하고 하루에 세 번 곡하였다가 그친다.' 하였고 이어서 '만약 본래 기년복을 입는 자는 하루에 세 번 곡하였다가 그친다.' 하였습니다."고『주례』와『개원례』를 인용하면서 복제와 공제가 함께 마련되어야 함을 강조하였다. 좌의정 서명선(徐命善)과 영중추부사 이은(李溵), 행판중추부사 정홍순(鄭弘淳)의 견해도 정광한의 의견과 같았다.[239] 당일 이 사안에 대해 결정을 내리지 못한

---

238)『淑昌宮喪葬日記』, 五月初八日 <第四日成服百官以下會哭>;『승정원일기』79 책, 정조 3년 5월 8일(임진)[신묘];『일성록』정조 3년(1779) 5월 8일(신묘).

239)『淑昌宮喪葬日記』, 五月初十日 <服制收議>;『일성록』정조 3년(1779) 5월 10일

정조는 다음 날인 11일에 결정된 일이지만 도승지 홍국영의 의견에 따라 복제와 '이일역월(以日易月)'의 제도를 적용하는 공제를 거행하지 않는 것으로 일단락 지었다.[240] 국왕 순조의 사친인 수빈 박씨의 상에 순조가 순원왕후와 함께 3개월 시마복을 입었던 경우와 달리[241] 원빈 홍씨의 상에 정조는 무복(無服)이었다.

다음으로 11일부터 시작되는 재실에 덧칠[加漆]을 시작해서 15일에 합목한 후 이안하여 20번 가칠하였다. 재실의 덧칠은 『상례보편』과 신미등록의 예에 따라 30회[度]에 준하도록 한 것이다. 정조는 이때 재실을 가장 좋은 것으로 마련하고 칠 작업에 장생전 제조와 본 도감 당상이 감독하도록 지시하는 등 원빈 홍씨의 장례 준비에 심혈을 기울였다.[242] 이날 원빈 홍씨의 신주를 만들고 시신을 봉안할 빈궁의 처소를 경희궁 위선당(爲善堂)으로 정했다.[243] 정명(正名)의 의리상 후궁의 경우 빈궁 처소를 대내에 마련하는 것이 후궁의 분수를 넘은 지나친 유례(踰禮)임에도 정조는 대내에 원빈의 빈궁을 설치했다. 이는 정조가 원빈 홍씨의 위상을 높여주는 동시에 홍국영의 권세를 엿볼 수 있다.

성복한 다음 날인 5월 11일에 몇 가지 일이 생겼다. 사신과 외관(外官)들은 조정에서 보낸 원빈 홍씨의 상에 관한 공문이 도착하는 날에 그 즉시 천담복으로 바꾸어 입고, 각자 그곳의 정청(正廳)에다 향탁을

(계사);『일성록』정조 3년(1779) 6월 2일(갑인).

240)『淑昌宮喪葬日記』, 五月十一日 <服制置之擧條>;『승정원일기』79책, 정조 3년 5월 10일(갑오).[계사].

241) 이현진, 앞의 논문, 2016, 175쪽.

242)『淑昌宮喪葬日記』, 己亥五月十五日 <外梓室合木畢役>;『仁淑元嬪宮禮葬儀軌』(藏 K2－2998);『승정원일기』79책, 정조 3년 5월 15일(무술).

243)『淑昌宮喪葬日記』, 己亥五月十一日 <神主造成處所>;『승정원일기』79책, 정조 3년 5월 13일(정유)[병신];『일성록』정조 3년(1779) 5월 13일(병신).

설치한 후 망곡하고, 연변(沿邊)의 관원만은 거애하지 않도록 하였다.244) 그리고 외관들이 진위하는 전문(箋文)을 보내도록 했다.245) 5월 12일 예조에서 『상례보편』「진향조」의 소내상을 참조하여 원빈의 혼궁에 의정부, 종친부, 충훈부가 진향할 것을 정조에게 아뢰었다.246)

5월 13일은 원빈 홍씨가 사망한 지 7일째 되는 날이다. 이날 원소도감 당상 판돈령부사 구선복(具善復) 등은 관상감 상지관 안사언(安思彦), 택일관 강희보(姜熙輔) 등과 함께 산지를 간심하고 돌아와 묏자리에 대해 논의한 후 금년에 해좌(亥坐)가 이롭고 7월이 좋은 달이라는 의견을 별단에 써서 정조에게 올렸다.247) 이를 보고받은 정조는 5월 15일에 신미년의 등록대로 발인과 반우할 때의 절목을 마련하라고 명하였다.248)

그로부터 26일까지 원빈 홍씨의 묏자리가 최종 결정됨에 따라 원소에서 거행하는 각 의절의 택일, 정자각·재실의 재기(再基)·정초(定礎)·입주(入柱)·상량(上樑)의 택일, 개금정(開金井) 때와 발인 때에 승지 진참 여부, 시호 습의 생략, 발인 때 종친 및 백관과 재추의 봉사(奉辭), 정자각 상량문 제술, 발인·반우·입묘 때에 차비관(통례원 소속 섭판관) 차출, 사시(賜諡) 때 정사(正使) 차출 등을 논의 혹은 결정했다. 즉 5월 15일 묘소의 역사가 시작되었는데, 참파토는 5월 20일, 옹가를 만드는 날은 5월 26일, 개금정은 5월 29일, 외재실을 모시고 나아가는 날은 6월

---

244) 『淑昌宮喪葬日記』, 己亥五月十一日 <外邑望哭沿邊官不爲擧哀>.
245) 『淑昌宮喪葬日記』, 己亥五月十一日 <陳慰箋文>.
246) 『승정원일기』 79책, 정조 3년 5월 12일(병신)[을미]; 『일성록』 정조 3년(1779) 5월 12일(을미).
247) 『淑昌宮喪葬日記』, 己亥五月十三日 <別單>.
248) 『승정원일기』 79책, 정조 3년 5월 15일(무술); 『일성록』 정조 3년(1779) 5월 15일(무술).

초7일 사시, 계빈은 7월 초2일 진시에 거행되었다. 이때 혈의 깊이는 8척이었다. 이렇게 여러 각 의절이 결정되는 동안, 16일 진시에는 시책·시인을 대내로 들이는 내입(內入)과 17일 진시에는 대내에서 내주는 내출(內出) 절차를 거행하였고 곧이어 오시(오전 11~오후 1시)에는 빈궁에 시호를 올려주었다.[249]

6월 초1일은 혜경궁 홍씨의 생신날이었으나 원빈 홍씨의 상장 준비로 인해 전례대로 진하하지 못하였다.[250] 이날 정조는 원빈 홍씨의 사당과 무덤의 칭호 및 조성 형태에 대해 의논할 것을 명하였다. 황조전례(皇朝典禮)에 황후는 능, 황비는 원, 태자빈은 묘라 칭한다는 영의정 김상철(金尙喆)의 의견에 좇아 정조는 묘(廟)와 묘(墓)가 아닌 궁(宮)과 원(園)으로 결정하였다.[251] 뒤이어 궁호는 물망에 오른 효휘(孝徽), 효정(孝貞), 단휘(端徽) 가운데에서 효휘로, 원호는 인명(仁明), 소덕(昭德), 정순(靖順) 가운데에 인명으로 최종 결정했다.[252] 훗날 결정될 일이지만 이휘지(李徽之)가 표문을 짓고, 황경원(黃景源)이 지장(誌狀)을 짓고, 송덕상(宋德相)이 지명(誌銘)을 짓고, 채제공(蔡濟恭)이 애책을 짓고, 서명선(徐命善)이 시책을 지었다.

이러한 결정 때문에 다음 날부터 궁과 원의 규모에 맞는 조성 형태와 의절을 변경해야 되는 상황이 발생되었다. 시일·발일·반우일 각 항의 배종 및 집사관의 품수와 배종 담당 기관, 만장(挽章) 초계(抄啓)하는 인

---

249)『淑昌宮喪葬日記』, 己亥五月二十五日 <發靷返虞節目>.

250)『淑昌宮喪葬日記』, 己亥六月初一日 <惠慶宮生辰賀置之>;『승정원일기』79책, 정조 3년 6월 1일(계축).

251)『淑昌宮喪葬日記』, 己亥六月初一日 <宮號園號議定>;『승정원일기』79책, 정조 3년 6월 1일(계축).

252)『淑昌宮喪葬日記』, 己亥六月初一日 <宮號園號>.

원수 등의 논의가 이루어졌는데, 만사는 무신년(1728, 영조4) 효장세자의 상장례를 적용하여 80개로 결정되었다.253) 일정 부분 장례 준비를 마무리했다고 생각한 정조는 6월 9일 진시에 익선관·참포·오서대·백피화 차림을 하고 천담복·오사모·흑각대 차림을 한 종친 문무백관과 함께 빈궁에 친림하여 별전하였다.254) 이는 정조가 원빈 홍씨에 대한 애틋한 정을 드러낸 것이다.

6월 16일 진시에 빈궁에 있는 재실의 상우판(上隅板)에 '상(上)' 자를 쓰고, 3일 뒤인 19일 오시에 재실을 결과(結裹)했다.255) 이때 종친 및 오상사·2품 이상 육조의 당상·삼사의 장관이 참석하였다.256) 6월 17일 오시에 현실의 명정을 썼는데,257) 인식(印式)의 내용은 시호 '인숙'을 반영하여 '인숙원빈지인(仁淑元嬪之印)'이었다. 6월 30일에 신주를 경희궁 위선당에서 조성한 후, 7월 초 1일 진시에 이곳에다 임시로 봉안하였는데, 예전부터 신주 조성과 봉안 처소를 비어 있는 궁궐의 전각에 설치하였다.258) 다음날 2일 진시에 위선당에서 신주를 받들고 빈궁에 신주를 봉안했다.259)

한편 원소의 각 공역은 5월 5일부터 시작하여 6월 6일 외재실을 배

---

253) 『승정원일기』 79책, 정조 3년 6월 3일(을묘);『일성록』정조 3년 6월 3일(을묘).

254) 『淑昌宮喪葬日記』, 己亥六月初八日 <親臨殯宮別奠>.

255) 『淑昌宮喪葬日記』, 己亥六月初八日 <書上字結裹吉日時>;『승정원일기』 79책, 정조 3년 6월 10일(임술).

256) 『淑昌宮喪葬日記』, 己亥六月初八日 <全體加漆時五上司三司入參>;『승정원일기』 79책, 정조 3년 6월 7일(기미).

257) 『淑昌宮喪葬日記』, 己亥六月初十六日 <銘旌書寫吉時>.

258) 『淑昌宮喪葬日記』, 己亥五月十一日 <神主造成處所>;『승정원일기』 79책, 정조 3년 5월 13일(정유)[병신].

259) 『淑昌宮喪葬日記』, 己亥五月二十五日 <神主奉安擇日>;『승정원일기』 79책, 정조 3년 6월 10일(임술).

진하였다. 외재실 운반에는 476명을 각 관서에서 차출하고 운로와 교량을 수치하였다. 외재실 배진 때의 반차는 인로군→인로 부장→상장(上粧)→오부 관원→평시서 관원→한성부 관원→별공작 관원→예장도감 낭청→본원 낭청→본전 제조→중사의 순으로 정해졌다. 인로군은 백포의·백대·백두건, 인로부장은 천담복과 패검을 착용하도록 하였다. 또한 초운군(初運軍), 재운군(再運軍), 차비군(差備軍), 각차비군(各差備軍), 시민군(市民軍) 등으로 나눠 마땅히 행할 때의 재실운반에 만전을 기하였다.260)

7월 초1일 진시에 발인하기 위해 빈궁에서 관을 꺼내는 계빈을 하려했다가 7월 초2일 진시로 하루가 연기되었다. 발인 하루 전에 계빈을 하는 법식은 1757년(영조 33) 정성왕후 서씨의 국상 때에 마련되었다.261) 이날 원빈 홍씨가 졸한 사실을 종묘·사직에 알렸다.262) 발인 하루 전에 임시로 위선당에 두었던 신주를 상자에 담고 보자기를 덮어서, 요여에 두고 빈궁 문밖으로 나아가면, 궁사(宮司)가 혼백의 뒤에 봉안하였다.

7월 초3일 축시에 발인하였다. 빈궁에 봉안되어 있던 재실을 받들어 머리를 남쪽으로 향하게 한 뒤, 내시집오장자(內侍執烏杖者) 4인, 금은등(金銀鐙) 각 1, 은우은관자(銀盂銀灌子) 각 1, 만사전후(挽辭前後) 각 15, 집탁자(執鐸者) 4인, 화철롱(火鐵籠) 10척, 궁인 2인 등 의장의 호위를 받으며 동부 온수동(溫水洞)의 인명원을 향해 출발했다.263) 발인할

---

260)『仁淑元嬪宮禮葬儀軌』(藏 K2 - 2998).

261)『淑昌宮喪葬日記』, 己亥六月初八日 <啓殯前一日付標觀象監官員科治>;『승정원일기』79책, 정조 3년 6월 7일(기미); 국립문화재연구소, 앞의 책,「啓殯」, 민속원, 2008, 444쪽.

262)『淑昌宮喪葬日記』, 己亥七月初三日 <啓殯時告廟社>;『승정원일기』79책, 정조 3년 6월 3일(을묘).

〈그림 71〉 원빈 홍씨 무덤 출토 화장품 그릇

원빈 홍씨 무덤에서 적색 유리합, 칠보 장식 팔각 그릇, '수복강녕(壽福康寧)'과 '수복보진(壽福寶盡)'이라는 글씨가 새겨진 은제 화장품 그릇이 출토되었다(국립중앙박물관 소장).

때 대궐 안을 지나는 문로는 단양문(端陽門), 협양문(協陽門), 선인문(宣仁門)이었다.[264)]

원소로 가는 도중, 노제소에서 노제를 지냈다. 천담복을 입은 종친 및 백관과 소복을 입은 전함 재추(前銜宰樞)·기로 유생(耆老儒生)들이 도로 옆에 차례대로 서 있다가 영여(靈轝)에 하직 인사를 드렸다. 정조를 비롯하여 왕대비전·혜경궁·중궁전은 인명원까지 발인 행렬을 따라가지 못했기에 이곳에서 곡림하였고, 궐 안의 여러 관원은 각각 진소문(眞所門) 밖에서 망곡례를 행하였다. 노제를 지낸 뒤 원소의 정자각 영장궁(靈帳宮)에 도착했다. 그 안에 재실을 봉안하고 영좌에 혼백함을 안치했다. 곧바로 성빈전을 행하고 조석전과 상식을 올렸다.

7월 초3일 진시에 제조인 공조판서 정호인의 감독 아래 현실에 재실을 내리는 하재실(下梓室)을 거행함으로써[265)] 3개월 만에 모든 장례를 마쳤다. 이후 영좌(靈座)·영침(靈寢) 등을 빈궁 뒤 원소의 깨끗한 곳에서 태웠고, 행사에 참여한 빈궁도감과 혼궁도감의 당상과 낭청 이하 원

263)『淑昌宮喪葬日記』, 己亥五月十五日 ＜發靷承旨進去＞.
264)『淑昌宮喪葬日記』, 己亥六月初三日＜儀仗各差備＞;『승정원일기』79책, 정조 3년 6월 3일(을묘).
265)『정조실록』권7, 정조 3년 7월 3일(을유).

역과 공장 등에게 차등 있게 상을 내렸다.266) 이날 당일에 반우를 하기 때문에 원소 정자각에 찬궁을 설치하지 않아 수도각(隧道閣) 내설차(內設次)에 잠시 머물러 전(奠)을 올리고, 아침상식을 올렸다. 또한 길유궁에도 친림하여 신주의 전면에 '인숙 원빈 신주(仁淑元嬪神主)', 신주의 함중(陷中)에 '조선국 인숙원빈 홍씨 신주(朝鮮國仁淑元嬪洪氏神主)',라 쓴 뒤 입주전(立主奠)을 올렸다.

곧이어 초우제를 거행했다.267) 이는 장례 지낸 날에 하루를 넘기지 않고 무덤에서 지낸다는 규정에 따른 것이다.268) 우제를 마치면 내시가 혼백을 받들어 토등상(土藤箱)에 담고 홍초보(紅綃袱)로 싸서 한쪽 구석의 깨끗한 곳에 묻었다. 7월 10일 오우제를 마친 후 진시에 흑단령을 입은 예조판서 정광한은 상지관 조홍도(趙弘度)와 함께 인숙원빈의 혼백을 담은 혼백함을 요여에 담고 세장의 인도를 받으며, 원소로 배왕한 후 오후에 복명하였다.269) 이처럼 원빈 홍씨는 오우제를 지냈다. 제후국인 조선에서 국왕이나 왕후의 국장에 '칠우(七虞)', 세자·세자빈의 예장에 '오우(五虞)'를 해야 함에 비추어 보면 원빈 홍씨의 상장의례는 세자와 세자빈의 예장에 준하는 등급을 따르고 있음을 알 수 있다. 오우를 행한 뒤 7월 12일에 졸곡제를 거행했다. 이는 오우제를 지낸 뒤에 강일을 만나 지낸다는 소내상의 규정을 준수한 것이다.

원빈의 상장례는 호사스럽게 치러졌다. 1년 남짓 빈의 지위에 있었

---

266) 『淑昌宮喪葬日記』, 己亥七月初三日 <員役賞格>; <賞典>; 『승정원일기』 79책, 정조 3년 7월 3일(을유); 『일성록』 정조 3년(1779) 7월 3일(을유).
267) 『일성록』 정조 3년(1779) 7월 3일(을유).
268) 『禮記集說大全』 권4, 「檀弓」下4; 국립문화재연구소, 앞의 책, 「虞祭」, 민속원, 2008, 257쪽.
269) 『淑昌宮喪葬日記』, 己亥七月初十日.

〈그림 72〉구 인명원 터와 표석 및 원빈 홍씨 무덤 (경기도 고양시 덕양구 원당동 소재, 아래)

인명원(仁明園)은 동부 온수동, 현재 고려대학교 경내에 조성되었던 원빈 홍씨의 무덤이다. 이곳에 구 인명원터가 남아 있어 애기능이라는 이름으로 불린다. 표석은 고려대학교 이공대학 과학도서관 뒤편에 있다. 현재 원빈 홍씨의 무덤은 서삼릉 안에 있다.

던 원빈 홍씨에게 시호는 물론 원호와 궁호를 내린 정조의 처사는 다른 후궁과 비교해 볼 때 가히 파격적인 조치였다. 궁과 원은 세자나 세자빈, 또는 국왕을 낳은 후궁들의 묘호(廟號)와 묘호(墓號)였으므로, 1명의 후사도 얻지 못한 원빈 홍씨의 무덤과 사당에 각기 인명원과 효휘궁이란 원호와 궁호를 붙인 것은 예법에 맞지 않은 결정이었다. 이러한 궁원의 호칭 등 그녀에게 베풀어진 특별한 의례는 정조의 총애와 세손 시절부터 보호한 공로가 있었던 친오빠 홍국영의 위세 때문에 실현되었던 것이다. 실제로 홍씨의 빈장(殯葬)에 관한 절차를 예관이 모두 참람한 예로써 인용하였는데, 시행하지는 않았지만 송덕상은 원빈 홍씨의 상제에 공제가 있어야 한다고 주장하기에 이른다.[270]

후궁의 사당과 무덤을 궁과 원으로 올린 전대의 사례를 무리하게 적용시켰기 때문에 1779년(정조 3) 9월 26일, 정조가 홍국영을 입조(入朝)시켜 집권 4년 만에 축출한 이후[271] 효휘궁과 인명원에 대한 문제 제기와 그에 따른 상소가 잇달아 올라왔다.[272] 원호를 고치자는 대신들의 요청을 지속적으로 묵살해오던 정조는 결국 1786년(정조 10) 11월에 영의정 김치인(金致仁)을 비롯한 조정 대신들의 의견을 수용하기에 이른다. 그들에 따르면, 궁원의 호칭은 우리 조정의 정해진 제도인데, 인명원과 효휘궁에만 격례에 벗어난 의식을 새로 추가한다는 것은 전례에 어긋나고 예외의 의절을 만든 것으로 바로잡아야 한다는 주장이었다.[273] 이에 대해 정조는 조정 대신들의 의견과 국가 전례에 관계된 일이 전례에 어긋났다는 이유로, 인명원의 원호를 강등하는 등의 의절을 예조에서 거행하도록 명하였다. 이렇게 인명원의 호칭을 고치자는 논의가 여러 차례 되풀이되자, 마침내 정조는 숙종의 후궁 영빈방(寧嬪房)의 전례에 근거하여 인명원과 효휘궁을 혁파하였다.[274]

(4) 왕을 낳은 후궁의 장례: 정조의 후궁 수빈 박씨

수빈 박씨는 정조의 후궁이자 순조의 어머니이다. 조정에서는 1787년(정조 11) 2월 왕실의 후사를 잇기 위해 명문가 규수들 중에 후궁을

---

270)『정조실록』권7, 정조 3년 5월 7일(경인).

271)『일성록』정조 3년(1779) 9월 26일(정미).

272)『정조실록』권13, 정조 6년 6월 2일(정묘);『정조실록』권21, 정조 10년 1월 22일(정묘);『일성록』정조 9년(1785) 7월 8일(을묘);『일성록』정조 10년(1786) 1월 22일(정묘).

273)『정조실록』권22, 정조 10년 11월 11일(신사);『일성록』정조 10년(1786) 11월 11일(신사).

274)『일성록』정조 10년(1786) 11월 14일(갑신).

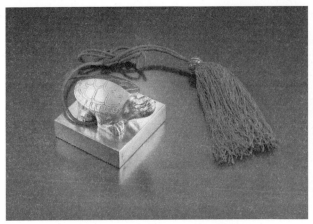

〈그림 73〉 수빈 박씨 추상시호 금인과 『가순궁상례등록』

정조의 후궁이자 순조의 생모인 수빈 박씨를 1901년(광무 5) 10월 11일 수비(綏嬪)로 높여 올리면서 제작한 금인이다(국립고궁박물관 소장). 수빈 박씨는 1822년(순조 22) 사망한 후 현목(顯穆)이라는 시호를 받았다. 『가순궁상례등록(嘉順宮喪禮謄錄)』은 1825년(순조 25) 순조의 생모인 수빈 박씨의 상장례 과정과 절차를 기록한 등록이다(한국학중앙연구원 장서각 소장 K2 - 2911).

간택하기로 했다. 1786년(정조 10) 5월에 정조의 장남이자 의빈 성씨의 소생 문효세자가 죽고 4개월 뒤인 9월에 출산을 앞두고 있는 의빈 성씨마저 만삭의 몸으로 졸하였다.[275] 게다가 당시 왕비 효의왕후와 6년 전에 선발된 화빈 윤씨에게는 소생이 없었다. 이러한 상황에서 뽑힌 여성이 바로 수빈 박씨였다.[276] 정조의 나이 36세, 박씨의 나이 18세였다.

본관은 반남(潘南)으로, 좌찬성 박준원의 딸이다. 1790년(정조 14) 6월에 원자인 순조를 낳았고,[277] 1793년(정조 17) 3월에 숙선옹주(淑善翁主)를 낳아 슬하에 1남 1녀를 두었다. 그녀는 다른 후궁들과 달리 살아생전에 아들이 국왕이 되는 영예를 직접 지켜본 사친으로, 아들 순조가 재위하는 22년간 함께 지낸 유일한 여성이다. 수빈 박씨의 상장례는

---

275) 『정조실록』 권22, 정조 10년 5월 11일(계축); 『정조실록』 권22, 정조 10년 9월 14일(갑신).

276) 『정조실록』 권23, 정조 11년 2월 8일(병오).

277) 『정조실록』 권30, 정조 14년 6월 18일(정묘).

〈그림 74〉 창경궁 환경전
환경전(歡慶殿)은 창경궁의 정전인 명정전(明政殿) 서북쪽에 위치하는 전각이다. 1483년(성종 14) 창경궁을 조성할 당시, 성종은 대비들을 모시기 위해 내전의 전각으로 건립되었다. 환경전은 조선 후기에 왕실의 상장례 장소인 혼전 또는 빈전 등의 의례의 주요 전각으로 활용되었다.

이런 연유로 의례에서 수반되는 변례가 적용되었다.

1822년(순조 22) 12월 26일 해시(亥時, 오후 9~11시)에 수빈 박씨가 창경궁의 보경당에서 졸서하였다. 곧바로 내시가 그녀가 평상시 입던 웃옷을 가지고 지붕에 올라가 '가순궁 복'이라고 외치는 복(復) 절차를 거행한 다음 전을 올렸다.[278] 곧바로 수빈의 상장례를 치르기 위해 여러 가지 일들을 처리했다. 행 예조판서 이호민(李好敏)과 예조참판 신현(申絢)이 빈청에 들어와 의절을 마련하였는데, 이때『상례보편』,『대전통편』,『상례비요』등의 문헌을 참조하였다.[279] 시신을 봉안할 빈궁은 창경궁 환경전(歡慶殿)으로 정했다. 수빈의 상장 전반을 담당할 빈궁, 장례, 원소 세 도감의 당상과 낭청을 차출하도록 했다.[280]

다음 날인 12월 27일에 이조에서는 세 도감의 도제조에 영의정 김재찬(金載瓚)과 함께 각 도감의 당상과 낭청 및 수원관(守園官)을 보고하였다. 같은 날 미시(오후 1~3시)에 수빈을 목욕시키고, 신시에 수의를

---

278)『嘉順宮顯穆綏嬪喪禮儀註謄錄』<復>; <奠>.
279)『嘉順宮喪禮謄錄』(藏 K2−2911).「道光二年壬午十二月二十六日」.
280)『순조실록』권25, 순조 22년 12월 26일(병인);『승정원일기』111책, 순조 22년 12월 26일(병인).

입히는 습 절차를 행한 뒤 습전을 올렸다.[281] 곧바로 자리를 설치하고 곡을 하기 위한 위위곡(爲位哭), 쌀이나 진주를 입속에 넣은 함(含), 신백함(神帛函)을 임시로 두는 영좌 등을 거행하거나 마련해두었다. 술시(오후 7~9시)에 옷과 이불로 시신을 두르고 메우는 소렴을 행한 후 소렴전을 올렸다.

다음 날인 28일에는 각 전·궁의 복제에 관한 논의가 있었다. 수빈은 정조의 후궁이면서 순조의 사친에 해당되었으므로, 대왕사친의 복으로 마련되어야 하지만, 근거할 만한 문헌의 기록이 없어서 순조는 신하들에게 물어본 후에 결정하기로 했다.

수빈이 졸서한 지 3일째 되는 12월 28일 오시에 시신을 넣을 재실을 악차에 임시로 봉안했다. 신시에 영상(靈牀)을 빈궁인 환경전으로 옮겨 봉안하였다.[282] 이때 천담복을 입은 백관들은 함인정(涵仁亭) 앞에서 배곡(陪哭)하였다. 유시에 대렴을 행한 뒤 전을 드렸고, 술시에 성빈했으며 그 뒤에 성빈전을 올렸다.

12월 29일은 졸서한 지 4일째 되는 날이다. 이날 사시(오전 9~11시)에 성복했다. 전날 각 전과 궁의 복제에 대해 순조와 영의정 김재찬, 영부사 한용구(韓用龜) 등 신하들과의 논의에서 결정된 사안에 따라 순조와 중궁전은 3개월에 해당되는 시마복을 입고 성복 절차를 거행했다. 순조는 수빈 박씨 소생이었지만 법적 상 효의왕후의 아들이었으므로 사친인 수빈 박씨의 상에 대해 삼년상을 하지 못할뿐더러 자최삼년복(齊衰三年服)도 입을 수 없었다. 3일 공제 후 빈궁에 행례할 때에만 시

---

281) 『嘉順宮喪禮謄錄』「壬午十二月二十七日」.
282) 『嘉順宮喪禮謄錄』 <各項時日>; 『승정원일기』 111책, 순조 22년 12월 27일 (정묘).

복 차림을 했다. 이로써 3개월을 마쳤다.[283]

반면 효명세자와 세자빈 조씨는 순조의 복보다 강쇄해야 하는데, 시마복보다 한 등급 낮은 복제는 없기 때문에 수빈의 상에 무복(無服)하였다. 순조의 누이 숙선옹주는 자최기년복(齊衰朞年服)을 입었다. 이날 빈청에서 원호는 휘경(徽慶), 시호는 현목(顯穆)으로 의논해 정하였다.[284] 시호 현목은 행실이 중외에 드러나고, 덕을 베풀고 의로움을 간직한다는 의미였다.

시마복을 입은 지 3일째 되는 1823년(순조 23) 1월 1일, 다음 날부터 순조는 상복을 입지 않고 공무를 보았다. 1월 8일 창경궁 선인문에 위치한 도총부에 수빈의 혼궁을 마련하라고 조봉진(曺鳳振)에게 하교했다. 이로 인해 신하들은 1월 9일부터 14일까지 6일 동안 혼궁을 대내에 두는 것이 불가하다는 상소를 올렸다.[285] 사실 12월 29일 환경전에 수빈의 빈궁을 마련한 것에 대한 신하들의 반대 상소가 있어 줄곧 빈궁 처소를 둘러싼 순조와 신하들 간에 충돌이 빚어졌다. 당시 대신들은 인조의 사친인 계운궁(啓運宮)의 혼궁을 대내가 아닌 별궁에 두었다는 사실을 언급하였다. 그런데도 순조는 이를 무시한 채 혼궁 역시 대내에 마련하도록 명한 것이다.[286] 수빈의 상장을 거행하면서 국장이나 예장처럼 하거나 그에 준해서 처리하여 사친 수빈에 대한 순조의 유례(踰

---

283) 『綏嬪殯宮魂宮都監儀軌』(奎 13934), 「儀註」 <服制>.

284) 『綏嬪殯宮魂宮都監儀軌』 「禮關」 <壬午十二月三十日>.

285) 『승정원일기』 111책, 순조 23년 1월 9일(기묘); 『승정원일기』 111책, 순조 23년 1월 10일(경진); 『승정원일기』 111책, 순조 23년 1월 11일(신사); 『승정원일기』 111책, 순조 23년 1월 12일(임오); 『승정원일기』 111책, 순조 23년 1월 13일(계미); 『승정원일기』 111책, 순조 23년 1월 14일(갑신).

286) 『순조실록』 권26, 순조 23년 1월 8일(무인); 『승정원일기』 111책, 순조 23년 1월 8일(무인).

禮)가 점차 늘어났다. 신하들과의 갈등이 있는 와중에도 순조는 이안청
(移安廳)과 제기고, 재실 등 주요 건물들의 배치를 결정하고서287) 1월
15일 오시부터 시작된 혼궁 공사는 2월 20일까지 중단되지 않고 무사
히 끝마쳤다.

한편 1월 8일부턴 휘경원의 묏자리에 관한 논의가 시작되었다. 물망
에 오른 지역은 화성, 용인, 배봉진, 공덕리였는데, 간심한 끝에 최종 배
봉진으로 결정되었고, 1월 22일 신시에 원소에 봉표(封標)했다.288)

1월 9일 외재실에 착칠(着漆)하기 시작했다. 을해년의 전례에 따라
외재실을 40도로 칠하기로 결정한 후 이날을 시작으로 해서 2월 11일
에 끝마쳤다.289) 원소 자리를 물색하는 과정이 1월 22일 끝난 다음 날
인 1월 23일에 진향(進香) 여부를 논의했다. 이 의절 역시 국왕의 사친
이나 후궁을 위한 규정이 국가전례서 어디에도 실려 있지 않아, 서울에
서는 의정부·종친부·의빈부에서 진향하고 외방에서는 마련하지 말도
록 지시해290) 순조는 직접 진향하였고, 의정부에서는 백관을 거느리고
진향하였으며, 의빈부에서도 진향하였다.291) 후궁에게 진향한 것은 이
번이 처음 있는 일이었다.292) 이날 휘경원에 사용될 석물을 새로 조성

---

287) 『승정원일기』111책, 순조 23년 1월 11일(신사).

288) 『승정원일기』111책, 순조 23년 1월 20일(경인);『승정원일기』111책, 순조 23
     년 1월 21일(신묘);『승정원일기』111책, 1월 22일(임진).

289) 『승정원일기』111책, 순조 23년 1월 8일(무인);『승정원일기』111책, 순조 23년
     2월 12일(임자).

290) 『순조실록』권26, 순조 23년 1월 23일(계사);『승정원일기』111책, 순조 23년 1
     월 23일(계사).

291) 『綏嬪殯宮魂宮都監儀軌』,「儀註」<親進香>; <議政府率百官進香>;『嘉順宮顯
     穆綏嬪喪禮儀註謄錄』<親進香儀>; <議政府率百官進香儀>.

292) 이현진, 앞의 논문, 2016, 178쪽.

하지 말고 1789년(정조 13) 원소를 천장할 때 영우원에 묻어 두었던 것을 다시 쓰기로 결정했다.[293]

1월 27일에는 예조에서 시마복을 입고 있는 순조에게 상복을 입지 말고 마음으로 슬퍼하는 심상(心喪)하도록 건의했다. 진나라 유지(劉智)가 편찬한 『석의(釋疑)』와 송나라 제도를 준거로 삼아 순조가 사친의 상에 시마복을 벗은 뒤에 인정을 고려하여 연거할 때에 대내에서 심상을 하도록 제안한 것이다. 예조에서 보고한 이 안건은 한 달 뒤인 2월 25일의 일이지만, 시원임 대신과 유현들 간의 의견이 분분한 가운데[294] 결론이 나지 않았지만, 순조는 제복한 뒤 심상하고 만다. 이 의절이야말로 왕실에서 이전에 시행한 적이 없는 일이었다.[295]

2월 11일 오시에 영명위 홍현주(洪顯周)가 빈궁에 모셔져 있는 재실의 상우판(上隅板)에다 상(上)자를 쓰고,[296] 2월 13일 사시에 결과(結褁)했다. 2월 13일 외재실을 결과하여 정전 월랑에 봉안하고, 2월 18일 묘시에 외재실을 원소에 배진하였다. 곧 오시에 되자 원소에 이르러 수도각(隧道閣)에 봉안했다. 이날 상복을 벗는 제복하는 날짜에 대한 논의가 있었는데, 예조에서 3월 1일이 제복하는 날이지만 7일이 졸곡날이므로 졸곡 전에 제복하는 것이 미안하다고 아뢰었다.[297] 훗날의 일

293) 『순조실록』 권26, 순조 23년 1월 23일(계사); 『승정원일기』 111책, 순조 23년 1월 23일(계사).

294) 『순조실록』 권26, 순조 23년 2월 25일(을축); 『승정원일기』 111책, 순조 23년 2월 25일(을축).

295) 이현진, 앞의 논문, 2016, 180쪽.

296) 『嘉順宮顯綏嬪喪禮儀註謄錄』 <梓室書上字儀>; 『승정원일기』 111책, 순조 23년 1월 5일(을해).

297) 『순조실록』 권26, 순조 23년 2월 18일(무오); 『승정원일기』 111책, 순조 23년 2월 18일(무오).

이지만, 제복하는 시기가 임박할 때인 2월 28일에 졸곡 당일에 벗을 것인지 졸곡 다음날에 벗을 것인지 대신들 간의 의견이 분분하다가 결국 연제와 상세를 지내는 당일에 역복(易服)하는 것을 인용하며 졸곡날에 제복할 것을 청한 예조의 의견을 받아들였다.298)

2월 19일 묘시에 외재실을 내리고, 사시에 시책·시인과 애책을 대내에 들였다. 다음날 20일 진시에 시책·시인과 애책을 대내에서 내갔고, 사시에 빈궁에 시호를 올렸으며, 명정을 고쳐 썼다. 시인의 내용은 시호인 '현목'을 반영하여 '현목수빈지인'이고, 명정의 내용은 '현목수빈 재실'이었다.299) 명정을 고쳐 쓴 뒤 빈궁에서 순조는 별전을 행하였고300) 2월 24일에는 신주 조성을 마친 뒤 오시에 경희궁 숭정전(崇政殿)에 봉안했다.301) 신주를 조성하고 봉안하는 장소는 보통 비어 있는 궁궐 안에 설치하였다. 이번 가순궁의 신주 조성 및 봉안을 숭정전으로 결정한 것은 1815년(순조 15) 혜경궁 예장의 전례를 따른 것이다.302) 2월 25일 오시에 숭정전에서 신주를 받들고 신시에 빈궁에 봉안했다. 2월 25일 신시에 찬실을 열었고, 일포(日晡) 때에 빈궁에서 조전을 올렸으며, 자시(오후 11~오전 1시)에 빈궁의 호(戶) 밖에서 견전을 올렸다.

2월 26일 축시(오전 1~3시)에 환경전에 봉안되어 있던 재실을 받들고서 빈양문(賓陽門)→명정전 안→홍화문(弘化門) 밖→홍인문(興仁門)→노제소(路祭所, 普濟院)를 거쳐 휘경원에 도착하였다.303) 발인 도중

298) 『순조실록』 권26, 순조 23년 2월 28일(무진).
299) 『綏嬪殯宮魂宮都監儀軌』, 「禮關」 「癸未正月初七日」 ; 『綏嬪葬禮都監儀軌』, 「禮關」 「癸未正月 日」.
300) 『순조실록』 권26, 순조 23년 2월(경신).
301) 『綏嬪葬禮都監儀軌』, 「禮關」 「癸未二月 日」.
302) 『綏嬪葬禮都監儀軌』, 「禮關」 「癸未正月 日」.

인시에 노제소에서 노제를 지냈고, 도성에 있는 신하들은 향을 올리고 하직했다.[304] 순조 역시 홍화문 밖에서 하직하는 절차를 거행했다.[305] 묘시(오전 5~7시) 혹은 진시에 대여가 원소 정자각에 도착하여 성빈한 뒤 성빈전을 올렸다.

2월 27일 인시(오전 3~5시)에 정자각에 봉안되어 있던 찬실을 연후, 묘시 혹은 진시에 계찬전을 올리고, 영여를 받들고 원소에 올라 결과한 재실을 풀고 봉심했다. 사시에 현실에 재실을 내린 뒤 현실을 봉폐(封閉)하였다. 이때 궁궐에 있던 순조는 망곡례를 행했다.[306] 오시에 제주관 김렴이 길유궁에서 신주의 바깥면에는 '현목수빈신주', 함중에는 '조선국현목수빈박씨신주'라 글을 쓰고[307] 난 뒤 전을 올렸다. 이 시각, 우주련(虞主輦)이 우주궤(虞主匱)와 신백함(神帛函)을 싣고서 길유궁에서 출발하여 창경궁 현사궁(顯思宮)을 향해 반우했다. 순조는 효명세자와 함께 홍인문 밖 보제원에서 우주련을 지영하고서[308] 신주가 봉안된 현사궁에서 초우제를 친행했다. 신백은 추경원(秋景苑)에 묻었다.

이후 2월 29일에 재우제, 3월 2일에 삼우제, 3월 4일에 사우제, 3월 5일에 오우제를 혼궁인 현사궁에서 각각 지냈다. 이 기간 동안 3월 3일

---

303) 『순조실록』 권26, 순조 23년 2월 26일(병인); 『승정원일기』 111책, 순조 23년 2월 26일(병인).

304) 『순조실록』 권26, 순조 23년 2월 26일(병인).

305) 『순조실록』 권26, 순조 23년 1월 29일(기해); 『순조실록』 권26, 순조 23년 2월 26일(병인).

306) 『순조실록』 권26, 순조 23년 2월 27일(정묘).

307) 『綏嬪殯宮魂宮都監儀軌』, 「禮關」 「癸未正月初七日」; 『綏嬪葬禮都監儀軌』, 「禮關」 「癸未正月 日」.

308) 『승정원일기』 111책, 순조 23년 2월 26일(병인).

미시에 봉원하는 일을 마친 뒤에 안원전(安園奠)을 올렸다. 이로써 무덤 조성 공역을 마쳤다. 3월 7일 자시에 순조는 시복 차림을 하고서 졸곡제를 현사궁에서 친행하였다.[309] 그리고 제복하였다.

수빈 박씨의 상장례는 국가전례서에서 규정한 소내상, 즉 세자빈의 예장에 기준하여 거행하였다. 『오례의』, 『국조상례보편』, 『대전통편』, 『상례비요』, 『통전』, 『의례경전』, 『가례(家禮)』, 『속례통고』 등을 준수했지만[310] 국왕의 사친이라는 공통점을 갖는 혜경궁의 예장을 가장 많이 참고했다. 국왕의 사친이라는 점에서 계운궁의 상장례 역시 참고했다. 수빈 박씨는 정1품 정조의 후궁이자 국왕 순조의 사친이었기에 그의 상장은 어떤 국장이나 예장보다 많은 변례를 유발했다. 제복하는 시점을 가능한 한 늦추고자 하고, 제복 이후 심상을 했으며, 심상하는 동안 백립을 쓴다든가 하는 순조의 행위가 바로 그것이었다. 이는 의례에 있어서 원칙도 중요하지만 국왕이 사친에게 끝없이 베풀고 싶은 인정도 고려하는 예의 속성에 기인한 것이라 하겠다.[311]

현 국왕 순조의 사친 수빈 박씨는 이후 시호와 빈호가 더해져 현목수빈(顯穆綏嬪)이 되었고, 대한제국이 개창된 후에는 고종황제가 정조를 선황제로 추존함에 따라 1901년(광무 5) 10월 11일에 수빈 박씨도 수비(綏妃)로 추존되어 현목수비(顯穆綏妃)가 되었다.

---

309) 『승정원일기』 111책, 순조 23년 3월 6일(을해);『승정원일기』 111책, 순조 23년 3월 7일(병자).
310) 『嘉順宮喪禮謄錄』「道光二年壬午十二月二十六日」.
311) 이현진, 앞의 논문, 2016, 198쪽.

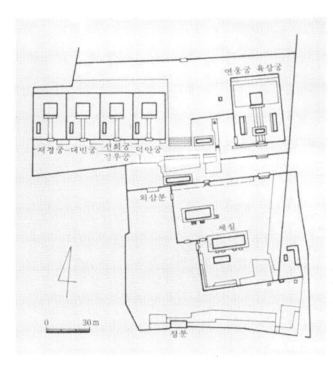

4. 사후 예우

1) 왕을 낳은 후궁의 사후: 궁원(宮園)

조선 전시기 동안 국왕은 연산군과 광해군을 포함하여 총 27명이었다. 그중에 정비 소생의 적장자가 왕위를 계승한 국왕은 문종, 단종, 인종, 현종, 숙종 등 5명뿐이었다. 조선 후기에는 적장자가 아닌 후궁 소생의 왕자가 왕위를 잇거나 국왕에 추존된 경우가 많았다. 국왕이 된 아들 또는 손자를 둔 후궁들은 인빈 김씨, 희빈 장씨, 숙빈 최씨, 수빈 박씨, 순빈 엄씨이고, 사후에 국왕으로 추존된 아들을 둔 후궁들은 정빈 이씨, 영빈 이씨이다. 이러한 후궁들은 아들 또는 손자 등이 국왕 혹은 추존 왕이 된 뒤, 그 지위가 격상되어 사당을 궁(宮)으로, 무덤을 원(園)으로 승격되고 시호를 받았다.312) 이러한 전례는 영조가 생모 숙빈 최씨의 궁원을 확립한 이후 충실히 계승되었다. 7명의 후궁들이 사후에 국왕 생모의 자격으로 봉안된 사당이 바로 칠궁(七宮)이다. 칠궁은 육상궁(毓祥宮), 저경궁(儲慶宮), 대빈궁(大嬪宮), 연호궁(延祜宮), 선희궁(宣禧宮), 경우궁(景祐宮), 덕안궁(德安宮) 등을 가리키는데, 원래 각기 따로 지어졌다.

현재 칠궁은 서울특별시 종로구 궁정동 청와대 경내에 있다. 칠궁의 배치를 살펴보면, 크게 두 구역으로 나누어져 있는데, 남쪽의 재실 구역과 그 동북쪽과 서북쪽의 사당 구역이다. 정문을 들어서면 재실 구역에 영조의 화상을 봉안하였던 송죽재(松竹齋)와 삼락당(三樂堂), 그리고 풍월헌(風月軒) 건물이 연결되어 있다. 육상궁에는 연호궁이 합설되어 있는 정면 3칸, 측면 3칸의 사당이다. 내삼문 안쪽에는 냉천정(冷泉井)과 냉천정(冷泉亭)이 있다. 그 서쪽 구역에는 차례로 저경궁, 대빈궁 및 합설된 선희궁과 경우궁, 덕안궁이 나란히 배치되었다. 그런데 이곳은 원래 육상궁만 있었던 장소였다. 그러면 칠궁의 주인공이 누구이며, 이곳에 어떤 경위로 모이게 되었는지 칠궁의 연혁을 이들의 무덤과 함께 정리해 본다.

(1) 육상궁과 소령원

육상궁은 숙종의 후궁 숙빈 최씨를 제사지내기 위해 조성된 사당이다. 육상궁은 이른바 칠궁이라고 부르는 조선 후기 국왕들의 사친 묘궁(廟宮) 중에서 가장 먼저 건축되었다. 육상궁은 칠궁의 제사 의례와 관

---

312) 칠궁에 관한 연구로는 정경희의 「조선후기 궁원제의 성립과 변천」(『서울학연구』 23, 2004)과 이영춘의 『영조의 어머니, 숙빈최씨』(한국학중앙연구원출판부, 2013) 가 있는데, 이를 참조하였다.

〈그림 76〉 육상궁(서울특별시 종로구 소재)과 육상묘 현판 및 숙빈 최씨 신주(오른쪽)

육상궁(毓祥宮)은 숙종의 후궁이며 영조의 생모인 숙빈 최씨의 신위를 모신 사당이다(사적 제149호). 1725년(영조 1)에 건립된 것으로 당초에는 숙빈묘라고 하였던 것을 육상묘라고 했다가 1753년(영조 29)에 육상궁으로 고쳤다. 1870년(고종 7)에 육상궁 내로 옮긴 정빈 이씨의 사당인 연호궁과 함께 합사되었다. 육상궁 안에 숙빈 최씨의 신주가 있다.

리에 모범이 되었다.

숙빈 최씨의 사당은 원래 아들 연잉군의 저택이었던 서울 통의동에 위치한 창의궁에 있었다. 이곳은 숙빈 최씨가 생전에 아들과 함께 생활하였던 공간이다. 그러나 왕이 머물던 곳에 신하의 사우(祠宇)를 쓸 수 없다는 대신들의 반대에 부딪혀[313] 영조는 1725년(영조 1)에 이곳 북부 순화방(順化房)에다 숙빈묘(淑嬪廟)를 세우고 신주를 옮겨 봉안하였다.[314] 1734년(영조 10)에는 숙빈 최씨의 친정 부모를 의정부 영의정과 정경부인으로 추증하였다.

영조는 처음 사당의 이름을 육경묘(毓慶廟)라 지었다가 육상묘(毓祥廟)로 고쳤고 숙빈 최씨의 제사를 받드는 주사자(主祀者)에게는 대원군 봉사손의 예에 따라 4대 이후에 종3품 돈령부 부정을 세습하도록 하였다. 이후 1753년(영조 29)에 시호인 화경(和敬)을 올리고 육상궁으로 승격시켰다.[315] 1882년(고종 19) 8월에 불이 나서 육상궁이 소실되었으나[316] 이듬해 중건되었다. 현재의 건물은 이때 건축된 것이다. 이곳은

313)『영조실록』권2, 영조 즉위년 11월 20일(경신).
314)『영조실록』권8, 영조 1년 12월 23일(병술).
315)『영조실록』권79, 영조 29년 6월 25일(기유).
316)『고종실록』권19, 고종 19년 8월 1일(갑인).

수봉관(守奉官) 2명, 수복(守僕) 4명, 수직군사(守直軍士) 20명이 관리하도록 했다. 이곳에 쓸 경비는 숙빈 최씨 생전에 궁방이 설치되면서 이미 지급받은 전답 160여 결과 노비 100여 명에서 충당되었다.

1797년(정조 11)에 작성된 『내수사 급 각궁방 전답총결여노비총구도안(內需司及各宮房田畓總結與奴婢總口都案)』을 보면, 궁방 전답 278결을 시작으로, 순조 때 이후에는 470여 결로 기록되어 있는데, 이 규모는 1895년(고종 32) 갑오경장 때까지 유지되었다. 여기에 노비 74명과 화전(火田) 200여 결, 시장(柴場, 땔감 공급지) 5곳, 채전(菜田) 2곳, 초지(草地) 2곳 등을 지급받았다. 이 밖에 영조 때 편찬된 『속대전』의 면세전 규정에 따라 대왕의 사친에게는 생전에 1,000결, 사후에 500결을 주도록 했다.

『속오례의』에는 국왕의 육상궁 참배 의식 절차가 자세히 규정되어 있는데, 영조가 1727년(영조 3)에 직접 행하였던 예법이다. 거기에 따르면, 왕의 어가가 출궁할 때 왕세자도 예를 갖추어 어가를 따른다. 국왕이 익선관과 곤룡포를 입고 판위에 나아가 재배하면, 왕세자도 재배한다. 국왕이 대궐 안으로 들어가서 봉심할 때는 왕세자도 따라 올라간다.

육상궁의 신주는 북쪽에서 남향하여 두었다. 정규 제사인 사계절 제향은 춘분·추분·하지·동지에 거행하였고 설날·한식·단오·추석 명절에도 약식 제사가 이루어졌다. 사계절 제향의 날짜를 다른 제사와 같이 택일하지 않고 춘분·추분·하지·동지로 고정한 것은 사마온공의 『서의(書儀)』를 기초로 한 이식(李植)의 예설에 따른 것이다.[317] 1755년(영조 31)에는 죽책에 썼던 사친을 선자친(先慈親)으로 고쳤다가 세 글자를

---

317) 『毓祥宮昭寧園式例』(藏 K2-2477).

〈그림 77〉 소령원(경기도 파주시 광탄면 소재)

소령원(昭寧園)은 숙종의 후궁이자 영조의 생모인 숙빈 최씨의 무덤이다(사적 제358호).

근거가 없다하여, 『주례』에 따라 선비(先妣), 또는 왕자친(王慈親)으로 고쳤다.[318] 이러한 축문의 형식은 인빈의 저경궁에도 그대로 통용되었다. 이후 1756년(영조 32) 1월 휘덕(徽德), 1772년(영조 48) 8월 안순(安順), 1776년(영조 52) 1월 수복(綏福)을 지속적으로 올려 '화경휘덕안순수복(和敬徽德安順綏福)'이 되었다.

사계절의 정규 제사에는 찬탁에 제수를 6줄로 진설하는데, 생선과 고기를 쓰고, 헌작은 셋이며, 폐백은 백폐(白幣) 하나로 하였다. 봄·여름 제사에는 조이(鳥彛)·계이(雞彛)가 각 1개, 희준(犧尊) 2개, 상준(象尊) 2개, 산뢰(山罍) 2개를 쓰고, 가을·겨울 제사에는 황이(黃彛)·가이(斝彛)가 각 1개, 착준(著尊) 2개, 호준(壺尊) 2개, 산뢰(山罍) 2개를 쓴다.

재계는 산재(散齋) 2일, 치재(致齋) 1일로 하였다. 국왕의 친제 때 아헌관과 종헌관은 모두 1품이며, 대리 제사 때는 초헌관은 종1품, 아헌관은 종2품, 종헌관은 당상 3품으로 하였다. 축문에는 "아들 국왕 휘 아무개"라 일컫고, 재계는 산재 2일, 치재 1일로 하였다. 재배, 음복, 제사 후에 번육을 나누어 주는 수조(受胙)의 차례로 하고, 제사가 끝난 후 축문과 폐백은 불살라 물에 타서 북쪽 계단에 부었다. 고유 때의 의식도

318) 『영조실록』 권79, 영조 29년 11월 6일(정사); 『영조실록』 권86, 영조 31년 12월 4일(을해).

제향과 같지만, 폐백은 없고 헌작도 한 번만 한다. 국왕의 친제와 전배(展拜) 때에는 백관이 예식에 동참토록 하였다.

숙빈 최씨의 무덤인 소령원은 양주 고령동 옹장리 서쪽 언덕, 현재 경기도 파주시 광탄면 영장리에 있다. 이곳은 1716년(숙종 42) 5월 장례 직후에 조성되었던 곳이다. 장례 다음날에 묘지를 땅에 묻었고 지면에 묘표를 비롯하여 상석, 향로석 등의 석물을 배설하였으며, 곡장을 설치하였다. 당시 정자각이나 홍살문 등은 설치되지 않았다.

돌아가신지 8년 되는 해인 1724년(경종 4) 8월에 묘역을 확장 정비한 후 수호군을 두었다. 그리고 묘소 진입로에 신도비를 세우도록 했는데, 금평위(錦平尉) 박필성(朴弼成)이 그 비문을 썼고 여산군(礪山君) 이요(李橈)가 글씨를 썼다. 당시 영조는 박필성에게 "내가 과장된 말을 취하지 않고 어머니[숙빈]께서도 평소에 조심하고 삼가는 뜻이 있었으므로 잘 생각하라."고 하였다.[319] 이때 묘호를 그대로 숙빈묘라고 하였고, 수호인은 인빈 묘소의 전례를 따랐다.

1744년(영조 20)에 숙빈에 대한 추숭이 이루어지면서 묘호도 소령묘라 하였다. 영조는 비문 전·후면 대자(大字)와 음기 및 전자(篆字)를 지어 묘소 좌측에 세웠는데, '숙빈 해주최씨 소령묘비(淑嬪海州崔氏昭寧墓碑)'라 하였다. 이때 지석도 여산군 이요의 글씨로 다시 제작하여 땅에 묻었다.

한편 소령묘의 제사를 받드는 봉사자는 대원군 봉사손의 예에 따라 4대 후에 돈령부 부정의 관직을 세습하도록 하였고, 수호관 2명, 수복 4명과 수호군 30명을 배정하였다. 1753년(영조 29) 6월에는 소령묘를

319) 「淑嬪崔氏神道碑銘」(藏 K2-3944).

소령원으로 격상하였다.[320] 이때 비와 비각, 금천교, 제정, 홍살문, 기임각(祈稔閣) 등을 세웠는데, 기임각은 현재 소실되고 없다. 묘에서 원으로 격상되면서 원소를 관리하기 위하여 종9품 수원관 2명, 수복 4명, 수호군 30명을 배정하였다.

소령원에는 곡장, 혼유석, 문인석, 석마, 석양, 묘표 등의 석물과 사초지 등이 있고, 사초지 앞에 정자각과 비각이 있다. 정자각 동쪽 비의 전면에는 '조선국 화경숙빈 소령원(朝鮮國和敬淑嬪昭寧園)'이라는 묘비의 비각이 있고, 그 위에는 영조가 직접 지은 묘비의 비각이 있다. 비각 맞은편에는 원래 제청으로 지은 육오당(六五堂) 건물이 있었으나, 현재는 소실되고 주춧돌만 남아 있다.

(2) 저경궁과 순강원

저경궁은 선조의 후궁이자 인조의 할머니 인빈 김씨를 제사를 지내기 위한 사당이다. 원래 저경궁은 숭례문 안, 현재 서울특별시 중구 남대문로 한국은행 동문에 있었다. 이곳은 정원군(定遠君)의 저택이며, 일명 송현궁(松峴宮)이라 불렀다.

국왕을 낳은 후궁들의 사당과 무덤에 궁원제를 적용한 첫 사례는 숙빈 최씨였다. 이전에도 선왕의 후궁이자 현 국왕의 생모가 되었던 여성이 인빈 김씨와 희빈 장씨가 있었지만, 이들을 추숭하지 않았다. 이에 미안함을 느낀 영조는 숙빈 최씨의 추숭을 끝내고 2년 뒤인 1755년(영조 31) 6월에 숙빈보다 100여 년이나 앞선 인빈 김씨를 추숭하면서 경혜(敬惠)란 시호를 올렸다.[321]

---

320) 『영조실록』 권79, 영조 29년 6월 25일(기유).

〈그림 78〉순강원(경기도 남양주시 진접읍 소재)과 저경궁(서울특별시 종로구 소재, 오른쪽)
순강원(順康園)은 선조의 후궁이자 원종의 생모인 인빈 김씨의 무덤이다(사적 제356호). 저경궁(儲慶宮)은 인빈 김씨의 위패를 봉안한 사당이다(사적 제149호).

인빈 김씨는 인조의 생부였던 추존왕 원종의 생모이므로 국왕의 사친은 아니었다. 1625년(인조 3)에 인조의 아버지 정원군과 연주군부인(連珠郡夫人)이 추숭되면서 원종의 사친으로 궁원제에 적용되었다. 원종의 묘호는 흥경원(興慶園)이었다. 이로써 봉사손 여천군(驪川君) 이증(李增)의 가묘에 있던 인빈 김씨의 신주를 원종의 잠저인 송현 본궁에 옮겨 봉안하고 사당의 격을 높여 저경궁이라 하였다. 이때부터 인빈 김씨의 사당에 매 기일과 생신일, 절기 때마다 관에서 제수와 제기를 공급하도록 하였다.322)

저경궁에 신주를 봉안할 때 영조가 친히 신주의 글씨를 고쳐 써서 고유제를 지내고 죽책과 은인을 올렸으며, 왕세자와 세자빈이 전배례를 올리도록 하였다. 영조는 저경궁의 제사를 육상궁의 예에 따라 영구히 제사하도록 하였고, 축문에도 선비라고 쓰도록 하였다.323)

저경궁의 신주는 서쪽에서 동쪽을 향하고, 춘분·추분·하지·동지에 정규 제사인 사중삭제(四仲朔祭)를 올리고 설날·한식·단오·추석과 같

---

321) 『영조실록』 권85, 영조 31년 6월 2일(갑진).
322) 張維, 앞의 책, 민족문화추진회, 1992, 207~209쪽.
323) 『영조실록』 권86 영조 31년 12월 4일(계묘).

은 명절에도 약식 제사를 올렸다. 찬탁의 진설은 여섯 줄로 하였는데, 어육이 있고 헌작은 3잔, 폐백은 백폐 하나였다.

축문에는 '증손 국왕 휘 아무개'라 일컫고, 재계는 산재 2일, 치재 1일로 하였다. 국왕의 친제 때 아헌관과 종헌관은 모두 1품이며, 대리 제사 때는 초헌관은 종1품, 아헌관은 종2품, 종헌관은 당상 3품으로 하였다. 재배, 음복, 수조의 차례로 하고, 제사가 끝난 후 축문과 폐백은 불살라 물에 타서 북쪽 계단에 쏟았다. 고유 때의 의식도 제향과 같지만, 폐백은 없고 헌작도 한 번만 한다. 국왕의 친제와 전배 때에는 백관이 예식에 동참하도록 하였다.324) 저경궁은 1908년 7월에 육상궁 안으로 옮겨 제사 지냈다.325)

사당의 격을 높인 동시에 무덤을 순강원으로 승격하였다.326) 인빈 김씨의 묘소인 순강원은 현재 경기도 남양주시 진접읍 내각리에 있다. 순강원은 당시 양주 풍양리 자좌오향 자리로, 1592년(선조 25)에 신성군의 묘역 근처였다. 이곳은 1613년(광해군 5) 12월 장례 직후에 조성되었다. 1627년(인조 5)에 인빈의 묘소 진입로에 비석을 세우도록 했는데, 신흠에게 그 글을 서술할 것을 분부하였다.327) 1636년(인조 14) 11월에 묘소 진입로에 신도비를 세우도록 했는데, 의창군(義昌君) 이광(李珖)이 비문을 짓고 오위도총부 도총관 신익성(申翊聖)이 글씨를 썼다. 이후 영조는 원소에 수봉관과 수호군을 설치하고 궁에 수직중관과 수복수직군을 두었다.328) 근처에 원찰인 봉영사(奉永寺)가 있다.

324)『宮園式例』(藏 K2－2425).

325)『순종실록』권2, 순종 1년 7월 23일(양력).

326)『영조실록』권85, 영조 31년 6월 2일(갑진).

327) 申欽, 앞의 책, 민족문화추진회, 1991, 105~106쪽.

328)『승정원일기』62책, 영조 31년 6월 2일(갑진).

〈그림 79〉 대빈묘(경기도 고양시 덕양구 용두동 서오릉 안)와 대빈궁(서울특별시 종로구 소재, 오른쪽)
대빈묘는 숙종의 후궁이자 경종의 생모인 희빈 장씨의 무덤으로 정식 묘호는 옥산부대빈묘(玉山府大嬪墓)이다(사적 제198호). 대빈궁은 희빈 장씨의 위패를 봉안한 사당으로 1722년(경종 2)에 건립되었다(사적 제149호).

(3) 대빈궁과 대빈묘

대빈궁은 숙종의 후궁 희빈 장씨를 제사지내기 위해 조성된 사당이다. 1694년(숙종 20) 죄인으로 자진한 희빈 장씨는 폐서인되지는 않았기 때문에 봉사되고 있었다. 이후 즉위한 경종은 1722년(경종 2)에 그녀를 추존하여 옥산부대빈(玉山府大嬪)으로 승격시켰다.[329] 사당은 1722년(경종 2)에 향교동 완풍부원군(完豊府院君) 이서(李曙)의 집터를 사들여 새로 건축하였다.[330] 1723년(경종 3) 6월에 희빈 장씨의 신위를 이곳에 옮겼는데,[331] 중종의 원비인 단경왕후 신씨의 사당과 같은 규모였다. 모두 104칸에 달한다. 이후 대빈궁은 1870년(고종 7) 1월에 육상궁에 합설되었다가 1887년(고종 24) 4월에 기존의 궁에 환봉되었고,[332] 1908년 7월에 다른 궁들과 마찬가지로 육상궁 안으로 옮겨졌다.

사당의 제사는 사중삭의 첫 정일(丁日)에 올리는 시제와 기제를 거행

---

329)『경종실록』권10, 경종 2년 10월 10일(임술);『경종수정실록』권3, 경종 2년 10월 10일(임술).

330)『승정원일기』29책, 경종 2년 10월 17일(기사).

331)『승정원일기』30책, 경종 3년 6월 3일(경술).

332)『고종실록』권7, 고종 7년 1월 2일(무진);『고종실록』권24, 고종 24년 4월 30일(정해).

하고, 묘소에는 사절일인 설날, 한식, 단오, 추석에 제사를 올렸다. 이들 제사는 모두 내시로 하여금 축문 없이 거행하도록 하고, 제수는 인빈 김씨의 예와 같이 예조와 봉상시에서 준비하였다.333)

희빈 장씨의 무덤인 대빈묘는 원래 1701년(숙종 27) 장희빈이 사사되었을 때에 묻었던 양주 인장리였다. 그러나 1717년(숙종 43) 강릉 유생 함일해가 초장지의 풍수 문제를 거론하여 1719년(숙종 45)에 광주 진해촌(眞海村, 현재 경기도 광주군 오포면)으로 천장하였다.334) 대빈묘는 천장한 장소 진해촌을 말한다. 대빈묘는 1969년 도시화 개발로 경기도 고양시 덕양구 용두동의 서오릉 경내로 옮겨졌다. 경종이 생모인 희빈 장씨를 왕비로 추존하려 했지만 재위 4년만인 1724년에 사망한 탓에 끝내 시호의 추상이나 궁원의 조성이 이루어지지 않았다. 그리하여 대빈궁과 대빈묘로 불리게 된 것이다.

그러나 제사 의례만은 정조 때부터 궁원에 준하여 시행되었다. 무덤의 수직군을 15명으로 정하여 조세와 신역을 면제하게 하였다. 그러나 정조 대에 궁방에 부여되었던 면세의 혜택이 없어지면서 재정이 피폐해지고 사당과 묘소의 관리가 부실해지게 되었다. 그래서 1791년(정조 15)에 제례 규정을 다시 정하였는데, 대빈궁과 대빈묘의 제례 규모를 궁원과 묘묘의 중간 정도로 규정하였다.

---

333)『경종실록』권10, 경종 2년 10월 10일(임술);『경종수정실록』권3, 경종 2년 10월 10일(임술).
334)『숙종실록』권62, 숙종 44년 12월 23일(병인);『숙종실록』권63, 숙종 45년 4월 5일(정미).

〈그림 80〉 수길원(경기도 파주시 소재)과 연호궁(서울특별시 종로구 소재, 오른쪽).
수길원(綏吉園)은 영조의 후궁이자 효장세자의 생모인 정빈 이씨의 무덤이다(사적 제359호). 정빈 이씨는 영조가 즉위
하기 전인 1721년(경종 1)에 사망하였고, 정조가 즉위하여 효장세자가 진종으로 추봉되면서 묘에서 원으로 격상되었다.
연호궁(延祜宮)은 정빈 이씨의 사당이다(사적 제149호).

(4) 연호궁과 수길원

연호궁은 정빈 이씨를 제사지내기 위해 조성된 사당이다. 정빈 이
씨는 영조의 세자 시절 후궁이며 효장세자의 어머니이다. 1776년에
즉위한 정조가 법적인 아버지인 효장세자를 진종으로 추존하면서 정
빈 이씨는 정조의 법적인 조모가 되었다. 이에 2년 후, 전례에 따라 그
녀의 시호를 온희(溫僖), 궁호를 연호(延祜), 원호를 수길(綏吉)로 정해
올렸다.[335]

연호궁은 1778년(정조 2) 경복궁 북쪽 순화방(順化坊)에 있었는데,
육상궁과 가까운 곳이었다. 이후 1870년(고종 7)에 육상궁 안으로 옮겨
건립되었고 1908년 7월에 육상궁 안으로 또다시 옮겨 제사지냈다.[336]
그래서 현재 육상궁 건물 안에 숙빈 최씨와 함께 신위가 모셔져 있다. 아
들 진종은 1907년(순종 즉위)에 진종소황제(眞宗昭皇帝)로 높여졌다.[337]

제사 의례는 대체로 영조 때 정해 놓았다. 그러나 후에 저경궁의『궁

---

335)『정조실록』권5, 정조 2년 3월 18일(무인).
336)『순종실록』권2, 순종 1년 7월 23일(양력).
337)『순종실록』권2, 순종 1년 5월 11일(양력).

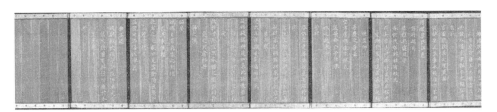

원식례』가 정비되면서 그 의식과 같게 하였다. 궁의 제사는 사중삭 시
제에 삼헌하고 고유제에는 단헌만 하며, 수길원의 기신제와 4명절의
제사에는 단헌으로만 하였다.

정빈 이씨의 무덤인 수길원은 양주 고령동 옹장리 곤향 언덕, 오늘날
경기도 파주시 광탄면 영장리에 있는데, 숙빈 최씨의 소령원 맞은편 산
자락이다. 이 자리는 원래 영조가 연잉군 시절에 자신의 묘소로 선정해
두었던 곳이었으나 정빈 이씨가 먼저 죽어 이곳을 쓰게 하였다. 묘소는
1721년(경종 1) 12월 14일에 처음 조성되었고, 1725년(영조 1) 8월 초7
일에 원역은 산기슭 중단부에 서남향으로 조성되었으며 봉분 뒤편으
로 담장을 설치했다.[338] 또한 이때 지석을 땅에 묻고, 8월 초7일 묘비를
세웠다. 이후 1776년에 아들 진종의 양자인 정조가 즉위하면서 궁원제
에 따라 추존 왕의 사친을 봉원하는 일이 논의되었다.[339] 그녀의 무덤
이 원으로 격상되면서 정빈의 시호와 원호를 정한 후 1778년(정조 2) 8
월 20일에 수길원 조성 공사가 마무리되었다.[340]

봉분 정면으로 비석, 상석, 장명등이 일렬로 배치되었고 양쪽으로 망
주석, 문인석이 세워져 있다. 동남 측 하단부에 남향으로 정자각을 세
웠으나 현재는 기단부만 남아 있으며 서남 측으로 수복방이 있었으나

---

338) 「靖嬪李氏墓碑」(경기도 파주시 광탄면 영장리 소재).
339) 『정조실록』권5, 정조 2년 1월 30일(신묘).
340) 『정조실록』권5, 정조 2년 3월 18일(무인);『정조실록』권6, 정조 2년 8월 20일
(정축).

〈그림 82〉 의열묘 현판과 선희궁 현판(서울특별시 종로구 소재, 오른쪽)

영조가 써서 영빈 이씨 묘에 걸었던 현판이다. 의열(義烈)은 아들인 사도세자를 희생하여 사직을 보전하고 아들의 뒤를 이어 죽음으로써 천륜을 지켰다는 평가가 담겨져 있다. 영조는 1764년(영조 40) 영빈의 무덤과 사당을 '의열'이라 하고 이듬해 시호로 내렸다(연세대학교 박물관 소장). 선희궁(宣禧宮)은 영빈 이씨의 위패를 봉안한 사당으로, 경우궁과 함께 합사되었다(사적 제149호).

역시 주춧돌만 남아 있다.

(5) 선희궁과 수경원

선희궁은 영빈 이씨를 제사지내기 위해 조성된 사당이다. 그녀는 영조의 후궁으로 사도세자의 생모이자 정조의 친할머니다. 1764년(영조 40) 7월 영빈 이씨가 죽자, 영조는 영빈의 시신을 사흘간 궁궐 안에 두고 세 차례나 왕래하였고, 염습이 끝난 뒤에야 비로소 가마로 장동 사제에다 빈소를 마련해 주었다.[341] 8월 그믐날에 친히 왕림하여 관위에 상(上)자를 쓰고 '수의보사(守義保社, 대의를 지켜서 사직을 보존하다)' 네 글자를 써서 내려주었다.[342] 여든 살의 나이에 묘표를 손수 지어주었을 뿐만 아니라, 무덤 속에 넣을 명정과 신주 내·외면을 직접 썼다. 특히 영조가 직접 쓴 영빈 이씨의 묘지명에는 종묘사직을 보존하기 위해 자신의 개인적인 감정을 끊고, 세자의 처분을 요청한 충성심을 높이 칭송하고 있다.

---

341) 「暎嬪行狀」, 앞의 책, 79~80쪽.
342) 「御製暎嬪李氏墓誌」, 앞의 책, 72~75쪽.

〈그림 83〉 백지청화 영빈 이씨 묘지와 명기(오른쪽)
1764년(영조 40)에 영조가 직접 지은 묘지(墓誌)로, 글씨는 사위 박명원이 썼다. 연세대학교 경내 수경원 옛 터에서 발굴되었을 때 명기(明器) 20점 및 명기를 담았던 석함(石函) 3개가 함께 출토되었다(연세대학교 박물관소장). 서울특별시 유형문화재 제311호로 지정되었다.

임오년[1762년(영조 38)]의 일[임오화변]에 이르러서는 종묘와 나라가 능히 안정되었고 대대로 벼슬하던 신료들과 뭇 백성들이 능히 목숨을 유지하게 된 것은 바로 영빈의 공로 때문이다. 이 어찌 부인이 판별할 수 있는 것이겠는가! 내 어찌 한 터럭만큼 과장된 말을 하겠는가! 이것은 우리나라 신민이 모두 칭송하는 것이다. (중략) 백성으로서의 그 충성을 보전하면서 어미로서의 그 마음을 깨끗하게 하였으니 둘 다 온전히 했다고 말할 수 있겠다.[343]

공과 사를 구분한 영빈 이씨에 대해 순차적으로 묘소를 봉원(封園)하도록 유교를 남기고[344] 1765년(영조 41)에 의열(義烈)이라는 시호를 내렸다.[345] 이후 그녀의 사당과 무덤은 의열궁과 의열묘로 부르고 궁원에 준하는 전례를 행하게 되었다.

원래 의열궁은 1766년(영조 42) 한성 북부 순화방, 오늘날 서울특별시 종로구 신교동 국립농학교 경내에 처음 건립되었다가 1788년(정조

---

343) 「御製暎嬪李氏墓誌」, 앞의 책, 72~75쪽.
344) 『영조실록』 권104, 영조 40년 11월 5일(임자).
345) 『영조실록』 권106, 영조 41년 7월 11일(갑신).

〈그림 84〉 수경원(경기도 고양시 덕양구 용두동 서오릉 안 소재)과 수경원 터(연세대학교 안)

수경원(綏慶園)은 영조의 후궁이자 사도세자의 생모인 영빈 이씨의 무덤이다(사적 제198호). 원래 서울특별시 서대문구 연세대학교 내에 있었으나 서오릉으로 옮겨지면서 그 자리에 정자각만 남아있다. 현재 연세기록보존소로 사용되고 있다.

12) 12월에 시호를 궁호로 쓰는 것이 맞지 않고 궁과 원의 칭호를 각기 달리한 전례에 따라 궁호를 선희궁으로 고쳤다.[346]

1870년(고종 7) 2월에 그 신주를 육상궁 안의 별묘로 옮기고 궁을 폐지하였다. 그러나 1896년(고종 33)에 원래의 자리인 육상궁 별묘로 궁을 복원하였다가 1908년(순종 2) 7월에 개정된 제사 제도의 칙령에 따라 다른 제사궁과 더불어 다시 육상궁 경내 경우궁을 합설하며 옮겨졌다.[347]

재산 규모는 소유 토지가 1787년(정조 11) 825결이었고, 무토(無土) 면세전은 2,431결로 육상궁보다 많았다. 그러나 1870년(고종 7)에 제사 대수가 지난 후에는 대부분 국가에 환수되었고 각 100결씩만 남겨두었다. 노비의 인원수도 50명 이상은 되었을 것이다.

영빈 이씨의 무덤인 의열묘는 원래 양주 서교 연희궁 대야동(大野洞), 오늘날의 연세대학교 경내 해좌사향의 언덕이었다. 이곳이 선정된 이유는 도성과의 거리가 가깝다는 이점 때문인데, 도성의 관청에서 모든 제수용품을 공급할 수 있었다.[348] 이후 1899년(고종 36) 9월에 고종

---

346)『정조실록』권26, 정조 12년 12월 26일(계축).

347) 심재우, 「조선후기 宣禧宮의 연혁과 소속 庄土의 변화」, 『조선시대사학보』 50, 2009, 197쪽.

〈그림 85〉 휘경원(경기도 남양주시 진접읍 소재)과 경우궁(서울특별시 종로구 소재, 오른쪽)

휘경원(徽慶園)은 정조의 후궁이자 순조의 생모인 수빈 박씨의 무덤이다(사적 제360호). 처음 경기도 양주시 배봉산(拜峯山) 아래에 있었으나, 1855년(철종 6)에 인빈 김씨의 무덤인 순강원(順康園) 근처로 옮겼다가 1863년(철종 14) 풍수지리상 부적당하다고 해 다시 현재의 이곳으로 옮겼다. 경우궁(景祐宮)은 수빈 박씨의 사당이다(사적 제149호).

이 사도세자를 장조로 추존하면서 영빈 이씨의 시호에 소유(昭裕)를 더해 올려주었다.[349] 소유는 덕에 밝고 공로가 있으며, 배우기에 힘쓰고 문기를 좋아하는 것을 의미한다.[350] 그리고 석달 뒤인 12월에 격을 높여서 묘소를 수경원이라 하였다.[351] 정자각과 비각을 함께 조성하였다.

1920년에 연희전문학교가 이곳으로 확장 이전하면서 1968년 6월에 경기도 고양시 원당동 서오릉 경내 숙종 무덤인 명릉(明陵)과 인경왕후 무덤인 익릉(翼陵) 중간으로 옮겼다. 원래의 수경원 터에는 부속 건물인 정자각과 비각만은 옛 모습 그대로 있고 정자각은 연세기록보존소로 활용되고 있다. 이곳에서 묘소를 이장할 때에 영조가 찬술한 지석이 발굴되었다.

(6) 경우궁과 휘경원

경우궁은 수빈 박씨를 제사드리기 위해 조성된 사당이다. 그녀는 정

---

348) 『영조실록』 권104, 영조 40년 9월 3일(임자).
349) 『고종실록』 권39, 고종 36년 9월 1일(양력).
350) 『고종실록』 권39, 고종 36년 9월 14일(양력).
351) 『고종실록』 권39, 고종 36년 12월 6일(양력).

조의 후궁이며 순조의 생모다. 1801년(순조 1)에 순조가 세자에 왕위에 오르자 수빈 박씨의 지위도 존귀하게 되었다. 그녀가 1822년(순조 22) 12월에 죽자 국왕의 사친을 추상하는 선례가 정립되었기 때문에 곧바로 원호를 휘경, 시호를 현목으로 정하였다. 이로써 사후에 현목 수빈으로 존숭되었다. 2년 후 상을 마치자 사당을 경우궁으로 정하여 제사 지내게 되었다.

처음에는 창덕궁 안 전각에 봉안하며 현사궁(顯思宮)이라 하다가 1824년(순조 24)에 상이 끝나자 별묘를 세워 경우궁이라 하고 이듬해인 1825년 2월에 신주를 봉안하였다.[352] 경우궁은 한성 북부 양덕방(陽德坊)에 있는 용호영(龍虎營) 터에 건립되었는데, 예전 휘문고등학교 자리인 서울특별시 종로구 계동이다.

1884년(고종 21) 10월, 갑신정변이 일어났을 때에 김옥균(金玉均) 등의 개화파가 고종과 왕비를 경우궁에 이주시키고 민태호(閔台鎬) 등의 수구파를 참살하자 1885년(고종 22)에 고종은 경우궁을 인왕동(현재 玉仁洞)에 옮겨 짓도록 하였다.[353] 1901년(고종 38)에는 정조를 선황제로 추존하면서 그녀도 비로 승격되어 현목수비가 되었다. 1724년(영조 즉위)에 지은 육상궁만 있던 경내로 경우궁은 1908년(융희 2) 7월에 저경궁, 대빈궁, 연호궁, 선희궁의 사당과 함께 옮겨 설치되면서[354] 이때부터 6궁이라고 불렀다. 이러한 조치는 대한제국 말기에 왕실 재정의 궁핍함에 따른 것이다. 재산 규모는 1807년(순조 7)에 소유 토지 14결,

352)『순조실록』권27, 순조 24년 12월 1일(기미);『순조실록』권27, 순조 25년 2월 4일(임술)
353)『고종실록』권22, 고종 22년 12월 26일(경인).
354)『순종실록』권2, 순종 1년 7월 23(양력).

무토 면세전 1,000결이었는데, 순조의 사친궁이었으므로 4대가 지난 후에도 국가에 환수되지 않고 1895년(고종 32)까지 유지되었다.

수빈의 무덤 휘경원은 1823년(순조 23) 2월 27일에 처음 양주 배봉산 현재 서울특별시 동대문구 전농동 아래에 조성되었다. 그러나 이후 1855년(철종 6) 10월 8일에 양주군 순강원 경내로 옮겼다가 1863년(철종 14) 5월 8일에 다시 풍수지리상의 이유로 다시 양주 달마동(達摩洞, 현재 경기도 남양주시 진접읍 부평동)으로 천장하였다.355) 해방 후인 1949년 7월에 서삼릉 경내로 다시 이장하였다. 1907년에 헌종의 후궁 경빈 김씨가 죽자 그 묘소를 원래 수빈 박씨의 무덤이 있었던 휘경원 서쪽에 조성하였는데, 그 묘소를 관습적으로 휘경원이라 부르게 되었다. 그러나 경빈 김씨는 후사가 없었으므로 그 묘가 원소로 조성될 수 없었다.

처음 휘경원을 조성할 때는 혼유석, 장명등, 망주석 1쌍, 문인석 1쌍, 양석 1쌍, 표석과 제각 등이 있었다. 휘경원을 관리하기 위해 종5품 영 1인과 참봉 1인을 두었다. 현재는 그 자리에 혼유석과 표석만이 남아 있다. 경우궁과 휘경원의 제사는 육상궁·소령원과 같았다.

(7) 덕안궁과 영휘원

덕안궁은 황귀비 엄씨를 제사지내기 위해 조성된 사당이다. 그녀는 고종의 후궁이자 영친왕 이은의 어머니다. 이은은 1897년(광무 1) 10월 12일 고종이 대한제국 황제로 즉위한 8일 뒤에 태어나 의민태자(懿愍太子)가 되었다. 1902년(광무 6)에 황귀비로 책봉된 그녀는 1911년 7월

---

355) 「有明朝鮮國顯穆綏嬪徽慶園」(경기도 남양주시 진접읍 소재).

〈그림 86〉 영휘원(서울특별시 동대문구 소재)과 덕안궁(서울특별시 종로구 소재, 오른쪽)

영휘원(永徽園)은 고종의 후궁이자 영친왕의 생모인 순헌귀비 엄씨의 무덤이다(사적 제361호). 이곳은 원래 고종의 원비 명성왕후 민씨의 무덤인 홍릉이었으나, 홍릉이 1919년에 고종과 함께 묻기 위해 경기도 남양주시 금곡동에 이장되면서 엄씨의 무덤으로 조성되었다. 덕안궁(德安宮)은 엄씨의 위패를 봉안한 사당이다(사적 제149호).

에 사망하였다. 이때 시호를 순헌(純獻), 궁호를 덕안(德安), 원호를 영휘(永徽)로 정하여 향사하도록 하였다.356)

덕안궁은 원래 경운궁(慶運宮), 지금의 덕수궁 안의 경선궁(慶善宮)에 설치된 사당이었다. 이곳은 황귀비 엄씨가 생전에 살았던 장소였다. 곧이어 경선궁을 덕안궁으로 이름을 고치고 신주를 모셨다가 1913년에 지금의 서울특별시 중구 태평로 1가에 새로 사당을 짓고 지으면서 옮겼다. 이후 1929년 7월에 덕안궁을 육상궁 경내에 옮겨 합설한 뒤부터 7명의 신위를 모시게 되어 칠궁으로 부르게 되었다.

순헌황귀비 엄씨의 무덤인 영휘원은 1911년 8월 2일 서울특별시 동대문구 청량리에 자리 잡은 옛 홍릉(洪陵) 경내에 조성되었다. 홍릉은 고종의 비 명성왕후의 능이었다. 8월 14일에 조정에서는 순헌황귀비의 상기를 기년으로 정하고, 덕안궁에서 올리는 조석전을 폐지하였으며 영휘원에서 올리는 명절 다례를 오직 청명제만 행하도록 하는 비용의 일체를 3분의 1로 감하였다. 또한 영휘원에는 난간석을 쓰지 않고 석물과 정자각 등은 휘경원의 예에 따라 건축하도록 하였다.357)

---

356)『순종실록부록』권2, 순종 4년 7월 27일(양력).

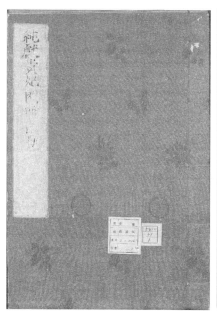

〈그림 87〉『순헌귀비원소의궤』와 『[순비]진봉황귀비의궤』(오른쪽)

『순헌귀비원소의궤(純獻貴妃園所儀軌)』는 1911년 엄귀비가 서거한 후 조성한 영휘전(永徽園)에 관해 기록한 의궤이다(한국학중앙연구원 장서각 소장 K2－2341). 『진봉황귀비의궤(進封皇貴妃儀軌)』는 1903년(광무 7) 순비 엄씨를 황귀비로 진봉한 과정을 기록한 의궤이다(국립고궁박물관 소장). 장예원(掌禮院)에서 편찬하였으며, 담당자는 궁내부 대신 성기운(成岐運), 장례원 경 조병필(趙秉弼), 농상공부 대신 민종묵(閔種默) 등이다. 불분권 1책으로 구성되어 있다.

　　1919년에 고종의 능을 양주군 미금면(현재 경기도 남양주시 금곡동)에 새로 조성하면서 명성황후의 홍릉을 이장하여 갔기 때문에 옛 자리에는 영휘원만 남았다. 1922년 5월 의민태자의 장남인 이진(李晉)이 죽자[358] 순종이 그의 묘를 영휘원 경내에 조성하도록 하고, 이곳을 숭인원(崇仁園)으로 봉하였다.

　　조선왕조의 궁원제도는 조선왕조가 종언을 고한 뒤에도 지속되었다. 이로써 칠궁의 왕실 여성들은 영구히 제사를 받게 되었다. 다른 후궁방이 제사가 중지되어 궁방이 혁파되고 궁방전이 소멸되는 것과 달

357) 『순종실록부록』 권2, 순종 4년 8월 14일(양력).
358) 『순종실록부록』 권13, 순종 15년 5월 11일(양력).

리 이들의 사당과 무덤에는 궁방전을 지급받고 제전으로 활용되어 지
속적으로 향사되었다.359)

2) 그 외 후궁의 사후: 묘묘(廟墓)

피장자가 왕을 낳은 후궁인 사친들의 경우, 왕릉과 종묘보다는 그 규
모가 작지만 궁원제를 적용하여 사당인 궁과 무덤인 원의 규모에 맞춰
조성되어 그 위상을 존중받았다. 그러나 왕자녀를 출산한 후궁이나 왕
자녀를 두지 못한 후궁들의 경우에는 사당인 묘(廟)와 무덤인 묘(墓)의
규모였다. 이들을 위한 묘묘의 제사는 어떻게 진행되었을까?

우선 조선 초기에 후궁의 제사를 위해 정해진 법은 1435년(세종 17)
2월에 발표된 아래 내용에 대략적이나마 잘 보여준다.

> 예조에서 아뢰기를, "삼가 상고하건대, 『예기』 「상복소기(喪服小
> 記)」에 이르기를, '첩은 첩에게 부(祔) 하나니, 그 할아버지의 첩이 없
> 으면 한 대를 건너 올라가서 부한다.'고 하였는데 그 주에 '첩이 죽으
> 면 할아버지의 첩에게 부하고, 만약 할아버지가 첩이 없으면, 또 증조
> 한 위를 건너 고조의 첩에게 부한다. 그러기 때문에 없으면 한 대를 건
> 너 올라가서 부한다는 것이다.'라 하였습니다. 또 '자모(慈母)와 서모
> (庶母)는 대대로 제사지는 않는다.' 하고, 그 주에 '대대로 제사하지
> 않는다는 것은, 아들은 이를 지내도 손자는 제사하지 않는다.'고 하였
> 습니다. 첩은 사당이 없는데, 이제 이를 고조에게 부한다는 것은, 이를

---

359) 후궁방의 양안은 지위가 변함에 따라 궁방의 명칭도 다르게 나타나는데, 영빈 이
씨의 경우, 영빈방 양안(8종/1종은 장서각 소장), 의열궁 양안(7종), 선희궁 양안(9
종)이 서울대학교 규장각에 소장되어 있다(서울대학교 규장각 엮음, 『궁방양안』,
민속원, 2012, 562~563쪽).

당하여 단(壇)을 만들어서 부한다는 것입니다.『사림광기(事林廣記)』「서모별제조(庶母別祭條)」에 '서모도 역시 신주를 만드는 것이 마땅하나, 다만 사당에 들어갈 수 없고, 아들이 그 사실(私室)에서 제사함이 마땅하다.' 하였는데, 신 등이 서모의 제사의 예를 상세히 참고하건대, 그 사당을 세우지 않고 다만 신주만을 만들어 정결한 방에 모시고 제사하되, 제품(祭品)은 그 아들의 관작을 좇아 하며, 그 제사는 아들 당대에 한하여 하게 하소서." 하니, 그대로 따랐다.360)

위 인용문은 태종의 후궁이자 함녕군(諴寧君)의 어머니 신빈 신씨의 초상 때에 규정된 법이다. 세 가지 사실을 유추해 보면 첫째, 자모나 서모는 아들인 왕자 당대에서만 제사를 지낸다는 점이고 둘째는, 서모의 신주는 사당에 들어갈 수가 없다는 점이며, 셋째는 서모의 신주를 아들의 사실(私室) 중에 정결한 방에서 아들 당대에만 제한해서 제사를 지낸다는 점이다.

자녀를 둔 후궁의 경우에 자녀들을 중심으로 봉사가 이루어졌다. 정빈 홍씨는 선조와의 사이에서 1남 경창군(慶昌君)과 1녀 정정옹주(貞正翁主)를 낳아서 사후에 아들 세대를 이어 손자 4남 3녀와 증손자 평운군(平雲君)과 청평군(淸平君) 등에 이르기까지 봉사되었다.361) 정종의 후궁 숙의 윤씨의 신위는 누년에 걸쳐 평택 모곡동(茅谷洞) 사당에서 모셔졌다. 최근 개발 시책에 따라 송탄시(松炭市, 현재 평택시 모곡동)에 봉안해 온 수도군(守道君) 사당이 개발 지역으로 편입되어 포천시 소흘읍 무림리에 신축한 묵은사(黙隱祠)로 천묘(遷廟)되었다.362)

---

360)『세종실록』권67, 세종 17년 2월 27일(기사).

361) 李景奭, 앞의 책, 민족문화추진회, 1992, 442~443쪽.

362) 전주이씨수도군파문헌록위원회,『全州李氏守道君派文獻綠』, 1994, 148쪽.

<그림 88> 의정궁주 무덤(서울특별시 도봉구 방학동 소재)
태종의 후궁으로 한성부 판윤을 지낸 조뢰의 딸이다. 이곳은 세종의 아들 임영대군의 땅이었는데, 의정궁주의 제사를 임영대군이 맡게 되면서 이곳에 의정궁주를 안장하게 된 것이다.

　때론 왕실에서는 왕명으로 대군 또는 군에게 후사가 없거나 끊어진 후궁들의 제사를 받들도록 하였다. 세종의 넷째 아들 임영대군(臨瀛大君)은 왕명을 받아 태조의 후궁 성빈 원씨와 태종의 후궁 의정궁주 조씨의 제사를 맡았다. 이 때문에 성빈 원씨의 무덤은 임영대군의 장자 오산군(烏山君) 묘역 근처에 있고, 의정궁주 조씨의 무덤은 연산군 묘역 근처에 있다. 연산군의 무덤은 원래 유배지인 강화도였다. 1512년(중종 7) 12월에 강화도에 홍수가 일어나 묘소가 침식되어[363) 연산군의 처인 거창군부인 신씨가 묘소의 이장을 요청하게 되면서[364) 임영대군의 땅인 현재의 자리에 이장되었다. 거창군부인 신씨는 임영대군의 외손녀가 된다. 이 때문에 의정궁주 무덤과 연산군 내외의 무덤이 함께 있게 된 연유이다.

　숙의 하씨는 성종과의 사이에서 오직 계성군(桂城君)만을 두었다. 그런데 계성군이 26살의 젊은 나이로 사망하자 월산대군의 아들 덕풍군(德豐君)의 둘째 아들 계림군(桂林君) 이유(李瑠)가 계성군의 계자가 되

---

363)『중종실록』권17, 중종 7년 12월 10일(경술).
364)『중종실록』권17, 중종 7년 12월 12일(임자).

면서 그녀는 계성군과 함께 계림군의 아들 연양군(延陽君) 등 후손들의 제사를 받게 되었다.

주목되는 점은 살아생전에 왕실 내의 공로 여부에 따라 후대의 왕에 의해 추숭되어 향사되었다는 사실이다. 경빈 이씨는 명종과의 사이에서 왕자녀를 두지 못하였다. 그러나 선조의 후궁 인빈 김씨의 표자(表姊)인 덕분에 그녀가 죽은 뒤에 융숭한 예우를 받았다. 인조의 조모인 인빈 김씨가 입궁하는데 결정적인 역할을 하였기 때문이다. 원래 그녀는 추숭되기 전까지 보통의 후궁들처럼 무덤에 비석만이 세워지고 임시로 거행되는 치제만이 있었다. 그러나 1755년(영조 31)에 영조는 인빈 김씨의 무덤을 순강원으로 봉한 뒤에 곧바로 숙의 이씨도 마땅히 추숭해야 한다는 뜻에 따라 경빈으로 추숭하였고 친히 묘갈을 써서 세우기도 하였다.365) 게다가 경빈 무덤에 식년마다 설날에 내시를 보내어 치제하도록 하였으며 제물은 해당 지역에서 준비하도록 지시 내릴 정도였다.366)

선조의 할머니인 창빈 안씨의 경우에도 경빈 이씨와 마찬가지였다. 그녀는 사후에 일반 후궁의 예우로 대우되었다. 그러나 손자 하성군이 선조로 즉위하면서 그녀는 1577년(선조 10)에 창빈으로 추봉되었고367) 대원군묘의 격으로 향사되었다. 이후 그녀는 1658년(효종 9)에 송준길의 주장에 따라 불천지위(不遷之位)로 정해져 그 자손들이 있는 한 분묘와는 별도로 사당에 위패를 옮기지 않고 영구히 향사될 수 있었다. 심지어 숙종은 1679년(숙종 5)에 수묘 5호를 배치하고 묘비를

---

365) 『영조실록』 권85, 영조 31년 6월 14일(병진).
366) 『영조실록』 권96, 영조 36년 12월 22일(임진).
367) 『선조실록』 권11, 선조 10년 3월 24일(신해).

세우고 비문을 실었다.[368]

일부 후궁에 대한 후대 국왕들의 예우는 왕릉이나 원을 지나가는 길에 치제하는 모습에서도 확인할 수 있다. 정조는 현륭원에서 작헌례를 행하고 수원 행궁에 머물고 있을 때 근처에 있는 세종의 후궁 신빈의 무덤에 치제하도록 명하였고[369] 1797년(정조 21)에는 원종과 인헌왕후의 무덤인 장릉(章陵)에 치제하러 갔다가 부평을 지나는 길에 영조의 후궁 귀인 조씨의 묘소에 내시를 보내서 치제하고 표석을 세우도록 하였다. 그러고는 아래와 같은 치제문을 직접 써서 내려주었다.

> 국왕이 내시 신 모(某)를 보내어 숙원 조씨의 영정에 치제하노라. 말씀하시기를, 영고정가하심이 이남(二南, 시경의 주남과 소남)의 화가 흡족하도다. 영이 오직 차례를 순하게 함에 매우 조심스러운 그 마음이로다. 옷이 땅에 끌리지 아니 함에 찬양이 궁위에 퍼지도다. 밝은 저 작은 별이여 오히려 남은 빛이 있도다. 화유옹주 근강(近崗)에 계시니 심히 평안하도다. 연이 이날 지남에 이에 한 잔을 붓노라.[370]

한편 국가에서는 왕자녀를 출산하지 못한 후궁들을 위해 일괄적으로 제사를 봉향하였다. 아래의 실록 기사는 이러한 정황을 잘 말해준다.

> 하교하기를, "막중한 태묘에서도 조천(祧遷)하여 봉안한 다음에는 단지 봄과 가을에 묘(廟)에서 대향(大享)만 있고, 한식에는 능에 법식대로 천(薦)하니, 예절은 문란할 수 없음이 이러한 것이다. 순회묘와 민회묘 등에 있어서도 대가 멀어지면 사당의 신주를 묻고 묘각에서

---

368) 南九萬, 앞의 책, 민족문화추진회, 1994, 165~166쪽.
369) 『정조실록』 권47, 정조 21년 8월 17일(계축).
370) 黃鍾林, 『永世寶藏』, 태학사, 1998, 168쪽.

한차례 제사할 뿐이다. 수진궁은 후손이 없이 일찍 죽은 비빈 및 대군·공주의 각처의 묘(廟)와 묘(墓)에의 제향이 빈번하여 태묘보다도 더하다. (중략) 이 뒤로는 무릇 수진궁에 부(祔)한 모든 제위(祭位)에게 묘(墓)에는 봄과 가을에, 묘(廟)에는 한식에만 거행하고, 이 이외의 제향은 한결같이 모두 혁파하여 예법이 엄중하게 하고 경비를 절약하도록 하라. 수진궁의 제위 조목 가운데 작호가 없는 이른바 대군 아기씨 및 숙원 장씨·숙의 나씨·명빈 김씨·증 경빈 이씨의 5위(位)에는 단지 묘제(墓祭)만 남겨 두고 묘주(廟主)는 본묘(本墓)에 묻어 두게 하여 내수사로 하여금 해당 궁에 명령을 내어 알도록 하라."[371]

위 인용문에서 보면, 일찍 죽은 왕자와 공주와 함께 자식 없는 후궁의 제사를 수진궁(壽進宮)에서 봉향하였다. 수진궁은 한성부 중부 수진방에 있던 궁으로, 예종의 둘째 아들인 제안대군의 궁가이다. 제안대군은 1469년(성종 즉위) 아버지 예종이 죽을 당시 왕위계승자 1순위였으나, 조카 자을산군인 성종이 후계자로 지목되면서 왕이 되지 못하였다. 그는 1483년(성종 14) 죽은 세종의 셋째 아들인 평원대군(平原大君)의 제사를 모시는 봉사손으로 입양되었다. 따라서 수진궁은 세종의 아들 평원대군이 살던 곳이었고, 제안대군이 평원대군의 제사를 봉향하던 곳이다. 즉 처음에는 왕의 아들을 모시는 사당이었다가 인성대군, 용성대군, 영창대군, 숙신공주, 명혜공주 등 후사가 없는 대군이나 왕자, 혼인하지 못하고 죽은 공주나 옹주, 자식 없는 후궁 등의 제사를 봉향하던 제사궁으로 쓰였다.[372] 특히 자식 없이 죽은 연산군의 후궁 숙원 장씨, 중종의 후궁 숙의 나씨, 태종의 후궁 명빈 김씨, 명종의 후궁 경빈

371)『정조실록』권1, 정조 즉위년 4월 16일(정사).
372) 이순자,『조선의 숨겨진 왕가 이야기』, 평단, 2013, 344쪽.

이씨의 위패를 무덤에 묻고 무덤에서 지내는 제사만을 남겨두었다.

　　예조가 아뢰기를, "(중략) 사향(祀享)하는 의절을 궁속에게 상세히 물어보았더니, 대군·왕자·공주·옹주의 사판(祀版)에 시향(時享)을 드릴 때는 애당초 내시가 제사 일을 맡는 예가 없이 본궁의 궁인 스스로가 거행해 왔고, 대군·왕자·귀인의 묘제를 행할 때는 내시가 그곳에 나아가 제사 일을 맡았다고 하였습니다. 똑같은 사향인데 내시가 어떤 때는 맡고 어떤 때는 맡지 않는 것은 예제에 흠이 되는 일인 듯싶고, 또 정해진 규정도 없으니, 이 뒤로는 사판에 대한 시향이든 아니면 묘소에서 지내는 절향(節享)이든 간에 모두 내시를 차정(差定)해 거행하도록 하소서." 하였다. 【수진궁에서 담당하는 궁내의 사판 및 산소의 제품(祭品)·제의(祭義)·제일(祭日)에 관한 별단은 다음과 같다.

　　1. 5묘(廟)에서 15위(位)의 사판을 봉안하고 있는데, (중략) 귀인 김씨, 소의 유씨 이상 2위를 1묘에 봉안하고 있다. 이상은 모두 봄·가을의 가운데 달 가운데 정일(丁日)에 시향을 거행한다. 2. 묘소에 20위를 봉안하고 있다. 평원대군·강령부부인, 제안대군·상산부부인, 영창대군·명선공주·명혜공주 이상 7위의 묘소는 광주(廣州)에 있고, 용성대군·의창군·양천군부인 이상 3위의 묘소는 풍양(豊壤)에 있고, 낙선군(樂善君)·동원군부인 이상 2위의 묘소는 청송(靑松)에 있고, 숙신공주의 묘소는 서산(西山)에 있고, 귀인 김씨의 묘소는 망우리(忘憂里)에 있고, 소의 유씨의 묘소는 진관(津寬)에 있는데, 매년 한식에 묘소에서는 한 번만 제사를 지낸다. 대군 아기씨의 묘소는 광주에 있고, 숙의 나씨의 묘소는 서산에 있고, 숙원 장씨의 묘소는 연서(延曙)에 있고, 명빈 김씨의 묘소는 아차산(峩嵯山)에 있고, 증 경빈 이씨의 묘소는 풍양에 있는데, 이상은 매년 한식에 제사를 설행한다.】[373]

　　위 인용문에 따르면, 숙종의 후궁으로 자식 없이 죽은 귀인 김씨와

---

373) 『정조실록』 권49, 정조 22년 9월 7일(정묘).

소의 유씨의 위패도 수진궁에 모셔졌다. 그리고 봄과 가을의 가운데 달 중 정일에 제사를 지냈다. 그러다가 1907년(융희 1) 고종이 궁내부령 제1호에 의해 1사 7궁에 소속된 토지의 도장(導掌)을 폐지하고 순종 때 제실 재산 정리국에서 재산을 정리하면서 국유화되었다. 이로써 제사 는 장례원(掌禮院)에서 지내게 된 것이다.[374]

자식을 두지 못한 후궁들은 친정집 조카를 시양자 또는 시양녀로 위 촉하여 자신의 사후에 무덤과 제사를 관리하도록 하였다. 숙의 윤씨는 연산군과의 사이에서 자녀를 두지 못해 친정집 큰 오빠 윤은보의 딸, 판서 권찬(權纘)의 아내이자 조카딸을 시양녀로 삼았고,[375] 단종의 후궁 숙의 김씨는 양자를 들었는데, 모두 제사와 무덤 관리를 미리 위촉하여 봉사하도록 하였다. 숙종의 후궁 영빈 김씨 역시 자식을 두지 못했다. 그러나 숙빈 최씨의 아들 훗날 영조가 되는 연잉군을 친아들처럼 여기 고[376] 영조도 그녀를 어머니로 따라서 그녀 사후에 묘소의 봉분 앞에 팔작지붕 모양의 옥개석을 얹었고, 1795년(영조 13)에는 비문을 세워 주었다. 비문은 의정부 영의정 이의현(李宜顯)이 짓도록 했다.

3) 원과 묘의 규모와 위치: 현존하는 무덤을 중심으로

조선시대 무덤은 무덤 속 주인공의 신분에 따라 능(陵), 원(園), 묘(墓) 세 가지로 구분하여 불렸다. 능은 국왕과 왕비의 무덤을 말한다. 왕릉 은 원래 황제와 황후의 무덤에서 사용되었다. 그러나 태조의 계비 신덕

---

374) 『순종실록』 권1, 순종 즉위년 11월 27일(양력).

375) 『有明朝鮮國廢朝淑儀尹氏墓誌』(이화여자대학교 박물관 소장).

376) 李宜顯, 『陶谷集』 권19, 「墓表」 <寧嬪安東金氏墓表> (『한국문집총간』 181, 1998, 246쪽); 황수연 외, 『18세기 여성 생활사 자료집』 7, 보고사, 2010, 311~314쪽.

왕후의 무덤을 정릉(貞陵)이라 칭한 이후부터[377] 조선시대 국왕과 왕비의 무덤을 능이라 칭했다.

원은 왕세자와 왕세자빈, 왕세손 및 선왕의 후궁이자 국왕의 사친의 무덤을 말한다. 그런데 원은 조선 전기에는 나타나지 않았던 무덤이다. 원이 처음 나타난 시기는 인조 대였는데, 인빈 김씨의 손자이자 정원군의 둘째 아들로 태어난 능양군인 인조가 국왕이 되었기 때문이다. 능양군이 왕위에 오르면서 생부인 정원군과 생모인 연주군부인의 무덤을 각기 흥경원(興慶園)과 육경원(毓慶園)으로 승격시키면서[378] 이때부터 원은 국왕을 낳은 사친의 무덤으로 널리 불리게 되었다.

묘는 능과 원에 해당되지 않는 사대부와 일반 서민의 무덤으로, 능과 원의 주인공이 될 수 없는 그 외 왕족 구성원의 무덤을 말한다. 왕자녀를 생산한 후궁들과 그렇지 않은 후궁들, 그리고 대군, 군, 공주, 옹주의 무덤을 일컬었다. 물론 왕위에 오르지 못한 세자와 그 부인, 대원군 등의 무덤도 여기에 속한다. 현존하고 있는 후궁의 무덤인 원과 묘의 규모를 살펴보면 <별첨 2>와 같다.

조선시대의 묘제는 궁원제의 시행과 맞물려 피장자의 신분에 따라 능·원·묘로 구분하였음은 물론 왕릉을 비롯하여 서인의 묘에 이르기까지 각종 석물을 배설하여 묘역을 장식하였다. 무덤의 위계에 따라서 규모는 물론, 묘역에 배설할 수 있는 석물의 종류가 달랐다.

현재 남아 있는 후궁들의 무덤 모습은 크게 다섯 가지로 구분할 수 있다. 능의 규모, 원의 규모, 묘의 규모, 일제 강점기에 서삼릉 능역으로 한데 모아놓은 무덤군, 그리고 정치적인 사건에 교수형을 당해 실전된

---

377) 『태조실록』 권10, 태조 5년 9월 28일(계미).
378) 『인조실록』 권12, 인조 4년 4월 1일(계유).

<그림 89> 성묘(경기도 남양주시 진건읍 소재)
성묘(成墓)는 선조의 후궁이자 광해군의 생모인 공빈 김씨의 묘소이다(사적 제365호). 처음 광해군은 1610년(광해군 2)에 공빈 김씨를 공성왕후(恭聖王后)로 추존하면서 성묘를 성릉(成陵)으로 추봉하고 석물을 왕릉의 능제에 맞게 조성하였다. 그러나 인조반정으로 공성왕후에서 공빈으로 강등되어 현재의 성묘가 되었다.

경우이다. 오늘날 남아 있는 무덤의 경우에도 석물이 개수(改修)되거나 교체(交替) 등 변형이 보인다.

능의 규모로 남아있는 무덤은 성묘(成墓)다. 성묘의 주인공은 선조의 후궁이자 광해군의 사친인 공빈 김씨이다. 1577년(선조 10)에 그녀가 25살의 나이로 산후병으로 세상을 떠나자 현재의 자리인 남양주시 진건읍 송릉리에 조성되었다. 아들 광해군이 즉위하면서 1610년(광해군 2)에 자숙단인공성왕후(慈淑端仁恭聖王后)로 추존되어 성묘에서 성릉(成陵)의 능호로 추봉되었다.[379] 3년 뒤인 1613년(광해군 5)에 명나라에 사신을 파견하여 왕후 책봉의 고명과 관복을 받아와 태묘에 고하기도 했다.[380]

그러나 1623년에 인조반정으로 광해군이 폐위되면서 공성왕후의 시호가 공빈으로 추탈되었고, 성릉의 능호도 다시 성묘로 강등되었으며, 고명과 관복은 불태워졌다.[381] 당시 인조가 성묘 주변에 있는 조맹(趙孟)의 봉분을 다시 만들고 공빈의 석물을 허물라는 명령을 내렸지

379) 『광해군일기』 권26, 광해군 2년 3월 29일(을사).
380) 『광해군일기』 권73, 광해군 5년 12월 11일(갑오).
381) 『인조실록』 권1, 인조 1년 3월 18일(무신).

만382), 다행히 추숭 당시에 조성되었던 석물 등이 그대로 보존되어 여느 왕릉과 같은 모습이다.

성묘는 능의 형태를 따라 산을 등지고 수풀을 배경으로 동, 서, 북 삼면으로 곡장을 둘렀다. 곡장 안에 봉분을 만들고 그 밑부분에 병풍석을 둘러 봉분의 토사가 흘러내리는 것을 방지했고 봉분 주위를 난간석으로 둘러 보호하였다. 능을 지키는 수호신인 석호와 사악한 것을 물리친다는 석양이 봉분 주위를 보호하는 모습이다. 봉분 앞 상석과 그 아래 귀면을 새긴 고석(鼓石), 상석 좌우에 있는 망주석, 장명등, 그리고 문인석과 무인석이 각각 석마와 함께 서 있다. 능역은 크게 능침(봉분 주변) 공간, 제향(참도, 정자각 주변) 공간, 진입(재실, 전사청 주변) 공간 세 부분으로 나뉘는데, 성묘는 제향과 진입 공간이 없다. 그러나 후궁의 신분으로서는 유일하게 능의 규모로 조성되어 비석과 상석을 비롯해서 문인석, 무인석, 석양, 석호, 석마, 동자상이 배열되어 현재까지 남아 있다.

무덤 속 주인공의 지위 변화로 묘에서 능으로, 능에서 묘로 강등된 또 다른 사례는 회묘(懷墓)이다. 회묘는 후궁에서 왕비로 승격한 성종의 왕비이자 연산군의 생모인 폐비 윤씨의 무덤이다. 그녀 사후 경기도 장단에 묻혔으나, 풍수상 길지가 아니라는 지관의 의견을 따라서 1488년(성종 19)에 양주 천장산, 오늘날 서울특별시 동대문구 회기동 경희의료원 자리로 이장하였다. 성종은 특별히 '윤씨지묘'라는 묘비를 세우도록 하고 묘지기 2명을 보내 속절마다 제사를 지내게 하되 영구히 고치지 못하도록 하였다.383)

---

382)『인조실록』권22, 인조 8년 5월 21일(경자).
383)『성종실록』권228, 성종 20년 5월 20일(정축).

<그림 90> 회묘(경기도 고양시 덕양구 소재)

회묘(懷墓)는 성종의 후궁이자 연산군의 생모인 폐비 윤씨의 묘소이다. 연산군은 1504년(연산군 10)에 폐비 윤씨를 제헌왕후(齊獻王后)로 추존하면서 회묘를 회릉으로 승격시켰다. 그러나 중종반정으로 다시 회묘로 강등되었다.

왕위에 오른 연산군은 1496년(연산군 2)에 효사묘(孝思廟)라는 사묘(私廟)를 짓고 그 이후 제헌왕후(齊獻王后)의 시호와 함께 그녀의 묘호를 회릉(懷陵)으로 추봉하였다.[384] 그러나 중종반정으로 연산군이 폐위되면서 관작 모두 박탈되어 회릉 역시 회묘로 강등되었다. 이처럼 연산군의 부침으로 묘제 역시 회묘에서 회릉으로, 회릉에서 회묘로 번복됨에 따라 왕릉에서 볼 수 있는 진입 공간과 제향 공간의 부속 건물과 능비 등은 사라졌다. 하지만 이 회묘에는 동물석 12기, 문인석 2기, 장군석 2기, 장명등 1기, 망주석 2기, 상석 1기 등 능침에 있던 석물만큼은 비교적 온전하게 남아있어 능의 외관을 잘 갖추고 있다.

원의 경우에는 봉분을 비롯하여 곡장, 상석, 망주석, 장명등, 정자각, 재실 등 대부분이 능과 거의 비슷하게 배설되었으나 그 규모가 능에 비해 작고 봉분의 병풍석과 난간석은 대부분 생략되었다. 특히 무인석의 경우 왕릉만이 설치할 수 있었는데, 왕만이 군사를 거느릴 수 있었기 때문이다. 조선 왕릉에서 문인석과 함께 배설되어 문무관원의 배향을

---

384) 『연산군일기』 권52, 연산군 10년 3월 24일(을유); 『연산군일기』 권52, 연산군 10년 3월 25일(병술).

〈그림 91〉 성빈 원씨 무덤(서울
특별시 도봉구 방학동 소재)
성비 원씨는 원상(元庠)의 딸이자
태조의 후궁이다. 성빈의 무덤은 세
종의 4남 임영대군의 아들 오산군
(烏山君)의 묘역에 있는데, 오산군
이 원씨의 제사를 담당하였기 때문
이다.

받는 것이 중요하였음을 엿볼 수 있다. 그러나 후궁의 신분이었던 그들
의 무덤에는 무인석은 배설되지 않았으며 일부 무덤에서 동자상을 배
치하였다. 능실에만 세우는 석양과 석호를 세우지 않았다. 왕릉의 피장
자에 대한 제사는 정자각에서 거행되었기 때문에 능침 앞에 혼유석을
두었다. 그러나 후궁의 무덤 앞에는 혼유석 대신에 상석(床石)을 향로
석과 함께 두어 그곳에서 제사를 드리도록 했다.

실제로 국왕의 사친이 아닌데도 원칙에 위배되는 시호와 궁원제에
적용된 정조의 후궁 원빈 홍씨는 국가 전례에 어긋난다는 논의에 따라
그녀의 궁원이 혁파된 바 있었다.[385] 그녀의 무덤 인명원이 조성된 지
7년 만에 묘의 위격으로 바뀌자 정자각과 홍살문을 헐고 비석을 고쳐
서 새기고 호석(護石)을 없애며 수봉관을 변통하는 절차를 시행하도록
하였다. 그 중에서 정자각은 배위청을 없애고 정당은 제청으로 사용하
였다.

대다수 후궁의 무덤은 사대부와 일반 서민의 무덤과 같다. 봉분의 형
태를 보면, 조선 초기에는 고려 묘제에 영향을 받았다. 태조의 후궁 성

---

385) 본서 4장 3절의 2) 참조.

그림 92〉 서삼릉 후궁묘(경기도 고양시 덕양구 소재)와 숙의 기씨 무덤(경기도 여주시 강천면 소재, 오른쪽)
후궁의 묘 19기는 일제 강점기와 해방 이후에 옮겨온 것으로, 모두 하나의 곡장 안에 있다. 비공개 지역이며 사적 제200호로
지정되어 있다. 숙의 기씨는 정종의 후궁이자 정석군(貞石君)의 어머니이다.

빈 원씨의 무덤은 이를 잘 보여주는데 호석을 두른 직사각형 무덤, 방
형분(方形墳)이 일부 사용되었다. 그러나 일반 후궁들의 묘는 대개 유
형(乳形), 즉 젖가슴 모양을 이루는데 정면에서 보면 반원형의 모습이
다. 봉분 앞이나 오른쪽에는 묘비를 세우고, 혼유석, 상석, 향로석을 놓
고, 좌우에 한쌍의 망주석, 장명등, 동자석, 문인석 등을 배설하였다.

서삼릉의 능역 안에는 조선 후궁 가운데 19명의 묘가 한곳에 모셔져
있다.386) 이 무덤들은 한 능역 안에 자리 잡고 있으며 각각 설치된 상석
과 비석은 천장 때 함께 옮겨온 것이다. 그리고 모든 묘를 아울러 전체
하나의 곡장을 설치하였다. 서삼릉 능역 안에 있는 무덤들은 묘비만은
천장 때 함께 옮겨 온 것으로 보이는데, 당시 이장 할 때 옛 무덤 자리에
있었던 기본적인 석물을 그대로 두고 오거나 방치하였을 것이라 생각
된다.

---

386) 李殷滿, 『西三陵』, 고양시향토문화보존회, 2007, 115~121쪽. 그러나 문화재청이
　　 발표한 보도자료(2020. 10. 15)에는 귀인 박씨(철종), 귀인 조씨(철종), 귀인 장씨
　　 (고종)가 포함된 21기였다.

무덤조차 없거나 실전되어 단으로 남아 있는 경우도 있다. 세종의 후궁 혜빈 양씨의 무덤은 실전되었다.[387] 그녀는 세조 때 금성대군 등과 결탁하여 단종의 복위를 도모하다 1455년(세조 1)에 교수형을 당하였다.[388] 이후 1712년(숙종 38)에 관작과 봉호가 복권되어 문혜(文惠)라는 시호를 받았지만[389] 비명횡사하는 바람에 그녀의 무덤을 찾을 길이 없다. 1791년(정조 15) 경혜공주의 수기에 따르면, 종조부 양치(楊治)가 그녀의 유해를 몰래 거두어 포천 기당리 세장산에다 평지같이 평평하게 메워 묻었다고 한다. 이후 충청북도 충주시 용관동(龍觀洞)에 있는 사당에 큰아들 한남군과 함께 배향되었다.

영빈 강씨의 경우에도 마찬가지였다 아들 화의군이 단종복위운동에 가담해 혜빈 양씨와 금성대군과 함께 화를 입어 전라도 금산(錦山)에 유배되자, 그녀의 작호가 삭탈되었다. 1799년(정조 23) 사릉에 배향되었다는 점을 감안한다면[390] 그녀 역시 단종복위운동에 가담해 살아생전에 고충을 겪었던 것으로 보인다. 이 때문에 그녀의 무덤은 실전되고 없다.

정종의 후궁 성빈 지씨의 경우는 무덤이 실전되었지만, 특이하다. 그녀는 원래 북한 황해도 개풍군 광덕산에 의단이 있으나, 다섯 아들인 의평군(義平君), 선성군(宣城君), 덕천군(德泉郡), 임성군(任城郡), 도평군(桃平君)의 후손들에 의해 고양시 덕양구 오금동 산막골 마을에 의단이 건립되었다. 숙의 기씨 역시 실전되어 경기도 여주시 강천면 가야리

387) 본서 4장 1절의 1) 참조.
388) 『세조실록』 권2, 세조 1년 11월 9일(경진).
389) 『숙종실록』 권51, 숙종 38년 4월 28일(경진); 『숙종실록』 권53, 숙종 39년 4월 2일(기유).
390) 『일성록』 정조 23년(1799) 8월 22일(기미).

에 단이 조성되었을 뿐이다.

사도세자 장조의 후궁 숙빈 임씨의 경우에는 제단조차 마련되지 못한 상태이다. 처음 그녀의 무덤은 김포 양촌면이었다. 김포 양촌면 일대가 그녀의 출생 지역이었음을 고려해 본다면, 친정집과 무관하지 않다. 그러나 무슨 이유 때문인지 양주군 금촌(金村) 이패리(二牌里), 오늘날 남양주시 이패동 계암(鷄巖)으로 이장되었다. 그리고 1779년(정조 3)에 제주도에서 사망한 아들 은신군이 이곳에 매장되면서 이 일대를 '왕자궁 부락'이라 불리게 되었다. 그러나 은신군이 양주군 화도면, 지금의 남양주시 화도읍으로 이장되면서 그녀의 묘소는 실전되었다. 더구나 은언군과 은신군 모두 직계가 단절되는 바람에 그녀의 후손들은 사실상 남아있지 않은 상태이다.

한편 왕실의 무덤은 대부분 도성과의 거리가 가까운 경기 지역에 조성하는 것이 원칙이었다. 이에 왕실구성원인 후궁의 무덤 역시 대부분 서울을 중심으로 하여 경기도 일대에 분포하고 있다. 확인할 수 있는 초장지를 살펴보면, 한성을 비롯하여 양주, 남양부[화성], 부평, 수원, 과천 등이었다. 현존하고 있는 무덤의 위치를 살펴보면 <별첨 3>과 같다.

무덤은 일부 평지에 조성된 경우가 없지 않으나, 유교의 영향이 강해진 조선시대에 풍수지리의 영향을 강하게 받으면서 무덤의 위치가 대체로 산등성이에 자리하게 되었다. 무덤의 위치는 후궁이 사망하면 조정에서 보낸 지관이나 지방에 풍수에 밝은 자를 보내 택지하여 선정하였다. 풍수지리설에 따라 길흉을 점치는 풍조가 만연한 까닭에 장사한 이후에도 땅이 흉하다는 이유로 더 나은 길지를 찾아 이장하였다. 선조의 후궁 정빈 홍씨는 1638년(인조 16) 5월 15일에 수원 광교산에 예장했다가 1645년(인조 23)에 다시 통진현(通津縣) 북가좌동(北嘉佐洞) 해좌의 언덕에 이장되었다. 창빈 안씨의 경우에도 1549년(명종 4)에 사망하고 다음 해 3월에 양주 장흥리(長興里)에 예장하였다가 묏자리가 좋지 않다는 의견에 따라 과천현 동작리(洞雀里), 오늘날 서울특별시 동작구 동작동 현충원(제1묘역)으로 이장되었다.

대체로 묏자리는 풍수지리를 고려하여 좋은 장소를 찾았지만 무엇보다 무덤 주인공의 연고지일 가능성이 높다. 왕자녀를 둔 후궁은 먼저 죽은 아들의 묘소 근처나 친정 집안의 선산에 묻혔다. 실제로 중종의 후궁 귀인 한씨는 슬하에 자녀를 두지 못해 모친의 무덤이 있었던 양주의 언덕에 묻혔고, 희빈 홍씨는 양주의 군치 서쪽 불광리 앵산 임좌병향의 언덕에 매장되었는데, 앞서 죽은 아들 금원군 무덤과의 거리가 14보에 있었기 때문이다.

성종의 후궁 귀인 엄씨의 경우엔 영월 엄씨의 선산에 있는 부친 엄산수의 묘소 옆에 묻혔고, 선조의 후궁 귀인 정씨는 선산인 경기도 고양시 덕양구 관산동에 있는 조부 정유침과 부친 정황의 옆에 묻혔다. 철종의 후궁 숙의 범씨는 양주 답동(畓洞) 용성부대부인(龍城府大夫人) 염씨(廉氏)의 묘소 안산 아래에 묻혔는데, 용성부대부인은 전계대원군(全溪大院君)의 아내이자 이원범(李元範)의 생모로, 범씨에게 시어머니가 된다.

후궁의 무덤 장소는 당대 국왕이 최종적으로 결정한 것으로 보인다. 정조는 의빈 성씨를 5세에 요절한 문효세자가 묻혀있는 장소 부근에 묻어주었는데[391], 이는 살아서 못 다한 모자의 정을 죽어서 함께 나누

---

391) 『정조실록』 권22, 정조 10년 11월 20일(경인).

기를 바라는 마음에서였다. 의빈 성씨는 자신이 낳은 문효세자보다 신분이 낮았기 때문에 사실상 아들 옆에 묻힐 수 없었다. 이는 숙빈 최씨의 무덤 자리를 물색 중이었던 숙종이 명선공주와 명혜공주의 무덤 근처를 후보지로 추천한 내관 장후재를 파직했던 사실에서 알 수 있다.[392]

오늘날 남아있는 후궁의 무덤은 장례 뒤에 묻혔던 초장지와 다르다. 풍수지리설에 따른 이장 이외에 다른 이유는 일제 강점기 때에 일제에 의한 강제 이장과 도시 계획 등의 이유 때문이었다. 숙종의 후궁 명빈 박씨는 경기도 금천현(衿川縣) 번당리(樊塘里), 현재 서울특별시 동작구 대방동에 묻혔다. 그러나 1935년 경성부 구획정리 때 충청남도 예산군 덕산면인 옛날 가야사 터 부근에 아들 연령군과 함께 이장되었는데, 이곳은 연령군의 양증손자 남연군의 묘소가 있는 곳이기 때문이다.

광복 이후에는 대체로 도시계획 개발로 이장되었다. 문종의 후궁 숙의 문씨의 무덤은 탁옥봉(琢玉峯) 남쪽에 오랫동안 방치되어 오다가 1997년 연희지구의 개발로 인천광역시 서구 심곡동으로 이장되었다. 이곳은 정종의 14남 정석군(貞石君)의 5세손 이비(李備)의 묘역으로, 후사를 두지 못한 장숙모 숙의 문씨를 향사하였기 때문이다.

성종의 후궁 숙의 하씨 역시 경기도 시흥군 동면 신림리에 묻혔으나, 1971년 서울시의 도시 확장 계획으로 인해 충청남도 천안시 목천면 송전리로 아들 계성군(桂城君)과 함께 이장되었다. 고종의 후궁 귀인 장씨는 초장지를 알 수 없다. 그러나 이후 남부 두모포 화양정에 이장되었다가 1965년 도시개발로 인해 서삼릉으로 옮겨졌고, 2009년 6월에 또다시 경기도 남양주시 홍유릉 안 후궁 묘역으로 옮겨졌다. 성종의 후

---

392) 『숙종실록』 권61, 숙종 44년 4월 20일(무술).

궁 숙의 정씨의 무덤은 2002년 양주 고읍지구 택지 개발사업 탓에 문화유적 지표조사 보고서에만 확인이 될 뿐,[393] 어디로 이장되었는지 현재 행방불명이다.

서삼릉 능역으로 이장된 후궁의 무덤은 대체로 일제 강점기 때에 옮긴 무덤들로서 이왕가의 소유인 왕실 땅이고, 도시 계획과 개발에 장애가 된다고 판단하였기 때문이다. 이들 무덤은 후손이 없어 이장하는 데에 큰 어려움이 없었던 것으로 보인다. 순조의 후궁 숙의 박씨의 무덤은 정조의 아들인 문효세자의 묘 근처에 마련되었으나 1945년 3월에 이곳으로 강제 이장되었고, 정조의 후궁 화빈 윤씨는 1937년 서울특별시 서대문구 북아현동에서, 헌종의 후궁 경빈 김씨는 1938년 한성부 남부 두모방(豆毛坊) 진팔리(陳八里)에서 강제 이장되었다. 그 외에 후궁들의 무덤이 이장되면서 1970년 5월 26일에 이곳은 사적 제200호로 지정되기에 이른다.

---

393) 한국문화재보호재단, 『학술조사보고서 제122책 양주 고읍지구 택지개발사업 예정부지 문화유적 지표조사 보고서』, 2002, 38~47쪽.

5장

맺음말: 후궁의 위상과 자리매김

이 책은 조선시대 후궁 175명의 일상을 검토한 결과물이다. 본 연구 주제는 크게 제도, 삶, 죽음, 세 가지로 후궁제도가 어떻게 마련되고 중국과 어떻게 다른가, 어떤 여성이 후궁에 뽑혔는가, 후궁이 된 뒤에는 어떻게 생활하고 어디에서 왜 죽었는가, 그리고 국가에선 그들에게 일생 동안 어떤 대우를 해 주었는가 하는 문제이다. 이 세 주제는 서로 동떨어진 것이 아니라 궁극적으로 여필종부라는 유교적 규범이 전반적으로 지배되는 조선 사회에서 누가 어떤 제도 속에서 후궁에 선발되어 일상을 어떻게 누리며 살다가 죽었는가에 대한 탐구로 귀결시키고자 했다.

제2장은 제도적인 측면에서 부여된 후궁의 위상을 공적인 여성이라는 주제어로 접근했다. 이를 설명하기 위해 1428년(세종 10) 내명부의 제정과 『경국대전』 내명부 규정의 개정 및 정착되는 과정을 살펴보았

다. 조선시대 후궁을 이해하는 데 알아두어야 할 기본적인 후궁제의 역사적 기원과 후궁의 칭호 및 범주 등을 함께 검토함으로써 내명부 안에서의 후궁의 위상을 역사적으로 해석했다.

내명부는 국왕의 부실이었던 후궁의 사적 지위를 생전에 공적 지위로 격상시켜 준 제도였다. 유교적 이념이 확립되었던 조선 사회에서는 다처제를 인정하지 않았기 때문에 정식 혼례절차를 거친 한 명의 배우자만을 적처로 인정하였고, 기타의 여성들은 혼례절차 없이 첩으로 받아들여졌다. 왕실에서 국왕의 정실부인은 최고의 지위를 지닌 왕비이고 첩은 후궁이다. 즉, 가부장적인 가족 제도의 정점에 서 있었던 왕비에 비해 후궁은 왕실가족의 주변에 있었던 또 다른 타자(他者)였다. 이 때문에 후궁은 배우자인 왕에 대해 부부로 칭할 수 없었고 주군과 신첩의 관계로 인식되었다. 이러한 상황에서 일부일처제인 조선에서 왕의 첩인 후궁을 합법적으로 궁궐에 두려면 명분이 필요했는데, 그것이 바로 내명부 제도였다.

법으로 규정한 내명부에 편입시켜 그들에게 임무를 부여하는 것만큼 이보다 좋은 명분은 없었다. 조선왕조의 법전인『경국대전』의 내명부를 살펴보면, 내명부는 기능상 크게 내관과 궁관으로 나뉘었다. 내관과 궁관 모두 궁궐 안에 기거하며 왕비 아래 공식적인 위계를 가진 여성 관료, 즉 여관이었다. 궁관은 궁궐에서 일하는 전문직 여성들이다. 그들은 종9품 주변궁에서 정5품 상궁에 오르기까지의 품계와 업무를 갖고 있었다. 궁관에 반해 내관은 왕의 후궁들이다. 왕의 후궁들은 종4품 숙원에서 정1품 빈에 이르기까지 품계에 따라 각기 해당하는 내명부의 일정한 직무를 갖고 있었다.

1품에 해당하는 빈과 귀인의 역할은 왕비를 보좌하여 부인의 행동규범을 의논하는 것이었다. 왕의 부인이 갖춰야 할 행동규범에 대해 왕후에게 진언하는 것이 이들의 임무였다. 2품인 소의와 숙의의 역할도 빈과 귀인과 크게 다르지 않다. 1품과 2품 후궁들의 임무는 이처럼 상당히 추상적이었다. 하지만 3품과 4품 후궁들의 임무는 제법 구체적이다. 3품인 소용, 숙용은 제사 지내는 일과 손님맞이에 관한 사무를 처리한다고 했다. 물론 제사 및 손님맞이는 왕비와 관련된 사항에 한정된다. 국가적인 제사나 손님맞이는 예조의 사무였기 때문이다. 4품인 소원과 숙원은 왕과 왕비가 평상시에 한가롭게 거처하는 장소와 잠자리인 연침을 관장하고 명주와 모시를 길쌈해 해마다 준비한다고 했다.

조선시대 후궁은 이처럼 여관의 일원으로서, 공인이었다. 그들은 왕과의 개인적 관계에 머물지 않고 명실상부한 공적인 여성이 되면서 왕비를 보필하는 직무를 담당하게 된 것이다. 게다가 이들의 명호를 올바로 세우는 데 더하여 정1품~종4품의 관료체계 속으로 흡수하고 이들을 서열화함으로써 일사불란한 위계질서를 확립하고자 했다. 이는 유교적인 신분 질서를 추구하면서 그들의 위상을 법제상으로 뒷받침해 준 것이다.

조선시대 왕실은 왕과 왕실 여성을 중심으로 하는 가정이자 국가였다. 왕은 최고의 지존이자 최고 권력자이며, 왕비는 조선의 여성 가운데 절대 권력의 중심부에 있는 여성이었다. 왕비는 국왕의 정실 배우자로서 국왕을 내조하며, 위로는 종묘의 제사를 받들고, 윗전인 대왕대비, 왕대비를 모시며, 아래로는 왕자, 왕손을 양육하여 대통을 잇게 하는 등의 임무를 담당하였다. 이러한 왕비는 사가의 부부가 가업을 함께 이루어 나가듯이 군주인 왕과 더불어 왕업을 수행했다.

이상적인 유교 국가를 지향했던 조선 사회에서 왕실 여성의 역할로서의 내치와 내조는 조선시대를 관통하며 왕실 여성에게 일관되게 요구된 덕목이었다. 왕비의 내조는 남편인 왕과 함께 교화의 정치를 이루어 가는 공적인 정치 주체로서의 왕비 역할이었다. 왕실에서 후궁 역시 왕비와 함께 가업의 한 축을 맡게 되길 요구되었다. 그런 만큼 후궁들에게 왕비와 마찬가지로 내치가 강조된 것이다. 이처럼 후궁들은 천하 내치를 주관하는 왕비의 조력자이자 왕비와 함께 내치를 수행할 일종의 '왕실 여성군'에 속한 일원이었다. 내명부 조항이 『경국대전』을 비롯하여 법전에 맨 첫 조항에 있는 것은 공적인 여성으로서의 그들의 위상이 매우 높았음을 의미한다.

제3장은 후궁의 일상 경험과 거기에 수반되는 의례를 통해서 삶 속에 부여된 그들의 위상을 살펴보았다. 국왕의 사적인 여성을 공적 지위로 뒷받침해 준 후궁의 위상은 그들의 삶 속에서 확연히 드러났다. 출생, 성인, 결혼, 출산 등 한 집안에서 태어나 후궁이 되는 순간부터 죽기 전까지의 궁궐 생활 등 일상에서 행해지는 다양한 측면을 복합적으로 검토함으로써 후궁 175명의 일상적인 모습과 역사적 자취를 실증적으로 다루었다.

후궁들의 삶이란 태어나서 사망하기 전까지를 말한다. 일반적으로 후궁은 크게 간택후궁과 비간택 후궁으로 구분된다. 간택후궁은 왕비처럼 간택의 절차를 거쳐 가례를 치른 사대부 집안 여성이고, 비간택 후궁은 가례 절차 없이 궁녀로 있는 동안 국왕의 눈에 들어 승은을 입었거나 기타 여러 가지 샛길로 지명된 한미한 집안 여성이다.

사대부 집안에서 태어난 간택후궁 예비 여성들은 『소학』, 『내훈』 등 여성 교육서를 읽으면서 현모양처를 이상적인 여성상으로 삼아 아녀자로서 갖추어야 할 유교적 소양을 익혀 나갔다. 반면, 한미한 집안에서 태어난 비간택 후궁 예비 여성들은 어려운 가정형편에 따른 생계를 위해 또는 권력자들에 의해 입궁한 전직 궁녀 출신들로서 생각시 때부터 궁중 법도와 궁궐 생활의 모든 일을 습득해 나갔다.

간택후궁과 비간택 후궁의 신분 차이는 후궁이 되는 첫 관문인 간택과 결혼 의식 여부를 통해 알 수 있다. 간택후궁은 삼간택에서 최종 선발된 이후에 혼례인 가례를 행하였다. 이러한 혼례 행사는 간택후궁의 위상을 내외명부에 선포하는 일일뿐만 아니라 왕권의 위상을 대외적으로 과시하는 데 좋은 방법이었다. 책봉된 왕비에게 그 증표로 옥책을 비롯해 금인, 교명, 최고 예복인 명복 등을 내려준 것과 달리 간택후궁은 임명장인 교명만을 받았다. 반면 비간택 후궁의 경우엔 교지를 받았다. 주목되는 점은 광계사를 목적으로 선발된 간택후궁은 왕비에 버금가는 존재로 그 지위가 격상되었고 해당 가문들의 정치적 입지 역시 더욱 공고해졌다는 사실이다. 이처럼 교명 또는 교지 같은 상징물을 이용해 후궁은 그 지위를 공인받았을 뿐만 아니라 자신들의 지위에 맞은 다양한 생활과 활동을 보장받았다.

그런데 명문 대가에서 태어난 간택후궁이나 왕의 총애를 입은 비간택 후궁은 자신의 앞날을 보장받을 수 없었다. 궁궐은 지극히 정치적인 공간이었고, 왕의 사랑은 영속적인 것이 아니었기 때문이다. 불완전한 후궁의 위상을 보다 안전하게 담보할 수 있는 장치가 바로 왕의 자녀를 낳은 일이다. 그들이 왕자나 옹주를 낳는다는 것은 곧 그들에게 더 높은 지위와 영향력을 가져다주는 일이었다.

왕조를 유지해야 했던 조선시대에 훗날 왕위를 이을 왕자의 존재란 왕권 강화를 위해서 무엇보다도 중요한 기반이었다. 그런 면에서 국왕과 왕비는 종사를 잇는 일에 으뜸가는 공동 책임자였다. 그런데 왕비에게 자식이 없는 경우에 언제든지 후궁이 그 역할을 대신 맡았다. 왕비소생이 없는 상황에서 후궁이 왕자를 낳으면, 적첩을 따지지 않고 왕위계승자가 되었기 때문에 왕자를 낳는 후궁들은 미래가 한층 더 공고해그 위상은 매우 높았다. 그런 의미에서 왕비와 더불어 후궁 역시 왕실을 유지하고 번영시키는 중책을 맡은 공동 책임자였다. 이처럼 왕실 내에서 자녀 출산은 왕실의 자손을 번창시킨다는 의미에서 왕비뿐만 아니라 후궁에게 중요한 의무이자 중요한 사안이었다.

출산은 왕의 총애 못지않게 모든 후궁에게 절실한 것이었다. 이에 광계사를 소망하는 왕실과 국가에서는 왕의 자녀를 낳을 후궁의 출산 과정인 태교에서 출산 전의 분만실 준비 및 출산 이후의 세욕, 세태, 권초례, 산후 관리 등에 수반된 일정한 제도와 의례에 심혈을 기울였다. 이에 조정에서는 현대적 의술이 없는 상황에서 산모인 후궁과 왕자녀인태아의 안전한 출산을 바라는 마음에서 왕비와 마찬가지로 국가적인차원에서 의례 준비와 최선의 의학적 지원을 아끼지 않았다. 태어난 후궁 소생의 왕자와 옹주 역시 왕후 소생의 대군과 공주와 마찬가지로 태어날 때부터 고귀한 신분을 보장받았다. 조선의 유교적인 신분 질서에따른 예법 질서로 왕실 내 여성의 지위에 따라 출산 담당 기관의 규모와 행사 담당자들의 지위 등 운영 면에서 신분적 격차를 두었을 뿐이다. 또한 적서의 구별이 엄격했던 조선 사회에 후궁이 낳은 왕자와 옹주는 왕후가 낳은 대군과 공주에 비해 법적으로 차별 대우를 받았다.

유교 명분주의 이념에 따른 신분적 질서를 표방한 모습은 후궁에게내리는 봉작 승급 상황에서도 엿볼 수 있다. 특정한 집안에서 후궁을맞이하는 일은 정치적인 역학 관계와 밀접한 연관성이 있었다. 이에 명문대가 출신인 간택후궁에게 종2품 숙의 품계를 내려주었다. 이는 3~4품의 품계를 받은 비간택 후궁보다 두 단계가 높고, 왕비보다 두 단계 낮은 것이다. 특히 간택후궁은 왕비가 공석일 때에 그 역할을 대신해 정비로 승격될 수 있었다. 간택후궁에 대한 예우는 이후 더욱 높아져 왕실에서는 간택후궁에게 처음부터 1품직의 승진을 약속하였고 비간택 후궁에게도 현왕 때에 1품직을 제수하였다. 이 외에 국가에서 후궁에게 내려준 경제적 지원과 생활 공간 및 각종 특전은 왕이 죽는다고 해도 그들의 공적 지위를 유지한 채 계속 지급되었다.

제4장은 일상생활의 중요한 부분을 차지하는 죽음 의례를 통해서 거기에 부여된 후궁의 위상을 살펴보았다. 명문화되고 제도화된 후궁의 지위는 그들이 사망한 이후 국가에서 거행된 상장례 의식에서 한층 더 표출되었다. 이에 왕실 여성들의 신분과 지위에 따라 달리하는 후궁 네 명의 죽음 의례 절차를 자세히 살펴보고, 사망 이후에도 이들을 위해 국가에서 예우해 준 사당과 무덤 조성 등을 실증적으로 검토했다. 특히 왕을 낳은 7명의 후궁에게 국가에서 예우해 준 궁원과 그 외의 후궁들의 묘묘를 함께 살펴봄으로써 위계질서에 따라 달리 대우하는 모습을 살펴보았다.

후궁의 상장례는 세자, 세자빈과 같은 예장이었다. 예장은 조선시대 후궁이 왕실 안에서의 신분적 지위를 명확하게 드러내는 증표이자 내명부의 계급적 위상을 재확인하는 의미다. 유교문화권인 조선 사회에서 상장례는 동일한 형식의 절차 의식을 취하지만 그 지위에 따라 차등적인 의례가 적용되었다. 이에 왕후의 장례인 국장과 후궁의 장례인 예장 등의 상장 절차 전반에 관한 내용을 살펴봄으로써 국장과 예장의 용어와 규모, 격식 등을 통해 신분에 따른 차이를 검토했다.

희빈 장씨, 숙빈 최씨, 원빈 홍씨, 수빈 박씨 등 네 명의 죽음 의례 절차는 후궁의 신분과 지위에 따라 예장이 어떻게 다른지를 잘 보여준다. 사망 당시에 경종의 사친 희빈 장씨는 사사된 죄인이었고, 영조의 사친 숙빈 최씨는 일개 왕자의 어머니에 불과했으며, 원빈 홍씨는 자녀 없이 요절한 간택후궁이었다. 동급 간 후궁의 예장이라도 내명부 안에서의 지위는 물론 사망 당시의 처지에 따라 달리 그의 준하는 예법이 적용된 것이다. 특히 순조의 사친 수빈 박씨는 아들 재위 기간에 사망한 정1품 정조의 후궁으로, 그녀의 예장은 어머니를 향해 끝없이 베풀고 싶은 아들 순조의 인정이 고려되어 많은 변례를 유발했다.

후궁을 위한 특혜를 잘 보여주는 제도가 궁원제이다. 궁원제는 일명 '사친[생모] 추숭' 작업으로, 후궁들의 사당인 묘(廟)를 궁으로 그들의 무덤인 묘(墓)를 원으로 높여 제사하는 것이다. 조선 후기에 아이를 낳지 못한 왕비들이 많게 되고 후궁이 낳은 소생이 왕위에 즉위하면서 왕의 사친을 위한 사후의 예우를 달리한 것이다. 7명의 사친은 앞서 언급한 희빈 장씨와 숙빈 최씨, 수빈 박씨를 포함해서 원종의 어머니이자 선조의 후궁인 인빈 김씨, 각기 진종의 어머니와 장조의 어머니이자 영조의 후궁인 정빈 이씨와 영빈 이씨, 영친왕의 어머니이자 고종의 후궁인 귀비 엄씨. 이 제도는 후궁 소생으로 왕위를 계승한 국왕이 자신의 태생적 결점을 보완하고 왕권과 왕실의 지위를 안정되게 유지하고자 제정한 전례였지만 왕을 낳은 사친이자 선대 후궁의 존숭을 위한 방안이기도 했다. 이때 내세운 논리가 『춘추』의 "어미는 아들을 통해 귀해진다."는 원리였다.

사실 조선에서는 중국과 달리 후궁이 낳은 왕자가 국왕이 된 후에도 그 모친을 정비로 추숭 하는 일이 없었다. 이에 후궁의 몸에서 태어난 국왕은 사후에라도 어머니의 지위를 높이기 위해 이 제도를 도입한 것이다. 이로써 국왕은 자신의 사적 관계인 사친을 존숭하여 다른 후궁과 그 지위를 달리하게 되었다. 궁과 원은 왕과 왕비 사후에 이루어진 종묘와 능묘보다 낮지만, 일반 후궁 사후에 묘(廟)와 묘(墓)보다는 높고 왕세자의 위상에 비견될 만한 파격적인 대우였다. 내명부가 국왕의 후궁이었던 첩의 사적 지위를 살아생전에 공적 지위로 격상시켜준 제도였다면, 사친 추숭은 국왕이 후궁이었던 생모의 사적 지위를 사후에 공적 지위로 격상시켜주는 국가 전례 중 하나였다고 할 수 있다.

이 외에 필자가 주목한 사항은 왕실 여성의 평균 수명과 사망 원인이었다. 왕실 여성 221명 중에서 인적 정보를 알 수 있는 왕비 46명과 후궁 48명을 대상으로 평균 수명을 분석한 결과 왕비는 51세, 후궁은 57세였다. 왕비가 후궁보다 단명한 이유는 내명부의 수장으로서 정신적 중압감과 스트레스에 짓눌려 살았기 때문이다. 왕실 여성들의 질병은 죽임을 당한 처형·사사에 뒤를 이어 산후병, 천연두, 천식, 중풍, 종기, 돌연사, 정신병, 우울증, 암 등 다양하게 나타났다. 한편 후궁들의 임종 장소가 궁가에서 사가로 변화하게 된 이유는 조선 사회에 점차 유교적인 관념이 강화되고 유교적 가치의 실천이 강조되는 사회적 분위기에 기인한 것이다.

이상으로 조선시대 후궁은 내관으로서, 정1품~종4품의 관계가 부여되는 관료체계 속의 공인이었으며, 왕실구성원이었다. 그들은 당시 사회에서 주변부 여성이면서도 왕조제 유지에 있어서는 중심에 서 있는 이중성을 갖고 있었다. 왕비의 위상에는 결코 미칠 수 없었지만, 그들은 종묘사직의 대계를 위해 필요한 여성들이었다. 이에 국가에서는 그들에게 내관으로서의 공적 지위나 권력 행위를 보장해 주었다. 하지만 후궁에 대한 사회적인 인식이나 왕실가족과 같은 사적인 영역에서 적처라는 지위가 담보되지 않았다. 그래서 국가에서는 그들에게 일상생활에서 그 지위에 걸맞은 권력을 행사하고 경제적 부를 축적, 유지하며, 더 나은 명예를 확보할 수 있도록 제도적으로 보장해 주었다. 다만 조선 왕조는 유교적 이념 체제로 상하, 존비, 귀천의 분별이 강조되는 예치 국가였기 때문에 지위에 따른 엄격한 구분과 차등적인 의례를 적용하여 내명부의 위계질서를 흔들지 않은 범위 내에서 법적 지위를 허용해 주었다.

왕실 여성의 일생 관련 연구가 최근 간헐적으로 진척되고 있지만, 후궁의 일상에 오롯이 초점을 맞춘 연구는 이 글에서 처음 시도되었다. 따라서 왕비와는 그 위상을 달리한 후궁의 삶과 죽음에 대해 좀 더 풍부하고도 종합적인 이해를 보여준다는 사실만으로 조선사 연구 진작에 기여할 것으로 기대된다. 끝으로 후궁 175명의 삶을 현대의 냉정한 잣대로 평가하기보다는 그렇게 살 수밖에 없었던 그들의 현실적 상황들을 이해하는 따뜻한 시선으로 바라보았으면 한다.

〈별첨 1〉 조선시대 왕실 여성의 생몰년, 사인, 임종장소

국왕	후궁(이름)	생년일시	몰년일시	향년	병명	임종장소
태조	신의왕후 한씨	1337년(충숙왕 6) 9.	1391년(공양왕 3) 9. 23.	55	위장병	
	신덕왕후 강씨	1356년(공민왕 5) 6. 14.	1396년(태조 5) 8. 13.	41	만성 신부전	李得芬 집
	정경궁주 류씨	1372/1373/1374[1]	1419년(세종 1) 9. 27.*	48*		
	화의옹주 김씨	?	1428년(세종 10) 12. 14.	?		
	성비원씨	1390[2]	1449년(세종 31) 12. 29.	59(?)		
	찬덕주씨	1359[3]	1435. 12~1436년(세종 18) 2.2. 이전	78(?)		
정종	정안왕후 김씨	1355년(공민왕 4) 1. 9.	1412년(태조 12) 6. 25.	58	중풍	인덕궁
	숙의기씨	1372(?)	1457년(세조 3) 6. 13.	85(?)		
	숙의윤씨	1368년(공민왕 17) 1. 19.	1417년(태종 17) 10. 1.	49		인덕궁[4]
	숙의이씨	?	1443년(세종 25)	?		
태종	원경왕후 민씨	1365년(공민왕 14) 7. 11.	1420년(세종 2) 7. 10.	56	학질	壽康宮 별전
	효빈김씨	1370~1380	1454년(단종 2) 2. 26.	74~84[5]		
	신빈신씨	1377년(우왕 3)	1435년(세종 17) 2. 2.	59		인수궁
	선빈안씨	1387[6]	1468년(세조 14) 6. 17.	80(?)	병	익령군 집
	정빈고씨	1380[7]	1426년(세종 8) 7. 13.	30(?)		
	의빈권씨	1384[8]	1458년(세조 4)[9]*	75*	병	인수궁 (영수궁)
	명빈김씨	1392~1394[10]	1479년(성종 10) 6. 5.	84~86		명빈전
	소빈노씨	1392~1394	1479년(성종 10) 10. 23.	84~86		질병가

	숙의최씨	?				희령군 집
	덕숙옹주 이씨	1390(?)[11]	1433년(세종 15) 윤8. 6.	30(?)		사가
	숙공궁주 김씨	1392~1394	1425년(세종 7) 11. 8.*	24~26*		
	의정궁주 조씨	1400[12]	1454년(단종 2) 2. 7.	50(?)		사가
	순혜옹주 장씨	?	1423년(세종 5) 7. 26.			
	신순궁주 이씨	1390[13]	1447년(세종 29)[14]	58(?)		
	혜순궁주 이씨	1390[15]	1438년(세종 20) 3. 5.*	49*		
세종	소헌왕후 심씨	1395년(태조 4) 9. 28	1446년(세종 28) 3. 24	52	중풍	수양대군 집
	영빈강씨	1400~1410[16]	1483년(성종 14) 1. 20.	73~83		전라도 금산
	신빈김씨	1406년(태종 6) 7. 12.	1464년(세조 10) 9. 4.	59		자수궁 정침
	혜빈양씨	1410(?)[17]	1455년(세조 1) 11. 9.	45(?)	교수형	청풍 (유배지)
	상침송씨	1396년(태조 5)	1463년(세조 9) 8. 21.	68	천식	윤사로 집
	장의궁주 박씨	?	1425년(세종 7) 5. 19.*			장의궁주전
	명의궁주 최씨	?	1453년(단종 1) 10. 5.*			
	사기차씨	1412년[18]	1444년(세종 26) 7. 10.	33(?)	사고사	연생전
	숙의조씨	?	1457년(세조 3)*			
문종	현덕왕후 권씨	1418년(태종 18) 3. 12	1441년(세종 23) 7. 24.	24	산후병	경복궁 資善堂
	숙빈홍씨	1419년 이후[19]	1485년(성종 16) 8. 4.*	67*		
	사칙양씨	1414[20]	1451년(문종 1) 8. 12.*	38*		
	숙의문씨	1426년(세종 8)	1508년(중종 3)	83		정침

단종	정순왕후 송씨	1440년(세종 22)	1521년(중종 16) 6. 4.	82	자연사	정업원
	숙의김씨	1439[21)]	1525년(중종 20) 2. 11.	86(?)		충주
	숙의권씨	1440[22)]	1519년(중종 14) 1. 26.*	80*		진천
세조	정희왕후 윤씨	1418년(세종 즉위) 11. 11.	1483년(성종 14) 3. 30.	66	積聚 [위암]	온양 행궁
	근빈박씨	1425[23)]	1504년(연산군 10) 11. 17.*	80*		자수궁 (창수궁)
	소용박씨	1440[24)]	1465년(세조 11) 9. 5.	26(?)	교수형	
덕종	소혜왕후 한씨	1437년(세종 19) 9. 8.	1504(연산군 10) 4. 27.	68	痰眩症 [중풍]	창경궁 景春殿
	숙의신씨	1438~1443[25)]	1476년(성종 7) 5. 16.	34~39		
	귀인권씨	1438~1443	1494년(성종 25) 4. 26.	52~57		궁 밖 사가
	숙의윤씨	1438~1443	1496년(연산군 2)[26)]	54~59		사가
예종	장순왕후 한씨	1445년(세종 27) 1. 16.	1461년(세조 7) 12. 5.	17	산후병	安耆 집
	안순왕후 한씨	1445년(세종 27) 3. 12.	1498년(연산군 4) 12. 23.	54		경복궁 慈慶殿
	숙의최씨 /공빈최씨	?	1483년(성종 14) 6. 15.*			자수궁
	상궁기씨	?	1489년(성종 20) 3. 16.			자수궁
	숙원이씨	?	1485년(성종 16) 5. 5.*			사가
성종	공혜왕후 한씨	1456년(세조 2) 10. 11	1474년(성종 5) 4. 15.	19	병	창덕궁 求賢殿
	폐비윤씨	1455년(단종 3). 윤6. 1	1482년(성종 13) 8. 16.	28	사사	사가
	정현왕후 윤씨	1462년(세조 8) 6. 25	1530년(중종 25) 8. 22.	69	痰喘 [천식]	경복궁 東宮
	귀인정씨	(?)[27)]	1504년(연산군 10) 3. 20.	40(?)	사사	창경궁 뒤뜰

	귀인권씨	1471년(성종 2)	1500년(연산군 6)	30		
	귀인엄씨	1458년~1462[28]	1504년(연산군 10) 3. 20.	47(?)	사사	창경궁 뒤뜰
	숙의하씨	?	1531년(중종 26) 9. 11.			
	숙의홍씨	1457년(세조 3)	1510년(중종 5)	54		자수궁
	숙원윤씨	?	1533년(중종 28) 11. 5.			
	숙의정씨	?	1497년(연산군 3)			
	귀인남씨	?	1527년(중종 22) 5. 18.*			
연산군	폐비신씨	1476년(성종 7) 11. 29.	1537년(중종 32) 4. 8.	62	병	신승선 집
	숙의윤씨	1481년(성종 12) 3. 11.	1568년(선조 1) 8. 1.	88		윤은보 집
	숙의곽씨	?	1522년(중종 17) 3. 3.*			정업원
	숙의민씨		1519년(중종 14) 12. 17. 이전			
	숙원김씨 (貴非)	?	1506년(연산군 12) 9. 2.		참수	군기시 앞
	숙원장씨 (綠水)	?	1506년(연산군 12) 9. 2.		참수	군기시 앞
	숙원전씨 (田非)	?	1506년(연산군 12) 9. 2.		참수	군기시 앞
중종	단경왕후 신씨	1487년(성종 18) 1. 14.	1557년(명종 12) 12. 7.	71	병	
	장경왕후 윤씨	1491년(성종 22) 7. 6.	1515년(중종 10) 3. 2.	25	산후병	경복궁 별전
	문정왕후 윤씨	1501년(연산군 7) 10. 22.	1565(명종 20) 4. 6.	65	폐혈증	창덕궁 昭德堂
	경빈박씨	1492(?)	1533년(중종 28) 5. 23.	42(?)	사사	상주 사가
	희빈홍씨	1494년(성종 25) 4. 14.	1581년(선조 14) 11. 6.	88	병	사가
	창빈안씨	1499년(연산군 5) 7. 27.	1549년(명종 4) 10. 18.	51	급사	사가

	숙의이씨	?	1524년(중종 19)		산고	
	숙원이씨	?	1520년(중종 15)		산욕[29]	
	숙의나씨	1491~1494[30]	1514년(중종 9) 10. 5.	24~27	난산	피병처
	귀인한씨	1500년(연산군 6)	1574년(선조 7) 3.	75	병	영추문 밖 사가
인종	인성왕후 박씨	1514년(중종 9) 10. 1.	1577년(선조 10) 11. 29.	64	痰喘 [천식]	경복궁 交泰殿
	숙빈윤씨	1517~1522[31]	1595년(선조 28) 5. 26*	79*		남양
	귀인정씨	1520년(중종 15) 8.	1566년(명종 21) 3. 15.	47	병	인달방 사가
	혜빈정씨		1595년(선조 28) 5. 26.*	70*		廣州
명종	인순왕후 심씨	1532년(중종 27) 5. 25	1575년(선조 8) 1. 2.	44	폐혈증	창경궁 通明殿
	경빈이씨	1541년(중종 36)	1595년(선조 28) 6.	55	정신병	황해도 연안 寓舍
	소의신씨	1533년(중종 28)	1565년(명종 20) 5. 15.	33	병	避所
	숙의신씨	1547년(명종 2)	1595년(선조 28) 5. 26*	40*		연안
	숙의한씨	?	1594년(선조 27)[32]			강화부 동면 민가
	순빈	?	1592년(선조 25)[33]		급사	충청도 임천
선조	의인왕후 박씨	1555년(명종 10) 4. 15	1600년(선조 33) 6. 27.	46	인후증 합병증	정릉동 행궁
	인목왕후 김씨	1584년(선조 17) 11. 14	1632년(인조 10) 6. 28.	49	風疾 [중풍]	인경궁 欽明殿
	공빈김씨	1553년(명종 8) 10. 11.	1577년(선조 10) 5. 27.	25	산후병	
	인빈김씨	1555년(명종 10) 2. 29.	1613년(광해군 5) 10. 29.	59	병	사가
	순빈김씨	1560~1565[34]	1647년(인조 25) 1. 20.	83~88		
	정빈민씨	1567년(선조 즉위) 9. 29.	1626년(인조 4) 11. 2.	60	우울증 [화병]	慶幸坊 인성군 사가

	정빈홍씨	1563년(명종 18) 7. 27.	1638년(인조 16) 3. 1.	76	병	東學洞 사가
	온빈한씨	1581년(선조 14) 10. 7.	1664년(현종 5) 10. 23.	84		사가 正寢
	귀인정씨	1557년(명종 12) 10.	1579년(선조 12) 4.	23	산고	사가
	숙의정씨	1564년(명종 19)	1580년(선조 13) 11. 3.	17	산고	사가
광해군	폐비유씨	1576년(선조 9) 7. 21	1623년(인조 1) 10. 8.	48	화병	강화도
	소의홍씨	1605~1598	1623(인조 1) 9. 14.	19~26*		
	소의윤씨	1605~1598[35]	1623년(인조 1) 3. 14.[36]	19~26*	사사	
	숙의허씨	1591~1597[37]	1623년(인조 1) 9. 14.	24~33*		사가
	숙의원씨	?	1623년(인조 1) 9. 14.*			
	숙의권씨	?	1624년(인조 2) 3. 21.*			연산
	소용임씨	1598년(선조 31)	1628년(인조 6)	31	사사	강화도
	소용정씨	?	1623년(인조 1) 3. 14.		자살	사가
	숙원한씨			80[38]		
	김개시	?	1623년(인조 1) 3. 14.		살해	군문
원종	인헌왕후 구씨	1578년(선조 11) 4. 17.	1626년(인조 4) 1. 14.	48	병	경희궁 會祥殿
인조	인렬왕후 한씨	1594년(선조 27) 7. 1.	1635년(인조 13) 12. 9.	42	산후병	창경궁 麗暉堂 산실청
	장렬왕후 조씨	1624년(인조 2) 11. 7.	1688년(숙종 14) 8. 26.	65	風癎 [간암]	창경궁 內班院
	귀인조씨	1614(?)	1651년(효종 2) 12. 14.	38(?)	사사	
	귀인장씨	1616~1621[39]	1671년(현종 12) 1. 24[40]	51~56		
	숙의나씨					서산

효종	인선왕후 장씨	1618년(광해군 10) 12. 25.	1674년(현종 14) 2. 24.	57	痰火症 [천식]	경덕궁 會祥殿
	안빈이씨	1622년(광해군 14) 9.	1693년(숙종 19) 10. 23.	72	병	사가
현종	명성왕후 김씨	1642년(인조 20) 5. 17.	1683년(숙종 9) 12. 5.	42	독감 후유증	창경궁 儲承殿
숙종	인경왕후 김씨	1661년(현종 2) 9. 3.	1680년(숙종 6) 10. 26.	20	천연두	경덕궁 會祥殿
	인현왕후 민씨	1667년(현종 8) 4. 23.	1701년(숙종 27) 8. 14.	35	종기	창경궁 景春殿
	인원왕후 김씨	1687년(숙종 13) 9. 29.	1757년(영조 33) 3. 26.	71	痰症 [폐병]	창덕궁 永慕堂
	희빈장씨	1659년(효종 10) 9. 19.	1701년(숙종 27) 10. 8.	43	자진	창경궁 就善堂
	숙빈최씨	1670년(현종 11) 11. 6.	1718년(숙종 44) 3. 9.	49	병	창의동 사가
	명빈박씨	1672년(현종 13)	1703년(숙종 29) 7. 15.	32		
	영빈김씨	1669년(현종 10)	1735년(영조 11) 1. 12.	67		사가
	소의유씨	?	1707년(숙종 33) 4. 8.			
	귀인김씨	1690년(숙종 16) 4. 8.	1735년(영조 11) 7. 28.	46	급사	餘慶坊 사가
경종	단의왕후 심씨	1686년(숙종 12) 5. 21.	1718년(숙종 44) 2. 7.	33	급사	창덕궁 長春軒
	선의왕후 어씨	1705년(숙종 31) 10. 29.	1730년(영조 6) 6. 29.	26	화병	경희궁 魚藻堂
영조	정성왕후 서씨	1692년(숙종 18) 12. 7.	1757년(영조 33) 2. 15.	66	심장 질환	창덕궁 大造殿
	정순왕후 김씨	1745년(영조 21) 12. 2.	1805년(순조 5) 2. 11.	61	심장 질환	창덕궁 景福殿
	정빈이씨	1694년(숙종 20)	1721년(경종 1) 11. 16.	28	병	壯洞 사가
	영빈이씨	1696년(숙종 22) 7. 18.	1764년(영조 40) 7. 26.	69	종기	경희궁 養德堂
	귀인조씨	1707년(숙종 33) 10. 16.	1780년(정조 4) 10. 5.	74		

	숙의문씨	1731(?)	1776년(정조 즉위) 8. 10.	45(?)	사사	사가
진종	효순왕후 조씨	1715년(숙종 41) 12. 14.	1751년(영조 27) 11. 14.	37	토황증	창덕궁 宜春軒
장조	헌경왕후 홍씨	1735년(영조 11) 6. 18.	1815년(순조 15) 12. 15.	81	痰眩症 [중풍]	창경궁 景春殿
	숙빈임씨	?	1773년(영조 49)			사가 (양제궁)
	경빈박씨	?	1761년(영조 37) 1.	21(?)	살해	동궁처소
정조	효의왕후 김씨	1753년(영조 29) 12. 13.	1821년(순조 21) 3. 9.	69	폐렴	창경궁 慈慶殿
	의빈성씨	1753년(영조 29) 7. 8.	1786년(정조 10) 9. 14.	34	산고	창덕궁 重熙堂
	수빈박씨	1770년(영조 46) 5. 8.	1822년(순조 22) 12. 26.	53	風痰 [중풍]	창덕궁 寶慶堂
	원빈홍씨	1766년(영조 42) 5. 27.	1779년(정조 3) 5. 7.	14	종기	창덕궁 養心閤
	화빈윤씨	1765년(영조 41) 4. 11.	1824년(순조 24) 1. 14.	60	병	
순조	순원왕후 김씨	1789년(정조 13) 5. 15.	1857년(철종 8) 8. 4.	69	위장 질환	창덕궁 養心閤
	숙의박씨	?	1854년(철종 5) 6. 30.			
익종	신정왕후 조씨	1808년(순조 8) 12. 6.	1890년(고종 27) 4. 17.	83	자연사	경복궁 興福殿
헌종	효현왕후 김씨	1828년(순조 28) 3. 14	1843년(헌종 9) 8. 25.	16	병	창덕궁 大造殿
	효정왕후 홍씨	1831년(숙종 31) 1. 22	1903년(고종 40) 11. 15.	73	폐렴	경운궁 壽仁堂
	숙의김씨	1813년(순조 13) 8. 27.	1895년(고종 32) 11. 12.	83		
	경빈김씨	1832년(순조 32) 8. 27.	1907년(고종 44) 4. 21.	76	風患 [중풍]	순화궁 정침
철종	철인왕후 김씨	1837년(순조 31) 3. 23	1878년(고종 15) 5. 12.	42	폐질환	창경궁 養和堂
	귀인박씨	1827년(순조 27)	1889년(고종 26)	63		

			4. 10.			
	귀인조씨	1842년(헌종 8)	1865년(고종 2)	24		
	숙의방씨	?	1878년(고종 15) 11. 14.			
	숙의김씨	1833년(순조 33)	?			
	숙의범씨	1838년(헌종 4) 7. 15.	1883년(고종 20) 12. 26.	46		영혜옹주 집
고종	명성왕후 민씨	1851년(철종 2) 11. 17.	1895년(고종 32) 10. 8.	45	암살	경복궁 乾淸宮
	황귀비엄씨	1854년(철종 5) 12. 25.	1911년(순종 5) 7. 20.	58	장티푸스	덕수궁 卽阼堂
	귀인이씨 (永保堂)	1843년(헌종 9) 2. 14.	1928년 12. 17.(양력)	86	자연사	경성부
	귀인이씨 (內安堂)	1847년(헌종 13) 8. 6.	1914년 2. 13.(양력)	69	자연사	수문동 사가
	귀인장씨	?			고문 휴유증	
	귀인양씨 (福寧堂)	1882년(고종 19) 9. 27.	1929년 5. 30.(양력)	48	유방암	
	귀인이씨 (光華堂)	1885년(고종 22)	1967년 11. 10.(양력)	84	자연사	사간동 사가
	金氏 (三祝堂)	1889년(고종 26)	1970년 9. 23.(양력)	82		세브란스병원
	귀인정씨 (寶賢堂)	1882년(고종 19) 2. 23.	1946년 3. 20.(양력)	65		
순종	순명효황후 민씨	1872년(고종 9) 10. 20.	1904년(고종 41) 9. 28.	33	위암	경운궁 康泰室
	순정효황후 윤씨	1894년(고종 31) 8. 20.	1966년 2. 3.(양력)	73	심장마비	창덕궁 樂善齋 (錫福軒)

'*' 표시는 생존 표시임.

---

1) 류준의 3남 4녀의 셋째 딸로, 宋明誼의 아들 宋克己에게 시집간 언니가 1371년(공민왕 20)에 태어난 사실에 비추어 1372~1374년에 태어났을 것으로 추정된다.

2) 남동생 元衷이 1391년(공양왕 3)에 태어난 사실에 비추어 1390년 이전에 태어났을 것으로 추측된다.

3) 찬덕 주씨의 딸인 義寧翁主의 남편 啓川君 李登(1379~1457)이 1379년(우왕 5)에 태

어난 사실에 근거하여 20세 전후에 의령옹주를 출산했을 것이라 추측된다. 게다가 외손자 동지중추원사 李宣이 "빈소를 모셨으나 장사를 마치지 못했는데도 상복을 벗기를 명 받았다."(『세종실록』권71, 세종 18년 2월 2일(무술) 라는 기록으로 볼 때, 78세 전후였을 것으로 추정된다.

4) 정종은 1400년(정종 2) 11월 13일에 동생 靖安公에게 왕위를 물려주고 上王으로 물러난 이후 1419년(세종 1) 9월 26일에 63세로 승하할 때까지 仁德宮에서 거주하였다. 그의 후궁들도 정종과 함께 궁 밖을 나와 인덕궁에서 생활하였을 것이다. 숙의 윤씨는 정종보다 먼저 사망하였기 때문에 인덕궁에서 사망했다고 추정된다.

5) 첫째 아들 敬寧君이 1402년(태종 2) 12월 13일에 태어났다는 사실에 비추어 1454년(단종 2) 2월 26일에 그녀 사망할 당시 경녕군이 53살이고 보면 70대 이상 살았다고 생각된다.

6) 1468년(세조 14) 6월에 안씨가 사망했을 때 장남 惠寧君(1407~1440)이 62세이였음을 고려해볼 때, 대략 안씨 역시 80대에 사망한 걸로 생각된다.

7) 1426년(세종 8) 7월, 고씨가 사망했을 때 장남 謹寧君(1411~1461)이 16살이었음을 고려해볼 때, 대략 고씨 20세 전후에 출산했음을 짐작해 본다면 30대에 사망한 걸로 추정된다.

8) 1402년(태종 2) 1월에 뽑힌 태종의 간택 후궁으로 貞惠翁主를 낳은 여성이다. 1419년(세종 1)에 출가한 정혜옹주의 남편 朴從愚가 1405년(태종 5)에 태어난 사실에 비추어 정혜옹주도 비슷한 동년배라고 생각하기에 1382~1384년생 범위일 것이라 추측된다. 더구나 1453년(단종 1) 6월 26일에 錦城大君 李瑜가 서조모 의빈을 자신을 집으로 나가 봉양하기를 청하는 글에서 "나이가 지금 70이라"(『단종실록』권6, 단종 1년 6월 26일(신해)는 글에서 확인된다.

9) 榮州 黑石寺 木造阿彌陀如來坐像(보물 제282호)은 懿嬪權氏가 明嬪金氏, 孝寧大君, 세종의 딸인 貞懿公主(?~1477)의 남편 筵昌尉 安孟聃 등과 함께 시주하여 조성한 불상이다.「井巖山法泉寺堂主彌陀三尊願成諸緣普勸文」과「佛復藏記」에 따르면, 그 조성 시기가「보권문」에는 1457년(세조 3) 2월,「복장기」에는 1458년(세조 4) 10월이라 기록된 점에 비추어 볼 때, 당시까지도 생존해 있었음을 알 수 있다.

10) 1411년(태종 11)에 명빈 김씨, 소빈 노씨, 숙공궁주는 태종의 후궁으로 간택되었다. 조선 초기 여성의 혼례 나이 15~19세 사이였을 것으로 비추어볼 때 1392~1394년 출생되었을 것이라 추정된다.

11) 1433년(세종 15) 윤8월, 이씨가 사망했을 때, 아들 厚寧君(1419~1450)이 15살이였음을 고려해볼 때, 대략 고씨 20세 전후에 출산했음을 짐작해 본다면 30대 중반에 사망한 것으로 추정된다.

12) 1422년(세종 11) 2월 28일에 태종의 후궁으로 간택되었던 그녀는 조선 초기 여성들의 혼례 나이 15~19세 사이였을 것으로 비추어볼 때 1400년 전후로 태어났을

것이라 추정된다.

13) 1422년(세종 4) 1월 6일에 간택후궁으로 뽑힌 나이가 33세였다. 이로써 유추해보면 1390년(공민왕 2)에 출생한 것으로 추정된다.

14) 신순궁주는 1447년(세종 29)에 태종과 원경왕후, 소헌왕후 및 자신들의 부모의 명복을 빌기 위해『詳校正本慈悲道場懺法』권9~10을 명빈 김씨와 소혜궁주 노씨와 함께 발원하여 간행하였는데, 그녀의 이름이 "愼順宮主正敏"으로 기록되어 있다. 이 기록을 통해 58세까지 생존하였음을 알 수 있다.

15) 1422년(세종 4) 1월 6일 당시 33세였던 李稷의 딸 과부를 간택후궁으로 맞아들였는데, 이때 李云老의 딸 과부 惠順宮主도 함께 맞이하였다는 점에 비추어 모두 비슷한 또래였을 것이라 추측되기에 30대 후반에서 40대 초반이었을 것으로 생각된다.

16) 和義君 李瓔이 1425년생이고 1483년(성종 14) 영빈 강씨가 사망할 때 59세인 걸 감안하고 20세 전후로 출산했을 것이라는 점에서 1405년(태종 5) 전후에 태어났을 것이라 추측된다.

17) 漢南君 李𤥽於, 1429~1459)가 1429년생이고 1455년(세조 1) 혜빈이 사망할 때 27세인 걸 감안하고 20세 전후로 출산했을 것이라는 점에서 1410년 전후에 태어났을 것이라 추측된다.

18) 1431년(세종 13) 7월 6일에 두 살 된 옹주가 죽었다는 점에서 1430년에 태어났다고 생각해 볼 때, 20세 전후에서 출산했을 것이라는 사실에 비추어 1412년 이후에 태어났을 것이라 추측된다.

19) 1431년(세종 13) 1월 19일에 權專의 딸(顯德王后), 鄭甲孫의 딸(昭容鄭氏)과 함께 세자의 후궁이 된 숙빈 홍씨는 1418년생인 권전의 딸보다 나이가 조금 더 어렸다는 사실에 근거해서(『세종실록』 세종 18년 12월 28일(기축) 1419년 이후에 태어난 것으로 보인다.

20) 『청룡사사지』에 의하면 문종과 동갑이며 신분은 미천하였고 13세 때 궁인으로 들어왔는데 자색이 아름다웠다고 한다.

21) 1454년(단종 2) 1월에 숙의 김씨는 宋玹壽의 딸(定順王后), 權完의 딸(淑儀權氏)와 함께 삼간택에 올라 단종의 후궁이 되었다. 정순왕후의 출생년도가 1440년인 점에 비추어 볼 때 세 명 모두 비슷한 연배일 것으로 생각된다. 게다가 1519년(중종 14)에 "경성 안에도 노산 후궁 김씨가 있는데, 금년 80세가 지났으니"라는 기록으로 미루어보아(『중종실록』 권35, 중종 14년 1월 26일(신유), 1439년경에 태어난 것으로 보인다.

22) 1454년(단종 2) 1월 8일 송현수의 딸(정순왕후), 권완의 딸(숙의 권씨)와 함께 삼간택에 올라 1월 10일에 단종의 후궁이 되었는데, 정순왕후의 출생년도가 1440년인 점에 비추어 볼 때 이들 세 명이 비슷한 연배일 것으로 생각된다.

23) 세조의 증손자인 연산군 시절인 1504년(연산군 10) 9월 4일, "나이 80세로 머리를 깎고 여승이 되어 자수궁에서 거처하다가 이 무렵 입궐하였는데" 라는 기록에 비추어(『연산군일기』 권55, 연산군 10년 9월 4일(신묘) 1425년 전후로 태어났을 것으로 추정된다.

24) 1459년(세조 5) 왕자 阿只를 낳았다는 사실에 비추어 볼 때 대체로 1440년 전후에 태어났을 것으로 생각된다. 게다가 염문설이 있었던 龜城君(1441~1479)의 나이를 고려해 볼 때, 귀성군과 같은 또래의 나이일 것이라 추정된다.

25) 1456년(세조 2) 8월 23일에 숙의 신씨는 尹沂의 딸(淑儀尹氏), 權致命의 딸(貴人權氏)과 함께 懿敬世子(德宗)의 소훈으로 선발되었다. 금혼령의 나이가 14~20세인 점에 비추어 1438~1443년에 태어났을 것으로 생각된다.

26) 1510년(중종 5)에 "세조 대왕께서 귀인 윤씨에게 유교하여 月山大君을 수양자로 삼았는데, 귀인의 오라비인 遂安郡守 尹壽泉이 그 누이의 노비를 차지하려고 윤씨가 죽은 15년 뒤에, 도리어 월산대군은 文券으로 傳係된 것이 없다하여 세조의 유교를 무너뜨리고 송사를 일으키려 했으니"의 기록을 토대로『중종실록』 권11, 중종 5년 6월 19일(계묘) 1496년(연산군 2)에 사망한 것으로 생각된다.

27) 1504년(연산군 10) 귀인 정씨가 사망할 당시 친정아버지 鄭仁石(1424~1504)은 80세이고 가장 친밀한 관계였던 것으로 보이는 귀인 엄씨와도 나이는 비슷했을 것으로 보인다. 다만 정씨가 엄씨보다 1477년에 먼저 임신했던 사실에 근거해서 귀인 정씨가 약간 나이가 많았다고 생각된다.

28) 嚴山壽의 차남 嚴誨는 1455년생이고, 3남 嚴誠는 1456년생이다. 엄회가 어머니 남양 홍씨의 동복오빠[兄]라는 점(『연산군일기』 권52, 연산군 10년 3월 27일(무자)과 동복 언니인 嚴金召史가 1457년(세조 3) 이후에 태어난 사실에 비추어 1458년 이후에 태어났을 것으로 추정된다. 게다가 딸 恭愼翁主가 1481년(성종 12)에 태어난 점을 근거로 1458~1462년 사이에 태어난 것으로 추정된다.

29) 율곡 이이가 쓴「貞順翁主墓誌銘」에 1517년(중종 12) 12월 6일에 태어난 옹주가 "네 살 되던 해에 어머니가 죽어 정현대비와 문정왕후가 잘 돌보아 길러주었다"라는 내용으로 보면 1520년(중종 15)에 사망한 것으로 보인다. 차녀 孝靜翁主의「舜環翁主胎誌銘」에 "1520년(중종 15) 10월 29일 申時에 태어난 옹주 順環 아기씨의 태를 12월 17일 사이에 묻었다"는 내용에서 효정옹주를 출산한 후 사망한 것으로 보인다.

30) 1506년(중종 1) 12월 27일 숙의 간택에서 14~22세에 해당하는 금혼 연령에 비추어(『중종실록』 권1, 중종 1년 12월 27일(신미) 1486년부터 1494년까지의 범위에 있다. 다만 함께 숙의로 간택된 장경왕후 윤씨가 1491년(성종 22) 17살에, 희빈 홍씨가 1494년(성종 25) 14살의 나이였으므로 그 또래의 나이였을 것으로 추정된다.

31) 오빠 尹紹(1515~1565)의 출생연도가 1515년이고 오빠 尹綸가 "정덕 병자생(1516

년)"이라는 사실에서 1517년 이후에 태어났음을 알 수 있다.

32) 1605년(선조 38)에 "숙의는 지난 갑오년(1594년)에 본부의 東面 민가에 와서 우거하다 그해에 서거하여 집 뒤에 장례하였다"(『선조실록』 권189, 선조 38년 7월 26일(무술)고 한 기록에서 1594년(선조 27)에 사망한 것으로 보인다.

33) 1604년(선조 37) 5월 1일에 "順嬪께서 지난 임진년에 族姪 尹堅鐵을 따라와 林川에 머물러 있다가 그대로 卒逝하셨기 때문에 임시로 고을 소재지에 장사지냈는데"(『선조실록』 권174, 선조 37년 5월 1일(신해)라는 기록에서 임진년인 1592년(선조 25)에 사망했음을 알 수 있다.

34) 순빈 김씨가 사망하는 해인 1647년(인조 25)에 아들 順和君(1580~1607)의 나이가 68세였다는 점에서 80세 이상의 고령이었을 것이라 추정된다.

35) 1615년(광해군 7)에 금혼령 11~18세까지라는 사실에 비추어보면(『광해군일기』 권88, 광해군 7년 3월 16일(임술), 후보자의 생년은 1598~1605년 범위였다.

36) 1623년(광해군 15) 3월 13일 서인들이 일으킨 인조반정군이 도성을 장악한 뒤 체포되어 이튿날 처형되었다고 했으나(『인조실록』 권3, 인조 1년 9월 14일(신축), 『癸亥靖社錄』에는 4월 9일에 사사되었다고 기록되어 있다(『癸亥靖社錄』 「伏誅類」).

37) 1610년(광해군 2)에 금혼령 11~20세까지라는 사실을 근거로(『광해군일기』 권36, 광해군 2년 12월 19일(경인), 후보자의 생년은 1591~1600년 범위였다.

38) 『韓淑媛傳』(홍학희 외, 2013, 『(19세기·20세기초) 여성생활사 자료집』, 보고사, 373쪽)에서 보인다.

39) 1635년(인조 13)에 금혼령 15~20세까지라는 사실을 근거로(『승정원일기』 47책, 인조 13년 3월 11일(신유), 후보자의 생년은 1621~1616년 범위였다.

40) 『조선왕조실록』과는 달리 『승정원일기』에는 1월 22일에 죽은 것으로 기록되었다(『승정원일기』 11책, 현종 12년 1월 22일(갑술).

〈별첨 2〉 조선시대 후궁 묘제 석물 현황

국왕	후궁	묘의 위치	비석	상석	장명등	문인석	무인석	망주석	고석	향로석	석양	석호	석마	동자상	비고
태조	성비 원씨	서울특별시 도봉구	○	○	○	2				○					
정종	성빈 지씨	경기도 고양시	○	○	2					○					묘단
	숙의 기씨	경기도 여주시	○	○						○					묘단
태종	숙의 윤씨	경기도 고양시	○	○	○	2	2	2		○					추설
	효빈 김씨	경기도 구리시	○	○		2		2	○	○					추설
	신빈 신씨	경기도 남양주시	○	○	○	2									
	선빈 안씨	서울특별시 중랑구	○	○		2		2							추설
	의빈 권씨	경기도 연천군	○	○		2									파손
	명빈 김씨	경기도 구리시	○	○		2			○						
	소빈 노씨	경기도 포천시	○	○		2									
	의정궁주 조씨	서울특별시 도봉구	○	○		2									
세종	신빈 김씨	경기도 화성시	○	○	○	2									추설
	혜빈 양씨	경기도 고양시	○	○					○						묘단
	상침 송씨	충청남도 아산시	○	○		2									
문종	숙의 문씨	인천광역시 서구	○	○		2									
세조	근빈 박씨	경기도 김포시	○	○	○	2		2	○	○				2	추설
성종	명빈 김씨	경기도 양주시	○	○	○	2		2							
	숙의 하씨	충청남도 천안시	○	○		2		2		○					
	숙의 홍씨	경기도 의정부시	○	○		2		2		○					
	숙용 심씨	서울특별시 은평구													묘표
중종	창빈 안씨	서울특별시 동작구	○	○	○	2		2	○	○					
	경빈 박씨	경기도 남양주시	○	○		2		2		○					
	희빈 홍씨	경기도 포천시	○	○		2		2	○	○					
	숙원 이씨	경기도 성남시	○	○		2		2		○					추설
	숙원 김씨	경기도 성남시	○	○		2		2		○					
	숙의 나씨	경기도 이천시	○	○				2		○					
	숙의 홍씨	경기도 고양시	○	○		2				○					
명종	경빈 이씨	경기도 고양시	○	○					○	○					
선조	공빈 김씨	경기도 남양주시	○	○	○	2	2	2	○		4	4	4		
	인빈 김씨	경기도 남양주시	○	○	○	2		2	○	○	2	2	2	2	
	순빈 김씨	경기도 남양주시	○	○	○	2		2	○	○					추설
	정빈 민씨	경기도 의정부시	○			2		2						2	
	정빈 홍씨	경기도 김포시	○	○	○	2				○				1	

왕	대상	소재지												
	온빈 한씨	경기도 양주시	○	○	○	2		2		○				2
인조	귀인 장씨	경기도 고양시	○	○					○	○				
	귀인 조씨	경기도 고양시	○	○					○	○				
	숙의 나씨	경기도 고양시	○	○					○	○				
효종	안빈 이씨	경기도 남양주시	○	○	○	2		2		○	○			2
	희빈 장씨	경기도 고양시	○	○	○	2		2		○	○			
	숙빈 최씨	경기도 파주시	○	○	○	2		2		○	○	2	2	2
숙종	명빈 박씨	충청남도 예산군	○											
	영빈 김씨	경기도 남양주시	○	○	○	2		2		○				
	소의 유씨	경기도 고양시	○	○						○				
	귀인 김씨	경기도 고양시	○	○	○					○				
	정빈 이씨	경기도 파주시	○	○	○	2		2	○					
영조	영빈 이씨	경기도 고양시	○	○	○	2		2		○	2	2	2	
	귀인조씨	경기도 부천시	○	○					○	○				
	의빈 성씨	경기도 고양시	○	○					○	○				
정조	수빈 박씨	경기도 남양주시	○	○	○	2		2			2	2	2	
	원빈 홍씨	경기도 고양시	○	○					○	○				
	화빈 윤씨	경기도 고양시	○	○					○	○				
순조	숙의 박씨	경기도 고양시	○	○					○	○				
헌종	경빈 김씨	경기도 고양시	○	○					○					
	숙의 김씨	경기도 고양시	○	○					○	○				
	귀인 박씨	경기도 고양시	○	○					○	○				
	귀인 조씨	경기도 고양시	○	○					○	○				
철종	숙의 방씨	경기도 고양시	○	○						○				
	숙의 김씨	경기도 고양시	○	○						○				
	숙의 범씨	경기도 고양시	○	○					○					
	순헌황귀비 엄씨	서울특별시 동대문구	○	○	○	2		2			2	2		
	영보당 귀인 이씨	경기도 고양시	○	○						○				
	귀인 장씨	경기도 남양주시	○	○				2		○				
	보현당 귀인 정씨	경기도 고양시	○	○					○	○				
고종	복녕당 귀인 양씨	경기도 고양시	○	○						○				
	내안당 귀인 이씨	경기도 고양시	○	○						○				
	정화당 김씨	경기도 고양시	○	○					○	○				
	삼축당 김옥기	경기도 남양주시												봉분만
	광화당 귀인 이씨	경기도 남양주시												봉분만

〈별첨 3〉 조선시대 후궁의 무덤 소재지

국왕	후궁	초장 지명/이장 지명	현재 소재지명	비고
태조	성비원씨		서울특별시 도봉구 방학동	성빈묘 (사적 제362호)
정종	성빈지씨	황해도 개풍군 광덕산	경기도 고양시 덕양구 오금동 (산막골 마을)	성빈단
정종	숙의기씨		경기도 여주시 강천면 가야리 산20번지	숙의묘
정종	숙의윤씨	양주군 신혈면 독정리	경기도 고양시 덕양구 오금동 (오금천과 노고산 지역)	
태종	효빈김씨		경기도 구리시 교문3동 (한다리 아차산)	효빈묘
태종	신빈신씨		경기도 남양주시 와부읍 도곡리 산41 (덕소로)	신빈묘 (문화재자료 제105호)
태종	선빈안씨		서울특별시 중랑구 묵1동 200번지	선빈묘
태종	의빈권씨		경기도 연천군 장남면 반정리 741번지	
태종	명빈김씨	구리시 아천동 동사골(아차산)	경기도 구리시 아천동 산14번지	명빈묘 (사적 제364호)
태종	소빈노씨		경기도 포천시 창수면 주원1리 산145−1	소빈묘
태종	의정궁주조씨		서울특별시 도봉구 방학동 산77	사적 제362호
세종	영빈강씨		전라북도 익산시 금마면 기암리(미륵산)	
세종	신빈김씨	남양부 은성리	경기도 화성시 남양동 산131−17	신빈묘 (경기도 기념물 제153호)
세종	상침송씨	충청남도 신창현 오리곡	충청남도 아산시 도고면 오암리	
세종	혜빈양씨	포천 기당리(세장산)	경기도 고양시 덕양구 원당동	혜빈묘
문종	숙의문씨	부평(탁옥봉 남쪽)	인천광역시 서구 심곡동 한국은행 연구원	
문종	사칙양씨	양주 군장리		
세조	근빈박씨	경기도 양주시 주내면 광사동 산78번지	경기도 김포시 대곶면 송말리 109−2	근빈묘
덕종	귀인권씨			화장
예종	공빈최씨		경기도 고양시 덕양구 대자동	
성종	폐비윤씨	경기도 장단	경기도 고양시 덕양구 서삼릉	회묘

		→ 한성부 동대문구 회기동(경희대학교 경희의료원 터)	길233-126(서삼릉)	(사적 제198호)
	명빈김씨		경기도 양주시 장흥면 울대리 269번지	
	귀인엄씨		경기도 이천시 백사면 도립리 산78-4	
	숙의하씨	시흥군 동면 신림리	충청남도 천안시 목천면 송전리 (성거산)	
	숙의홍씨		경기도 의정부시 녹양동 산38-1	숙의묘
	숙용심씨		서울특별시 은평구 진관외동 50번지	묘표 (서울특별시 기념물 제25호)
	숙의정씨	양주 도장골 금강사 좌측		양주 고읍지구 택지개발사업으로 행방불명
연산군	숙의윤씨	양주 송산리		
	숙원장씨	연서		
중종	장경왕후 윤씨	고양시 원당읍 원당리	경기도 고양시 덕양구 서삼릉 길233-126(서삼릉)	희릉 (사적 제200호)
	경빈박씨		경기도 남양주시 진접읍 연평리 산33-1	
	희빈홍씨	양주 불광리 앵산	경기도 포천시 신북면 심곡리 산 119	
	창빈안씨	양주 장흥리 →과천현 동작리	서울특별시 동작구 동작동 44-7(현충원내 동작역 제1묘역)	창빈묘 (서울시 유형문화재 제54호)
	숙의홍씨		경기도 고양시 덕양구 선유동	
	숙원이씨	서울특별시 도봉구 수유동	경기도 성남시 분당구 궁내동 산 17-11번지(윗말)	
	숙원김씨	고양	경기도 성남시 분당구 궁내동 산 7-1	
	숙의나씨	?	경기도 이천시 부발면 무촌리	숙의묘 (이천시 향토유적 제22-1호)
	귀인한씨	양주		
인종	귀인정씨	양주목서 장흥리 사동		
명종	경빈이씨	양주 풍양(남양주시 진접면 내각리)	경기도 고양시 덕양구 서삼릉 길233-126(서삼릉)	경빈묘 (사적 제200호)
	소의신씨	양근 목율동		

	순빈정씨	임천		
선조	공빈김씨	남양주시 진건읍 송릉리	경기도 남양주시 진건읍 송릉리 산55번지	성묘 (사적 제365호)
	인빈김씨	양주 풍양리	경기도 남양주시 진전읍 내각리 150	순강원 (사적 제356호)
	순빈김씨		경기도 남양주시 별내면 낙산리	
	정빈민씨	양주 탑곡리	경기도 의정부시 금오동 산 31－2호	정빈묘 (향토문화재 제15호)
	정빈홍씨	수원 광교산→통진현 북가좌동	경기도 김포시 하성면	
	온빈한씨	양주 서면(홍복산)	경기도 양주군 백석면 복지리 495－1(홍복산)	
	귀인정씨	고양	경기도 고양시 덕양구 관산동	
	숙의정씨	과천 관악산		
인조	귀인조씨		경기도 고양시 덕양구 서삼릉 길233－126(서삼릉)	귀인묘 (사적 제200호)
	귀인장씨	고양군 은평면	경기도 고양시 덕양구 서삼릉 길233－126(서삼릉)	숙원묘 (사적 제200호)
	숙의나씨	고양군 신도면	경기도 고양시 덕양구 서삼릉 길233－126(서삼릉)	숙의묘 (사적 제200호)
효종	안빈이씨	양주 동면 적성동	경기도 남양주시 진건읍 송능리 산65	안빈묘 (사적 제366호)
숙종	희빈장씨	경기도 양주 인장리 → 광주시 진해촌	경기도 고양시 덕양구 서오릉로 334－92(서오릉)	대빈묘 (사적 제198호)
	숙빈최씨	양주 고령동 옹장리	경기도 파주시 광탄면 영장리 267	소령원 (사적 제358호)
	명빈박씨	금천현 번당리 (동작구 대방동)	충청남도 예산군 덕산면 옥계리 산5(구가야사 근처)	
	영빈김씨	양주 풍양	경기도 남양주시 진접읍 장현리 산175－15	영빈묘 (사적 제367호)
	소의유씨	진관	경기도 고양시 덕양구 서삼릉 길233－126(서삼릉)	소의묘 (사적 제200호)
	귀인김씨	망우리 → 양주 구지면 인장리	경기도 고양시 덕양구 서삼릉 길233－126(서삼릉)	귀인묘 (사적 제200호)

		(현 구리시 인창동)		
영조	정빈이씨	양주 고령동 옹장리	경기도 파주시 광탄면 영장리 267	수길원 (사적 제359호)
	영빈이씨	양주 연희궁 대야동	경기도 고양시 덕양구 서오릉로 334-92(서오릉)	수경원 (사적 제198호)
	귀인조씨	부평 작동 경기도 포천군 선단리 → 부천시 오정구 작동	경기도 부천시 여월동 산 32	
장조	숙빈임씨	양주군 금촌 이패리 (남양주시 이패동)		
정조	의빈성씨	고양군 율목동 효창묘 (현 서울특별시 용산구 효창동)	경기도 고양시 덕양구 서삼릉 길233-126(서삼릉)	의빈묘 (사적 제200호)
	수빈박씨	양주 배봉산	경기도 남양주시 진접읍 부평리 267	휘경원 (사적 제360호)
	원빈홍씨	동부 온수동 (현 서울특별시 성북구 안암동, 고려대학교 경내)	경기도 고양시 덕양구 서삼릉 길233-126(서삼릉)	원빈묘 (사적 제200호)
	화빈윤씨	서울특별시 서대문구 북아현동	경기도 고양시 덕양구 서삼릉 길233-126(서삼릉)	화빈묘 (사적 제200호)
순조	숙의박씨	서울특별시 용산구 효창동(효창원 인근)	경기도 고양시 덕양구 서삼릉 길233-126(서삼릉)	숙의묘 (사적 제200호)
헌종	숙의김씨	남부 두모방 진팔리 → 회릉 국내	경기도 고양시 덕양구 서삼릉 길233-126(서삼릉)	숙의묘 (사적 제200호)
	경빈김씨	양주군 진접면 부평리 (휘경원 내)	경기도 남양주시 진접읍 부평리 267(서삼릉)	경빈묘 (사적 제200호)
철종	귀인박씨	포천군 서면 선단리	경기도 고양시 덕양구 서삼릉 길233-126(서삼릉)	귀인묘 (사적 제200호)
	귀인조씨	포천군 서면 선단리	경기도 고양시 덕양구 서삼릉 길233-126(서삼릉)	귀인묘 (사적 제200호)
	숙의방씨	서울특별시 성북구 하월 곡동→서울특별시 서대문 구 홍은동	경기도 고양시 덕양구 서삼릉 길233-126(서삼릉)	숙의묘 (사적 제200호)
	숙의김씨	서울특별시 서대문구 홍은동	경기도 고양시 덕양구 서삼릉 길233-126(서삼릉)	숙의묘 (사적 제200호)

		양주 답동 용성부대부인묘소 국내→서울특별시 서대문구 홍제동	경기도 고양시 덕양구 서삼릉 길233-126(서삼릉)	
	숙의범씨	양주 답동 용성부대부인묘소 국내→서울특별시 서대문구 홍제동	경기도 고양시 덕양구 서삼릉 길233-126(서삼릉)	
고종	순헌황귀비 엄씨	양주 천수산	서울특별시 동대문구 청량리동 204-2	영휘원 (사적 제361호)
	귀인이씨 영보당	양주군 인창면 월곡리(완왕 묘역) →서울특별시 성북구 하월곡동	경기도 고양시 덕양구 서삼릉 길233-126(서삼릉)	귀인묘 (사적 제200호)
	귀인이씨 내안당	남부 두모포 화양정 (현 고양군 화양 모진)	경기도 고양시 덕양구 서삼릉 길233-126(서삼릉)	귀인묘 (사적 제200호)
	귀인장씨	고양시 화양 모진2리→ 경기도 고양시 덕양구 서삼릉 길233-126 (서삼릉)	경기도 남양주시 홍유릉로 352-1(홍유릉)	
	귀인양씨 복녕당	서울특별시 성북구 하월곡동	경기도 고양시 덕양구 서삼릉 길233-126(서삼릉)	귀인묘 (사적 제200호)
	귀인이씨 광화당		경기도 남양주시 홍유릉로 352-1(홍유릉)	
	귀인김씨 삼축당		경기도 남양주시 홍유릉로 352-1(홍유릉)	
	귀인정씨 보현당	서울특별시 동대문구 월곡동	경기도 고양시 덕양구 서삼릉 길233-126(서삼릉)	귀인묘 (사적 제200호)
	김씨 정화당		경기도 고양시 덕양구 서삼릉 길233-126(서삼릉)	(사적 제200호)

1. 史料

1) 사료

(1) 經典/法典類

『譯註 經國大典』(韓㳓劤 외, 한국정신문화연구원, 1985)

『續大典』(『朝鮮王朝法典集』3, 景仁文化社, 1985)

『大典通編』(『朝鮮王朝法典集』3, 景仁文化社, 1985)

『儀禮』(鄭玄·賈公彦注疏, 吳江原 譯註, 청계, 2000)

『禮記』(李相玉 譯著, 明文堂, 2003)

『周禮』(池載熙·李俊寧 解譯, 자유문고, 2002)

『書經』(成百曉 譯註, 전통문화연구회, 2002)

(2) 원전 사이트

『朝鮮王朝實錄』(http://sillok.history.go.kr)

『承政院日記』(http://sjw.history.go.kr)

『日省錄』(http://db.itkc.or.kr)

『高麗史』(http://www.krpia.co.kr)

『國朝五禮序例』(http://yoksa.aks.ac.kr)

조신왕조실록사전(waks.aks.ac.kr)

한국역대인물종합정보시스템(htty://people.aks.ac.kr)

한국민족문화대백과사전(htty://encykorea.aks.ac.kr)

2) 왕실자료 및 족보자료

(1) 왕실족보

『璿源系譜紀略』(1932, 藏 K2−1039)

(2) 묘비류

『昭儀申氏墓誌銘』(영남대학교 박물관 소장)

『淑儀尹氏墓誌』(이화여자대학교 박물관 소장

『淑儀鄭氏墓誌銘』(이화여자대학교 박물관 소장)

『淑儀文氏墓誌銘』(인천광역시 시립박물관 소장)

『貴人金氏墓誌』(경희대학교 중앙박물관 소장)

『暎嬪李氏墓誌』(국립중앙박물관 소장·연세대학교 박물관 소장)

『溫嬪韓氏墓表』(경기도 양주군 백석면 복지리 495−1 소재)

『安坦大墓表』(경기도 안산시 단원구 성곡동 소재)

『貴人金氏墓表』(경기도 고양시 덕양구 원당동 소재)

『安嬪慶州李氏墓表』(경기도 남양주시 진건면 송릉리 소재)

『靖嬪李氏墓碑』(경기도 파주시 광탄면 영장리 소재)

『愼嬪金氏墓碑銘』(경기도 화성시 남양동 소재)

『慶嬪金氏墓表』(경기도 고양시 덕양구 원당동 소재)

『徽慶園碑』(경기도 남양주시 진접읍 부평리 소재)

『延齡君贈謚孝憲公神道碑銘』(서울특별시 노원구 공릉 2동 77번지 소재)

『御製仁淑元嬪行狀』(藏 K2－664)

『嚴鎭三碑銘』(篠田治策[日] 撰, 藏 K2－5106)

「淑嬪崔氏墓誌」(藏 K2－3942)

「淑嬪崔氏碑」(藏 K2－3943)

「淑嬪崔氏神道碑銘」(藏 K2－3944)

「淑嬪崔氏昭寧墓碣」(藏 K2－5266)

「靖嬪含城李氏墓誌」(藏 K2－3990)

「暎嬪行狀」(藏 K2－2327)

「御製宜嬪墓誌銘」(藏 K2－5102)

「御製宜嬪墓表」(藏 K2－5102)

「御製仁淑元嬪行狀」(藏 K2－664)

「和嬪墓誌」(고려대학교 소장 만송 B12 A579)

『和嬪南原尹氏言行錄』(고려대학교 소장 만송 B12 A545)

「慶嬪金氏墓碑文」(藏 K2－3888)

「慶嬪金氏墓碑」(藏 K2－3889)

「慶嬪金氏墓誌文」(藏 K2－3890)

『徽慶園誌文』(藏 K2－4020)

(3) 사대부 족보류

『玄風郭氏增修世譜』(藏 MF 35－3798)

權容觀, 『安東權氏世譜』(藏 MF 35－3804～05)

『安東權氏成化譜』天·地·人(藏 MF 35－4784)

『安東權氏樞密公派大譜』1～9(藏 MF 35－9718～9724)

『安東權氏世譜』(藏 MF 35－4561)

權容觀, 『安東權氏世譜』1～22, 道山齋, 1935.

『安東權氏僕射公派譜』1～5(藏 MF 35－3812)

『安東權氏世譜』(국립중앙도서관, 古 2518-07-38-1)

金顯王,『金海金氏大同世譜』1~38, 1915.

金肯鉉 編,『光山金氏族譜』1~49, 1939(藏 MF 35-3907~12)

金濟謙,『安東金氏世譜』1~16, 1833(藏 MF 35-2083~85)

金尙默,『安東金氏世譜』1~28, 安東金氏大同宗約所, 1936.

金尙默,『安東金氏世譜』1~20, 安東金氏大同宗約所, 1936.

金秉元,『淸道金氏族譜』1~21, 錦浦堂, 1925.

金永鎭,『商山金氏世譜』1~4, 1937.

『水原金氏甲戌大同宗譜』(藏 MF 35-3931)

『淸州金氏世譜』(藏 MF 35-3846)

『幸州奇氏族譜』1~14, 幸州奇氏大宗中, 1957.

羅琪漢 編,『羅州羅氏族譜』1~14, 1918(藏 MF 35-3974~76)

南豊鉉,『宜寧南氏族譜』1~7, 宜寧南氏大宗會, 2006.

『長淵盧氏世譜』1~3, 長淵盧氏大同譜宗友所, 1985.

柳光鉉,『高興柳氏世譜』1~6, 高興柳氏大同譜編纂委員會, 1994.

柳明烈,『文化柳氏世譜』1~54, 文化柳氏大同譜所, 1935.

『南平文氏大同譜』1~21, 南平文氏大宗會, 1995.

閔泳杂,『驪興閔氏族譜』1~39, 1923(藏 MF 35-3967; 藏 MF 35-4003~6)

朴性洙,『密陽朴氏糾正公派大同譜』1~7, 密陽朴氏糾正公派大同譜所, 1980.

朴容圭 編,『順天朴氏世譜』1~8, 1916(藏 MF 35-4013, 4032)

朴宗熏 等編,『潘南朴氏世譜』1~20, 1831(藏 MF 35-2076~9)

巨濟潘氏大同譜宗親會本部,『巨濟潘氏大同譜』, 湖西出版社, 1976.

愼用晟,『巨昌愼氏世譜』18권 9책, B10B 334(藏 MF 35-10107~10110)

『平山申氏系譜齊靖公派子孫錄』(藏 MF 35-4168)

辛鳳集,『寧越辛氏世譜』30권 8책, B10B 310A(藏 MF 35-10064~10065)

沈能定,『靑松沈氏波譜』1~29(藏 MF 35-9333~35)

楊春植,『淸州楊氏世譜』1~16, 旲慕堂, 1929.

尹判求,『海平尹氏大同譜』1~6, 海平尹氏大同譜刊行委員會, 2005.

『坡平尹氏世譜』1(藏 MF 35－4276)

坡平尹氏貞靖公派譜所編,『坡平尹氏貞靖公派譜』1~2, 農經出版社, 1980.

『坡平尹氏世譜』(藏 MF 35－4275)

『坡平尹氏世譜』(藏 MF 35－4274)

『海平尹氏大同譜』首~7, 海平尹氏大同譜刊行委員會, 2005.

坡平尹氏貞靖公派譜所 編,『坡平尹氏貞靖公派譜』1~2, 農經出版社, 1980.

尹錫祺,『咸安尹氏世譜』5권6책, 1906.

尹光閏,『坡平尹氏魯宗派譜』, 1829.

『坡平尹氏貞靖公派譜』, 坡平尹氏貞靖公派譜所, 1980.

元藝載,『原州元氏族譜』1~5, 原州元氏宗事委員會, 1989.

『星州李氏侍中公派世譜』1~2, 星州李氏侍中公派望月亭譜所, 1985.

『固城李氏滄洲公派譜』(藏 MF 35－4315)

陽城李氏大同會,『陽城李氏世譜』, 陽城李氏大同譜所, 1984.

『豊川任氏族譜』, 豊川任氏中央宗親會, 1994.

『安東張氏世譜』1~2, 安東張氏世譜所, 1933.

張然昌,『安東張氏各派大同世譜』, 景賢齋, 1927.

『東萊鄭氏族譜』1(藏 MF 35－4448)

鄭漢圭,『慶州鄭氏世譜』, 1924(藏 MF B10B 281A)

『溫陽鄭氏世譜』(藏 MF 35－2142~43)

鄭漢圭 編輯,『慶州鄭氏世譜』16卷 16册, 1924(B10B 281A; 藏 MF 35－10019)

『草溪鄭氏千戶長公派族譜』1(藏 MF 35－4470)

『平壤趙氏世譜』, 平壤趙氏大宗會, 1997.

趙昇衡,『漢陽趙氏大譜』3, 漢陽趙氏大譜編纂委員會, 2005.

『漢陽趙氏大同世譜』1~18, 漢陽趙氏大同世譜編纂委員會, 2003.

『忠州池氏族譜』1~8(藏 MF 35－4508~9)

『全州崔氏敬節公派譜』(藏 MF 35－4531)

『全州崔氏敬節公派世譜』(藏 MF 35-4528)

『淸州韓氏襄節公派族譜』(藏 MF 35-8886~9)

韓潤環 等編,『淸州韓氏世譜』全, 1949(B10B 329; 藏 MF 35-10090)

『陽川許氏世譜』(藏 MF 35-4596)

『南陽洪氏世譜』(藏 MF 35-4605)

南陽洪氏南陽君派大宗中會 編,『南陽洪氏南陽君派世譜』1~14, 南陽洪氏
        南陽君派大宗中會, 2004.

洪象漢 編,『豊山洪氏族譜』1~6, 1768(藏 MF 35-2153)

* 이하 한 가문에 여러 집안이 입궁된 관계로 중복되는 가문은 생략함.

    (4) 기타 왕실 자료

『淑儀嘉禮廳謄錄』(藏 K2-2653)

『慶嬪嘉禮時嘉禮廳謄錄』(藏 K2-2615)

『[憲宗·孝定王后]嘉禮都監儀軌』(藏 K2-2597)

『[憲宗·孝定王后]嘉禮謄錄』(藏 K2-2670)

『淑昌宮喪葬日記』(藏 K2-2967)

『綏嬪殯宮魂宮都監儀軌』(奎 13934)

『張禧嬪喪葬謄錄』(藏 K2-3006)

『戊戌苫次日記』(藏 K2-2948)

『仁淑元嬪宮禮葬儀軌』(藏 K2-2998)

『嘉順宮顯穆綏嬪喪禮儀註謄錄』(藏 K2-2912)

『嘉順宮喪禮謄錄』(藏 K2-2911)

『綏嬪殯宮魂宮都監儀軌』(奎 13934)

『宮園式例』(藏 K2-2425)

『宮園式例補編』(藏 K2-2426)

『女官制度沿革』(藏 K2-2032)

『毓祥宮昭寧園式例』(藏 K2-2477)

『永世寶藏』(黃鍾林, 태학사, 1998)

『서삼릉태실』(국립문화재연구소 유적조사연구실, 국립문화재연구소, 1999)

『西三陵』(高陽市鄕土文化保存會, 2007)

『淑嬪崔氏資料集』1~5(한국학중앙연구원 장서각, 2010)

『英祖妃嬪資料集』1~2(한국학중앙연구원 출판부, 2011)

『肅宗大王資料集』1~4(한국학중앙연구원 출판부, 2015)

『正祖大王資料集』1~3(한국학중앙연구원 출판부, 2019)

3) 당론서 및 기타

『昭訓李氏致祭文』(고문서 2784(한문)/고문서 2786(한글)

『昭訓李氏致祭文』(고문서 2785(한문)/고문서 2787(한글)

『日記』(藏 MF 2-4691)

『(국역)연려실기술』(李肯翊, 민족문화추진회, 1982)

『계축일기』(정은임 교주, 이회, 2005)

『(역주)매천야록』상·하(황현 지음·임형택외 옮김, 문학과 지성사, 2005)

4) 문집류

『三峯集』(鄭道傳, 민족문화추진회, 1978)

『谿谷集』(張維, 『韓國文集叢刊』 권92, 민족문화추진회, 1988)

『湖陰雜稿』(鄭士龍, 『韓國文集叢刊』 권25, 민족문화추진회, 1988)

『頤庵遺稿』(宋寅, 『韓國文集叢刊』 권36, 민족문화추진회, 1989)

『栗谷全書』(李珥, 『韓國文集叢刊』 권44, 민족문화추진회, 1989)

『梅山文集』(洪直弼, 국학자료원, 1989)

『簡易集』(崔岦, 『韓國文集叢刊』 권49, 민족문화추진회, 1990)

『象村稿』(申欽,『韓國文集叢刊』권72, 민족문화추진회, 1991)

『白軒集』(李景奭,『韓國文集叢刊』권96, 민족문화추진회, 1992)

『記言』(許穆,『韓國文集叢刊』권98, 민족문화추진회, 1992)

『樂泉集』(南九萬,『韓國文集叢刊』권132, 민족문화추진회, 1994)

『汾厓遺稿』(申晸,『韓國文集叢刊』권129, 민족문화추진회, 1994)

『葵窓遺稿』(李健,『韓國文集叢刊』권122, 민족문화추진회, 1994)

『陶谷集』(李宜顯,『韓國文集叢刊』권180, 민족문화추진회, 1998)

『谷雲集』(金壽增,『韓國文集叢刊』권125, 민족문화추진회, 1998)

『頤齋亂藁』(黃胤錫, 韓國精神文化硏究院, 1999~2001)

『楓皐集』(金祖淳,『韓國文集叢刊』권289, 민족문화추진회, 2002)

『藫庭遺藁』(金鑢,『韓國文集叢刊』권289, 민족문화추진회, 2002)

2. 단행본

강문식·이현진,『종묘와 사직』, 책과 함께, 2011.

강영민,『조선시대 왕들의 생로병사』, 태학사, 2002.

국립문화재연구소,『국역 국혼정례』, 국학자료원, 2007,

김두규 역해,『지리산법』, 도서출판 장락, 2001.

김문식·김정호,『조선의 왕세자 교육』, 김영사, 2003.

金用淑,『朝鮮朝宮中風俗硏究』, 一志社, 2000.

레슬리 도열 저·김남숙 외 역,『무엇이 여성을 병들게 하는가』, 한울, 2010.

박영규,『조선의 왕실과 외척』, 김영사, 2003.

변원림,『조선의 왕후』, 일지사, 2006.

변태섭,『<고려사>의 연구』, 삼영사, 1987.

서울대학교 규장각 엮음,『궁방양안』, 민속원, 2012.

시앙쓰 저자·강성애 옮김,『황궁의 성 : 치정과 암투가 빚어낸 밤의 중국사』,

미다스북스, 2009.

신동원,『조선의약생활사: 환자를 중심으로 본 의료 2000년』, 들녘, 2014.

신명호,『조선 왕실의 의례와 생활』, 돌베개, 2002.

신명호,『궁녀』, 시공사, 2005.

신병주,『66세의 영조 15세 신부를 맞이하다』, 효형출판, 2001.

심재우 외,『조선의 왕으로 살아가기』, 돌베개, 2011.

심재우 외,『조선의 왕비로 살아가기』, 돌베개, 2012.

유향 저·이숙인 역,『열려전』, 예문서원, 1997.

윤정란,『조선의 왕비』, 이가출판사, 2003.

李能和,『朝鮮女俗考』, 翰南書林, 1927.

이미선 외,『숙의가례청등록－숙종 후궁 영빈 김씨의 혼례 기록－』, 한국
　　학중앙연구원출판부, 2016.

이미선,『헌종의 후궁 경빈 김씨의 혼례식 풍경을 담다－譯註 慶嬪嘉禮時
　　嘉禮廳謄錄－』, 민속원, 2020.

이미선,『조선왕실의 후궁－조선조 후궁제도의 변천과 의미－』, 지식산업
　　사, 2021.

이순자,『조선의 숨겨진 왕가 이야기』, 평단, 2013.

이영춘,『영조의 어머니, 숙빈 최씨』, 한국학중앙연구원출판부, 2013.

이원섭,『태교보감』, 동방미디어, 2000.

李殷滿,『西三陵』, 고양시향토문화보존회, 2007.

이은주 외,『왕실의 혼례식 풍경』, 돌베개, 2013.

이재운·박숙희·유동숙,『뜻도 모르고 자주 쓰는 우리말 어원 500가지』, 예
　　담, 2012.

주자 지음·임민혁 옮김,『주자가례』, 예문서원, 1999.

장병인,『조선전기 혼인제와 성차별』, 일지사, 1997.

장병인,『조선왕실의 혼례』, 민속원, 2017.

정은임 교주,『계축일기』, 이회문화사, 2005.

지두환, 『조선의 왕실(태조~성종)대왕과 친인척』, 역사문화, 1999~2008.
최선경, 『왕을 낳은 후궁들』, 김영사, 2007.
한국학중앙연구원 장서각, 『2005 장서각 특별전 조선왕실의 여성』, 2005.
한영우, 『창덕궁과 창경궁』, 열화당, 2003.
황문환 외, 『정미가례시일기 주해』, 한국학중앙연구원출판부, 2010.

3. 논문

김건태, 「18세기 초혼과 재혼의 사회사 −단성호적을 중심으로−」, 『역사
　　　와 현실』 51, 2004.
김건태, 「19세기 단성지역의 결혼관행」, 『고문서연구』 28, 2006.
김건태, 「18~19세기 제주도 여성의 결혼과 출산」, 『대동문화연구』 65, 2009.
김두얼, 「행장류 자료를 통해 본 조선시대 양반의 출산과 인구변동」, 『경
　　　제사학』 52, 2012.
김대원, 「18세기 민간의료의 성장」, 『한국사론』 39, 1998.
김문식, 「1823년 明溫公主의 가례 절차」, 『조선시대사학보』 56, 조선시대
　　　사학회, 2011.
김미란, 「朝鮮時代 後宮傳記文 硏究」, 『한국고전여성문학연구』 14, 한국
　　　고전여성문학회, 2007.
金善坤, 「李朝初期 妃嬪考」, 『역사학보』 21, 1963.
金成俊, 「태종의 外戚除去에 대하여」, 『역사학보』 17, 1962.
金成俊, 「宗親府考」, 『사학연구』 18, 1964.
김세은, 「19세기 전반기 국왕의 가례와 그 특징」, 『조선시대사학보』 47, 2008.
김용숙, 「李朝後期 內人生活硏究」, 『아세아여성연구』 3, 1964.
김정선, 「조선시대 왕들의 질병치료를 통해 본 의학의 변천」, 서울대학교
　　　박사학위논문, 2005.
김지영, 「조선 왕실의 출산문화 연구 : 역사인류학적 접근」, 한국학중앙연

구원 한국학대학원 박사학위논문, 2010.

김지영, 「조선후기 왕실의 출산문화에 관한 몇 가지 실마리들－장서각 소장 출산관련 '궁중발기「宮中件記」'를 중심으로－」, 『장서각』23, 2010.

김지영, 「조선시대 왕실 여성의 출산력－시대별 변화추이와 사회문화적 함의－」, 『정신문화연구』권34－3호, 한국학중앙연구원, 2011.

김한룡·윤창렬, 「<조선왕조실록>에 나타난 조선중기 제왕들의 疾病과 死因硏究」, 『한국의사학회지』14, 2001.

김 호, 「정조대 의료 정책」, 『한국학보』82, 1996.

김 호, 「조선후기 痲疹 연구－『麻科會通』을 중심으로－」, 『한국문화』17, 1996.

김 호, 「18세기 후반 居京 士族의 衛生과 의료－『欽英』을 중심으로－」, 『서울학연구』11, 1998.

김 호, 「조선후기 왕실의 출산풍경」, 『조선의 정치와 사회』, 2002.

金 澔, 「唐 前期 中央官府와 皇帝 侍奉機構」, 『中國史硏究』제26집, 2003.

김 호, 「조선후기 왕실의 출산 지침서: 림산예지법」, 『의사학』제13권 제2호, 2004.

金 澔, 「唐代 皇室女性의 生活과 地位」, 『동양사학연구』97, 동양사학회, 2006.

김 훈, 「조선전기 군왕의 질병에 관한 연구」, 원광대학교 박사학위논문, 1997.

김 훈, 「조선시대 임금들의 溫泉浴과 疾病」, 『한국의사학회지』14, 2001.

김 훈·이상협, 「조선전기 임금들의 피부병에 관한 고찰－『조선왕조실록』을 중심으로－」, 『한국의사학회지』27－2, 2014.

박창렬, 「낙선재」, 『건축』40권 11호, 대한건축학회, 1996.

박희진, 「양반의 혼인연령: 1535~1945 －혼서를 중심으로－」, 『경제사학』40, 2009.

성봉현, 「조선시대 비빈의 간택과 왕비가문」, 『장서각 소장 왕실보첩자료
　　와 왕실구성원』, 민속원, 2010.

신명호, 「조선시대 궁중의 출산풍속과 궁중의학」, 『고문서연구』 21, 2002.

신채용, 「영조대 탕평정국과 駙馬 간택」, 『조선시대사학보』 51, 조선시대
　　사학회, 2009.

심재우, 「조선후기 宣禧宮의 연혁과 소속 庄土의 변화」, 『조선시대사학보』
　　50, 2009.

심재우, 「조선후기 제궁의 조성과정과 소속 궁방전의 추이」, 『조선후기~
　　대한 제국기 양안의 종합적 검토』, 규장각 한국학연구원 학술발표
　　문, 2010.

吳洙彰, 「仁祖代 政治 勢力의 動向」, 『韓國史論』 13, 1985.

육수화, 「조선왕실의 출산과 안태의 재조명」, 『민족문화논총』 35, 2007.

윤혜민, 「조선 전기 계비 선정방식과 그 의미」, 『조선시대사학보』 65, 2013.

이근명, 「중국황제의 연인들—후궁과 후궁제도—」, 『역사문화연구』 19,
　　한국외국어대학교 역사문화연구소, 2003.

이근호, 「숙종~경종 대 寧嬪 金氏의 정치적 역할과 위상」, 『한국학논총』
　　37, 2012.

이꽃메, 2015, 「『歷試漫筆』의 사례로 재구성한 조선후기 여성의 삶과 질
　　병」, 『의사학』 50, 2015.

이미선, 「肅宗과 仁顯王后의 嘉禮 考察—장서각 소장 ≪嘉禮都監儀軌≫
　　를 중심으로—」, 『장서각』 14, 2005.

이미선, 「1681년(숙종 7) 국왕 嘉禮시 揀擇處子 연구」, 『정신문화연구』 제
　　30권 2호, 2007.

이미선, 「조선왕실보첩류 활용을 위한 기록물 현황조사—장서각 소장
　　≪璿源系譜紀略≫을 중심으로—」, 『국학연구』 13, 한국국학진흥
　　원, 2008.

이미선, 「조선초기 후궁—태조~성종조 후궁의 신분적 지위를 중심으로—」,

『사학연구』 96, 2009.

이미선, 「왕실 혼례」, 『조선사회 이렇게 본다』, 지식산업사, 2010.

이미선, 「조선중기(연산군~현종) 후궁 입궁과 사회적 위상」, 『한국사연구』 154, 한국사연구회, 2011.

이미선, 「≪嘉禮都監儀軌≫를 통해 본 조선 왕실의 婚禮 문화」, 『한국계보 연구』 2, 한국계보연구회, 2011.

이미선, 「조선시대 後宮 연구」, 한국학중앙연구원 박사학위논문, 2012.

이미선, 「영조 후궁 暎嬪李氏의 생애와 위상－壬午 大處分을 중심으로－」, 『역사와 담론』 76, 2015.

이미선, 「조선시대 後宮의 용어와 범주에 대한 재검토」, 『조선시대사학보』 72, 2015.

이미선, 「1749년(영조 25) 和緩翁主와 부마 鄭致達의 가례」, 『한국사학보』 58, 2015.

이미선, 「중종 후궁 희빈홍씨의 생애와 행보－기묘사화를 중심으로－」, 『여성과 역사』 26, 2017.

이미선, 「정조의 후궁 元嬪洪氏의 생애와 상장례－『淑昌宮喪草日記』를 중심으로－」, 『한국학논총』 51, 2019.

　　　＊『淑昌宮喪草日記』라는 책명은 『淑昌宮喪葬日記』의 오기이므로, 본문에서는 이를 바로 잡는다. 소장처인 장서각에서 당초부터 책명을 『淑昌宮喪草日記』로 표기하였는데, 필자가 이를 간과한 채 그대로 인용하여 재차 오류를 범하였다.

이미선, 「헌종의 후궁 慶嬪金氏의 생애와 가례－『慶嬪嘉禮時嘉禮廳謄錄』을 중심으로－」, 『지역과 역사』 44, 2019.

이미선, 「숙종대 왕실 여성들의 정치적 행보와 역할」, 『조선시대사학보』 93, 2020.

李英淑, 「조선초기 내명부에 대하여」, 『역사학보』 96, 역사학회, 1982.

이영춘, 「영조의 생모 숙빈 최씨의 喪葬禮－≪戊戌苫次日記≫를 중심으로－」, 『조선시대사학보』 52, 2010.

이 욱, 「조선후기 後宮 嘉禮의 절차와 변천－慶嬪 金氏 嘉禮를 중심으로－」, 『藏書閣』19, 2008.

이지양, 「조선조 후기 사대부가 기록한 아내의 일생: 행장 26편으로 본 내조의 힘」, 『인간·환경·미래』7, 2007.

이진숙, 「트라우마에 대한 소고」, 『여성연구논집』24, 2013.

이현진, 「영·정조대 육상궁의 조성과 운영」, 『진단학보』107, 진단학회, 2009.

이현진, 「조선후기 綏嬪 朴氏의 喪葬 의례와 성격」, 『조선시대사학보』76, 2016.

임민혁, 「조선후기 영조의 孝悌 논리와 私親追崇」, 『조선시대사학보』39, 2006.

임민혁, 「조선후기 후궁의 嘉禮와 禮制」, 『역사와 담론』64, 호서사학회, 2012.

임민혁, 「조선시대 후궁 淑儀의 간택과 그 지위」, 『역사와 실학』48, 역사실학회, 2012.

임혜련, 「정조~순조대 綏嬪 朴氏의 역할과 위상」, 『한국인물사연구』26, 2016.

장병인, 「조선 중기 이후 국왕의 혼례형태의 변화: 별궁의 운영과 '別宮親迎禮'의 성립」, 『조선시대사학보』55, 2010.

장을연, 「淸代 조선왕실 冊封誥命과 조선 敎命의 형태 비교연구」, 『장서각』24, 2010.

정유미, 「조선시대 궁궐의 상·장례공간에 관한 연구」, 고려대학교 건축공학과 석사학위논문, 2000.

鄭景姬, 「조선후기 宮園制의 성립과 변천」, 『서울학연구』23, 2004.

鄭在勳, 「조선초기 왕실혼과 왕실세력의 형성」, 『한국사연구』95, 1996.

정지영, 「조선후기의 첩과 가족 질서－가부장제와 여성의 위계－」, 『사회와 역사』65, 한국사회사학집, 2004.

조영준, 「19세기 王室財政의 運營實態와 變化樣相」, 서울대학교 박사학위
    논문, 2008.

차명수, 「조선후기의 출산력, 사망 및 인구증가: 네 족보에 나타난 1700-
    1899년간 생몰 기록을 이용한 연구-」, 『한국인구학』 32, 2009.

豊島悠果, 「고려전기 后妃·女官 제도」, 『한국중세사연구』 27, 한국중세사
    학회, 2009.

한희숙, 「조선초기 성종비 윤씨 폐비·폐출 논의 과정」, 『한국인물사연구』
    4, 2005.

한희숙, 「조선초기 昭惠王后의 생애와 ≪內訓≫」, 『한국사상과 문화』 27,
    한국사상문화학회, 2005.

한희숙, 「구한말 순헌황귀비 엄비의 생애와 활동」, 『아시아여성연구』 45,
    숙명여자대학교 아시아여성연구소, 2006.

한희숙, 「조선 성종대 폐비윤씨 賜死事件」, 『한국인물사연구』 6, 2006.

한희숙, 「中宗妃 廢妃 愼氏의 처지와 그 復位論議」, 『한국인물사연구』 7,
    2007.

한희숙, 「연산군대 폐비윤씨 追封尊崇 과정과 甲子士禍」, 『한국과 甲子士
    禍」, 『한국인물사연구』 10, 2008.

한희숙, 「조선시대 선왕 후궁에 대한 처우와 宮家의 변천」, 『여성과 역사』
    30, 2019.

홍순례, 「산속에 나타난 태점·태몽 연구」, 『한국민속학』 27집, 1995.

홍성봉, 「朝鮮朝 歷代王의 壽命과 그 死因」, 『한국인구학회지』 14-1, 1991.

洪順敏, 「조선시대 궁녀의 위상」, 『역사비평』 68, 2004.

표·그림 목록

— 표 목차

－ 그림 목차

찾아보기

이미선李美善

한국학중앙연구원 한국학대학원 한국사학과에서 박사학위를 받았다. 한
국학중앙연구원 전임연구원, 고려대학교 한국사연구소 연구교수, 한신대
학교 한국사학과 초빙교수를 역임하고 현재 한국학중앙연구원 전통한국
연구소 연구교수 겸 한신대학교 한국사학과 객원교수로 재직 중이다.

주요 저서로는『조선왕실의 후궁-조선조 후궁제도의 변천과 의미-』(지식
산업사, 2021),『헌종의 후궁 경빈 김씨의 혼례식 풍경을 담다-譯註 慶嬪嘉
禮時嘉禮廳謄錄-』(민속원, 2020),『숙의가례청등록』(공역, 한국학중앙연
구원출판부, 2016),『1756년의 북경이야기』(공역, 교육과학사, 2016),『조
선 인물 이렇게 본다』(공저, 경인문화사, 2015),『조선의 역사를 지켜온 왕
실여성』(공저, 글항아리, 2014),『1623년의 북경 외교』(공역, 대원사, 2014),
『조선 사회 이렇게 본다』(공저, 지식산업사, 2010) 등 다수가 있다.

■ 이 총서는 조선시대 왕실 문화가 제도화하는 양상을 고찰하여 그 전반을 종합적으로 구명하는 데에 목적을 두었다. 제도화 양상은 유교적 제도화와 비유교적 제도화 그리고 이 두 방면에 서로 걸치는 형태로 진행되었다고 보았다. 연구 결과, 전반적으로 조선 왕실에 대해서도 유교문화의 지배력이 강화되어 가는 추세 속에, 부문에 따라 종래의 왕실 문화 전통과 연결되거나 사회 구성원 대다수가 향유하는 속성의 문화 요소가 예상보다 강력하게 유지되었음을 확인할 수 있었다. 요컨대 조선 왕실의 문화는 왕실 문화로서의 정체성을 확보하려는 의지, 양반 사족의 기대에 부응하려는 노력 및 알게 모르게 서민들과 정서를 소통하는 양상이 공존하였던 것이다.

[조선 왕실 문화의
  제도화 양상 연구
        2   ]

조선 후궁;
제도화된 지위, 감추어진 일상

| 초판 1쇄 인쇄일 | 2022년 12월 9일 |
| 초판 1쇄 발행일 | 2022년 12월 16일 |

지은이	이미선
펴낸이	한선희
편집/디자인	우정민 김보선
마케팅	정찬용 정구형
영업관리	한선희
책임편집	김보선
인쇄처	으뜸사
펴낸곳	국학자료원 새미(주)
	등록일 2005 03 15 제25100 · 2005 · 000008호
	경기도 고양시 일산동구 중앙로 1261번길 79 하이베라스 405호
	Tel 442 · 4623 Fax 6499 · 3082
	www.kookhak.co.kr
	kookhak2001@hanmail.net

| ISBN | 979-11-6797-091-6 *93910 |
| 가격 | 39,000원 |